BIBLIOTHÈQUE DE L'ÉCONOMISTE
sous la direction d'André Tiran et Jean-Sébastien Lenfant
4

Série 1
dirigée par André Tiran
3

Le Sens et la Valeur

Ouvrage publié avec le soutien du laboratoire Triangle – UMR 5206

Bernard Lamizet

Le Sens et la Valeur

Sémiotique de l'économie politique

PARIS
CLASSIQUES GARNIER
2013

Bernard Lamizet étudie la sémiotique du politique, la sémiotique de la ville et les sciences de l'information et de la communication. Il a notamment publié *Les Lieux de la communication* (Bruxelles, 1992), *La Médiation politique* (Paris, 1998) et *Le Langage politique* (Paris, 2011).

ISBN 978-2-8124-1767-2 (livre broché)
ISBN 978-2-8124-1768-9 (livre relié)
ISSN 2108-9868

INTRODUCTION

Approche sémiotique de l'économie

Nous proposons ici une approche sémiotique de l'économie. Une telle approche consiste à tenter de comprendre les significations des pratiques et des logiques de l'économie. En grande partie en raison de l'importance de l'économie dans les sociétés, l'approche de l'économie est dominée par des analyses fonctionnelles qui recherchent les causes des événements et des processus économiques en s'inscrivant dans une approche historique ou économique privilégiant les logiques d'acteurs. En revanche, une logique sémiotique tente de comprendre *les signes* de l'économie, de penser l'économie comme un langage, comme un des systèmes de représentation et de communication qui constituent le langage politique et qui fondent la dimension symbolique de nos systèmes politiques et de nos pratiques sociales.

NE PLUS SE LIMITER AUX APPROCHES FONCTIONNELLES DE L'ÉCONOMIE

Une réflexion sur les significations de l'économie et sur ce qui en constitue le langage se fonde sur une méthode d'analyse et de réflexion privilégiant l'approche symbolique de ce champ du politique. Il s'agit de ne pas se limiter aux approches fonctionnelles de l'économie, qui, aujourd'hui, dominent la réflexion et la rationalité de ce domaine, pour penser une sémiotique de l'économie, c'est-à-dire une approche des significations de l'économie. La différence entre l'approche fonctionnelle de l'économie et son approche sémiotique consiste dans la même différence qu'entre l'approche organique fonctionnelle du langage, fondée sur l'analyse de ses buts et de sa relative performativité, et l'approche sémiotique, fondée, elle, sur la reconnaissance de l'arbitraire du signe et sur la distinction entre approche sémiotique et approche fonctionnelle et organique.

Dans le domaine de l'économie, l'approche sémiotique des discours, des représentations et de la dimension symbolique du fait économique peut se définir en trois points.

D'abord, il s'agit de comprendre que, comme toute pratique sociale, l'économie articule une dimension organique et fonctionnelle de stratégies d'acteurs, de fonctions et d'actions à la spécificité de la signification des discours et des représentations qui peuplent les pratiques de l'économie politique. En effet, l'économie ne devient pleinement une économie politique qu'à partir du moment où se met en œuvre cette articulation entre des pratiques et des réseaux d'acteurs et des représentations et des expressions symboliques de discours et de manifestations symboliques – à commencer par les monnaies.

Ensuite, penser une sémiotique de l'économie consiste à reconnaître la spécificité des représentations dont elle fait l'objet. La sémiotique de l'économie étudie les représentations qui peuplent l'espace public de l'économie en mettant en œuvre des débats, des confrontations, des projets et une histoire qui constituent la dimension symbolique des pratiques sociales. On notera, en particulier, l'importance prise par l'information dans le domaine de l'économie depuis la naissance des médias et des pratiques contemporaines de l'information. La sémiotique de l'économie devient, en particulier, une sémiotique politique à partir du moment où la maîtrise de l'information économique s'inscrit dans la logique de la prévision et dans les pratiques des pouvoirs.

Enfin, la sémiotique de l'économie permet une meilleure connaissance de la signification des contradictions entre la dimension singulière des pratiques de l'économie et leur dimension collective. Les dynamiques de l'économie se mettent en mouvement dès le moment où les projets singuliers d'achat ou de consommation sont confrontés aux exigences et aux impératifs de la vie sociale. L'économie politique rend raison des conflits et des confrontations qui donnent une dimension politique aux identités des acteurs de l'économie. En effet, tandis que la dimension singulière de l'identité se fonde sur l'identification symbolique du sujet à l'autre, sa dimension collective se fonde sur la confrontation et le conflit entre les identités. L'identité politique ne se fonde que sur le conflit avec l'identité d'un acteur politique auquel on s'oppose[1]. Les identités économiques vont, dès lors, s'instituer dans une problématique de conflit et dans une dynamique de confrontation aux autres identités et aux autres acteurs qui occupent l'espace public de l'économie, en même temps qu'elles.

COMPRENDRE LES SIGNIFICATIONS DE L'ÉCONOMIE

Il n'y a pas d'activité sociale qui n'articule des actions et des représentations. Ce qui caractérise la dimension sociale et politique des pratiques mises en œuvre par les hommes, c'est le fait qu'elles sont articulées à des significations dont elles sont porteuses pour les autres et qui leur donnent leur visibilité. Cela distingue les activités humaines des activités des animaux et des processus biologiques, qui se fondent sur des processus de causalité et de fonctionnalité. Comme les pratiques sociales se caractérisent par leur signification et leur dimension symbolique, elles articulent toujours la dimension singulière de l'acteur qui les met en œuvre et la dimension collective de son appartenance sociale ; c'est pourquoi l'homme, on le sait depuis Aristote, est un *zôon politikon*, un *être vivant dans une « polis », un être vivant politique.* Nous sommes des êtres vivants politiques parce que nous vivons avec d'autres hommes dans des cités, dans des sociétés, dans des espaces institutionnellement structurés.

Penser les significations de l'économie, c'est, d'abord, ne pas limiter la rationalité de l'économie aux stratégies d'acteurs, aux actions et à la causalité des événements et des processus de l'économie, mais c'est articuler la causalité économique à la signification des représentations qui font de l'économie une activité sociale pleine. La signification des représentations de l'économie repose fondamentalement sur le concept de *valeur*. La valeur fonde la signification de l'économie, de même que l'interprétation économique consiste dans une évaluation, parce que l'économie désigne la rationalité des pratiques d'échange. Tandis que l'identité symbolique du sujet se construit lors de l'identification

1 *Cf.* Bernard Lamizet, *Politique et identité*, Lyon, PUL, 2002.

symbolique à l'autre[1], la dimension économique de la relation à l'autre consiste dans l'échange. C'est lors de l'échange que s'instaure la dynamique de la relation à l'autre, et, par conséquent, c'est l'échange qui fonde la sémiotique de l'économie.

C'est pourquoi le processus de construction et d'élaboration de la signification, l'interprétation, prend, dans le champ de l'économie, la forme de l'évaluation. Interpréter, en économie, c'est évaluer, reconnaître une valeur, qui donnera sa consistance symbolique au processus de l'échange. Échanger un bien contre un autre ou un bien contre de la monnaie, c'est, d'abord, reconnaître à ce bien une valeur, fixée de façon différente selon les formes d'économie mises en œuvre lors de la dynamique de l'échange. Le troc repose sur la confrontation de valeurs d'usage, l'achat et la vente reposent sur la confrontation de valeurs d'échange, mais il existe d'autres dimensions, plus singulières, de l'économie qui peuvent nous amener à reconnaître une valeur affective à un objet ou à un souvenir qui n'aura aucune valeur pour notre voisin. Il existe, ainsi, deux logiques fondamentalement différentes de l'économie, de même qu'il existe deux logiques fondamentalement différentes de la communication et de la relation : la logique singulière désigne l'activité symbolique du sujet dans son rapport intersubjectif à l'autre, et la logique collective désigne l'activité symbolique des acteurs sociaux dans leur rapport de pouvoir, de conflit ou d'appartenance aux autres. Le concept de *médiation* désigne la dialectique entre le singulier et le collectif, et, comme toute économie consiste dans une articulation entre des logiques singulières d'échange et des logiques collectives de marché ou de normes, on peut parler de *médiation économique.*

LES MOTS DE L'ÉCONOMIE

Sans doute convient-il de commencer par comprendre le mot même qui fonde tout cela : *économie*. Les premières attestations écrites de ce terme en français datent de 1370-1372, et désignent à l'époque, selon

1 Il s'agit du processus qui se déroule lors de ce moment inaugural que le psychanalyste J. Lacan désigne comme *le stade du miroir.*

Oresme, la « gestion intérieure d'une maison, d'une famille[1] ». Pour aller plus loin, il est intéressant de comprendre ce que révèle l'étymologie du mot. Par l'intermédiaire du latin, le mot *économie* vient du grec, où il est composé de *oikia*, la maison, la quotidienneté, l'espace privé, et de *nomos*, la part issue d'un partage, et, par la suite, ce que l'on possède, mais aussi, d'une façon plus générale, la loi et, d'une façon plus générale, les règles qui fondent l'organisation de la société. Le terme *oikia* désigne, lui, en grec, l'habitat. Cela comporte trois significations. La première est la quotidienneté, l'ordinaire de la vie. L'*oikia* est l'espace où nous naissons et où nous menons l'ordinaire de la vie quotidienne[2]. Par ailleurs, comme la vie quotidienne se déroule dans l'espace privé, *oikia* va désigner en grec la maison dans son opposition avec *agora*, l'espace public, qui se fonde, lui, sur la racine indo-européenne qui désigne l'extérieur[3]. *Oikia* désigne, ainsi, l'ensemble des identités, des acteurs et des pratiques qui peuplent l'espace privé, en ce qu'il se distingue des pratiques politiques de l'espace public, et, en particulier, de la confrontation, de lé délibération et du débat.

L'économie va désigner, ainsi, l'ensemble des règles qui fondent la distinction entre le privé et le public, sur le plan des biens, des pratiques et des échanges : il s'agit de la dimension économique de la médiation entre le singulier et le collectif. Cela concerne la propriété, ce que nous avons *en propre*, c'est-à-dire ce qui manifeste matériellement notre identité et ce qui nous distingue des autres dans l'espace public, mais, en se fondant sur la problématique de la convention et sur celle de l'échange, il s'agit aussi de ce qui relève du partage, de ce qui s'inscrit dans la logique de la communication et de la négociation. C'est *l'échange* qui va fonder l'économie, en articulant l'*oikia* et la propriété à la relation à l'autre et à l'institution.

L'échange va, en particulier, s'exprimer par le latin *negotium*, dont l'étymologie est aussi intéressante à comprendre. *Neg-otium* se fonde, en effet, sur une négation (*neg*). Il s'agit donc d'un terme second, d'un terme fondé sur la négation d'un premier terme, *otium*, *qui* désigne, lui, le repos, au sens d'un temps où le sujet se consacre entièrement à soi sans

1 *Trésor de la Langue française*.

2 La latin *vicus*, qui est fondé sur la racine de *oikia* (issu de l'indo-européen **woikia*) est, lui-même, la base de *vicinus*, le voisin.

3 Le segment *gor-* de *agora* est issu de la racine indo-européenne **ghe/or*, d'où viennent le latin *forum* et l'ancien français *fors*, « en dehors de », puis « sauf », « excepté ».

penser aux autres. *Negotium* se réfère, ainsi, en latin, à l'instauration d'un temps politique, d'un temps institutionnel, en rupture avec le temps au cours duquel on est dans la simple intersubjectivité du rapport singulier à l'autre. L'économie se trouve ainsi située, dès la formation des termes qui la désignent, dans la dialectique antinomique, constitutive de la société, entre la dimension collective du *zôon politikon* et sa dimension singulière. Mais, au-delà, *negotium* désigne le temps des affaires, de l'échange, au sens où il fait pleinement vivre la société en lui donnant la consistance d'un système de valeurs.

LES STRUCTURES DE LA MÉDIATION ÉCONOMIQUE

La médiation économique consiste, d'abord, dans des dynamiques d'échange, entre sujets singuliers, entre sujets singuliers et acteurs collectifs et entre acteurs collectifs. C'est cette multiplicité de relations, toutes fondées sur la dialectique entre le singulier et le collectif, qui définit le système de rationalité de l'économie politique. C'est parce que l'économie est une médiation que l'on parle d'*économie politique*, en ce qu'à partir du moment où elle est fondée sur une médiation, l'économie contribue à structurer le politique.

L'expression de l'échange est la négociation. Ces termes, marché, commerce, négociation, expriment le fait que la société se fonde sur la relation à l'autre, en particulier, sur le plan de l'économie, sur l'échange, et le fait que l'institution de cette relation est une rupture. Le *negotium*, la négociation et l'échange, désignent les logiques, à la fois réelles et symboliques, par lesquelles nous manifestons notre appartenance sociale en prenant part aux échanges qui donnent leur consistance au temps social et à l'espace public, à l'*agora*[1], c'est-à-dire au marché. *Marché* est issu du latin *mercatum*, qui désigne l'espace dans lequel se confrontent les uns aux autres les marchands, c'est-à-dire les acteurs sociaux qui

---

1 Le latin *forum* et le grec *agora* désignent aussi une rupture, puisqu'ils sont fondés sur la racine qui désigne l'extériorité, c'est-à-dire la sortie d'un espace originaire, celui de l'absence de l'autre.

proposent et achètent des *merces*, des biens faisant l'objet d'un échange codifié, et non d'un troc[1]. Finalement, l'institution de la médiation économique est une rupture comparable à la rupture entre la *nature*, l'état de naissance, et la *culture*, l'état social.

Dimension économique de la spécularité, la médiation économique de *l'échange* instaure une double relation sociale. D'abord, elle introduit une relation entre deux personnes, les partenaires de l'échange. Cette première relation va instaurer une expression économique de la spécularité, elle-même fondatrice de la communication. En effet, pour échanger avec l'autre, il faut commencer par « se mettre à sa place », par s'identifier symboliquement à lui, de façon, sur le plan économique, à lui proposer une négociation qu'il puisse accepter. En même temps, l'échange s'inscrit dans une autre relation sociale, la dialectique entre la dimension singulière des partenaires individuels de l'échange et la dimension collective de leur appartenance sociale de leur soumission aux lois et de l'institution de leur identité politique. L'échange est aussi une relation entre le singulier et le collectif, car les modalités de sa mise en œuvre sont les mêmes pour tous, afin que l'échange constitue effectivement une des modalités d'institution et d'expression de l'appartenance et de la sociabilité.

Entre sujets singuliers, une des premières formes de l'échange est le troc. Il s'agit d'une forme minimale de l'échange, qui consiste dans un échange d'objets ou de biens entre deux sujets singuliers, sans référence à un code ou à une institution. Le principe du troc est de se fonder sur une dynamique d'usage propre à chaque relation intersubjective, sans que soit institué un cours ou une norme d'échange. C'est en fonction de la situation dans laquelle ils se trouvent que les parties du troc conviennent de ses modalités et assignent aux biens qui font l'objet du troc la valeur qu'ils leur reconnaissent. C'est aussi parce que le troc ne fait pas l'objet d'une institution qu'il s'agit de la première forme d'échange à s'établir entre des enfants. La spécificité du troc est de ne pas s'inscrire dans une logique politique ou institutionnelle et de reposer, finalement, sur le seul *besoin* des partenaires de l'échange. Ce n'est pas sur une dynamique institutionnelle que repose l'économie du troc, mais seulement sur la

1 *Merx*, « marchandise », est un mot latin très ancien qui sert, en particulier, de base au nom du dieu des marchands, *Mercure*, au nom qui désigne l'espace de l'échange, le *mercatum*, le marché, et au nom français *commerce*, de *commercium*, qui articule *merc* à *cum*, avec.

confrontation entre les désirs de deux sujets en présence l'un de l'autre. Il y a, en ce sens, d'ailleurs, une forme de contradiction à parler pleinement d'une économie du troc, car, dans ces conditions, le troc ne se met en œuvre qu'au cas par cas, au cours de situations individualisées, sans s'inscrire dans une mémoire ou dans une sociabilité codée. Le troc ne connaît pas de temps long, car il ne s'inscrit que dans le temps court d'une rencontre, faisant, tout au plus, l'objet d'une mémoire de la part des sujets qui y sont engagés. Sans doute cette dimension fonctionnelle du troc s'inscrit-elle dans une forme de contradiction avec la logique symbolique de la spécularité ; en effet, le stade du miroir défini par Lacan comme le moment instituant la subjectivité fonde une spécularité proprement symbolique, porteuse d'une signification, alors que le troc ne comporte, sans doute, qu'une dimension fonctionnelle. C'est pourquoi le troc ne s'inscrit sans doute que dans une logique de besoin, qu'il convient, ici, de distinguer de la dialectique du désir et du manque qui fonde la dimension symbolique du miroir. L'économie du troc se fonde sur le besoin constaté par un de ses partenaires, et ce besoin repose sur une approche fonctionnelle de l'acteur du troc. Cette absence de code et de convention donne au troc un caractère en grande partie aléatoire et imprévisible et fait de lui une modalité d'échange en quelque sorte antérieure à la rationalité de l'économie. Sans doute pourrait-on dire que le troc représente la forme minimale de l'échange dans une sorte de préhistoire mythique de l'économie ou dans une conception enfantine ou ludique de l'économie. C'est pourquoi la dynamique du troc est souvent mise en œuvre dans les jeux ou dans les situations ludiques qui ne constituent que des formes minimales de la société ou des situations d'imitation simplificatrices des relations sociales et des situations d'échange symbolique. L'économie de troc est une des premières manifestations de l'économie d'échange et articule la *valeur d'échange* à la *valeur d'usage*, de façon indissociable. Le troc peut avoir lieu parce que les deux partenaires expriment ainsi l'usage qu'ils feront, l'un et l'autre, des biens qu'ils possèderont à l'issue de la négociation. Le troc assigne une valeur semblable aux biens échangés, cette valeur faisant l'objet d'une reconnaissance de chacun des partenaires de l'échange. C'est en ceci que le troc se distingue du *don*, qui, lui, échappe à l'économie, car il ignore la logique de la valeur et n'exprime, par l'objet du don, que le pouvoir de l'un des partenaires de la relation sur l'autre, ou la reconnaissance et la dépendance du bénéficiaire du don.

C'est le *commerce* qui va constituer la dynamique institutionnelle de l'échange, fondée sur la codification et l'institutionnalisation de l'échange inaugurées par l'élaboration de la monnaie. Tandis que le troc désigne une économie du singulier et de l'échange intersubjectif, le commerce institue dans l'économie la médiation dialectique entre le singulier et le collectif. C'est parce qu'ont lieu des échanges commerciaux que l'économie s'institue comme expression politique de l'échange. Mais *merx* et les autres termes que nous venons d'analyser sont eux-mêmes issus de la même racine que le latin *merere*, base du français *mériter*, qui désigne le fait de gagner un salaire par son travail ou de mériter des récompenses par sa conduite. La racine *mer-* désigne, ainsi, ce qui fait l'objet d'une négociation et d'une évaluation, qu'il s'agisse d'un travail ou d'une marchandise. Par cette racine, nous sommes donc dans le champ de l'échange, de la négociation et de l'évaluation, ce qui fonde pleinement le commerce comme activité centrale de l'économie. En effet, c'est parce qu'il y a échange que le travail, la production ou les biens s'inscrivent dans une sémiotique de la valeur, elle-même constitutive de l'économie.

La médiation économique se fonde, ainsi, sur l'articulation, à la fois singulière et collective, de trois instances : les acteurs de l'échange, les biens évalués et faisant l'objet de l'échange et la valeur. Ces trois instances représentent dans le champ de l'économie les instances constitutives de la médiation symbolique et politique de la communication. Les acteurs de l'échange représentent les sujets de l'énonciation, les biens qui font l'objet de l'échange représentent les références qui font l'objet de la communication et par rapport auxquelles se situe l'échange, et la valeur représente le signifiant qui donne sa consistance à l'échange symbolique. On peut, finalement, opposer la logique de la médiation économique, dont la signification repose sur l'échange, et la logique de l'accumulation, antinomique de la médiation car elle repose sur l'ignorance ou la méconnaissance de l'autre et sur la clôture de l'activité sur l'acteur qui la met en œuvre. D'une certaine manière, la logique de l'accumulation instaure une conception de l'économie étrangère à l'économie politique – ce que disait Marx en proposant de repenser l'économie politique. « Dans la production sociale de leur existence », écrit Marx[1], « les hommes nouent des rapports déterminés, nécessaires, indépendants de leur volonté ; ces rapports de production correspondent à un degré donné du développement

1 Karl Marx, *Œuvres*, t. 1, Paris, Gallimard, « Bibliothèque de la Pléiade », 1965, p. 272.

de leurs forces productives matérielles ». Les deux termes importants, ici, sont, sans doute, « rapports » et « production sociale de l'existence ». En effet, ce qu'introduit Marx en construisant un projet d'économie politique, c'est l'importance du fait que l'économie soit une façon de penser et d'instituer des relations sociales entre les hommes. Pour que l'économie ait sa pleine signification, encore faut-il qu'elle soit mise en œuvre pour instituer des *relations* et non pour accumuler des biens sans relation à l'autre. Quant à la production sociale de l'existence, ce que vient nous rappeler Marx, c'est que notre existence même se fonde sur notre dimension sociale. Aristote ne disait pas autre chose en disant que nous sommes des *zôa politika*, des êtres vivant dans des cités, dans des sociétés. Mais, surtout, nos relations sociales, qui constituent la dimension sociale de notre existence, sont *indépendantes de notre volonté* – façon, pour Marx, de désigner les processus de l'aliénation économique et de laisser une place à une dimension inconsciente de l'économie politique.

Sans doute peut-on trouver à cette distinction entre une économie d'échange et une économie d'accumulation une signification à l'existence des « deux Europe », relevée dans *Le Monde*, à propos de la dégradation de la France par les agences de notation, en 2011. « Mais le plus grave », écrit le journal, dans un éditorial[1], « est ailleurs : dans la division de l'Europe que les décisions de Standard & Poor's révèlent. Il y a clairement aujourd'hui au sein de la zone euro deux Europes. D'une part, l'Europe du Nord, ces pays rigoureux dans leurs comptes publics et disposant d'un réel potentiel de croissance. L'Allemagne, qui n'a pas été dégradée, en est le noyau central. D'autre part, une Europe du Sud, dont les Etats sont en grande difficulté financière et qui affichent des perspectives de croissance très modestes. Dégradée en même temps que l'Espagne et l'Italie, la France fait désormais partie de cette seconde Europe ». L'existence de cette ligne de fracture a été en son temps relevée par Max Weber. La thématique de la « rigueur des comptes publics » propose une interprétation morale de l'économie[2] et de l'opposition entre la rigueur, qui serait propre aux pays de l'Europe du Nord protestante, et son absence, qui caractériserait les pays d'Europe du Sud. Mais, au-delà de cette conception, sans doute faut-il lire dans cette opposition entre « deux Europe » une opposition entre des pays dont l'économie se fonde

1 *Le Monde*, 15-16 janvier 2012.

2 Voir, ici même, le chapitre « Les temps de l'économie ».

sur l'investissement dans la croissance et des pays dans lesquels elle consiste, au contraire, dans l'accumulation et dans « des perspectives de croissance très modestes ». C'est ce qu'écrit C. Lacombe, dans le même numéro du *Monde* : « Sur les marchés, les Etats de la zone euro n'ont longtemps fait qu'un, les investisseurs achetant indifféremment de la dette allemande et grecque. Une convergence que la crise a fait voler en éclats. En dégradant les notes de neuf des dix-sept Etats de l'union monétaire, vendredi 13 janvier, Standard & Poor's (S & P) scelle un peu plus cette zone euro à plusieurs vitesses ». La signification de la fracture relevée par le quotidien entre deux espaces européens renvoie à une distinction entre deux conceptions de l'économie L'une se situe dans l'immédiateté du temps présent de l'accumulation et de la consommation. L'autre, sans doute plus politique, s'inscrit aussi dans la logique du « temps long » et repose sur des logiques d'investissement dans le but de susciter et d'accompagner la croissance.

LES TROIS GRANDES LOGIQUES DE L'ÉCONOMIE. Production, transformation et consommation, accumulation, échanges et circulation

Il convient, ici, de définir les grandes logiques de l'économie et de les situer les unes par rapport aux autres au point de vue de la question de la signification et de la représentation. Nous souhaitons ici penser les différentes rationalités politiques de l'économie en termes sémiotiques, c'est-à-dire en en proposant une *interprétation.* Cette approche sémiotique de l'économie se fera en référence à la question sémiotique fondamentale de l'économie, celle de la valeur et de la façon dont elle est définie et instituée. C'est le processus de construction de la valeur qui définit les différentes sémiotisations de l'économie, car c'est la valeur qui définit l'approche économique de la signification. *Signifier,* en économie, c'est *valoir.* En effet, la valeur désigne ce que représente un bien (monnaie, source d'énergie, matière première, produit quelconque, etc.) dans le système de signification que constitue l'économie. La valeur présente toutes les caractéristiques du signe. En effet, d'abord, elle se fonde sur une reconnaissance. Comme le signe se fonde sur une interprétation, la valeur se fonde sur une évaluation mise en œuvre par un sujet social selon un code. Ce code est une institution et n'a pas de cause naturelle ou organique. La valeur d'une monnaie, par exemple, se fonde sur ce qu'elle représente par rapport à d'autres monnaies dans un marché général des monnaies. La décision de dévaluer ou de réévaluer une monnaie est une décision politique, donc arbitraire. Et même si cette décision fait l'objet d'un débat public, ce débat est destiné à légitimer cette décision, à la faire accepter par les partenaires de l'économie, mais non à lui donner une cause qui, elle, l'expliquerait sans débat possible. C'est parce qu'elle est fondamentalement arbitraire, et qu'elle ne repose pas sur une causalité que la valeur peut faire l'objet d'un débat et qu'elle constitue, ainsi, une instance politique. Marx définit la valeur comme *la forme objective du travail social dépensé dans la production d'une marchandise*[1]. C'est justement parce qu'il renvoie le concept de valeur à celui de « travail social » qu'il peut articuler le travail aux autres fondements de la valeur comme l'appréciation ou la dépréciation d'une monnaie. En effet, ce que Marx appelle « forme du travail social dépensé », ce n'est pas autre chose que l'ensemble du processus de construction de la valeur, qui constitue un processus sémiotique parce qu'il s'agit, justement, d'une forme, articulée, à ce titre, à une référence.

Le travail social constitue un processus sémiotique en ce qu'il articule des contraintes réelles, des représentations symboliques et un ensemble de constructions imaginaires. Le réel de la construction de la valeur est l'ensemble des contraintes qui pèsent sur elle : il s'agit, par exemple, des contraintes naturelles, en ce qui concerne la valeur des produits agricoles, ou des contraintes de matières premières ou des contraintes technologiques qui pèsent sur la valeur des produits industriels. Mais, en ce qui concerne les monnaies, il s'agit des contraintes que le système des changes fait peser sur l'appréciation relative des monnaies les unes par rapport aux autres. L'instance symbolique du travail social de construction de la valeur est l'ensemble des représentations qui interviennent au cours de ce processus : c'est ainsi, par exemple, que l'information élaborée et diffusée par les médias joue un rôle dans la constitution de la valeur, ou encore que les négociations entre acteurs politiques structurent l'élaboration de la valeur d'une monnaie. On peut

1 Karl Marx, *op. cit.*, t. 1 p. 1029.

penser, par exemple, au cycle de négociations entre les gouvernements européens qui a mené à la construction de l'euro. Enfin, comme tout travail social, la construction de la valeur se réfère à une instance imaginaire ; en effet, la valeur repose en grande partie sur les croyances ou sur les représentations idéologiques des acteurs sociaux. Par exemple, la valeur d'un bien repose en grande partie sur les représentations imaginaires qui entourent ce bien, comme les peurs que son usage peut inspirer ou les désirs que les modes ou les normes sociales peuvent susciter par rapport à ce bien. Par la notion de travail social, Marx inscrit le processus d'intégration de ces trois instances dans la construction de la valeur dans le champ des confrontations entre classes et entre acteurs sociaux de la production et des échanges.

Les différentes logiques de l'économie sont des logiques différentes de production et de reconnaissance de la valeur. C'est selon les processus d'élaboration du concept de valeur que l'on peut distinguer les logiques de l'économie les unes par rapport aux autres. Mais cette élaboration du concept de valeur s'inscrit dans une relation dialectique avec la construction des identités des acteurs de l'économie. C'est, en effet, la relation des acteurs de l'économie les uns aux autres qui structure les logiques de l'économie dans lesquelles ils s'inscrivent. La production, la transformation et la consommation mettent le sujet singulier ou l'acteur (collectif ou singulier) en relation avec l'objet de sa production, avec un projet ou avec d'autres acteurs engagés dans le même espace que lui (entreprise, association, etc.). L'accumulation met le sujet singulier ou l'acteur collectif en relation avec les biens qu'il accumule dans l'ignorance du rapport à l'autre. Enfin, seuls, les échanges et la circulation mettent les sujets singuliers et les acteurs de l'économie en relation avec d'autres sujets ou d'autres acteurs dans la mise en œuvre d'une sociabilité pleinement engagée dans la médiation, la communication et la représentation.

La signification fondamentale du capitalisme est l'accumulation, et, en ce sens, il en vient à dénier l'existence d'une activité symbolique d'échange et de représentation propre aux acteurs de l'économie. L'accumulation revient à une approche inerte de l'économie. En effet, elle inscrit les biens et les monnaies (les signifiants) dans un système qui ne laisse pas de place à la médiation entre le singulier et le collectif (il n'y a que des acteurs singuliers, caractérisés par la richesse qu'ils possèdent). Surtout, la logique de l'accumulation ne laisse pas de place à la médiation entre le réel, le symbolique et l'imaginaire, puisque la richesse, n'étant pas mise en œuvre dans des dynamiques d'échange, ne connaît ni dimension symbolique ni même dimension réelle, puisque, n'étant pas investie dans des entreprises ou des pratiques sociales, elle ne sert à rien dans l'espace public.

La rupture entre le capitalisme et le socialisme repose sur la rupture entre deux logiques de la propriété : l'accumulation est le mode d'existence de la propriété privée, qui domine le capitalisme, tandis que la circulation et l'usage sont le mode d'existence de ce que l'on peut appeler la propriété sociale, qui domine le socialisme. Fondamentalement, la signification de cette différence repose sur le statut symbolique de la propriété et sur les modalités de l'appropriation. Le capitalisme fonde l'identité sociale sur l'accumulation de propriété : on a une identité, on se voit reconnaître une identité par les autres, à partir du moment où l'on possède quelque chose. C'est, d'ailleurs, pourquoi l'absence de propriété, et, en particulier, la pauvreté ou la précarité reviennent à l'absence de reconnaissance sociale de l'identité. En revanche, la logique socialiste fait de la propriété une médiation économique de l'appartenance : en ce sens, le statut symbolique de la propriété est d'exprimer la dimension sociale de l'identité et la dialectique entre l'instance singulière de l'identité et son instance collective. C'est pourquoi, dans les logiques économiques socialistes, la propriété se confond avec les institutions politiques de médiation et de sociabilité.

Mais cela s'articule à une différence dans la signification du concept de valeur. Le capitalisme fonde la valeur sur l'accumulation, fondée elle-même sur une identité qui repose sur l'importance des biens accumulés. L'identité sociale est reconnue par les autres sur la base de la propriété accumulée par l'acteur qui en est porteur. La spécularité sociale qui fonde l'identité, l'image de soi pour les autres qui fonde l'identité de l'acteur social, repose sur l'accumulation des biens qui lui donne une valeur. En revanche, le socialisme fonde la valeur sur une dialectique entre l'usage et l'échange. Dans une logique socialiste, la spécularité sociale ne fonde pas la valeur sur l'accumulation, mais sur l'aptitude de l'acteur social à mettre en œuvre une dynamique de production, d'échange ou de services et à maîtriser cette dynamique dans l'espace social. Cela explique le rôle des mutuelles et des services publics dans une économie socialiste.

L'ÉMISSION ET LA PRODUCTION DE VALEUR

Il nous faut donc, à présent, définir l'émission et la production de valeur. Dans le champ de la sémiotique de l'économie politique, l'émission de valeur représente un processus comparable à l'énonciation dans le champ de la communication, car il s'agit du processus d'élaboration d'un signifiant. Émettre une valeur, c'est énoncer un signifiant dans les dynamiques économiques, car c'est construire la dimension symbolique d'une identité : c'est construire la représentation dont cette identité fait l'objet pour les autres acteurs sociaux, pour l'espace public. L'émission de valeur consiste à produire la représentation d'un bien pour les acteurs qui appartiennent à l'espace public. En même temps, la production et l'émission de valeur consistent à produire des signifiants qui vont circuler dans l'espace public, qui vont y être diffusés, et qui vont structurer les représentations et les pratiques symboliques constitutives du langage politique de l'économie.

Émettre de la valeur, c'est construire une norme d'évaluation, c'est élaborer une référence par rapport à laquelle la valeur d'un bien sera reconnue par les acteurs sociaux. L'émission d'une monnaie, par exemple, consiste, pour un pouvoir politique, à émettre un système de signifiants qui, d'une part, feront l'objet d'une reconnaissance par ceux qui les mettront en œuvre dans l'achat et la vente de biens, et, d'autre part, feront l'objet d'une reconnaissance et d'une évaluation par les autres systèmes politiques (systèmes de changes et de parité des monnaies). Comme toute énonciation, l'émission de valeurs consiste à exprimer des identités pour d'autres acteurs que ceux qui les émettent. L'émission de l'euro a consisté, d'une part, à imposer l'usage de cette monnaie pour ceux qui appartiennent à un espace politique d'échange et de production, la « zone euro », et, d'autre part, à susciter, dans les autres systèmes économiques (pays européens n'adhérant pas à l'euro ou pays non européens) la reconnaissance de cette monnaie nouvelle. De la même manière, l'hypothèse de l'abandon de l'euro au cours de la crise de la zone euro dans les années 2010-2012 manifeste un défaut de reconnaissance de cette monnaie dans l'espace européen ou un affaiblissement de cette reconnaissance. Mais on peut prendre un autre exemple économique :

celui de la valeur du travail. L'émission ou la reconnaissance de la valeur d'un travail ou d'un emploi repose, comme tout processus symbolique d'énonciation, sur la représentation dont ce travail fait l'objet dans l'espace public, pour les autres acteurs qui sont confrontés à lui ou qui sont en relation avec lui. C'est ainsi que le statut social d'un métier évolue dans l'histoire de la vie économique, en particulier avec le développement des technologies ou l'évolution des pratiques sociales. On peut parler, comme à propos des monnaies, de *l'émission* de la valeur d'un travail, car la reconnaissance de sa valeur représente la norme et les modalités de l'image dont ce travail fait l'objet dans l'espace public. Il s'agit d'une émission, car la représentation de ce travail est élaborée et diffusée dans l'espace public où elle circule et où elle fait l'objet d'une appropriation et d'une reconnaissance dans les cultures sociales de cet espace public. Comme toute énonciation, l'émission de la valeur d'une monnaie ou celle de la valeur d'un travail ne repose pas seulement sur des données objectives ou sur des savoirs, mais elle repose aussi sur des connotations imaginaires, sur des représentations arbitrairement élaborées dans les médias, dans les pratiques culturelles ou dans les discours politiques.

Dans ces conditions, on peut considérer que l'émission de valeur est bien un processus symbolique, imaginaire et réel de médiation, et ce processus est porteur d'une signification. Le projet d'une sémiotique de l'économie politique consiste à penser les modalités selon lesquelles le processus sémiotique de l'énonciation de valeur contribue à la logique politique d'élaboration des identités économiques. On peut articuler la question de la valeur à celle de l'identité de deux manières. D'abord, l'économie est un système politique et médiaté de construction des identités, qui repose, en ce sens, sur une dynamique de confrontation. Dans l'économie libérale, cette dynamique de confrontation est désignée par le concept de *concurrence*. C'est la concurrence qui fonde les identités économiques dans la logique du marché. Dans les autres formes de l'économie, la confrontation entre les identités élaborées en termes de valeur peut être une confrontation entre les services ou reposer sur une dynamique de l'évaluation, en particulier dans les politiques publiques. Par ailleurs, l'émission de valeur s'articule à l'identité en construisant le mode de visibilité des identités économiques les unes pour les autres. La valeur qui leur est reconnue dans l'espace public se fonde sur la visibilité dont les identités économiques font l'objet dans l'espace public. C'est ainsi, par exemple, que, lors de la crise de la dette publique des états en 2011, la valeur des états désigne la visibilité dont ils sont porteurs les uns pour les autres, fondée sur la dette qu'ils peuvent avoir « Si », écrit Martin Wolf[1], « la zone euro adoptait des réformes visant à améliorer son fonctionnement futur au lieu de continuer à être une machine à produire de l'insolvabilité financière et budgétaire dans les pays les plus faibles, la confiance reviendrait ». Cela signifie bien que la valeur et l'identité économique des pays consiste dans la confiance, c'est-à-dire dans l'image dont ils sont porteurs les uns pour les autres. En ce sens, la sémiotique de la valeur constitue bien une approche économique de la sémiotique de l'identité

1 Martin Wolf, « L'option la moins mauvaise », *Le Monde*, 6 décembre 2011.

LA SIGNIFICATION ÉCONOMIQUE

Comme tout système politique, l'économie est un système de signes et de représentations. La sémiotique de l'économie consiste à élaborer des méthodes d'analyse et d'interprétation de ces signes, qui donnent du sens à l'économie en proposant des représentations d'elle dans le débat public et dans les médias. C'est que l'économie est un champ du politique qui, comme tous les autres, est construit à la fois, et de façon dialectique, par deux types d'éléments. Il s'agit, d'une part de faits, de processus, d'événements et de stratégies d'acteurs. D'autre part, il s'agit de représentations qui échappent à la logique de la cause et de l'effet, mais structurent nos opinions, nos idées, nos façons de penser l'économie.

Il nous faut donc à présent tenter de comprendre quels sont ces *signes de l'économie*, dans quelle logique sémiotique ils s'inscrivent et quels types de représentations et de discours ils instituent.

Quatre grandes caractéristiques spécifient la sémiotique de l'économie politique par rapport à d'autres formes de sémiotique ou à d'autres systèmes de représentation politique et d'information.

D'abord, la relation entre la signification de l'économie et les réalités ou les imaginaires auxquels elle se réfère est toujours de l'ordre de la *valeur*. On exprime ou on représente toujours une figure économique en lui donnant une valeur. La valeur constitue le mode fondamental de sémiotisation de l'économie, et, dans l'histoire, l'économie s'est toujours instituée à partir du moment où des biens, des objets, des projets, voire des éléments naturels comme des matières premières, se sont vu reconnaître une valeur. En ce sens, la valeur constitue *l'identité* dans le champ de l'économie. Ce qui caractérise l'identité économique de la valeur est la tension entre l'usage et l'échange. En effet, Marx propose une distinction entre deux logiques de la valeur. Ou elle est articulée au référent d'une réalité économique singulière, et il s'agit de la *valeur d'usage*, ou elle l'est au référent de la réalité d'un marché et d'une relation à l'autre, et il s'agit de la *valeur d'échange.* La valeur d'usage est liée à la pratique singulière de l'activité économique : elle consiste à reconnaître à un bien ou à un objet une valeur fondée sur l'expérience ou l'usage que l'on peut en avoir, ou sur ce qu'il peut manifester dans notre propre activité sociale. La valeur d'échange est, elle fondée, sur le rapport à l'autre, sur une convention entre les parties qui se l'échangent, en dehors des considérations liées à la réalité ou à l'usage de ce bien. L'écart entre ces deux logiques de la valeur manifeste la dimension économique de ce que Saussure appelle l'*arbitraire du signe*, c'est-à-dire la fait que la signification et l'interprétation échappent à la causalité. C'est parce que la valeur du signe manifeste une rupture entre l'usage et l'échange que l'économie est ainsi faite de signes arbitraires. Cette dimension arbitraire du signe économique explique la survenue de crises et de situations critiques, qui représentent souvent la dimension imprévisible de l'économie, et, en particulier, manifestent des situations dans lesquelles les écarts, les distances sont trop considérables entre les valeurs d'usage et les valeurs d'échange. La valeur constitue, ainsi, le *signifiant* dans la sémiotique de l'économie politique. La dimension imaginaire de la valeur s'inscrit, elle, dans le fétichisme idéologique de la valeur, séparée de la relation à la réalité sous la forme de ce que Goux appelle *frivolité de la valeur*[1] ou de ce que A. Orléan désigne comme *l'empire de la valeur*[2].

La deuxième caractéristique des signes de l'économie est la signification du *manque* qu'ils expriment. C'est, d'ailleurs, cette emprise du manque qui marque l'articulation de la valeur au réel et sa distinction d'avec l'imaginaire. En effet, ce qui fonde un système sémiotique, c'est l'impossibilité de tout dire ou de tout exprimer. C'est, d'ailleurs, la raison pour laquelle la fonctionnalité ne suffit pas à comprendre un système politique, mais qu'il y faut toujours une sémiotique, de nature à comprendre et à situer l'inexprimable. C'est aussi la raison pour laquelle l'interprétation est toujours une entreprise complexe, car elle doit aussi rendre compte de ce qui ne peut s'exprimer[3]. Dans le champ de l'économie, la pauvreté, la précarité, représentent le manque,

1 Jean-Joseph Goux, *Frivolité de la valeur*, Paris, Blusson, 2000.

2 André Orléan, *L'Empire de la valeur*, Paris, Seuil, 2011.

3 C'est ce que Lacan exprime en disant : « je dis toujours la vérité, mais pas toute ; les mots y manquent. C'est même par là que le langage tient au réel. »

l'impossible à exprimer, ce que l'économie exclut comme impensable. Sans doute est-ce cette dimension spécifique du manque dans le champ de l'économie qui va faire du rapport à la propriété la structure fondamentale du champ de l'économie politique. Mais, dans le champ de l'économie, le manque ne se manifeste pas seulement par l'exclusion qui prend la forme de la pauvreté : il se manifeste aussi par la disparition d'un acteur, qu'il s'agisse de la mort pour le sujet singulier qui peut mourir de privation, ou de la disparition d'un pays, d'une entreprise ou d'un acteur économique, qui peut disparaître, en raison du manque d'activité ou de reconnaissance de la part des autres acteurs. Enfin, le manque désigne le champ de l'imprévisible de l'économie. Ce qui manque, ce qui sépare fondamentalement le réel du symbolique, dans le domaine économique, c'est le fait que certains événements et certains processus y sont imprévisibles. Ce n'est qu'après coup que l'on a pu expliquer la crise de 1929, par exemple, mais, quand elle est survenue, l'économie de l'époque ne l'avait pas prévue. Il en est de même de l'incidence économique de phénomènes naturels parfois imprévisibles comme certains événements climatiques.

La troisième caractéristique des signes de l'économie est la forme qu'y revêt ce que les sciences du langage désignent par le concept d'*énonciation*, c'est-à-dire la production des signes. On peut la désigner, dans le champ de l'économie, par le concept d'*émission*. On énonce un discours, mais on émet un signe économique, ce qui désigne un geste, un acte, une opération. Cette caractéristique de la production du signe économique désigne le fait que la médiation économique du signe et de la communication repose toujours sur un rapport entre un sujet singulier ou un acteur collectif qui émet un signe de façon performative. Dans la communication, l'énonciation se situe toujours seulement dans le symbolique, sauf dans d'assez rares situations performatives, mais, dans le champ de l'économie, l'émission d'un signe est toujours performative, toujours à la fois dans le symbolique et dans le réel, car elle a toujours des incidences dans la réalité de l'espace économique. Émettre un signe économique, c'est, ainsi, proposer au monde une articulation particulière entre une réalité et sa valeur, qu'il s'agisse d'émettre une valeur en évaluant un bien ou un fait que l'on soumet à un système d'évaluation, ou d'émettre un signe en introduisant dans le système de l'économie une valeur particulière. Acheter un bien, ce qui est une des premières manifestations de l'activité économique, consiste, ainsi, à émettre une valeur dans le marché, sous la forme d'une certaine quantité de monnaie, pour s'approprier ce bien. L'émission du signe revêt ainsi un caractère performatif, car, *en émettant la quantité voulue d'argent, on se rend propriétaire du bien*, et l'on transforme ainsi le réel dans lequel il s'inscrivait auparavant. Quant à l'émission de monnaie par un pouvoir politique ou par une banque d'émission, il s'agit d'un événement performatif, car la production de signes mis en œuvre dans les processus des échanges de la communication et de la médiation économique a des incidences immédiates sur la valeur des biens et sur la valeur de la monnaie comparativement aux autres.

Enfin, comme tous les signes, le signe économique est arbitraire, mais cet arbitraire a une signification particulière. L'arbitraire du signe, tel qu'il est défini par Saussure, consiste dans la part d'imprévisibilité de son énonciation et dans la liberté de son interprétation. C'est parce que le signe est arbitraire qu'on est libre de l'énoncer ou de l'interpréter comme on l'entend (ou comme l'entend notre inconscient). Mais, dans le champ de l'économie, cet arbitraire ne renvoie pas à une liberté du sujet, mais à la rupture entre le monde et sa transformation. L'identité singulière se fonde, dans la filiation et sur le rapport au voisin, c'est-à-dire sur le rapport à l'autre, qui, par ailleurs, fonde la spécularité. Dans le cas de l'économie, *oikos* désigne un espace balisé par la vie sociale, et, par conséquent, en grande partie prévisible. La signification de cette distinction entre l'*oikos* et le reste du monde recouvre en partie la distinction classique entre nature et culture, elle-même née d'une réflexion fondamentalement économique. La nature est l'espace dont la naissance nous échappe, l'espace qui naît indépendamment des hommes et des sociétés, et indépendamment du rapport à l'autre. C'est le sens de *natus*, « né » en latin, sur lequel est construit le terme « nature ». En revanche, la culture désigne le champ de la vie sociale, de ce qui fait l'objet d'une socialisation, c'est-à-dire d'une transformation et d'une appropriation par les hommes et par les sociétés. Or, *oikos* désigne justement ce qui est de l'ordre de la culture, c'est-à-dire du rapport à ceux qui sont semblables à nous. Comme l'ensemble des champs du politique, l'économie consiste à transformer le monde du réel, de la *natura*, en un monde du symbolique et de la société, en un monde du rapport à l'autre que nous reconnaissons et que nous pouvons prévoir.

Dans une approche sémiotique, l'économie est un système de représentations qui met en œuvre une logique de la signification, articulée autour de signes. Les signes économiques se structurent en un *signifiant*, la valeur, un *signifié*, l'échange, et un *référent*, l'usage du signe. Commençons donc par analyser ces différentes instances de la signification dans le champ de l'économie, ainsi que les illustrations qu'elles revêtent dans les différentes approches de l'économie.

LES SIGNIFIANTS ET LES CODES

Les signifiants de l'économie expriment, au cours des échanges, les valeurs des biens qui circulent et font l'objet de la négociation. Ils manifestent les appartenances des acteurs de la relation à des systèmes culturels et politiques qui représentent leur identité économique et leur appartenance sociale. Quand les acteurs de l'échange appartiennent au même système économique, sont porteurs de la même identité, la négociation porte sur l'évaluation du bien, et quand ils appartiennent à des systèmes économiques différents, la négociation porte aussi sur la comparaison entre les signifiants que sont les monnaies, qui prend la forme du *change*, processus comparable à celui de la traduction dans le cas des langues. Mais, finalement, on se rend compte que les codes et la mise en œuvre des signifiants de l'échange constituent des faits et des systèmes comparables à ceux de l'élaboration et de la confrontation des identités. La mise en œuvre de la négociation et celle de l'échange constituent des médiations économiques de l'identification, car les acteurs qui en sont les partenaires confrontent leurs identités les unes aux autres, et, ce faisant, ils font l'expérience de ces identités et poursuivent le processus ininterrompu de leur construction. Toute négociation, tout échange, constituant une expérience des codes et des signifiants, est un processus identitaire.

Les échanges et les négociations mettent en œuvre quatre types de signifiants, qui se caractérisent tous par l'identification, dans l'énonciation économique, entre expression et évaluation. Les signifiants mis en œuvre au cours des échanges, qui constituent, ainsi, ce que l'on peut appeler la langue de l'économie, consistent tous à la fois dans des expressions de l'identité de leur énonciateur ou de leur usager et dans des modalités de l'évaluation du bien qui fait l'objet de l'échange. En même temps, les signifiants ainsi engagés reconnaissent au bien échangé une identité particulière d'objet d'échange et de circulation. C'est parce que le bien se voit attribuer un signifiant d'échange qu'il cesse de n'être qu'un bien d'usage et de propriété pour devenir un bien d'échange, de flux et de circulation. On peut donc remarquer que, dans la sémiotique économique, qu'il s'agisse de celle des acteurs engagés ou de celle des biens qui font l'objet de l'échange, le concept même d'identité se fonde sur une relation sémiotique entre le signifiant qui le représente dans l'échange et la matérialité de conception mise en œuvre au cours de son usage social. Une monnaie, par exemple, est à la fois le signifiant de l'évaluation d'un bien au cours d'un échange et le signifiant de l'identité politique (État ou institution) qui l'a conçue, qui l'a émise et qui en régule l'usage et la circulation. C'est la raison pour laquelle la reconnaissance des signifiants et des codes des échanges économiques fait elle-même l'objet de conflits ou de tensions entre les acteurs des échanges et des négociations. Un marché est, ainsi, à la fois un espace d'échange et un espace de confrontation des identités économiques exprimées par les codes des signifiants engagés. Comme tout signifiant, les signifiants des échanges et des flux économiques s'inscrivent dans des systèmes symboliques de représentation et de communication. On peut donner le nom de *finance* à ce système d'expression des identités économiques. L'activité financière désigne l'ensemble des activités et des processus de négociation mettant en œuvre les signifiants économiques de la valeur.

Les monnaies sont, sans doute, les signifiants d'échange les plus anciens (après les processus de troc) et les plus communs. Une monnaie évalue un bien dans un système de signification propre à un espace politique particulier et émise à l'initiative d'un pouvoir particulier. Longtemps propres aux états, les monnaies ont fini par acquérir, pour certaines d'entre elles, une dimension internationale. C'est ainsi que l'euro est devenu, en 2002, la monnaie de dix-sept pays de l'Union européenne, après l'ECU[1], né en 1979. En utilisant une monnaie, on exprime à

1 *European Current Unit*. Sans doute le choix du sigle ECU manifeste-t-il à la fois la signification de l'anglais dans le temps court, et le souci d'ancrer les signifiants de l'économie dans une histoire inscrite dans le temps long de la mémoire.

la fois l'évaluation d'un bien, la participation à une négociation et l'appartenance à un système politique et culturel. En termes économiques, on remarque que, très tôt dans l'histoire, l'espace de l'usage des monnaies ne s'est pas limité aux pays qui les émettent, mais s'est étendu à des espaces d'échange, à des marchés de plus en plus larges à la faveur du développement des transports, des flux de marchandises et de l'internationalisation des échanges. C'est l'activité de conservation et de capitalisation des monnaies et l'activité de change qui institue le système des *banques*, devenues de plus en plus importantes au fur et à mesure de l'internationalisation de l'économie.

Les signifiants institutionnels sont les signifiants d'échange ne consistant pas dans une matérialité diffusable, mais dans des pouvoirs. Il s'agit, par exemple, d'actions d'entreprises qui donnent des droits de vote et des pouvoirs de participation aux décisions, ou il s'agit de droits de tirage dans des organismes financiers internationaux comme le F.M.I. Ces signifiants de valeur ne sont pas engagés, comme les monnaies, dans des processus d'achat ou de vente de biens, mais ils interviennent dans des systèmes institutionnels dans lesquels ils expriment l'identité et le statut de celui qui les possède. Comme les monnaies, ces signifiants font l'objet d'une appropriation, d'une conservation et d'une circulation, mais ce qu'ils expriment est davantage un pouvoir ou une identité institutionnelle, un statut, qu'une richesse matérielle. C'est dans le cadre de l'élaboration des formes modernes d'institutions économiques comme les entreprises que les signifiants institutionnels de la valeur sont apparus, donnant lieu, comme les monnaies, à l'existence d'un véritable marché d'échange et de circulation, matérialisé par les Bourses. C'est en raison de cette dimension d'expression des identités économiques que l'on donne à ces signifiants le nom de *valeurs* et que les Bourses s'intitulent *Bourses des valeurs.*

Un autre type de signifiant de la communication économique est apparu à la fin du XIXe siècle[1] : il s'agit de l'évaluation des agences spécialisées, dites « agences de notation ». Ce système de signifiants articule l'identité des acteurs à l'expression d'une valeur qui exprime l'évaluation de leur activité économique, de leur statut dans l'espace public des échanges,

1 L'agence Poor naît à la fin du XIXe siècle, l'agence Moody en 1909 (elle inaugure la notation par lettres), et l'agence Fitch en 1913 (*Lemonde.fr*, 8 juillet 2011 et *Le Monde*, 19 août 2011).

de leur légitimité et de leur activité institutionnelle dans les logiques du marché et de l'activité financière – en particulier dans le champ de l'internationalisation de l'activité économique. Ces valeurs expriment les identités des acteurs dans leur confrontation les uns aux autres, dans l'espace public de la négociation et de l'échange. Les systèmes de notation ont manifesté une importance et un pouvoir particulièrement intenses lors des crises financières internationales survenues dans les années 2010, notamment autour de la question de l'endettement des états.

Enfin, il existe des signifiants propres à des pratiques institutionnelles particulières comme les bourses ou les médias économiques. Tout espace public d'échange et d'activité économique dispose d'un système de signifiant propre au type d'échange qui y est mis en œuvre et au système culturel d'identité des acteurs engagés. C'est ainsi que l'on peut citer deux exemples de ces signifiants institutionnels économiques particuliers. Le domaine des matières premières agricoles ou industrielles dispose de systèmes d'évaluation qui articulent étroitement les valeurs d'usage et les valeurs d'échange aux normes de pratiques sociales en cours. Une signification économique est donnée aux matières premières à partir du moment où elles ne se voient plus seulement reconnaître une valeur d'usage mais s'inscrivent dans des dispositifs de capitalisation et de financiarisation. Les sources d'énergie se voient reconnaître des usages particuliers dans le domaine de l'énergie. Mais le rôle de l'énergie dans le développement économique et dans la croissance finit par lui donner un rôle particulier dans l'économie politique, susceptible de lui faire reconnaître aussi une valeur d'échange. C'est ainsi que sont apparues des unités particulières de valeur comme la « tonne d'équivalent pétrole », destinée à exprimer dans un système commun l'ensemble des valeurs de l'énergie dont disposent les acteurs sociaux[1], à partir du moment où l'énergie est devenue l'enjeu d'une économie particulière.

1 Un tonnage déterminé d'un combustible donné dégage, en brûlant, un certain nombre de calories. Cette même quantité de chaleur peut être obtenue par la combustion d'une certaine quantité de pétrole et s'exprime alors en tonnes d'équivalent pétrole (TEP). Cette notion est surtout utilisée lorsque l'on fait des comparaisons de consommation de combustibles différents ou pour dresser des statistiques de consommation ou de production d'énergie. On peut ainsi tout ramener à un combustible unique et dont l'usage est plus parlant à l'imagination. La valeur de la tonne d'équivalent pétrole ne fait l'objet d'aucune normalisation : ce n'est pas une unité de mesure, seulement une grandeur

LE SIGNE ÉCONOMIQUE

L'économie met en œuvre une logique particulière de signes, que l'on peut analyser en termes saussuriens, en analysant trois instances. Le signifiant, qui est la réalité matérielle du signe linguistique, consiste, dans le champ de l'économie, dans la valeur, réalité matérielle qui donne leur consistance effective aux échanges. Le signifié y consiste dans l'échange entre les acteurs : c'est en ce sens que le signe économique est un performatif, qui repose sur la mise en œuvre d'un échange. Enfin, c'est à une situation réelle ou imaginaire que se réfère le signe économique : celle d'un pays, celle d'une activité sociale, celle d'un acteur social.

C'est en ce point que l'échange se distingue du troc. En effet, le troc n'a pas de signification à proprement parler : il s'agit d'une relation fonctionnelle, instrumentale, entre deux personnes qui se donnent l'un à l'autre des objets ou des biens dont ils ont besoin ou dont ils ont l'usage. Le troc est une sorte d'événement ponctuel qui n'inscrit pas de valeur dans un code et n'engage pas l'identité des acteurs qui y prennent part. L'échange, lui, engage les identités des acteurs, qui, ainsi, deviennent des sujets prenant part à un échange intersubjectif, et, en engageant leur identité, élaborent une signification dans l'espace économique.

La problématique du signe fait naître, dans le champ de l'économie, des pratiques particulières d'expression et de représentation, qui se manifestent dans l'énonciation de discours et dans l'élaboration de représentations propres à la communication et à l'information sur l'économie, mais également dans la construction de ce que l'on peut appeler une *culture politique de l'économie.*

Sans doute convient-il, dans ces conditions, de désigner la culture politique de l'économie comme l'ensemble des médiations symboliques des identités mises en œuvre dans le débat public et dans la communication liée à l'économie. C'est ainsi, par exemple, que J.-L. Bal propose[1] ce qui peut constituer une définition des spécificités de l'économie politique de l'énergie, qui, dans le même temps, en définit les signes.

---

d'emploi commode dans certains cas. Sa valeur, telle qu'elle est généralement admise, est de 11 000 kilocalories (Stanislas de Chawlowski, *Encyclopædia universalis*, 2012).

1 J.-L. Bal, « Pour un nouveau modèle énergétique français », *Le Monde*, 30 novembre 2011.

1. Garantir un taux élevé d'indépendance énergétique et un haut niveau de sécurité d'approvisionnement.
2. Prémunir tous les consommateurs de fortes hausses de prix.
3. Préserver l'environnement par le développement de productions propres et sûres dont les risques sont maîtrisés.
4. Assurer la sûreté du système énergétique et garantir l'équilibre entre l'offre et la demande.

Les logiques de l'économie politique de l'énergie constituent des signes, car ce sont elles qui à la fois peuvent donner sa matérialité au discours politique sur l'énergie et permettent d'en élaborer une interprétation. La signification de ce discours est, ainsi, renvoyée à trois thématiques majeures qui situe le champ de l'économie politique de l'énergie : celle des prix, celle de l'approvisionnement et celle de la sécurité – ici appliquée au marché (« garantir l'équilibre entre l'offre et la demande »). La sémiotique de l'économie devient, dans ce cas, une des logiques d'interprétation d'un discours politique qui, par ailleurs, se situe sur d'autres plans, comme celui de la sécurité, celui de l'indépendance, ou celui du pouvoir. On se rend compte, par cet exemple, que l'économie n'est pas seulement un des champs du politique, ne désigne pas seulement un des champs dans lesquels se mettent en œuvre des pratiques politiques d'exercice du pouvoir, d'élaboration des identités ou d'argumentation et de rhétorique de la confrontation. L'économie devient une des logiques de la signification du discours politique qui, comme toute logique d'énonciation et d'interprétation, peut porter sur n'importe quel discours, comme, ici, sur le discours sur l'énergie, qui fait l'objet d'une reformulation et d'une interprétation en termes économiques.

Comme tous les signes dans la logique saussurienne, les signes de l'économie comportent deux instances, un signifiant et un signifié, arbitrairement articulées l'un à l'autre, qui vont constituer les deux instances d'élaboration de la sémiotique de l'économie. Étudions-les dans l'exemple que nous avons commencé à lire.

LE SIGNIFIANT : LA VALEUR

La valeur est le signifiant dans le champ de l'économie : c'est elle qui exprime la signification dans la matérialité de la représentation. C'est en reconnaissant la valeur d'un bien qu'on lui reconnaît une *signification économique.* Dans l'exemple de l'article de Bal, la valeur a trois expressions. Il s'agit, d'abord, de la valeur attachée à l'identité politique, fondée sur *l'indépendance.* Dans le champ de l'économie politique, l'indépendance (ici garantie par l'autonomie de l'approvisionnement en énergie) est une des valeurs qui donnent une dimension économique à l'identité nationale. Il s'agit de ce que l'on pourrait appeler *l'instance institutionnelle de la valeur.* Il s'agit, sur un autre plan, d'une autre dimension de la valeur : la matérialité de l'échange. En effet, le second volet de la représentation de la valeur de l'énergie présente les hausses de prix comme un obstacle à éviter : « prémunir les consommateurs », dit le texte. Le quatrième volet présente l'équilibre entre offre et demande comme un idéal positif à atteindre, l'échange constitue ici un volet majeur du signifiant de la valeur, car c'est dans la mise en œuvre de l'échange et de ses modalités que se manifeste pleinement la matérialité de la valeur. Il s'agit, enfin, de la valeur reconnue aux logiques de la production. Dans ce champ, deux valeurs donnent une expression à la valeur. La première est la sécurité, qui permet d'évaluer les modalités de la production de l'énergie : « Développement de productions propres et sûres dont les risques sont maîtrisés », « Un haut niveau de sécurité d'approvisionnement », « Assurer la sûreté du système énergétique ». La seconde est la préservation de l'environnement, qui articule, ici l'économie et l'écologie dans ce que l'on pourrait appeler une médiation spatiale de l'économie politique. Le texte de Bal écrit ainsi : « Préserver l'environnement par le développement de productions propres ».

Comme c'est le rôle de tout signifiant dans la sémiotique du discours et des représentations, les modalités d'expression de la valeur situent le discours dans un champ particulier du débat public. Si Bal fonde les valeurs de l'énergie sur la sécurité, l'indépendance et les modalités de la production et de l'échange, une autre thématique de signifiants va situer la valeur de l'énergie. C'est ainsi que, selon V. Pichon[1], « notre génération n'a donc qu'un seul choix : celui de la rupture. La rupture avec notre modèle énergétique, et donc avec notre modèle de croissance ». Il s'agit, cette fois d'exprimer l'économie politique de l'énergie dans un autre système de signifiants, fondé, lui, sur la thématique de la croissance et de la critique des modèles dominants de l'économie. En évoquant la nécessité de la stratégie d'une « rupture énergétique », Pichon déplace le débat et les identités des acteurs politiques. En effet, il se situe dans le champ, plus large, de la confrontation entre la thématique de la croissance, qui est la thématique dominante de l'économie libérale, et la thématique de la « décroissance », qui est celle de la critique du libéralisme fondée sur l'élaboration et la reconnaissance d'une autre culture de l'économie politique, celle qui a été ouverte par le discours de l'écologie.

LE SIGNIFIÉ : L'ÉCHANGE

C'est ce que nous allons comprendre de façon plus approfondie en analysant les *signifiés* des signes économiques mis en œuvre dans le discours de Bal et dans le discours de Pichon. Dans le champ de l'économie, l'instance du signifié est, en fait, une *relation*, celle de l'échange entre deux acteurs. Il ne s'agit pas d'un point d'information, comme dans le cas du signe ordinaire analysé par Saussure, mais le fait que le signifié du signe économique soit, en fait, une *relation*, s'inscrit dans la perspective de la performativité du discours de l'économie politique.

Dans le signe économique, si le *signifiant*, comme dans le cas de toute sémiotique, consiste dans la matérialité d'une expression, le signifié consiste dans *la mise en œuvre effective d'une relation entre acteurs*. C'est, ainsi, la mise en œuvre du signifié dans la pratique du signe économique qui fonde l'institution d'un espace de débat et de confrontation entre discours, entre idées, entre projets, mais aussi entre différentes expressions de rapports de forces entre acteurs.

1 V. Pichon (« Be Citizen »), « Face à la hausse du pétrole, la seule bonne stratégie reste la rupture énergétique », *Le Monde.Éco & Entreprises*, 11 septembre 2012.

Le signifié de l'échange va revêtir quatre formes dans l'article de Bal. D'abord, il s'agit de la dimension *internationale* des échanges, et de l'institution d'un espace économique international. Ce signifié est exprimé par la référence à l'indépendance. Il s'agit d'une modalité de l'échange qui le situe dans la politique internationale et dans les relations, à la fois économiques et politiques, entre les pays qui participent aux échanges qui mettent en œuvre ce que l'on pourrait appeler la mondialisation – en l'occurrence la mondialisation de l'énergie. Par ailleurs, il s'agit de la *consommation*, comme forme d'échange. Ce signifié est exprimé par la référence aux hausses de prix et par « l'équilibre entre l'offre et la demande ». La consommation représente ce que l'on pourrait appeler la dimension *singulière* de la médiation économique de l'échange, en l'inscrivant dans les pratiques ordinaires des consommateurs, qui sont les sujets singuliers de la vie économique. D'autre part, l'échange est manifesté ici par ce que l'on pourrait appeler l'idéal de la sécurité dans la référence à l'approvisionnement. Il s'agit d'une modalité particulière de l'échange qui, par une forme de référence métonymique à son inverse, tend à valoriser l'échange représenté en l'opposant à d'autres modalités d'échange, qui, elles, sont implicitement critiquées comme n'étant pas sûres ». Enfin, ce qui manifeste le signifié de l'échange est, dans le texte de Bal, ce que l'on pourrait appeler *l'inscription de l'échange dans l'espace* (« Préserver l'environnement »), qui prend la forme de ce que l'on pourrait appeler une *médiation écologique de l'échange économique*. Dans les signifiés qui permettent d'interpréter les signes économiques mis en œuvre par l'énonciation du discours de Bal, la référence à ce que l'on pourrait appeler le critère écologique de l'évaluation constitue une modalité spécifique d'un discours sur l'énergie, qui le distingue d'autres discours ne donnant pas de place majeure à la référence à l'environnement et à sa préservation.

Le texte de Pichon va mettre, lui, en évidence, trois signifiés majeurs qui représentent les modalités de l'échange qu'il propose dans son analyse économique de la « rupture énergétique ». Le premier de ces signifiés est, précisément, celui de la rupture. La rupture définit une modalité particulière de l'échange qui entend échapper aux logiques dominantes du marché, des usages et des échanges de l'énergie, en promouvant une approche de l'énergie acquérant une identité politique particulière du fait même qu'elle se situe en rupture avec les logiques dominantes.

L'échange prend ici la forme d'une confrontation entre différents projets politiques exprimant des identités politiques distinctes et opposées. Le second signifié d'échange mis en œuvre dans le discours de Pichon est la référence à l'opposition entre l'État et les marchés. « L'État », écrit Pichon, « peut et doit protéger ses concitoyens de chocs externes ou des dérèglements du marché ». Cet antagonisme entre les états et les marchés, entre les acteurs des pouvoirs institutionnels et les acteurs de l'économie libérale, définit la seconde confrontation qui désigne des modalités différentes de la production et de l'échange constitutifs de l'économie politique. Enfin, on peut remarquer, dans le texte de Pichon un autre signifié de l'échange. En écrivant, un peu plus loin, « L'énergie est aujourd'hui le sang de nos sociétés industrielles et modernes », Pichon donne à l'énergie une place particulière dans les échanges constitutifs de l'économie. Il s'agit d'une forme de signifié vitaliste, fondé sur une métaphore organiciste représentant l'économie et la société comme un corps vivant. Ce signifié particulier donne à l'échange des énergies ce que l'on peut appeler un statut fondateur, un statut originaire des sociétés politiques contemporaines. En ce sens, on peut parler, à ce propos, dans le champ de la sémiotique de l'économie politique, d'une forme de *signifié identitaire.*

LE RÉFÉRENT : L'USAGE ET LES PRATIQUES SOCIALES

Le signe économique renvoie à un référent, qui est extérieur à l'échange proprement dit : il s'agit de l'ensemble des usages et des pratiques dont fait l'objet le signe et qui constituent l'économie comme culture et comme ensemble de pratiques, de relations et de représentations. C'est la reconnaissance comme référent du signe économique d'un objet du monde, d'un acteur social ou encore d'une notion ou d'une représentation qui les inscrit dans le champ de la sémiotique de l'économie en leur donnant un statut qui les fonde comme identité.

Dans les deux exemples que nous avons étudiés, l'article de Pichon sur la « rupture énergétique » et l'article de Bal sur « un nouveau modèle énergétique », le référent est issu de la réalité des pratiques et des acteurs de l'économie, puisqu'il s'agit de l'énergie, réalité à laquelle les deux discours se réfèrent pour définir les modalités particulières de l'économie qui se fonde sur elle et les logiques particulières de valeur et d'échange qu'elle implique. Le référent du signe économique peut être de l'ordre du savoir et de la culture, et, dans ce cas, il s'agit de discours savants sur l'économie, construisant des modèles didactiques ou épistémologiques d'analyse et de réflexion. Mais il peut s'agir aussi de référents issus des confrontations entre projets politiques et entre modèles économiques différents, et, dans ce cas, il s'agit de discours économiques pleinement politiques, construisant des identités antagonistes. Enfin, il peut s'agir de discours de médias élaborant des modes d'énonciation et de diffusion de l'information opératoires dans le débat politique et structurant les références mises en œuvre dans les argumentations énoncées dans l'espace public de l'information et de la communication. Les référents du signe économique orientent, ainsi, les discours et les signifiants mis en œuvre en les situant dans ce que l'on peut appeler des cultures politiques particulières et des espaces particuliers de débat et de confrontation.

LA VALEUR COMME SÉMIOTIQUE PROPRE DE L'ÉCONOMIE

On peut ainsi comprendre que la valeur définit un système sémiotique propre à l'économie, commun à tous ces modes d'expression. La valeur désigne la relation économique de la signification, en désignant une relation entre quatre instances : les partenaires de la relation d'échange économique, le bien évalué, qui constitue la *référence* de la valeur, et le signifiant, c'est-à-dire l'expression de la valeur dans une monnaie ou un système sémiotique quelconque d'expression.

Le dispositif complexe de la valeur peut s'articuler de la façon suivante.

Entre les deux partenaires de l'échange qui mettent en œuvre le système de la valeur, s'institue une relation comparable à la relation d'identification ou de spécularité qui lie les deux partenaires d'une relation de communication. Cette relation peut s'appeler *relation de confiance*, ou *d'adhésion* : il s'agit de la relation qui rend possible l'échange en inscrivant la relation économique dans une relation sociale de communication. C'est cette relation entre les deux partenaires de l'échange qui va fonder le marché institué comme espace économique de médiation. En particulier, la relation entre les deux acteurs va consister dans le choix d'une unité d'évaluation qui leur soit commune. Sur la base de cette relation, l'acteur qui est à l'origine de la relation va mettre en œuvre la *demande*. En effet, il va engager la dépense, c'est-à-dire mettre en œuvre un *signifiant* énoncé dans le système commun aux deux partenaires de l'échange, au cours d'un processus que l'on peut désigner comme l'émission du signifiant (en particulier de la monnaie utilisée et de son montant). Dans cette relation intersubjective, qui est une négociation entre deux acteurs, l'autre acteur va mettre en œuvre *l'offre*, c'est-à-dire proposer à l'autre de lui vendre un bien, ou, dans certains cas, de le lui donner, de le lui louer…, ce qui constitue d'autres modes de transaction. Cette dialectique entre l'offre et la demande représente, sur le plan économique, le processus de l'énonciation que l'on connaît dans la relation de communication. Cette négociation entre les deux acteurs de la relation, exprimée dans le système de valeur qui leur est commun, va évaluer un bien qui constitue la référence, l'objet, de la transaction ou de la négociation. En termes sémiotiques, la valeur est, ainsi, finalement, le *signifiant* de la relation, et, comme tout signifiant, elle fonde son statut et son importance sur une relation métonymique au *manque*. Si le signifiant fait, ainsi, l'objet d'une reconnaissance par les deux partenaires de l'échange, c'est qu'il se situe, pour l'un et pour l'autre, par rapport à un manque. C'est la relation entre manque et possession, entre manque et richesse, qui définit l'économie comme un système sémiotique, comme un système de signifiant. En effet, le manque fonde le statut sémiotique de la relation économique et du marché, en exprimant le désir des deux partenaires de l'échange, qui les engage dans la relation.

Mais, bien sûr, cette relation économique ne met pas seulement deux acteurs de l'échange en présence l'un de l'autre. L'échange s'inscrit dans un système social, et la relation économique est une *médiation*, car elle s'inscrit dans un système politique d'articulation entre une dimension singulière et une dimension collective. La médiation se fonde sur la relation entre l'acteur de la négociation et un *destinateur*, c'est-à-dire une institution qui lui donne sa légitimité et valide l'échange en cours en exprimant sa conformité à un système politique de lois et de normes. De la même façon, le signifiant de la relation, l'expression de la valeur dans un système monétaire ou un système de valeurs commun aux partenaires de l'échange, est articulée à une conception sociale de la référence qui inscrit le bien faisant l'objet de la négociation dans un paradigme, dans un ensemble de biens comparables faisant l'objet d'une évaluation et d'une mesure communes à tous ceux qui appartiennent au même *oikos*, au même système économique et politique. On peut donner le nom latin de *fœdus*, de convention, à la relation de conformité de la référence de la dimension individuelle, intersubjective, de la relation à la référence de la dimension collective de l'appartenance.

Le système de la communication intersubjective[1] est articulé autour de la *vérité*, qui désigne une relation entre le manque, c'est-à-dire, en l'occurrence, étant donné l'impossibilité de tout dire, le signifiant qui manque, et la science, c'est-à-dire l'ensemble des connaissances socialement reconnues et communes aux deux sujets de l'échange. Le système de la communication médiatée[2] est articulé autour du *politique*, qui désigne une relation entre la *médiation*, qui désigne la légitimation de l'énonciateur par le destinateur, par le système politique ou le pouvoir auquel il adhère, et le *fœdus*, qui désigne la convention fondant la légitimité de l'usage du signifiant et de sa relation à une référence inscrite dans la culture légitime commune. Sans doute peut-on construire la sémiotique de l'économie autour d'une relation comparable entre *l'usage*, qui constitue la norme de ce que l'on peut appeler l'économie intersubjective, inscrite dans l'espace singulier de *l'oikos*, et *l'échange*, qui constitue la norme de ce que l'on peut appeler l'économie médiatée, inscrite dans l'espace du marché. Cette relation entre l'usage et l'échange désigne la relation d'identité, *c'est-à-dire, précisément le lieu de la valeur.* La valeur occupe, dans le champ de l'économie, la place que l'identité occupe dans le système de la communication et de la médiation ; surtout, la valeur représente la place de l'identité dans la sémiotique de l'économie. En effet, d'une part, le paradigme de la valeur articule la relation entre l'usage et l'échange, qui désigne, elle-même, ce qui fonde l'inscription du sujet et de l'acteur dans les dispositifs de la relation économique.

1 Bernard Lamizet, *Les Lieux de la communication*, *op. cit.*, p. 18.
2 *Ibid.*, p. 183.

D'autre part, le concept de valeur désigne, dans l'économie, l'identité des objets qui font l'objet de la transaction, de l'échange ou de l'évaluation. C'est la valeur qui institue le langage et la médiation de l'économie.

Il nous reste à définir *l'espace politique* dans lequel se mettent en œuvre ces dispositifs et ces relations. Il s'agit de l'espace désigné dans la culture grecque par le terme *agora*, et dans la culture latine par le terme *forum*, et dans notre culture contemporaine par le terme *marché*, qui, d'ailleurs, traduit *agora* et *forum*. Ce terme désigne fondamentalement ce qui est *en-dehors*[1], autrement dit l'espace extérieur au sujet de la communication et de la négociation, dans lequel s'instaure la dialectique entre l'offre et la demande, autour des deux partenaires de l'échange et de l'objet sur lequel il porte. Dans l'évolution politique contemporaine de l'économie, cet espace du marché s'est vu peu à peu reconnaître une conception libérale, qui identifie le marché avec la concurrence libre entre les acteurs économiques. Mais une sémiotique politique de l'économie peut faire apparaître d'autres conceptions du marché, de l'espace de l'échange et de la transaction, en se fondant, par exemple, sur des marchés régulés par les états ou par les institutions, ou en se fondant sur des marchés ou sur des économies « parallèles », fondées sur des valeurs différentes de celles du commerce libéral.

Dans cet espace de l'*agora*, dans cet espace du marché, *valoir* occupe la même place que *signifier* dans l'espace de la communication et des échanges symboliques. La valeur représente, dans le champ de l'économie, dans l'*agora* ou le marché, l'équivalent de la relation de signifiance dans l'espace de la communication et des échanges symboliques. Dans ces conditions, ce qui n'a pas de valeur correspond, dans ce champ de l'économie, à ce qui n'a pas de sens dans le champ de la sémiotique et de la communication. L'espace du marché ou celui de l'*agora* sont ainsi, fondamentalement, des espaces de communication et d'échanges dans lesquels les acteurs sociaux élaborent les représentations qu'ils vont s'échanger, donnant, ainsi, lieu à la construction et à la mise en œuvre de toute une économie, c'est-à-dire de tout un système d'échanges et de représentations.

La valeur constitue le champ qui donne son caractère sémiotique à cet espace du marché ou de l'échange en y instituant une logique de

---

1 *Agora* et *forum* ont la même étymologie indo-européenne, **ghelor-*, que l'on retrouve dans le français « hors » ou dans l'italien *fuori*.

la représentation du monde. Finalement, la valeur n'est pas autre chose que le mode d'expression ou de représentation des objets, des richesses ou des pauvretés du monde dans la médiation entre un espace public, celui des échanges et du marché, et un espace privé, celui des usages et des pratiques des biens et des valeurs. La valeur articule, dans ces conditions, ce que le latin désigne par l'*otium*, qui est le champ des usages, et ce qu'il désigne par le *negotium*, le champ des échanges. Mais, fondamentalement, on peut remarquer que la culture latine fonde le concept de négociation, à partir du terme *negotium*, sur une forme de dénégation de la logique de l'*otium*, qui, finalement, désigne le champ des usages et des pratiques non structurés par des impératifs sociaux et non déterminés ou contraints par des lois et des dispositifs institutionnels. Ce qui n'a pas de valeur, dans cette logique, c'est ce qui n'a pas de sens.

LES SIGNES DE LA PRODUCTION ET DE LA TRANSFORMATION : LE TRAVAIL

C'est le travail qui produit les objets de l'échange et de l'économie, qui transforme les objets du monde en objets de négociation et de transaction, ou qui produit les biens, matériels ou immatériels, qui feront l'objet de l'échange. L'identité économique du travail est complexe, et engage plusieurs instances qu'il convient d'articuler l'une à l'autre et dont il convient de formuler la signification, elle-même complexe, dans le champ particulier de la sémiotique de l'économie. C'est qu'en effet, le travail est une identité économique complexe qui désigne plusieurs processus, et, par conséquent, plusieurs acteurs et plusieurs logiques de signification et de représentation.

La première signification de la notion de travail et la première logique de signes qu'elle implique est celle de production de valeur liée à une transformation du monde. Le travail met en évidence la confrontation de la société au réel de la nature et fait, par conséquent, apparaître la dimension en partie imprévisible des processus naturels. Le travail, dans cette première dimension, définit l'économie comme l'expression d'une confrontation des sociétés au réel du monde qu'il s'agit de maîtriser. Le travail inscrit, en ce sens, l'économie dans une logique de puissance. Dans la problématique de la transformation du monde, l'économie manifeste le désir d'un pouvoir et sa mise en œuvre dans les systèmes sociaux. Cette confrontation fera, d'ailleurs, l'objet de tout un ensemble de représentations imaginaires sociales dans les mythes de la transformation du monde – à commencer par le mythe prométhéen de l'appropriation du feu et par tous les mythes, comme ceux des « travaux » d'Hercule, qui expriment la façon dont le travail assure une supériorité des sociétés humaines sur la nature.

De nombreuses cultures ont connu, à de nombreuses époques, de multiples systèmes sémiotiques d'expression de la domination sociale de la nature et des transformations de la nature par les sociétés. On peut, en particulier, citer l'organisation institutionnelle et politique de l'artisanat dans les villes du Moyen Âge et, surtout, les logiques d'organisation et de régulation du travail fondées sur la reconnaissance de l'identité des acteurs du travail, à partir de l'industrialisation du XIXe siècle, qui se prolongeront par les crises liées à la désindustrialisation du monde occidental à partir de la fin du vingtième siècle.

Cette logique de la sémiotique économique du travail donne toute leur signification économique aux débats contemporains sur l'énergie, en particulier sur trois plans. D'abord, c'est dans cette logique sémiotique du travail et de la transformation que, par exemple, la confrontation entre les pays industriels et les pays exportateurs de pétrole va prendre toute sa signification à la fois politique et économique. Les « chocs pétroliers » qui rythment la deuxième moitié du vingtième siècle à partir des années 1970 et de la confrontation liée, en particulier, aux crises et aux guerres du Proche-Orient et de la Palestine vont manifester cette confrontation en faisant apparaître, par la logique du manque, la place de l'énergie dans les systèmes de transformation et d'industrialisation du monde. À cet égard, d'ailleurs, les récents événements liés à la fermeture de la raffinerie de Petroplus en Seine-Maritime[1] et les confrontations entre les partis conservateurs et les partis écologistes autour de la mutation des logiques de l'énergie montrent que le débat sur le pétrole est un débat toujours ouvert et un champ toujours actif d'élaboration des identités et des engagements de la politique économique. Par ailleurs, le débat public sur l'énergie a acquis une importance politique particulière sur le

1 *Cf. Lemonde.fr*, 20 janvier 2012.

plan économique, car il s'accompagne d'un débat sur les mutations et les transformations des modèles et des logiques de l'industrie et de la transformation du monde. La confrontation des représentations symboliques de l'industrie au réel de la nécessité de l'énergie et de sa raréfaction a engagé un autre débat, plus approfondi, sur les orientations et les logiques de l'industrie et du travail. Cela montre que l'énergie ne saurait se réduire à une dimension fonctionnelle et instrumentale, mais qu'elle joue un rôle majeur dans l'élaboration des modèles et des conceptions du travail et de la transformation du monde. On peut, en particulier, citer les débats en cours sur les usages de l'énergie par l'agriculture et sur l'incidence de ce débat sur les orientations des conceptions de l'agriculture. On peut citer aussi le débat sur le rôle de l'eau comme énergie agricole et sur les orientations des usages de l'eau dans le domaine de l'agriculture[1]. Enfin, le débat sur l'énergie et sur ses usages dans les transformations du monde par le travail joue un rôle majeur dans l'économie politique de la ville et de l'aménagement de l'espace urbain. La construction des usines et les dégradations des espaces des périphéries urbaines, mais aussi la pollution environnementale et paysagère entraînée par ces aménagements ont entraîné une recomposition de l'économie urbaine, en particulier sur le plan des valeurs de l'immobilier et sur la reconnaissance du rôle des périphéries dans l'économie des villes et dans la croissance urbaine. En même temps, sans doute cette reconnaissance du rôle des périphéries dans la croissance de l'économie des villes s'est-elle aussi inscrite dans une recomposition plus profonde de la réflexion sur la contradiction entre les impératifs industriels de l'aménagement de l'espace et les impératifs de la vie quotidienne dans les villes. Cela a, sans doute, entraîné une reconnaissance plus approfondie du rôle de l'écologie et de l'environnement dans l'économie.

Mais, bien sûr, c'est sur le rôle des acteurs du travail et sur la reconnaissance de leur identité politique que la sémiotique politique du travail joue un rôle majeur dans la sémiotique de l'économie. La reconnaissance de la spécificité du rôle du travail dans l'économie a connu plusieurs étapes dans l'histoire, mais il faut bien comprendre que, comme toujours dans le cas des identités politiques, ce sont les conflits et les tensions qui ont structuré les processus de reconnaissance et de construction de ces identités. Dans l'Antiquité grecque et latine, le rôle des acteurs du travail

1 *Cf.* « Nicolas Sarkozy tourne le dos à l'environnement », dans *Le Monde*, 20 janvier 2012.

n'est pas reconnu, puisqu'ils ont un statut d'esclaves, ce qui signifie une absence de reconnaissance de statut politique et de pouvoir institutionnel. Le Moyen Âge est, sans doute, en Europe, le moment d'une reconnaissance du rôle de l'agriculture et celui de l'artisanat dans le travail de la transformation du monde. Cela se manifeste, en particulier, dans le cas de l'artisanat, dans les logiques de l'aménagement des villes, et, dans le cas de l'agriculture, dans le rôle des saisons dans la construction d'une temporalité sociale et dans le rôle de l'agriculture dans les foires et les marchés et dans l'élaboration d'une économie commerciale plus active. Plus tard, ce sont les mutations de l'industrie au dix-huitième siècle, et, plus encore, bien sûr, au dix-neuvième siècle, qui vont entraîner des mutations profondes des modèles de rationalité de la signification de l'économie.

En effet, les mutations de la signification et des représentations de l'énergie vont s'articuler à la reconnaissance de l'identité politique de la classe ouvrière en cours de constitution. L'importance de la reconnaissance des ouvriers dans le travail et la transformation du monde va se manifester, d'abord, dans la naissance de l'espace urbain. La sémiotique du travail va avoir une expression considérable dans l'aménagement des villes, comme on peut le voir, par exemple, au dix-neuvième siècle dans une ville comme Lyon, mais aussi, plus récemment, dans la naissance de la banlieue comme espace d'aménagement urbain (ou de non-aménagement, d'ailleurs) mais aussi comme espace de mobilisation politique et de manifestation des engagements des identités politiques. À l'inverse, la désindustrialisation de la fin du vingtième siècle va s'inscrire dans l'espace sous la forme de la naissance des « friches industrielles » qui vont ou devenir de véritables friches, c'est-à-dire des quartiers périphériques abandonnés ou faire l'objet de transformation en quartiers de formes renouvelées d'habitation ou en quartiers d'implantation de nouvelles activités économiques dans une mutation approfondie des formes du travail. Mais la reconnaissance de l'identité ouvrière va se manifester dans le champ des identités politiques par la syndicalisation et par la dynamique de la lutte des classes, qui va faire de l'économie le champ d'une sémiotique conflictuelle d'institutions et d'acteurs politiques. De la même manière que dans le domaine de l'espace, la désindustrialisation de la fin du vingtième siècle dans les pays occidentaux va engager une crise des identités professionnelles manifestée par la montée du chômage et la mutation des identités et des qualifications professionnelles.

LES SIGNES DE LA CONSOMMATION : LES PRIX

Les prix sont des signes qui expriment la valeur des produits faisant l'objet d'une diffusion et d'une circulation dans l'espace public pour y être consommés, c'est-à-dire pour y constituer les éléments de pratiques sociales. « Forme transformée où apparaît la valeur d'échange des marchandises au sin du procès de circulation[1] », le prix est ainsi une forme signifiante inscrite dans un processus de sémiotisation des biens faisant l'objet de l'échange dans l'espace public du marché et de l'économie. Il s'agit d'une forme, c'est-à-dire d'un signe, engagé dans une logique de signification, qui donne à l'évaluation le caractère sémiotique d'une interprétation. Si la consommation s'inscrit dans une sémiotique, si l'on interprète les pratiques de consommation et l'identité, ou le statut des objets sur lesquels elles portent, c'est que ces pratiques sont scandées et structurées par des prix qui constituent ce que l'on peut appeler *l'identité sémiotique économique des produits qui en sont porteurs*. De la même manière, c'est selon les prix des produits et des objets qu'ils consomment dans leurs pratiques sociales que l'on peut évaluer les pratiques sociales des acteurs qui les mettent en œuvre, et, en ce sens, les prix représentent, comme des signifiants, *l'identité sémiotique économique des acteurs de la consommation.*

Sans doute même est-ce à partir du moment où elle est scandée et jalonnée par des prix que la consommation se voit reconnaître le statut d'une pratique sociale faisant l'objet d'une sémiotique économique. Un ensemble de prix représente une forme de grammaire économique des pratiques sociales en instaurant un double système de normes et de valeurs.

D'abord, il s'agit d'exprimer les valeurs d'échange des biens circulant dans le marché et faisant l'objet d'une évaluation. Cette évaluation exprime la valeur à laquelle est consentie la vente du bien. Le prix est un signifiant, soumis, dans ces conditions, à la dialectique constitutive du marché, entre les deux logiques qui se confrontent l'une à l'autre : l'offre, c'est-à-dire la mise des biens à la disposition

1 Karl Marx, *Œuvres*, t. 1, *op. cit.*, p. 319.

des acteurs sociaux, et la demande, c'est-à-dire l'expression par les acteurs sociaux d'un désir les poussant à chercher à acquérir les biens proposés. En exprimant la relation entre ces deux modes de relation aux biens, les prix se voient reconnaître par les acteurs sociaux un statut de *signes*, puisqu'ils constituent un système de représentation. Les prix manifestent ce que représentent les biens pour ceux qui les offrent ou pour ceux qui les demandent, et la distance entre ces deux espaces sociaux, celui de l'offre et celui de la demande, représente, finalement une distance comparable à la distance qui sépare deux langues lors de l'expérience de la traduction.

Le principe même de la valeur d'échange est lié, selon les économistes classiques du XIXe siècle au travail mis en œuvre pour produire le bien : « La valeur d'échange des marchandises » n'est, écrit Marx[1], « rien d'autre que le rapport mutuel des travaux individuels, égaux et généraux, rien d'autre que l'expression matérielle d'une forme de travail spécifiquement sociale ». En exprimant la valeur d'échange, les prix constituent des signifiants exprimant le statut social des biens dans l'espace public du marché. Ce statut articule les biens à un processus sémiotique comparable à celui de l'énonciation. En effet, le signifiant, le prix, articule une référence qui est de l'ordre de la réalité sociale – le bien échangé, avec son rôle dans la société et l'identité qu'il se voit reconnaître par les acteurs sociaux – à deux sujets qui sont les partenaires de l'échange. Ces deux sujets sont l'énonciateur qui fixe le prix et, son partenaire, l'autre, qui va, à son tour, énoncer une valeur du bien, soit qu'il accepte celle qui lui est proposée, soit qu'il en propose une autre. Le prix a donc à la fois une dimension sémiotique, puisque, comme tout signe, il repose sur une convention entre deux sujets, et une dimension imaginaire, puisqu'il manifeste ce que Marx appelle le « fétichisme de la marchandise », cette connotation imaginaire exprimant, indépendamment de son usage, le statut social du bien dans l'espace public.

Mais comme tous les signifiants, les prix finissent par donner aux biens échangés une identité propre, *arbitraire*, indépendante de leur fonctionnalité ou de l'identité des acteurs qui se les échangent et les font circuler dans l'espace public. Cette identité propre, élaborée dans

1 *Ibid.*, p. 286.

l'imaginaire social, consiste, selon Marx, dans une logique analogique aux logiques religieuses[1], et il la situe dans la problématique du fétichisme, c'est-à-dire dans une logique attachant une force particulière ou une capacité particulière d'expression identitaire. « La forme valeur et le rapport de valeur des produits du travail n'ont absolument rien à faire avec leur nature physique. C'est seulement un rapport social déterminé des hommes entre eux qui revêt ici pour eux la forme fantastique d'un rapport des choses entre elles. Pour trouver une analogie à ce phénomène, il faut la chercher dans la région nuageuse du monde religieux. Là, les produits du cerveau humain ont l'aspect d'êtres indépendants, doués de corps particuliers, en communication avec les hommes et entre eux. C'est ce qu'on peut nommer le fétichisme attaché aux produits du travail, dès qu'ils se présentent comme des marchandises, fétichisme inséparable de ce mode de production ». La référence de Marx au « fétichisme » vient nous rappeler qu'il écrit à un moment de l'histoire où l'économie rencontre les sciences sociales naissantes, à un moment où, dans le cours du processus de la colonisation, les pays européens découvrent d'autres cultures et d'autres pratiques sociales. Mais ce moment de l'histoire des idées et des cultures s'inscrit aussi au moment où la psychiatrie commence à se développer et annonce ainsi la montée des réflexions sur cette dynamique propre que Freud, peu après, nommera « l'inconscient ».

La consommation, c'est-à-dire l'usage des biens par les sujets sociaux, inscrit dans une dialectique de sémiotique économique articulant une dynamique de l'offre et une dynamique de la demande, met en œuvre la médiation économique en donnant son existence à *l'usage*. Il s'agit d'une relation, elle-même dialectique, entre le singulier et le collectif. Les identités collectives désignent des usages, des normes et des lois articulant des pratiques collectives. Les identités singulières désignent des sujets, articulant ces normes collectives aux désirs dont ils sont porteurs, qui manifestent la dynamique de leur psychisme et la dimension subjective des pratiques sociales.

1 *Ibid.*, p. 606.

LES SIGNES DE L'ACCUMULATION : LES CAPITAUX

Les capitaux ne sont pas des signes de consommation, mais des signes d'appartenance. Les capitaux peuvent se définir, dans l'économie libérale, comme *les expressions financières de l'identité économique.* Les identités politiques expriment des médiations institutionnelles d'appartenance entre des logiques singulières d'adhésion et de pouvoir et des logiques collectives de pratiques sociales, de normes et d'imaginaire partagé. Dans ce champ, les capitaux constituent des modes spécifiques d'expression des identités, fondés sur la propriété de biens. Le capital est un ensemble de biens, exprimé en monnaie mais aussi en biens matériels (les biens immobiliers et l'équipement constituent par exemple une part importante du capital d'une entreprise ou d'une institution), qui manifeste dans l'espace public l'identité sociale et politique d'une entreprise ou d'un acteur social. En termes sémiotiques, le capital est ainsi un signifiant manifestant une identité, qu'il signifie sur le plan financier. Cela implique que, comme tout signifiant d'identité, le capital repose sur une réalité qui en constitue la référence et sur la représentation qui circule de lui dans l'espace public, sur *l'image de lui.* En ce sens, le capital n'est pas seulement une entité matérialisée par des biens, mais aussi l'expression à la fois symbolique et imaginaire d'une identité dans l'espace public.

Un capital représente une identité. C'est le sens étymologique du terme, issu du latin *caput*, *capitis*, « la tête », et, au-delà, la personne. Le capital est l'image de soi dont un acteur social fait l'objet dans l'espace public, et, en particulier, dans l'espace du marché. Il s'agit donc à la fois de ses capacités et de son aptitude à agir et à intervenir dans l'espace public, et des biens dont il peut disposer, de l'accumulation de biens qu'il a pu mettre en œuvre, à travers des acquisitions et des appropriations, à travers de transmissions et d'héritages, ou encore à travers les opérations financières qu'il a pu mettre en œuvre au cours de son existence. En ce sens, le capital est une articulation de l'identité économique entre le temps court, qui est le moment de son évaluation ou de son appréciation par les autres acteurs du marché, et le temps long du passé dont il constitue une forme d'aboutissement. L'une des premières significations du concept de capital, en sémiotique économique, est, ainsi, l'articulation du temps court et du temps long, de l'espace public et de la mémoire.

Cette expression est le signe d'une accumulation. En ce sens, il s'agit d'une sémiotique fondée moins sur la circulation et sur l'échange que sur l'appropriation continue de biens par un acteur social. Le capital n'est pas destiné à circuler et à s'inscrire dans des logiques de diffusion ou d'échange, mais il représente une identité économique sous la forme d'une certaine quantité, évaluable et mesurable, de biens immobilisés. Un capital accumule, en particulier, trois types de biens. D'abord, il peut s'agir d'un patrimoine, c'est-à-dire d'un ensemble de biens possédés par une personne ou un acteur social faisant l'objet d'une transmission dans le temps long sous la forme d'un héritage. On peut parler, en ce sens, aussi bien du capital possédé par une personne ou une famille ou du capital culturel détenu par un pays ou une région. Faisant l'objet d'une transmission dans l'histoire, le patrimoine exprime le temps long d'une identité. Un capital peut aussi prendre la forme d'un ensemble d'investissements, c'est-à-dire d'un ensemble de biens détenus par un acteur social dans le capital d'un autre acteur social. L'investissement donne ainsi une forme de pouvoir sur l'entreprise ou l'acteur social dont on détient une part du capital, car les biens investis suscitent la reconnaissance d'un pouvoir. Mais l'investissement a une autre signification : dans le futur. En effet, un acteur social qui investit dans le capital d'un autre attend de cet investissement un certain profit. De la même manière qu'un prêt est souvent consenti moyennant un intérêt destiné à rémunérer ou à compenser l'immobilisation des biens qu'il entraîne, un investissement rapporte à l'investisseur un certain intérêt qui rémunère financièrement cet engagement financier. Enfin, le capital peut être un *capital social*, c'est-à-dire un ensemble de ressources ou de moyens dont peut disposer un acteur économique pour la mise en œuvre de son activité. Il peut s'agir d'un réseau de relations et d'acteurs sociaux favorisant son activité, en particulier en facilitant son déploiement dans l'espace. Il peut s'agir d'un capital immatériel d'informations et de savoirs permettant, facilitant ou enrichissant l'activité. C'est ainsi, en particulier, qu'un savoir-faire ou une compétence technique ou une expertise constitue un capital social important dans certaines entreprises.

De multiples conceptions du capital ont suscité un débat public et une confrontation entre différentes conceptions de l'économie. Si l'émergence d'un capitalisme marchand et bancaire, au seizième siècle, marque la naissance d'une économie de réseaux et d'activités commerciales, l'industrialisation a été caractérisée par la recomposition du capitalisme, davantage tourné vers l'articulation des investissements technologiques et industriels et des acteurs financiers (banques et assurances). Le capitalisme familial, qui fut dominant dans les débuts de l'histoire du capitalisme industriel, repose sur une conception du capital qui exprime une culture familiale, une identité familiale manifestée par la fermeture d'un réseau de transmission des biens sur un famille ou une filiation. Certaines formes d'intéressement des salariés au capital de leur entreprise ont pu exprimer un projet politique d'ouverture du capital à des acteurs du travail. On peut, enfin, opposer deux formes de capitalisme. Le capitalisme d'investissement repose sur une inscription du capital et de son rendement dans le temps long, et sur une participation du capital à l'expression de l'identité de l'entreprise, en particulier sous la forme d'investissement en termes de compétences, de savoirs et de technologies. Ce que l'on peut appeler le capitalisme actionnarial se réduit à la participation au capital des entreprises d'acteurs strictement financiers, en particulier de fonds de pension. On peut, ainsi, se rendre compte que, quelle que soit sa forme, le capital constitue toujours l'expression économique d'un pouvoir. Le capital articule toujours l'accumulation de biens et l'exercice d'un pouvoir, ce qui donne ainsi une dimension pleinement politique à la sémiotique de l'économie. C'est cette logique d'un pouvoir dominé par le capital qui rend nécessaire l'engagement d'un débat politique sur les orientations et les significations de l'économie, car, en bonne logique démocratique, à un pouvoir devraient correspondre des contre-pouvoirs. « La primauté du politique sur le terrain de l'évaluation globale », écrit à ce propos l'économiste André Orléan[1], « se trouve battue en brèche par la finance. C'est une situation inédite, qui met en danger la vie démocratique ».

Quelle qu'en soit la forme, le capital manifeste ainsi toujours une forme de mémoire, qui peut prendre la forme de capacité de financements, de ressources intellectuelles ou de ressources d'information, ou encore de participation à l'activité d'autres acteurs sociaux ou économiques. Dans le même temps, le pouvoir manifesté par la disposition du capital

1 André Orléan, « Le marché gouverne », entretien avec F. Joignot (*Le Monde*, 21 janvier 2012).

articule cette mémoire à l'engagement de projets et à la prévention de risques qui s'inscrivent, eux, dans l'imaginaire économique du futur. En ce sens, la logique de l'accumulation formulée par le capital manifeste une conception de l'identité économique pleinement inscrite dans le temps. C'est la relation du capital au pouvoir qui met en question le caractère démocratique de l'économie et son caractère politique. Mais c'est déjà le problème au dix-neuvième siècle. En proposant une « critique de l'économie politique », Marx pointe déjà le danger d'une économie confondue avec un pouvoir, d'une économie faisant exercer par des acteurs financiers des pouvoirs politiques sur l'évolution des sociétés sans qu'existent de contre-pouvoirs. À cet égard, la crise de la dette publique manifeste, dans les années 2010, en particulier, mais pas seulement, dans un pays comme la Grèce, le conflit entre pouvoirs financiers et pouvoirs politiques sur l'identité économique manifestée par le capital.

L'identité économique réduite à son expression par le capital se réduit à une logique d'accumulation, sans s'inscrire dans un rapport dynamique à l'autre (échange, communication, confrontation). Par ailleurs, cette approche est une approche qui réduit la pensée économique à une conception quantitative de l'économie. En limitant l'identité économique à l'accumulation, la logique du capitalisme réduit ce que l'on peut appeler *l'engagement économique* à la recherche du profit, sans intégrer à cet engagement la relation à l'autre, qui n'est finalement présent que s'il a une certaine fonction, une utilité dans la stratégie d'accumulation du profit. En ce sens, une telle approche de l'économie fait de la valeur et des signes de l'économie les seules manifestations d'une certaine mesure de l'accumulation, sans leur donner de rôle dans une conception de l'économie fondée sur la médiation et sur l'échange. Sans doute est-ce pourquoi il est temps de repenser l'économie, en reconnaissant la place croissante qu'y revêt l'imaginaire. En effet, comme le remarque A. Orléan[1], « les marchés financiers sont très différents des marchés de biens. Ceux-ci traitent de marchandises réelles, ayant une utilité que les consommateurs peuvent juger, alors que les marchés financiers reposent sur des paris subjectifs, spéculatifs. Ce sont des marchés de promesses. On y vend et achète des anticipations. Leur logique est d'une nature mimétique : chaque investisseur se positionne en fonction de ce que les

1 *Le Monde*, 21 janvier 2012.

autres vont faire. Ils ressemblent fortement à ces médias qui cherchent à découvrir non les informations importantes mais celles susceptibles d'être appréciées par le public ».

La conception dominante des marchés, espaces publics d'expression, de diffusion et de confrontation des identités économiques, les réduit à n'être que des marchés financiers, sans être des espaces de mise en œuvre d'identités économiques réelles. C'est ainsi, par exemple, qu'aux États-Unis ou en Grande-Bretagne, les fonds de pension ont fini par détenir des parts importantes du financement de grandes entreprises sans intervenir dans l'activité de ces entreprises, et en réduisant leur rôle de financeurs à la recherche d'une accumulation immédiate de profit. En ce sens, le désir, qui engage le sujet dans une expression dynamique de son identité, se réduit au désir imaginaire d'une accumulation infinie, au lieu de s'engager dans la mise en œuvre d'une pratiques sociale fondée sur la relation à l'autre et sur la permanence d'une dialectique entre le temps long et le temps court. Ce que Goux nomme « frivolité de la valeur », c'est cette réduction de la valeur à l'imaginaire du profit présent et de l'accumulation sans limite. « Ce n'est plus l'usine et le magasin qui constituent le point de référence », écrit-il[1], « c'est la Bourse, modèle de concurrence pure et parfaite, avec ses équilibres instantanés entre l'offre et la demande, ce concours toujours remis en cause de subjectivités qui ne s'accordent entre elles que le temps bref d'un échange, sur la fiction momentanée d'une valeur, sans engagement ultérieur ni mémoire ».

C'est en ce sens qu'il est temps de repenser une sémiotique de l'économie en donnant à ses signes le rôle d'une expression dynamique des identités qui la jalonnent de points de repère et de parcours d'engagements politiques et institutionnels.

1 Jean-Joseph Goux, *Frivolité de la valeur*, *op. cit.*, p. 10.

LA MÉDIATION ÉCONOMIQUE

Comme toute logique de communication, la médiation économique met en œuvre des significations qui font l'objet d'échanges et d'interprétations au cours de relations entre des sujets et entre des acteurs instituées dans un espace de communication, auquel on peut donner le nom d'*agora*.

LES STRUCTURES DE LA MÉDIATION ÉCONOMIQUE

On peut analyser les structures de la médiation instituée dans le champ de l'économie en se fondant sur les logiques de la médiation politique et symbolique de la communication. Comme toutes les logiques de médiation de la communication et des échanges symboliques, la médiation économique se structure en deux degrés, le singulier, avec la communication intersubjective, et le collectif, avec la médiation politique et institutionnelle.

La dimension singulière de la médiation économique se structure autour d'une relation spéculaire entre deux sujets qui s'identifient symboliquement l'un à l'autre dans l'instauration d'un échange. Cette identification est structurée autour d'une forme économique d'énonciation, qui consiste dans la production d'une valeur, se situant par rapport à une référence qui consiste, elle-même, dans une quantité de biens ou dans une activité de production réelle ou imaginaire.

La médiation entre la dimension singulière de la communication économique et sa dimension collective se structure autour d'une médiation entre un des deux sujets qui s'identifient symboliquement et un destinateur qui lui donne sa dimension politique et institutionnelle en l'articulant dans une confrontation entre acteurs. La mise en œuvre effective de la médiation, se fonde sur l'énonciation, qui consiste dans la production d'une valeur, dans l'espace public du marché, et se situe également par rapport à une référence qui consiste, elle-même, dans une pratique sociale ou dans la situation économique effective d'un pays ou d'un espace social.

L'ÉCONOMIE SINGULIÈRE

La relation entre deux sujets consiste dans ce que l'on désigne par le concept de *confiance.* La confiance représente, dans le champ des échanges et de l'économie, la relation spéculaire par laquelle le sujet singulier fonde son identité sur son identification symbolique à l'autre. La confiance – qui sera institutionnalisée par la logique du crédit – inscrit dans l'échange économique la relation par laquelle le sujet de l'échange s'identifie symboliquement à l'autre, ce qui rend possibles les échanges ultérieurs entre eux. Mais sans doute faut-il approfondir la signification de cette relation d'identification symbolique qui prend le nom de confiance. Elle porte, d'abord, sur le présent de la relation d'échange dont elle rend possible l'instauration. C'est dans le contact entre les deux sujets singuliers de l'échange que s'instaure la relation de confiance. Mais cette relation s'inscrit aussi dans la relation au passé et à la mémoire : c'est au fil de la mémoire que se construit la confiance, dans le déroulement d'une temporalité commune aux deux partenaires de l'échange. Cette relation définit une première forme de performativité du discours de l'économie, car *c'est dans le discours et les échanges de communication* que s'exprime et se construit cette relation. Finalement, cette relation désigne moins une spécularité symbolique, comme dans les échanges symboliques de la communication ordinaire, qu'une spécularité institutionnelle, instaurant entre les deux sujets une relation venant légitimer l'échange et lui donner ce que l'on peut appeler une assise performative. Sans doute est-ce moins dans le discours sur l'économie proprement dit que cette relation est représentée, car il s'agit d'un discours politique peu orienté vers les relations singulières, que dans la fiction sur l'économie ou dans les discours sur la morale et la déontologie.

C'est *l'échange*, ou la *transaction*, qui articule le sujet à la valeur, donnant corps à celle-ci dans l'espace public de l'économie, et articulant, comme l'énonciation dans la communication et la parole, le champ des échanges singuliers et celui des pratiques sociales, politiques et institutionnelles de l'économie. C'est par la mise en œuvre de l'échange que le sujet donne pleinement à la valeur le statut d'un signifiant, puisque c'est dans l'échange qu'il l'articule pleinement au signifié. L'échange a deux significations, pleinement articulées l'une à l'autre, mais fondamentalement distinctes. La première signification de l'échange est la matérialisation de la relation économique de confiance et d'identification entre les deux sujets qui sont dans une relation de communication. L'échange institue la dimension économique de la relation intersubjective en l'articulant à la réalité d'une relation entre acteurs. Il s'établit entre les deux sujets une relation singulière qui n'a de sens, pour l'un et pour l'autre, qu'inscrite dans l'échange, et cette relation, dans le même temps, donne à leur relation la performativité d'une relation institutionnelle, ce qui sera, d'ailleurs, illustré par le fait que cette relation peut faire l'objet d'une validation, ou, au contraire, d'une condamnation devant la justice. L'énonciation, par l'échange, de la communication économique entre deux sujets relève, fondamentalement, de l'arbitrage des institutions et elle est régulée et, en quelque sorte, mise en scène, par des dispositifs légaux. C'est ici qu'intervient la deuxième signification de l'échange : il établit une médiation entre la dimension singulière de l'activité économique et sa dimension collective. En effet, l'échange ne s'établit pas seulement entre des sujets singuliers, mais c'est aussi la dynamique de l'échange qui donne leur visibilité aux acteurs collectifs de l'économie dans l'espace institutionnel du marché, de l'*agora*. Sans doute, d'ailleurs, la signification du terme *agora*, qui est, étymologiquement, la même que celle du terme *forum*, désigne-t-elle le fait que ces deux espaces sont *à l'extérieur* de l'intersubjectivité, font sortir la relation de l'espace singulier pour l'inscrire dans l'espace de la confrontation entre les pouvoirs et entre les acteurs collectifs.

C'est la *valeur* qui joue le rôle du signifiant dans le champ de la médiation économique. En effet, l'économie repose sur les logiques qui donnent du sens aux biens échangés en leur donnant une valeur. Quand Marx, dans *Le Capital*, fonde la valeur sur une forme relative et une forme « d'équivalent[1] », il l'inscrit dans une logique de signification, En effet, en fondant la valeur sur la comparaison entre différents biens et sur la soumission de ces biens à des formes d'équivalence générale, il la fait reposer sur une forme d'interprétation. La valeur s'inscrit dans un code, comme tous les signifiants. « Le rapport de valeur ou d'échange de deux marchandises », écrit Marx[2], « fournit donc pour une marchandise l'expression de la valeur la plus simple ». En situant la valeur dans le champs de *l'expression*, Marx lui donne la dimension d'un signifiant et fait de l'économie politique une forme de sémiotique. Sans doute s'agit-il là d'une rupture épistémologique fondamentale avec la culture classique de l'économie, qui permettra son articulation avec le politique, et, un peu plus tard, avec l'inconscient et ses représentations. Dire que le journal *vaut* 1,50 €, c'est exprimer la valeur de ce journal dans un langage, le code de l'euro, en exprimant, par le langage de la monnaie, une relation entre la valeur de l'information et la valeur des autres biens exprimée dans la même monnaie. La valeur permet, ainsi, de comparer la valeur du journal avec celle d'un café. Mais, dans le même temps, l'expression de la valeur inscrit l'échange dans un système symbolique, dans une culture, dans un ensemble de signes et de représentations. L'expression de la valeur d'un bien par le sujet constitue donc l'équivalent d'une énonciation et, comme les formes linguistiques de l'énonciation, elle s'inscrit à la fois dans le moment singulier de l'évaluation, comparable à la parole, et dans la dimension collective d'un système des valeurs, comparable à la langue.

Par *l'évaluation*, le sujet reconnaît une valeur à une *référence*, qui consiste dans un bien ou en un ensemble de biens. Dans l'économie singulière, c'est l'évaluation qui, par la référence, établit une relation à la réalité du monde extérieur à l'échange intersubjectif. C'est, finalement, l'évaluation qui, en donnant une valeur un bien ou à un objet du monde, établit la référence qui fait de lui un des objets sur lesquels peut porter la communication et l'échange intersubjectif. L'évaluation donne à un objet du monde une existence symbolique par rapport à laquelle les sujets singuliers de la relation vont se situer et qui, par ailleurs, va fonder leur savoir et leur culture de l'économie et du monde. C'est moins par la matérialité des objets ou leur fonctionnalité que les sujets

1 Karl Marx, *Œuvres*, t. 1, *op. cit.*, p. 577 *sqq.*
2 *Ibid.*, p. 577.

de l'échange les situent dans l'espace de l'économie que par la valeur qu'ils peuvent représenter, et qui est fondée sur l'évaluation qu'ils en donnent. Sans doute, sur ce plan, convient-il de distinguer deux logiques de l'évaluation par le sujet singulier de l'échange. La première est strictement singulière, et se fonde sur des critères d'évaluation propres au sujet et à celui avec qui il est en relation. Cette évaluation peut se fonder, par exemple, sur des souvenirs ou sur une expérience personnelle. C'est ainsi que Proust, dans *Du côté de chez Swann*, va reconnaître à la madeleine qu'il trempe dans son thé une valeur inestimable compte tenu des souvenirs qu'elle appelle, alors qu'il ne s'agit que d'un biscuit bon marché dans l'espace public. C'est l'autre évaluation qui établit pleinement la médiation économique entre le singulier et le collectif : il s'agit de l'évaluation pratiquée par le sujet *en relation avec les valeurs établies dans l'espace du marché.* Finalement, on peut comparer, en termes sémiotiques, la relation entre la valeur singulière et la valeur collective à la relation entre les signifiants du lexique personnel d'un énonciateur et ceux de la langue. Quand nous parlons, nous mettons en œuvre un lexique qui nous est propre, avec, par exemple, des désignations d'objets ou de personnes appartenant à la culture de notre famille, et un autre lexique, qui comporte, lui, les signifiants que nous avons appris au cours de nos échanges avec les autres, avec n'importe qui, et par lesquels notre parole propre s'inscrit dans la langue commune. Il en va de même dans la sémiotique de l'économie : les valeurs des biens sont articulées d'un côté à la culture propre de ce que l'on peut appeler notre économie personnelle ou familiale, et de l'autre à la culture économique du pays et de la société où nous vivons.

C'est d'une part la *possession*, ou *l'appartenance*, et, d'autre part, *l'usage*, qui désignent les différentes modalités de la disposition d'un bien par un sujet singulier, et qui expriment, dans ces conditions, la relation économique d'un sujet singulier à la matérialité d'un bien, faisant, ainsi, de lui un acteur de l'espace économique. L'usage fonde la disposition d'un bien indépendamment de sa possession, et, de cette manière, la sémiotique de l'économie distingue deux significations de la relation singulière à l'objet. C'est par l'instauration de ces relations que le sujet sort de la stricte relation d'échange intersubjectif avec l'autre, pour devenir pleinement un acteur de la vie économique, investi dans la réalité d'une pratique sociale. En effet, si des biens peuvent faire l'objet d'une possession ou d'un simple usage, sans doute convient-il de reconnaître à la mise en œuvre de toutes les pratiques sociales le rôle de fonder l'identité d'une actance économique. Un métier, par exemple, une activité de médiation ou encore la simple disposition d'un bien ou d'un service font du sujet singulier un acteur de la vie économique. C'est la raison pour laquelle sans doute vaudrait-il mieux, dans une approche de l'économie politique par la sémiotique, parler de *disposition* des biens plutôt que de possession. C'est la disposition des biens qui fonde le rapport que le sujet singulier entretient avec eux, qui, par ailleurs, fait de lui un acteur de la vie économique. On pourrait dire que *l'identité économique singulière du sujet* est, ainsi, fondée sur son rapport à la disposition de biens situés dans l'espace économique – qu'il s'agisse, d'ailleurs, de biens matériels ou de biens culturels et symboliques, puisque l'on parle de « capital culturel » pour désigner l'accumulation et l'appropriation par un sujet d'informations ou de représentations esthétiques ou culturelles.

Le *manque* fonde la valeur pour le sujet, en structurant l'identité qu'il reconnaît aux biens, aux pratiques et aux objets de l'espace économique. C'est le manque, structuré par le désir, qui fonde le sujet dans la communication intersubjective. Articulé au désir dont le sujet est porteur, et qui le distingue des autres dans l'espace public de l'indistinction, le manque porte aussi bien sur des objets du monde que sur des objets imaginaires ou, encore, sur du signifiant et sur des formes symboliques. C'est en remarquant que l'on ne peut pas tout dire que Lacan fonde le manque en le situant au cœur de l'inconscient[1]. De la même façon que dans le langage, c'est le manque qui constitue le réel de l'économie pour le sujet, car il constitue ce qui n'est pas représentable, ce que le sujet ne peut pas dire ou figurer dans le monde de l'économie. Le manque représente, en particulier, ce qui échappe à l'emprise du sujet sur le monde économique, et, au-delà, dans une approche politique et institutionnelle, le manque représente ce qui échappe à l'emprise des pouvoirs sur l'économie et sur les échanges. C'est ainsi, par exemple, que le manque marque la limite des possibilités d'intervention du sujet singulier sur l'économie. Le manque représente ce qui échappe à son emprise, ce à quoi il est soumis dans son activité économique. On peut citer les phénomènes naturels ou, plus largement, les faits imprévisibles,

1 « Je dis toujours la vérité. », écrit Lacan. « Pas toute, car toute la dire, on ne peut pas ; les mots y manquent. C'est même par là que le langage tient au réel ».

mais on peut citer, aussi, les pouvoirs que peuvent exercer sur lui les institutions financières et les autorités économiques. Les prix, par exemple, sont une donnée économique qui échappe aux sujets et qui orientent leur activité de consommation. C'est ce que H. Bourguignat[1] appelle le « principe de réalité économique ». C'est aussi le manque qui fonde l'articulation de la dimension singulière de l'économie politique avec l'inconscient et avec ses structures. J.-J. Goux[2] situe, ainsi, dans la circulation des biens plus encore que dans leur usage la contrainte qui pèse sur l'établissement de leur valeur. Quand l'or se voit reconnaître, par Marx, cité par Goux, le rôle d'un « équivalent réel des marchandises[3] », selon Goux, « son image ne suffit plus, il est requis comme argent réel, espèces sonnantes et trébuchantes[4] ». C'est de cette manière que le réel de l'économie se construit, pour le sujet singulier de la médiation, en lui imposant sa contrainte.

L'ÉCONOMIE COLLECTIVE

La médiation économique articule, comme toute médiation, une dimension singulière et une dimension collective. L'économie met en œuvre des pratiques sociales et des relations d'échange qui impliquent des sujets singuliers et des acteurs collectifs, et qui construisent des relations entre eux. Pour ne prendre que l'exemple d'un achat, qui implique un sujet singulier dans l'espace économique, l'usage d'une monnaie et la fixation du prix vont au-delà des initiatives singulières et sont soumis à des contraintes instituées dans des logiques collectives. Par l'investissement, le sujet singulier intervient dans l'espace public des échanges et des formes collectives de l'économie. En ce sens, comme tous les domaines du politique, l'économie est bien une médiation. D'ailleurs, on trouve cette trace de la médiation entre le singulier et le collectif dans la réflexion sur l'échange, qui implique des

1 *Lemonde.fr*, 7 mai 2012.
2 Jean-Joseph Goux, *Économie et symbolique*, Paris, Seuil, 1973, p. 94-95.
3 Karl Marx, *Œuvres*, t. 1, *op. cit.*, p. 671.
4 Jean-Joseph Goux, *ibid.*, p. 95.

formes singulières de consommation, de désir et d'achat ou de vente, associées à des formes collectives de normes ou de modes, de prix. On en trouve aussi une trace dans les médias de l'économie, qu'il s'agisse de l'information ou de la publicité, qui, rédigés par des énonciateurs singuliers s'exprimant dans le cadre d'entreprises collectives, s'adressent, finalement, à des lecteurs singuliers, porteurs de cultures qu'ils partagent avec d'autres. Enfin, le travail, qui produit les biens circulant dans l'espace de l'économie et des échanges, est mis en œuvre par des sujets singuliers dans des entreprises collectives. L'économie politique articule, ainsi, pleinement, des identités à la fois singulières et collectives et des pratiques sociales engageant des sujets singuliers et des acteurs collectifs dans une forme de dialectique de communication et de médiation, la médiation économique.

La relation entre les institutions et les biens est désignée par le *pouvoir*, qui structure les logiques de *l'appartenance collective*. L'économie politique est fondée, comme toutes les structures sociales, sur des logiques de pouvoir qui imposent les normes fondant l'évaluation et les systèmes de valeur et ordonnant les relations d'échanges entre les acteurs. Dans le champ de l'économie politique, les pouvoirs s'expriment et se manifestent dans des formes de visibilité qui les mettent en scène dans l'espace des échanges et ils se fondent sur une reconnaissance par les acteurs sur lesquels ils exercent leur autorité – que cette reconnaissance soit libre, comme dans les systèmes politiques démocratiques ou qu'elle soit imposée dans les systèmes autoritaires. C'est finalement le pouvoir dont il dispose qui fait de l'acteur politique un acteur *réel* : le pouvoir est le réel du politique, car c'est lui qui impose les contraintes structurant les systèmes politiques et les relations entre les acteurs. On peut, ainsi, donner une signification à la naissance d'une monnaie, signifiant des échanges dans un système politique particulier. La naissance de l'euro, dans dix-sept pays de l'Union européenne, en monnaie scripturale en 1999, puis en espèces en 2002, manifeste un système complexe de pouvoirs. D'une part, il s'agit du pouvoir de l'Union européenne, pleinement devenue un acteur de pouvoir au fur et à mesure du processus de sa construction, depuis 1951. D'autre part, il s'agit du pouvoir de la Banque centrale européenne, à la fois institution émettant l'euro et acteur mettant en œuvre un système de régulation des échanges dans l'espace de la « zone euro ». Enfin, ce pouvoir de l'Union européenne vient, en quelque sorte, constituer une forme de contre-pouvoir des pouvoirs nationaux, imposant une forme de contrainte aux pouvoirs des états membres de l'Union, et l'émission de l'euro a sans doute manifesté une forme de supériorité du pouvoir économique de l'Union européenne sur les pouvoirs des états membres, ce qui a deux significations. D'abord, il s'agit des pouvoirs propres des organisations internationales, qui ont toujours existé dans le champ de l'économie politique, comme la ligue hanséatique. Ensuite, ce pouvoir particulier de la supranationalité européenne manifeste, en quelque sorte par opposition, *l'affaiblissement des pouvoirs économiques nationaux des états*. En ce sens, la signification politique de la naissance de l'euro et de la disparition des monnaies nationales se pense dans l'évolution de l'économie européenne vers une logique libérale affaiblissant les pouvoirs des acteurs proprement politiques dans le champ de l'économie.

Mais ces pouvoirs européens, comme tous les pouvoirs politiques, s'inscrivent eux-mêmes dans des confrontations avec des contre-pouvoirs et font l'objet de limitations. Il s'agit, d'abord, du fait que dix pays sur les vingt-huit membres de l'Union européenne, ont choisi de rester en dehors de l'euro et de ne pas reconnaître cette monnaie. Il s'agit, par ailleurs, de la confrontation entre l'euro et les autres monnaies dans le système international des échanges dans le monde. Il s'agit, enfin, des contestations dont l'euro fait l'objet dans les pays dans lesquels il a été imposé, qui expriment un affaiblissement de la reconnaissance qui l'a fondé. C'est ainsi, par exemple, que certains économistes contestent la validité même de l'euro. On peut lire, ainsi, ces propos de l'économiste brésilien Luiz Carlos Bresser-Pereira, qui critique les conditions de naissance, d'émission et d'usage de la monnaie européenne[1]. « Si vous persistez à maintenir en vie l'euro, la probabilité de le voir s'effondrer de façon incontrôlée grossit de jour en jour. Ce qui ferait tomber ensuite toute la construction européenne. Il faudrait un plan de sortie extrêmement balisé : chacun des dix-sept pays reviendrait le même jour à sa propre monnaie ; immédiatement, les Etats les plus endettés procéderaient à une dévaluation pour regagner de la compétitivité, avant de revenir à une bande de fluctuation des changes comme avant la création de l'euro ; parallèlement, une union bancaire limiterait l'impact sur le plan financier, afin de couper le lien entre les Etats et les banques installées sur leur

1 *Le Monde*, 7 août 2012.

territoire ». On se rend compte, en lisant ces lignes, que les pouvoirs économiques, comme tous les pouvoirs, ne peuvent être effectifs qu'à condition de faire l'objet d'une reconnaissance de la part de ceux sur à qui ils doivent s'imposer.

La sémiotique politique des pouvoirs s'inscrit dans la logique de la médiation entre acteur et destinateur. Tandis que la communication intersubjective et l'échange symbolique entre deux sujets n'engagent qu'eux-mêmes et la représentation qu'ils se font l'un de l'autre, la communication médiatée engage les énonciateurs *au nom d'un destinateur*, qui les légitime et fonde leur identité politique, dans l'espace public, sur leur relation à lui. Quand un journaliste écrit, il s'exprime *au nom d'un média*, dans lequel il est publié. Quand un serveur prépare un café pour un client, il le fait au nom du bar qui l'emploie, et, quand le cultivateur récolte le grain du café qui sera torréfié, il le fait au nom du producteur qui l'emploie, et celui-ci vendra son café à une entreprise, qui emploie elle-même d'autres personnes intervenant dans la production et la diffusion et l'échange contre un montant d'argent. C'est ainsi que l'économie devient une économie politique, car elle articule des sujets singuliers et des destinateurs qui sont des institutions. Le *destinateur* est l'institution au nom de laquelle les acteurs interviennent dans le champ de l'économie, et c'est le *crédit* qui désigne la destination, c'est-à-dire la médiation entre acteurs singuliers et institutions économiques. Le crédit, terme issu d'un verbe signifiant « croire », est la relation de légitimation par laquelle le sujet singulier reconnaît le destinateur d'une relation de médiation économique. Comme cette relation se fonde sur une décision et ne relève pas d'une forme de causalité ou de fonctionnalité, il s'agit, finalement, de ce que l'on pourrait considérer comme l'expression économique de l'arbitraire saussurien du signe. Cette relation s'inscrit sous diverses formes dans toutes les médiations économiques. C'est au nom du crédit qu'il fait à ses compétences qu'un employeur propose un contrat de travail à un salarié, qui, lui-même, fait crédit à son employeur de reconnaître son autorité. C'est au nom du crédit qu'on accorde à un émetteur qu'on utilise une monnaie qu'il a émise, et c'est au nom du crédit par lequel elle le reconnaît qu'une banque prête une somme d'argent à un client. Mais le crédit a une autre signification dans la sémiotique de l'économie politique : il articule le temps court d'une décision ou d'un acte (d'achat par exemple) au temps long d'une dette et de son remboursement. Le crédit fonde la relation de destination entre deux acteurs économiques, ou entre un sujet et un pouvoir, en manifestant le pouvoir de l'économie dans l'articulation entre le temps court et le temps long. C'est ainsi que la dette fonde dans le temps long le pouvoir que peut exercer un acteur sur un autre, ou un pays sur un autre. La dette manifeste de cette manière la limitation du pouvoir d'un pays et de son autonomie financière. On peut lire cette définition de la dette qui la situe par rapport aux logiques de pouvoir et d'identité politique. « La dette », écrit, ainsi, J. Gérard[1], « est l'addition de toutes les décisions prises par nos gouvernements et Parlements en réponse aux exigences de diverses corporations ». Il s'agit donc bien de l'inscription des confrontations entre pouvoirs et acteurs économiques dans le temps long de l'économie.

Le destinateur produit de la valeur dans l'espace public par la médiation d'une *émission*, qui porte sur de la monnaie, sur de la dette, ou sur tout titre de valeur dont la légitimité est reconnue par les acteurs du marché et des échanges, ou par la médiation d'un *contrat*, issu d'une négociation, par lequel il institue une relation de pouvoir avec un acteur. Que la médiation entre le destinateur et l'acteur prenne la forme de la reconnaissance et de l'usage d'un signifiant comme la monnaie, ou qu'elle s'inscrive dans l'institution d'un contrat, d'une convention ou d'un échange, il s'agit toujours d'une relation qui fonde la médiation économique sur une relation de pouvoir entre un destinateur et un acteur de l'espace économique. C'est la relation à un destinateur qui fonde l'identité politique et institutionnelle des acteurs de l'espace public de l'économie, à la fois en instituant une relation de pouvoir entre lui et eux, en leur donnant une visibilité institutionnelle et en définissant un projet politique dont ils sont porteurs, et qui caractérise leur intervention dans l'espace économique. Sans doute les différences entre les modalités distinctes de la mise en œuvre de la médiation politique de l'économie fondent-elles la nécessité d'un débat public pour faire en sorte que l'économie soit pleinement démocratique[2]. C'est la relation de destination qui, en mettant en œuvre les logiques de pouvoir dans le champ de l'économie fait de ce dernier un espace

1 J. Girard, « Comprendre la dette », *Lemonde.fr*, 4 mai 2012.
2 *Cf.* Tarik Ghezali et Hugues Sibille, *Démocratiser l'économie*, Paris, Grasset, 2011.

public démocratique ou, au contraire, un espace public privé de débat, de confrontation et de libre choix. En ce sens, penser de façon critique les modalités de la médiation entre le destinateur et les acteurs de l'économie permet d'élaborer ce que Godelier appelle une « rationalité sociale » de l'économie[1], et qu'il conçoit comme une articulation par la rationalité des hommes de « tous les aspects conscients et inconscients de leurs rapports sociaux[2] ». Cette rationalité de l'économie permet de penser une approche de la signification politique de l'émission de monnaies ou de contrats par des pouvoirs, ce qui, à plus long terme, rend possible la mise en œuvre d'un débat public sur les orientations de l'économie, fondé sur des critiques et des interprétations rationnelles des significations des choix qui fondent la dimension politique des flux et des pratiques de l'économie et des échanges.

La signification politique du rôle du destinateur dans la médiation économique est apparue, en particulier, dans le débat sur les politiques d'austérité décidées et mises en œuvre par un grand nombre de pays, en particulier européens, pour répondre à la question du déficit public et de la dette. C'est ainsi que P. Krugman[3], comme d'autres économistes, conteste la légitimité économique de la politique de l'austérité, en faisant remarquer que « maintenir la dépense publique dans une économie déprimée ne dégrade pas considérablement les finances publiques ». « À long terme », poursuit-il, « cela peut même les améliorer : vous empruntez à des taux très faibles et l'économie, plus forte, permet d'engranger plus de recettes fiscales. Surtout, vous limitez les dégâts provoqués à long terme par la récession. En résumé, l'austérité est destructrice même sur le plan fiscal ! ». En contestant le choix de l'austérité, l'économiste conteste les choix politiques des destinateurs, c'est-à-dire des acteurs porteurs de pouvoir dans l'espace économique européen.

Par *l'évaluation*, le sujet reconnaît une valeur à une *référence*, qui consiste en un bien ou en un ensemble de biens. Ce que l'on appelle « référence », en sémiotique, est la relation du signe au monde – réel ou imaginaire. Il s'agit, en ce sens, de la relation du discours ou de la représentation au monde auquel elle *se réfère*. Dans la communication,

---

1 Maurice Godelier, *Rationalité et irrationalité en économie*, Paris, Maspero,1969, t. 2, p. 203.

2 *Ibid.*, p. 207.

3 Paul Krugman, « Mon avis n'est pas marginal », *Le Monde Culture & Idées*, 22 septembre 2012.

il s'agit de l'ensemble des éléments réels, ou imaginaires, auxquels se réfère l'échange symbolique, sur lesquels il porte. Pour que l'échange symbolique se déroule dans des conditions acceptables pour l'ensemble de ceux qui y prennent part, encore faut-il, bien sûr, que les références soient les mêmes pour tous.

Dans le champ de la sémiotique de l'économie, la référence désigne le bien auquel est reconnue une valeur dans la relation d'échange établie entre les sujets singuliers de la médiation ou entre ses acteurs collectifs. Cette référence peut désigner un bien ou une identité existant dans la réalité ou un événement se déroulant dans le monde réel. Mais elle peut aussi désigner un bien, un événement ou une identité se situant dans l'imaginaire, s'il s'agit, par exemple, d'un projet ou d'une crainte. Cette articulation entre le réel et l'imaginaire est illustrée, par exemple, dans cet éditorial du *Monde* du 7 septembre 2011 : « Bref, le spectre de la récession, que l'on croyait chassé depuis 2010, rôde à nouveau. Le niveau réel de l'activité serait revenu à ce qu'il était en 2009 ». Dans ces lignes, l'éditorialiste analyse la situation de crise qui caractérise, selon, lui, l'économie mondiale en l'articulant à l'imaginaire « le spectre rôde ») et au réel, qui consiste, ici, dans l'appréciation d'une situation (« niveau réel de l'activité ») et dans l'énoncé d'une situation de contrainte (« récession »). Ce qui caractérise la place de l'énonciation du discours économique par rapport à l'événement dont il est question est l'usage de la forme en *–rai*, ce que certains appellent « conditionnel », et qui désigne, en fait, des situations n'existant que dans le discours, dans le lieu symbolique de l'énonciation. Cette forme exprime la distance existant entre le réel du monde et la place de l'énonciation.

La relation à la référence a, par rapport à la valeur, deux rôles dans la sémiotique de l'économie. Le premier est de valider l'information économique. Il s'agit de fonder l'information ou sur la réalité du monde qu'elle décrit ou des acteurs qu'elle analyse. C'est ainsi que les quotidiens sur papier se sont développés au dix-neuvième siècle avec l'exigence d'informations de plus en plus rapides et de plus en plus validées sur les entreprises qui font l'objet d'investissements boursiers. C'est également cette relation d'information à la référence des événements et des stratégies d'acteurs qui nourrit l'information médiatée sur les situations de crise. On peut, ainsi lire une apréciation et une interprétation de la situation économique dans ces lignes de C. Guélaud. « Il n'y a pas eu de miracle », écrit-elle[1]. « L'indice PMI du 20 septembre, qui faisait état d'une forte contraction de l'activité dans la zone euro à la rentrée, avait fait l'effet d'une douche froide. Dans la foulée, les économistes s'attendaient à de mauvaises enquêtes de conjoncture en France. Ils avaient – hélas – raison. Les indicateurs rendus publics, mardi 25 septembre, par l'Institut national de la statistique et des études économiques (Insee), montrent que le climat des affaires s'est encore dégradé en France dans une conjoncture défavorable ». La référence à la réalité des événements et des situations de crise vient ainsi nourrir ce que l'on peut appeler une *temporalité médiatée propre aux situations de crise*, fondée, en particulier sur une forme de suspens de la temporalité des événements à venir dans l'attente du déroulement des situations de crise. On peut, ainsi, lire, dans *le Monde* du 25 septembre 2012, ces lignes sur « l'onde de choc de la crise ». « Cette dernière semaine de septembre s'annonce terrible », écrivent C. Guélaud et T. Wieder. « Ponctuée de plans sociaux, scandée par la publication de mauvais indicateurs économiques et sociaux, elle s'achèvera par la présentation au Conseil des ministres, qui aura lieu vendredi 28 septembre au retour de François Hollande de New York, du projet de loi de finances pour 2013 et de ses 20 milliards de hausses d'impôt ». On se rend compte que le journal articule, ainsi, la temporalité de l'économie à la temporalité du discours et de la représentation. L'autre rôle de la référence dans la médiation économique est la validation de l'identité des acteurs économiques. C'est la reconnaissance de leur situation effective dans l'espace économique ou celle de la pertinence de leurs choix ou de leurs projets dans l'imaginaire de l'économie qui vient légitimer les acteurs de l'économie politique et fonder l'identité dont ils sont porteurs vis-à-vis de leurs partenaires, et, de façon générale, vis-à-vis des acteurs et des institutions de l'espace économique. C'est cette régulation des situations et des stratégies des acteurs financiers que N. Baverez désigne par le concept d'*architecture financière intégrée*[2]. Une telle régulation porte, ainsi, à la fois, sur la réalité des stratégies des acteurs et des situations économiques et sur la dimension imaginaire des projets et des attentes qui orientent les acteurs et les identités.

1 C. Guélaud, « Les chefs d'entreprise de plus en plus pessimistes », *Le Monde*, 26 septembre 2012.

2 C. Guélaud et T. Wieder, « De l'urgence de réguler la finance », *Le Monde*, 21 août 2012.

La référence est ainsi à la fois ce qui fonde le discours et les représentations et ce qui légitime la reconnaissance des identités dont sont porteurs les acteurs économiques – ce que l'on peut appeler le *crédit* qui leur est reconnu par les autres acteurs de l'espace des échanges.

LES IDENTITÉS ÉCONOMIQUES

Les *identités économiques* articulent la dimension singulière de *l'actance économique* et sa dimension collective. L'actance désigne l'engagement dans l'espace économique qui fonde une identité sur l'articulation entre le réel d'un pouvoir ou d'une contrainte, la dimension symbolique d'une représentation, d'un discours et d'une visibilité, et l'imaginaire de projets, mais aussi de craintes ou de rejets. L'actance, qui désigne la stratégie qui fonde un acteur, peut se définir comme la médiation entre l'identité de cet acteur et la situation dans laquelle il se trouve et s'exprime. C'est, en particulier, l'articulation entre la rationalité de l'actance économique et son irrationalité qui définit l'articulation entre des stratégies prévisibles et des modes imprévisibles d'intervention, et qui fonde, dans ces conditions, la sémiotique des événements et des dynamiques économiques. On peut, en particulier, comprendre la signification d'un événement comme celui des « subprimes » (2008) et celle d'une dynamique comme celle de la dette comme la confrontation de la rationalité de l'actance économique et du caractère en partie imprévisible d'événements et de situations de crise. Finalement, l'actance désigne la façon dont un acteur économique articule son identité au réel d'une situation économique dans laquelle il est appelé à intervenir. « Les subprimes, ces crédits hypothécaires américains toxiques nichés dans les bilans des banques du monde entier ne sont plus à l'origine de ces angoisses », écrit C. Gatinois[1]. « Mais ils ont été remplacés par un stress entourant les dettes souveraines européennes, notamment grecques et italiennes, dont sont gorgées les banques. Surendettés et en panne de croissance, ces Etats sont menacés – selon les investisseurs – de

1 C. Gatinois, « Des *subprimes* aux dettes, la crise n'est pas près de finir », *Le Monde*, 16 septembre 2011.

faire défaut provoquant d'énormes pertes pour les établissements ». Ces lignes permettent de comprendre que c'est la confrontation au réel qui, en constituant, pour un acteur économique ou un pouvoir, l'occasion d'intervenir dans l'espace économique, lui donne, de la même façon, l'occasion de définir et d'exprimer l'identité dont il est porteur – en l'occurrence celle d'états, celle banques ou celle d'investisseurs, tous contraints de définir, face à la crise, une stratégie qui les exprime.

L'identité est une médiation qui articule une actance singulière et une actance collective. L'*actance singulière* se fonde sur la relation entre manque et usage. Elle articule l'imaginaire du manque dont sont porteurs les sujets de la vie économique et le réel de la contrainte, de la situation économique singulière et des pratiques de la vie économique et des échanges. L'actance singulière définit les modes d'expression de sujets de la médiation économique qui, dans cette intervention singulière, expriment une identité dans une confrontation intersubjective. C'est le cas, par exemple, de l'achat ou de la vente, par lesquels un consommateur se donne l'identité d'un acteur économique. C'est aussi le cas du travail par lequel un sujet singulier exprime sa culture professionnelle, son savoir et son identité politique dans une actance qui lui donne à la fois l'occasion d'intervenir de façon singulière dans l'espace de la production et des échanges et celle d'une confrontation, institutionnelle et politique, avec son employeur. C'est enfin dans la situation du crédit que se met en œuvre une actance singulière, dans la négociation entre un sujet singulier et un acteur collectif qui lui consent un crédit en l'engageant à lui pour un certain temps long. Fondamentalement, l'actance singulière se fonde sur l'expression de l'implication économique du désir dont est porteur le sujet singulier. L'*actance collective* se fonde sur la relation entre acteurs de l'économie dans l'espace public. Elle articule l'imaginaire du projet et de l'idéologie et le réel des pouvoirs et des contraintes à la dimension symbolique de discours politiques et de représentations de l'économie. L'actance collective se fonde sur l'expression de l'implication économique du pouvoir reconnu à l'acteur collectif et de l'appartenance qu'exprime son identité institutionnelle. C'est dans la médiation entre actance singulière et actance économique, entre la vérité du désir et le pouvoir des acteurs politiques, que se fondent les identités économiques.

LA PERFORMATIVITÉ DE L'ÉCONOMIE

Une économie politique est une économie qui se fonde sur l'analyse de la signification des identités qui s'expriment dans l'espace public de l'économie, dans ce que l'on appelle *l'agora*, le marché, et qui se fonde sur l'analyse critique des pouvoirs et des appartenances structurés par les identités économiques. Or, pour penser les identités économiques, il convient de penser, d'abord, les modalités de leur inscription dans l'espace réel des échanges et des relations entre les acteurs économiques. En effet, ce qui fonde une identité, c'est toujours sa relation avec l'autre. Une identité ne peut se fonder, ni s'exprimer, en dehors d'une relation à l'autre qui fait apparaître sa spécificité et sa singularité, en dehors d'une relation à l'autre qui lui donne une signification et un statut. Il convient, par conséquent, de définir les spécificités de cette relation à l'autre dans le champ de l'économie, pou mieux comprendre la logique de constitution des identités dans ce domaine.

On a vu que c'est, en particulier, par exemple, la façon dont elles se situent par rapport à l'altérité et au rapport à l'autre qui manifeste la différence entre les approches de l'économie et entre les conceptions des pratiques sociales mises en œuvre par les acteurs de l'économie et de la production et de l'échange des valeurs qui l'expriment. Or, pour penser l'identité, il importe de penser, d'abord, la façon dont elle articule entre elles deux relations majeures. Il s'agit, d'abord, de la relation à l'autre et de la place de l'altérité et de la différence, en l'occurrence dans la dynamique des activités du travail, des marchés et des échanges. Il s'agit, ensuite, de la relation entre trois instances majeures qui structurent l'identité : le réel, le symbolique et l'imaginaire. Ces trois instances et les relations entre elles ont été formulées, d'abord, dans le champ du psychisme, par J. Lacan, mais leur mise en œuvre est d'un apport considérable pour la réflexion sur les identités politiques, et on peut, en particulier, se référer à elles pour une rationalisation de la signification dans le domaine de l'économie.

C'est la relation entre le réel et le symbolique qu'il convient d'analyser d'abord dans le champ de la sémiotique politique. En effet, la valeur est, d'abord, une relation entre la dimension symbolique de la représentation et la dimension réelle des contraintes et des dynamiques de l'économie. Penser l'économie est, sans doute, d'abord, une façon de penser le réel du monde. L'économie est la façon dont, dans nos pratiques sociales et dans nos représentations et notre culture, nous approchons les contraintes que le monde nous impose.

Il s'agit, d'abord, bien sûr, de la dimension singulière de cette approche de la relation au réel. Comme toute médiation, l'économie est une dialectique entre le singulier et le collectif, et notre première approche de l'économie, dans notre vie quotidienne, est une approche singulière des contraintes économiques, qui prennent la forme du manque. Nous découvrons que l'économie est une contrainte du monde la première fois que nous ne pouvons pas satisfaire un besoin ou un désir parce que nous n'avons pas les moyens financiers de le satisfaire. C'est cette relation dialectique entre le réel et le manque qui fonde la contrainte économique pour le sujet. Le désir et le manque qu'il manifeste constituent le réel singulier de l'économie[1]. À partir de cette première expérience des contraintes que l'économie exerce sur nous, nous allons pouvoir articuler cette représentation à la dimension collective de nos appartenances et de notre sociabilité, en faisant, ensuite, l'expérience de la dimension collective des contraintes de l'économie. Par exemple, nous nous rendons compte que les prix ne sont pas seulement une contrainte qui s'exerce sur nous de façon singulière, mais que cette contrainte s'exerce aussi de façon collective sur l'ensemble de la population dont nous faisons partie. La performativité de l'économie se fonde, d'abord, sur cette dimension singulière de la médiation économique. En effet, elle se manifeste en premier lieu dans l'expérience singulière que nous faisons de l'économie dans nos pratiques sociales qui articulent continuellement les gestes et les actes quotidiens de notre pratique de l'économie aux discours et aux représentations par lesquels nous exprimons notre identité d'acteurs des échanges qui constituent le temps court de l'économie politique.

La dimension performative de l'économie se comprend dans le sens même du terme *transaction*, qui désigne l'échange. *Transaction* est un terme composé du terme *action*, ce qui nous situe bien dans la logique

1 Voir le chap. « L'économie singulière ».

performative d'un acte, d'une transformation de la réalité, et *trans* nous situe dans la logique de l'échange et de l'aliénation : du passage d'une propriété d'un acteur à un autre.

La performativité singulière de l'économie fait de nous les acteurs singuliers de l'activité économique : elle fait de nous les acteurs singuliers du marché, de l'espace public de l'*agora*. En effet, les dynamiques d'échange que nous mettons en œuvre dans notre activité économique sont à la fois réelles et symboliques, ce qui fait d'elles des manifestations performatives de notre identité. L'achat et la vente d'un bien, matériel ou immatériel, sont une première manifestation de la performativité de l'économie car ils articulent, dans le même temps, la dimension symbolique de la négociation, qui consiste dans une énonciation, et la dimension réelle de l'acquisition d'un bien (le bien matériel ou immatériel qui fait l'objet de la transaction et le montant monétaire de cette transaction font, l'un et l'autre, l'objet d'un transfert et d'une acquisition). La transaction est la forme économique de l'énonciation, et, comme l'énonciation du discours ou de la parole, elle établit une relation entre deux sujets et une pratique, symbolique dans le cas de l'énonciation, et *à la fois symbolique et réelle* dans celui de la transaction.

La performativité singulière de l'économie, qui se manifeste dans le déroulement de la transaction, donne ainsi aux partenaires de l'échange, qui sont les énonciateurs, le statut et le rôle d'acteurs de l'économie. Ils expriment, l'un et l'autre, le désir dont ils sont porteurs dans le système culturel auxquel ils appartiennent, et, *par là même*, ils interviennent dans *l'agora*, en qualité d'acteurs de la transaction. De ce fait, cette transaction a à la fois une signification, exprimée par sa dimension symbolique, et une fonction, manifestée par son effet sur la possession du bien et son transfert.

L'échange est performatif car il consiste à la fois dans l'acte de vendre ou d'acheter un bien et dans la représentation de l'identité des sujets qui le mettent en œuvre. Comme cette performativité singulière de l'économie se manifeste dans la dynamique de l'échange, il s'agit, en quelque sorte, d'une *performativité spéculaire*. En effet, le sujet ne se manifeste pleinement dans un geste économique performatif qu'à condition de prendre la forme d'un échange avec un partenaire. C'est dans la dynamique de l'acquisition et de la dépossession, par laquelle un des sujets de l'échange *aliène* son bien, le met dans la propriété de l'autre, qui l'acquiert, que les sujets s'expriment comme acteurs dans l'espace du marché. La communication, l'échange *symbolique*, avec l'autre, dans le champ de l'économie, prend ainsi toujours la forme d'une dynamique réelle, d'une aliénation réelle des biens, qui changent de détenteurs. C'est pourquoi, dans le champ de l'économie, il n'y a de performativité que spéculaire, car on n'est acteur de l'économie que dans une relation à l'autre.

Mais la performativité de l'économie se manifeste aussi dans les pratiques singulières par l'usage de la monnaie, qui est comme un signifiant faisant partie d'une langue. En effet, dépenser une somme d'argent au cours d'une transaction, *aliéner* une somme d'argent, c'est intervenir, à la fois, sur le plan réel et sur le plan symbolique. Sur le plan réel, il s'agit de faire de cette somme d'argent l'instrument réel et fonctionnel qui permet la transaction.. Sur le plan symbolique, il s'agit de reconnaître la valeur d'une monnaie et d'adhérer, ainsi, au même système financier et monétaire que son partenaire : on met en œuvre la même évaluation, la même mesure symbolique du bien aliéné que l'autre. En procédant à la transaction, le sujet singulier contribue à la mise en œuvre de la circulation monétaire, ce qui représente une pratique symbolique, car la monnaie se voit ainsi reconnaître une signification[1]. Mais la circulation monétaire ainsi mise en œuvre est aussi une pratique réelle, car le signe monétaire ainsi mis en œuvre dans la transaction est dépensé par l'un des sujets de l'échange et acquis par l'autre, ce qui l'inscrit dans une dynamique réelle de manque et d'acquisition et ce qui lui donne une fonction, un rôle de moyen et d'instrument dans l'échange engagé. L'usage de la monnaie dans la transaction est comparable à la relation entre langue et parole dans l'énonciation linguistique. En effet, dans l'énonciation, la parole est la mise en œuvre singulière d'une institution, la langue. En s'exprimant dans une langue, le sujet énonce une parole singulière et, en même temps, il exprime son appartenance au système institutionnel manifesté par la langue. De la même manière, la transaction est la mise en œuvre singulière d'une institution, la monnaie. En négociant dans une monnaie, le sujet met en œuvre une transaction singulière, et, en même temps, il exprime son appartenance au système institutionnel manifesté par la monnaie.

1 *Cf.* Jean-Joseph Goux, *Économie et symbolique*, *op. cit.*, p. 95.

Mais il existe aussi une performativité collective de l'économie.

Les identités économiques se fondent sur deux types de logiques. Les identités institutionnelles s'inscrivent dans la logique symbolique de l'identité, tandis que les identités performatives s'inscrivent dans une logique de dialectique entre représentation et causalité. La *finance* représente l'identité performative de l'économie. Les identités institutionnelles s'inscrivent dans le temps long des structures de la vie politique et des cultures politiques et fondent les significations interprétables du fait politique. En revanche, les identités performatives s'inscrivent dans le temps court de la vie politique et des relations sociales et fondent la légitimité des actes et des pratiques des acteurs politiques, en leur donnant une signification particulière, interprétable dans le temps présent, en termes de relations aux pouvoirs.

Dans le cas de l'économie, les identités institutionnelles sont les normes de la vie économique et des échanges. Les identités institutionnelles permettent de situer les échanges dans l'histoire et le temps long de la vie économique en les confrontant à des dynamiques d'échanges du même ordre qui ont pu avoir lieu dans le passé. C'est ainsi, par exemple, que, dans les confrontations qui permettent de penser la signification des identités institutionnelles de l'économie, on peut trouver la confrontation entre les états et les acteurs économiques privés. Dans un pays comme la France, on ne peut pleinement comprendre la signification du rôle de l'État dans la vie économique que si l'on se réfère à l'histoire de ce rôle de l'État, et, en particulier, à la confrontation entre les pouvoirs centraux et les autorités régionales sous l'ancien régime. L'une des illustrations les plus importantes de cette logique économique propre des identités institutionnelles est, sans doute, l'étude de Max Weber, *L'Éthique protestante et l'esprit du capitalisme* (1904-1905), dans laquelle il donne le sens de l'expression « esprit du capitalisme ». « Si tant est », écrit-il[1], « que l'on puisse trouver un objet à propos duquel l'emploi de l'expression ainsi désignée peut avoir quelque sens, il ne peut s'agir que d'un "individu historique", c'est-à-dire d'un complexe de connexions présentes dans la réalité historique, que nous rassemblons en un tout conceptuel du point de vue de leur *signification culturelle* ».

1 Max Weber, *L'Éthique protestante et l'esprit du capitalisme*, trad. fr. par J.-P. Grossein, Paris, Gallimard, 2003, p. 20.

Le propos de Max Weber, qui se situe, rappelons-le, au même moment que Saussure et Freud, introduit l'idée selon laquelle il existe une dimension inconsciente de l'économie, un inconscient économique. Celui-ci permet de comprendre les significations des actes et des pratiques du quotidien de l'économie, de son temps court, du temps court de la vie des marchés. En effet, ces pratiques ne se caractérisent pas seulement par une fonctionnalité présente, active dans le moment où ils sont mis en œuvre, elles ne renvoient pas seulement à la causalité des faits dont elles sont issus et de ceux qu'elles peuvent entraîner. Cet inconscient de l'économie renvoie aussi ces faits à des structures et à des logiques inconscientes de l'histoire, refoulées par les acteurs et les pouvoirs qui agissent dans le temps court, ou seulement méconnues d'eux.

La performativité de l'économie articule la signification des faits économiques à la fois à leurs incidences dans le présent, à la causalité dans laquelle ces faits sont inscrits dans le temps court des causes et des effets et à des logiques économiques situées dans le temps long. Dans le champ de l'économie, la performativité économique consiste dans la production de valeur et l'articulation entre causalité et sens manifeste la valeur à la fois dans le présent de la transaction et dans le temps long de la culture de ses acteurs. La valeur, en effet, consiste dans l'articulation d'une signification (la mise en œuvre de la dimension de représentation de la valeur, de sa dimension sémiotique) et d'une causalité (l'ensemble des faits qu'entraîne la conscience de cette valeur et l'ensemble des processus qui conduisent à sa fixation dans le marché). Finalement, on pourrait dire que la valeur est un signe performatif de l'économie, car elle articule interprétation et évaluation : l'interprétation, qui fonde la signification, représente la mise en œuvre de la dimension institutionnelle de la valeur, et l'évaluation représente la mise en œuvre de sa dimension performative.

Si l'on prend l'exemple d'une monnaie, il s'agit bien d'une identité économique performative, dont la valeur articule dynamique d'action et de pratique, dans le temps court de l'espace du marché, et logique d'interprétation et de signification dans le temps long des identités économiques. En effet, la valeur d'une monnaie est appréciée dans le temps court du marché des changes, dans la confrontation aux autres monnaies qui circulent dans le monde au même moment qu'elle. C'est ainsi, en particulier, que les événements du temps présent, l'évolution des logiques de pouvoir et de la manifestation des institutions d'un pays dans le temps court, contribuent à la détermination de la valeur de cette monnaie dans le présent. Des dévaluations, qui sont des actes des pouvoirs politiques, peuvent aussi entraîner, dans le temps court, une évolution de la valeur des monnaies.

Mais la valeur de cette monnaie va aussi s'inscrire dans le temps long de son histoire et des identités culturelles qui s'expriment dans le rapport à elle. La valeur de la livre ou celle du dollar ne peuvent pleinement se comprendre que si l'on se réfère à l'histoire du rôle économique de la Grande-Bretagne et des États-Unis dans le monde. Sans doute, une des raisons pour lesquelles la Grande-Bretagne quoique membre de l'Union européenne, n'a pas adhéré à l'euro lors de son institution, est-elle ainsi liée à la pérennité du passé économique de la valeur de la livre dans le monde, elle-même liée à la mémoire du poids économique du Commonwealth dans le monde. De la même manière, la substitution du dollar à l'étalon-or dans la fixation de la valeur des monnaies les unes par rapport aux autres dans le monde, lors des accords de Betton-Woods (1944), se réfère à la fois au rôle des États-Unis et à leur poids dans le monde à l'issue de la deuxième guerre mondiale et à leur place dans le temps long de l'histoire des puissances du vingtième siècle. En particulier, les dynamiques d'échange et de production par lesquelles les Etats-Unis se sont imposés dans l'histoire économique permettent de comprendre leur poids et l'autorité reconnue au dollar en faisant d'eux les manifestations de l'idéal du libéralisme contemporain. La fondation du Fonds monétaire International en 1945, issue des mêmes accords, manifeste aussi la performativité de l'économie, puisque les modalités de la naissance de cette institution consistent dans l'articulation d'une logique institutionnelle, en particulier engagée dans la pérennité d'un temps long et d'une histoire, et les rapports de force d'une dynamique d'action politique mise en œuvre dans le temps court.

À l'inverse, c'est aussi dans la relation à ce temps long des valeurs que l'on peut comprendre la signification de la montée de la puissance des pays dits émergents dans la confrontation contemporaine des identités économiques dans le monde. C'est, en particulier, à la lumière de leur relation aux anciens pays dominants que l'on peut comprendre toute l'importance de la montée en puissance des « BRICS », l'Afrique du Sud, le Brésil, la Chine, l'Inde et la Russie, dans les structures contemporaines du marché international des valeurs et des puissances. « Si les modèles de développement des cinq membres du groupe ont chacun leurs spécificités – difficile en effet de comparer l'Inde et la Russie, aux régimes politiques et dynamiques économiques fort différents », écrit, ainsi, Audrey Fournier[1], « l'accélération de leur croissance au début du siècle témoigne de profondes modifications structurelles au sein des économies émergentes, qui ont constitué autant d'arguments en faveur de la théorie du découplage. Cette théorie, déterrée au début de la crise des subprimes, affirme que les pays émergents vont, à terme, se désolidariser des pays développés pour poursuivre leur croissance à leur propre rythme, sans être touchés par les fluctuations des "vieilles" économies ».

On ne peut prendre pleinement la mesure de la signification de la montée en puissance de ces pays dits émergents qu'en comprenant l'importance de la domination à laquelle ils ont été soumis pendant toute l'histoire qui précède. Au-delà de l'activité économique de ces pays dans le temps court, appréciable et évaluable à l'échelle du marché, leur pouvoir et leur dimension institutionnelle ne peuvent, ainsi, se comprendre qu'à l'échelle de l'évolution des identités, c'est-à-dire dans un temps long d'évolutions et de transformations des cultures économiques.

Une transaction, un acte économique se définit ainsi par une production de valeur confondue avec une production de signification. Dans le champ de l'économie, la signification, qui constitue la dimension symbolique de la relation, manifeste toujours une valeur, qui en constitue la dimension réelle. Cela implique que, comme toute relation de communication et comme toute pratique politique, cette performativité est toujours engagée dans la mise en œuvre d'une relation à l'autre. L'acte engagé par la transaction, dans la performativité de l'économie, est toujours mis en œuvre dans l'instauration ou la transformation d'une relation à l'autre, ce qui explique que le réel engagé dans l'économie soit toujours, en même temps, de l'ordre du désir ou de l'ordre du pouvoir. L'économie singulière engage l'expression à la fois symbolique et réelle du désir du sujet engagé dans la relation. Acheter un bien, c'est chercher à satisfaire un désir, tandis que le vendre, c'est à la fois rechercher la satisfaction du désir de l'autre (par une forme de séduction) et rechercher la satisfaction de son désir propre d'enrichissement. Mais la médiation

1 A. Fournier, « Économies émergentes : la fête est-elle finie ? » (*Lemonde.fr*, 13 décembre 2011).

économique articule l'économie singulière et l'économie collective dans une forme de dialectique, et l'économie collective articule l'expression de ce désir à celle d'un pouvoir, exercé par un sujet singulier au nom d'un acteur collectif. L'achat d'un bien s'inscrit dans une dynamique collective dans laquelle le sujet qui cherche la satisfaction de son désir est soumis à un pouvoir. Il s'agit, d'abord, du pouvoir de l'institution ou de l'acteur collectif au nom de qui est fixée la valeur du bien. Il s'agit, ensuite, du pouvoir de l'institution ou de l'acteur collectif qui légitime la décision du vendeur d'accepter ou de refuser la cession du bien. Dans la performativité économique, les acteurs de la négociation et de la fixation de la valeur n'agissent pas seuls dans la transaction : ils manifestent toujours une appartenance et s'expriment toujours au nom d'un *destinateur*, qui intervient dans l'échange, directement ou indirectement en y représentant une autorité, une institution, un pouvoir. Finalement, l'acte économique, l'acte d'échange, la transaction, s'inscrivent toujours dans deux espaces à la fois. Ils s'inscrivent dans l'espace singulier de l'intersubjectivité qui instaure l'échange entre deux sujets qui se confrontent l'un à l'autre dans une forme de spécularité, exprimée par la relation de confiance. Mais ils s'inscrivent aussi dans un espace d'appartenances, l'espace de l'*agora*, du marché, régulé par les modalités de reconnaissance de légitimité exprimées par des lois, par des normes et par des dispositifs exprimant les pouvoirs d'identités d'acteurs collectifs. C'est parce que l'économie consiste toujours dans des logiques d'échange que la performativité économique manifeste toujours une relation entre deux acteurs ou entre deux identités collectives[1]. La performativité économique engage toujours à la fois des sujets singuliers de désir et d'énonciation et des acteurs collectifs d'appartenance et de pouvoir.

On étudiera ici trois performativités économiques fondamentales : le travail, le commerce et la finance. Elles constituent des modalités différentes et particulières de production de valeur au cours de l'énonciation de discours et de la mise en œuvre de relations de communication. Ces trois situations articulent une dimension symbolique et une dimension réelle.

1 C'est ce qui distingue la performativité économique de la performativité ordinaire de la langue et de la parole. Les performatifs linguistiques engagent toujours la dimension singulière des sujets de l'énonciation : quand je dis *oui* au moment du mariage, ce qui est une situation classique de performativité, c'est moi seul que j'engage.

La dimension symbolique de ces situations consiste dans l'énonciation d'un discours et la mise en œuvre d'une relation de communication, d'échange symbolique et de visibilité. C'est dans la dimension réelle de leur énonciation que ces situations se distinguent l'une de l'autre. La performativité du travail consiste dans la production de valeur sous la forme de l'expression de l'identité de l'acteur. Le travail consiste dans la manifestation d'une aliénation sous la forme de la mise en œuvre d'une activité sociale destinée à la production d'un bien. Le commerce consiste dans la manifestation d'une appartenance au marché : la performativité du commerce prend la forme de la mise en œuvre d'un échange entre un bien et une quantité de monnaie. La performativité de la finance consiste dans la production de valeur sous la forme de la production d'un capital. La finance consiste dans la manifestation d'un pouvoir sur la forme d'un investissement et dans la manifestation active de l'identité d'un acteur économique dans la confrontation de ces identités au sein du marché. Ainsi, la finance est-elle une forme de méta-langage : elle produit une forme de valeur de la valeur.

LA PERFORMATIVITÉ DU TRAVAIL

Le travail consiste dans la production de valeur pour un autre acteur, un employeur public ou privé. Il s'agit, ainsi, de la confrontation de deux acteurs économiques. D'un côté, l'acteur du travail met en œuvre une compétence professionnelle reconnue dans la production d'un bien qui ne lui appartiendra pas. Il échange cette compétence professionnelle contre un salaire qui vient en exprimer la valeur, reconnue par l'employeur. De l'autre, son employeur met en œuvre un pouvoir, celui de faire travailler ou, au contraire, celui de mettre fin à l'emploi. La signification du travail, sa dimension proprement sémiotique est donc double. Elle est sociale, car la mise en œuvre du travail donne une signification à l'identité professionnelle et institutionnelle de celui qui travaille, mais elle est aussi économique, car, le travail engagé contribue à la production du bien auquel est reconnue une valeur, dans laquelle la valeur propre du travail tient une certaine place.

En même temps, la médiation économique du travail engage une relation entre une logique singulière et une logique collective. En effet, en agissant, celui qui travaille manifeste son identité singulière. Il met en œuvre une compétence propre, et il va, par son travail, satisfaire un désir de reconnaissance de sa propre identité par l'autre (celui pour qui il travaille, qui se rendra propriétaire du bien qu'il aura produit). Mais il ne manifeste pas seulement cette identité singulière pour l'autre : il la manifeste aussi pour soi. Le travail est une des façons dont, dans l'espace public, les sujets singuliers manifestent une forme de conscience de soi. Le travail est une des formes d'expression de l'identité symbolique du sujet singulier. Dans cette relation, l'acteur pour qui le travail est mis en œuvre, celui qui est porteur du pouvoir auquel est soumis celui qui travaille manifeste aussi une identité singulière dans le travail qu'il institue. En effet, la relation à celui qui travaille engage aussi la subjectivité, à la fois dans la représentation que le destinateur se fait de celui qui travaille et dans l'image de soi qu'il entend susciter auprès de celui qui travaille pour lui.

Mais cet engagement singulier des acteurs de la relation de travail s'articule à des formes collectives d'engagement. Ceux qui travaillent sont représentés la fois par des syndicats, des mutuelles, des organisations institutionnelles qui manifestent leur identité collective dans l'espace public, en mettant en œuvre une solidarité qui fait de ceux qui travaillent un acteur collectif. Les acteurs pour qui ils travaillent sont des entreprises, des services publics, des institutions comme des états ou des collectivités locales, qui manifestent des identités collectives dans leur confrontation à ceux qu'ils emploient. C'est à cette dynamique de confrontation entre les identités collectives mise en œuvre dans les relations de travail que Marx donne le nom de lutte des classes, car, comme toute relation entre des identités collectives, il s'agit d'une confrontation et non d'une spécularité. Mais, en même temps, Marx définit le travail comme une forme d'*aliénation*, car, dans la relation qu'il instaure, la force de travail est mise à la disposition de l'autre : celui qui travaille n'en dispose pas librement.

LA PERFORMATIVITÉ DU COMMERCE

Le commerce est une relation au cours de laquelle c'est l'échange même qui produit de la valeur. Il s'agit d'une relation performative, puisque c'est la mise en œuvre même de l'échange commercial qui manifeste, sur le plan symbolique, la signification exprimée par la valeur. Marx écrit, dans *Le Capital*[1] : « La forme générale de la valeur montre, par sa structure même, qu'elle est l'expression sociale du monde des marchandises. Elle révèle, par conséquent, que, dans ce monde, le caractère universellement humain du travail forme son caractère social spécifique ». Cela constitue une première approche sémiotique de l'économie, puisqu'il s'agit, pour Marx, de montrer que la valeur est un code, un système de signification « exprimant » le monde des marchandises dans l'espace public (« expression *sociale* ») et de montrer que le travail constitue un mode d'expression sociale « universelle » de cette valeur, soit : un système sémiotique d'expression permettant la traduction de la valeur dans toutes les cultures.

La performativité du commerce se manifeste de trois façons qui constituent des modes d'expression de la valeur inscrits dans des dynamiques pratiques différentes.

La première est la rhétorique de la séduction, qui s'inscrit, en particulier, dans le discours de la publicité. La publicité n'est pas un média nouveau : elle est présente depuis l'Antiquité, depuis qu'existent des relations et des réseaux de commerce et d'échange, en particulier dans l'espace urbain. La rhétorique de la séduction est une forme de performativité qui porte sur le désir. Elle consiste à susciter le désir de l'autre pour un bien, un objet ou une pratiques sociale, en énonçant un discours ou en proposant des images et des représentations d'une marque commerciale ou de la pratique sociale faisant l'objet de la publicité. La publicité constitue une forme de performativité qui donne au commerce la dimension d'une aliénation du psychisme de l'autre, portant sur l'image de soi ou sur la représentation d'un manque. Cette rhétorique de la séduction se fonde sur la dimension imaginaire articulée à la dimension symbolique et à l'emprise réelle du capitalisme et de logiques d'échanges

1 Karl Marx, *Œuvres*, t. 1, *op. cit.*, p. 599.

fondées sur la recherche du profit et de la capitalisation. L'imaginaire de la consommation vient ainsi renforcer la puissance imaginaire de séduction de la rhétorique publicitaire : « La consommation, le marché : c'est là », écrit J.-J. Goux[1], « que se joue la recherche d'une éthique nouvelle qui ne serait plus celle du devoir, mais celle du désir exalté et de la satisfaction maximum ». La publicité constitue un discours performatif qui repose sur une forme de sublimation de la consommation. Celle-ci est sublimée à la fois comme modèle ultime de référence de l'économie et des pratiques commerciales et comme modèle imaginaire d'idéal de soi fondant une forme de norme de l'appartenance et du politique.

La seconde performativité du commerce est mise en œuvre au cours de la relation commerciale elle-même : il s'agit de la rhétorique de l'échange mise en œuvre au cours de la vente. Vendre, c'est à la fois procéder à un acte, qui consiste dans la cession d'un bien à un client et dans la réalisation d'un profit, et mettre en œuvre une pratique symbolique de médiation d'une relation à l'autre, qui consiste dans un ensemble de discours et de représentations. La vente met en œuvre, en particulier, tout un ensemble de rituels et d'énonciations convenues qui expriment la légitimité de l'acte, inscrit par ces normes formelles dans un langage, dans un ensemble de codes et de conventions structurant l'espace public de la vente comme un espace public de médiation et de communication.

On observe, ainsi, une double performativité de la vente. D'une part, il s'agit d'une *performativité dans le temps.* En effet, la vente délimite un temps, car elle s'inscrit dans une chronologie, marquée par des dates, et, en particulier, scandée par l'histoire de l'évolution des prix, et, par ailleurs, elle s'inscrit dans le temps du vendeur, scandé par une chronologie de l'évolution de ses produits et des domaines dans lesquels il exerce son activité. D'autre part il s'agit d'une *performativité dans l'espace.* En effet, la vente a lieu dans des espaces destinés à cette activité, et particulièrement aménagés suivant des normes d'aménagement répondant à des logiques d'usage et à des logiques institutionnelles particulières.

Cet espace de la vente correspond à l'espace du *marché.* La spatialité du marché est double. D'abord, il s'agit de ce que l'on peut appeler une « spatialité courte », en analogie avec le temps court. Cette spatialité courte est, en particulier, celle de l'espace urbain de la vente et du marché, désignée en latin par le terme *forum* et en grec par le terme *agora.* L'un

1 Jean-Joseph Goux, *Frivolité et symbolique, op. cit.*, p. 56.

et l'autre représentent, étymologiquement, l'espace de l'extérieur (*ghel/or*), c'est-à-dire l'espace dans lequel les échanges et les médiations ne s'inscrivent pas dans des logiques privées de filiation, mais s'inscrivent dans des logiques publiques. Cet espace de la ville consacré au marché et aux échanges fait aussi l'objet d'un aménagement conforme à des normes : les boutiques, les échoppes, les lieux de marché ouvert, s'inscrivent dans toutes les cultures dans des langages, des codes et des normes d'aménagement qui donnent une signification aux actes qui s'y déroulent. Mais il existe aussi une « spatialité longue » du marché. Il s'agit de l'espace public du marché, au sens politique que lui donne Habermas[1], qui ne se caractérise pas seulement par des aménagements locaux de l'espace. En effet, cet espace du marché se fonde sur la confusion entre l'espace du marché et celui de la délibération et de la confrontation politique. C'est dans l'espace du marché qu'ont lieu les premières confrontations qui vont donner naissance à la Révolution française, mais c'est aussi dans les boutiques, dans les espaces urbains de marché, que naissent toujours les confrontations politiques au commencement des crises politiques et des situations révolutionnaires ou des situations de changement de régime. Cet « espace public », qui se caractérise par l'articulation du commerce et du politique, manifeste l'articulation, constante dans l'histoire, entre le fait urbain et la dimension commerciale de l'activité économique. La performativité de la vente porte ainsi également sur l'aménagement et l'usage de l'espace. La dimension symbolique de la vente et de la communication qu'elle engage s'inscrit ainsi dans la dimension réelle des pratiques de l'espace de la ville.

Enfin, la performativité du commerce s'inscrit dans l'acte d'achat, qui constitue une performativité engageant le désir du sujet, devenant un *client* par la mise en œuvre de cet acte. Ce seul terme constitue, en lui-même, une forme de domination du vendeur et une forme d'aliénation de l'acheteur, car le *cliens* latin, terme d'où est issu *client*, était celui qui contribuait au crédit de celui qui était son *patronus*, qui concourait, par sa participation à sa clientèle, au crédit du *patronus*, à sa visibilité. De la même manière, aujourd'hui, le client d'un commerce est celui qui concourt à la visibilité de ce commerce, au crédit dont il dispose dans l'espace public et qui fonde son identité économique. Mais l'achat consiste aussi, de la part de l'acheteur, dans la réalisation d'un désir, et c'est en cela

1 Jürgen Habermas, *L'Espace public*, trad. fr. par M. B. de Launay, Paris, Payot, 1978.

qu'il constitue une performativité singulière. Par l'achat, nous donnons une matérialisation au désir dont nous sommes porteurs, en faisant de lui la motivation d'un acte, l'achat, et, ainsi, en l'inscrivant dans une logique effective de causalité. Plus loin, l'achat fait passer le désir de l'acheteur d'une aliénation à l'autre, en le faisant passer du réel de la contrainte du désir au réel de l'autre contrainte, celle de la dépendance du vendeur et de la dépense du moyen de paiement.

La performativité de l'achat est donc double, articulant la dimension symbolique de la négociation et de la discussion avec le vendeur à la dimension réelle de la dépense et à la dimension imaginaire du manque. Le réel de la dépense consiste dans l'émission de monnaie par l'acheteur. En dépensant le montant du prix du bien acheté, l'acheteur énonce ce que vaut symboliquement le bien qu'il se procure et, en même temps, met en œuvre un acte qui fait de lui un acteur engagé dans une dynamique d'action économique. Mais cette performativité articule aussi le réel de l'acte d'achat à l'imaginaire du désir. En effet, acheter un bien, c'est satisfaire le désir de ce bien, c'est-à-dire donner une consistance réelle d'un acte à l'imaginaire d'un manque. L'achat met, ainsi, en œuvre une performativité engageant la singularité d'un sujet d'énonciation devenant, par là même, un acteur du marché.

Mais l'achat consiste aussi dans une performativité collective. La clientèle s'institue comme l'acteur collectif d'une médiation économique, et cette dimension collective de la performativité de l'achat se manifeste, en particulier, dans trois situations. D'abord, il s'agit de la concurrence, qui constitue une dynamique majeure du marché. La concurrence consiste dans la mise à la disposition du public des clients de plusieurs acteurs commerciaux concourant à l'offre des mêmes biens. La clientèle a, ainsi, un rôle et un pouvoir d'acteur collectif, celui de pouvoir choisir. Par ailleurs, il s'agit de la clientèle constituée en acteur collectif de l'achat vis-à-vis d'un même vendeur, d'un même acteur de production et de distribution. Le pouvoir de la clientèle est, en ce sens, celui de pouvoir mettre fin à la relation engagée, mais, par ailleurs, c'est cette clientèle, comme acteur collectif, qui fonde l'identité de l'acteur de la vente sur le profit qu'il réalise à partir de son activité. La clientèle donne, en ce sens, une visibilité à l'acteur de la vente, comparable à celle du *patronus* latin, fondée sur la « clientèle » de ceux qui étaient dans sa dépendance. Enfin, la dimension collective de l'achat se manifeste par son rôle dans l'évolution des produits et des biens qui font l'objet de la vente. Le commerce repose, ainsi, sur une dialectique économique entre les logiques de la conception des produits qui circulent dans le marché et les logiques des pratiques sociales de leurs acheteurs. La dimension collective de la performativité de l'acheteur est en particulier exprimée par l'usage du terme « le public » qui désigne l'ensemble des acheteurs et des consommateurs d'un bien, ainsi institués en un acteur collectif de la médiation économique du commerce.

LA PERFORMATIVITÉ FINANCIÈRE

La performativité financière exprime l'identité de l'acteur économique pour soi. Il s'agit moins de manifester une relation à l'autre que de manifester la dynamique de sa propre identité dans une logique de visibilité et d'accroissement. L'activité financière consiste, sur le plan de sa signification et de son expression, à représenter l'identité des acteurs financiers dans la concurrence avec les autres acteurs, et, sur le plan de ses effets et de la dynamique de son activité, à accroître le profit réalisé par l'acteur, et, ainsi, le pouvoir dont il dispose dans la sphère économique.

En ce sens, la finance est une modalité de la performativité économique qui ne situe pas sa signification, comme le travail, dans la mise en œuvre de l'identité du sujet au cours de son activité et de sa relation à un autre acteur qui bénéficie de son travail. Elle ne situe pas non plus sa signification, comme le commerce, dans la mise en œuvre de l'identité au cours d'une relation d'échange avec un autre acteur. La performativité financière se situe dans la manifestation et la réalisation de la dimension économique de son identité, dans une articulation entre désir et pouvoir. Le terme *finance* est issu de l'ancien français *finer*, qui signifie « payer », mener une transaction jusqu'à sa *fin*, en achevant de payer. Au-delà, la finance désigne ce qui permet de payer, le moyen de paiement, et, par conséquent, désigne ce qui concerne les moyens de paiement et « les finances » ont fini par désigner l'ensemble de la vie des acteurs de la vie économique. La finance désigne donc une activité économique refermant sur lui-même l'expression de l'identité de l'acteur dans une forme de dénégation de la relation à l'autre. En effet, la signification étymologique du terme, dans le temps long de la langue, désigne le moment de la *fin* de l'opération, c'est-à-dire le moment où l'on ne se situe plus dans la relation à l'autre de la transaction, mais dans le retour sur soi de la satisfaction d'un désir ou d'un projet d'acquisition. Dans les logiques économiques contemporaines, en particulier depuis le dix-neuvième siècle, la finance désigne, ainsi, le champ de l'activité économique qui vise, en particulier par le profit, l'accroissement de l'assise économique de l'acteur, l'accroissement de sa puissance, ce qui implique la dénégation de la nécessité de la relation à l'autre. On pourrait donner à la performativité financière la signification d'une manifestation de la puissance autonome de l'acteur, de sa puissance en ce qu'elle est indépendante de toute relation à l'autre

C'est ainsi qu'en instrumentalisant à son profit la relation à l'autre en l'inscrivant dans la recherche de l'accroissement de son profit, l'acteur qui met en œuvre la performativité financière se situe en dehors de la spécularité constitutive de la médiation symbolique. En effet, ce n'est pas la relation à l'autre qui fonde son identité, mais l'accroissement de son capital, c'est-à-dire de la manifestation économique de son identité. Dans la performativité financière, le rapport à l'autre se réduit à deux logiques. La *confiance* désigne ce en quoi la relation que l'acteur instaure avec l'autre peut ne pas nuire à son profit. La *concurrence* désigne la confrontation entre acteurs dans la logique de l'accroissement de leur profit et, au-delà, de leur puissance sur les autres. La performativité financière se distingue des autres formes de performativité économique par le fait qu'elle repose sur la dénégation de la relation à l'autre et sur une forme d'activité qui se situe hors de la logique de la médiation, en particulier de la médiation entre le singulier et le collectif. La performativité financière se situe en dehors de la logique de l'échange. Elle échappe à la communication et n'attend pas de réponse, car il s'agit d'un *acte de pouvoir*. En ce sens, tandis que la performativité du travail et celle du commerce inscrivent dans la relation à l'autre et dans la communication, la performativité financière s'inscrit, au contraire, dans l'absence de communication.

On a une représentation extrême de cette situation dans *L'Avare* de Molière. Au début de la pièce, Harpagon se croit seul et se parle à lui-même. « Cependant je ne sais », dit-il[1], « si j'aurai bien fait d'avoir

1 Molière, *L'Avare*, éd. par M. Rat, Paris, Gallimard, « Bibliothèque de la Pléiade », 1951, t. 2, p. 339.

enterré dans mon jardin dix mille écus qu'on me rendit hier. Dix mille écus en or chez soi est une somme assez…*(Ici, le frère et la sœur paraissent, s'entretenant bas.)* O Ciel ! je me serai trahi moi-même. La chaleur m'aura emporté et je crois que j'ai parlé haut en raisonnant tout seul ». Par cette scène, Molière montre cette dénégation de la relation à l'autre qui fonde la finance et qui situe ses acteurs dans un espace forclos, enfermé sur lui-même hors de l'espace public de la vie économique et des relations sociales. Cette clôture sur elle-même de l'activité financière se manifeste aussi de façon caricaturale dans les excès des crises économiques comme celle qui s'est manifestée dans le monde depuis 2007, et, en particulier, depuis la crise des « subprimes » aux États-Unis, qui a constitué un premier symptôme, un premier événement inaugurant une crise financière appelée à durer plusieurs années. L'économiste Daniel Cohen écrivait ceci, à propos de cette crise[1] : « Il est habituel de distinguer deux types de crises financières : les crises de solvabilité d'une part, les crises de liquidité de l'autre. Les crises de solvabilité sont les plus simples à comprendre : un débiteur fait faillite parce que l'investissement qu'il a engagé est moins rentable que prévu. Exemple : la rentabilité d'Eurotunnel a été très en deçà des niveaux attendus ; les créanciers et les actionnaires ont perdu leur mise. Les crises de liquidité sont d'une autre nature. Elles adviennent lorsque, pour une raison ou une autre, les créanciers veulent tous vendre en même temps leurs actifs, provoquant eux-mêmes la dévalorisation de leurs créances. Une mauvaise rumeur, un comportement moutonnier (si les autres vendent, je veux vendre aussi) peuvent alors faire dégénérer un projet initialement sain en fiasco, obligeant à liquider à perte ce qui n'avait pas de raison de l'être. Cette distinction est évidemment en partie théorique. Lorsque la crise se déclenche, bien malin qui peut dire s'il s'agit d'une crise qui peut être résolue par un retour à la confiance, ou si, au contraire, elle menace durablement les bilans bancaires. Elle est toutefois essentielle pour comprendre la portée des politiques menées. Le principal instrument à la disposition des banques centrales est en effet le refinancement temporaire des établissements de crédit. Il est clair pourtant que ces avances ne transformeront pas un bilan dégradé en un bilan sain. La crise des subprimes hérite de cette ambiguïté. En plein mois d'août, les fonds hypothécaires sont brutalement devenus illiquides, personne ne sachant quelle valeur donner à des portefeuilles

1 D. Cohen, « Subprimes : la crise continue », *Le Monde*, 10 janvier 2008.

fabriqués à partir de formules mathématiques que personne ne comprenait plus. Progressivement pourtant, il est devenu clair que les pertes étaient réelles, grevant durablement les bilans bancaires. »

Ces lignes montrent bien que la crise financière se situait au sein même des banques et des établissements financiers. Ce n'est pas dans une relation d'échange aux autres acteurs que se situait la crise, c'était, au contraire, dans leur dénégation.

D'une façon plus générale, la spéculation consiste toujours à mettre en œuvre une activité financière de recherche de profit dans l'observation de la situation des capitaux et la prévision de leur évolution, et non à engager une activité économique de relation d'échange avec l'autre. Le spéculateur instrumentalise l'autre en le réduisant à un simple outil de son propre profit. La spéculation consiste dans une activité économique qui, selon Kaldor[1], « peut se définir comme l'achat (ou la vente) de marchandises en vue dune revente (ou d'un rachat) à une date ultérieure, là où le mobile d'une telle action est l'anticipation d'un changement des prix en vigueur, et non un avantage résultant de leur emploi, ou une transformation ou un transfert d'un marché à un autre ». Cette définition montre bien que la spéculation se situe en dehors de l'usage et de la vie économique, puisqu'elle se situe hors de l'usage et hors de la circulation entre les marchés. Mais on peut aller plus loin. En effet, cette forclusion spatiale de la spéculation s'articule à une forclusion temporelle, puisqu'elle se situe dans l'anticipation d'un autre temps, c'est-à-dire d'un temps imaginaire situé hors du temps de la réalité. La performativité financière se situe, ainsi en dehors de l'espace et du temps de la réalité de la médiation économique en instaurant son propre espace et son propre temps. *« Les marchés financiers »*, selon l'économiste A. Orléan[2], « sont, de ce point de vue, très différents des marchés de biens. Ceux-ci traitent de marchandises réelles, ayant une utilité que les consommateurs peuvent juger, alors que les marchés financiers reposent sur des paris subjectifs, spéculatifs. Ce sont des marchés de promesses. On y vend et achète des anticipations ». Les discours des acteurs financiers sur la « crise de la dette » des années 2010-2011, qui s'est manifestée, d'abord, en Grèce, pour se propager à un ensemble de

1 Kaldor, « Spéculation et stabilité économique » (1939), cité par Beitone *et al.*, *Dictionnaire de science économique*, Paris, A. Colin, 2010, p. 422.

2 André Orléan, « Le marché gouverne », *Le Monde*, 21 janvier 2012.

pays dans le monde, donnent à cette crise une signification distincte d'une signification économique. C'est ainsi qu'ils proposent, pour y remédier, de réduire les dépenses dans une politique dite d'austérité, et, ainsi, prennent le risque d'une récession liée à la clôture de l'activité économique sur une absence d'échanges. C'est ce qu'écrit l'économiste M. Wolf[1]. « La zone euro », écrit-il, « a également besoin de réformes à long terme qui s'attaquent à ses véritables faiblesses. Mais ces réformes échoueront si l'Allemagne continue à marteler que seule compte la discipline budgétaire. Ce n'est pas l'indiscipline budgétaire qui est à l'origine de cette crise. L'indiscipline du secteur financier et, d'une manière générale, du secteur privé, y compris des prêteurs des pays du cœur de la zone, a joué un rôle encore plus important. Si la zone euro adoptait des réformes visant à améliorer son fonctionnement futur au lieu de continuer à être une machine à produire de l'insolvabilité financière et budgétaire dans les pays les plus faibles, la confiance reviendrait ». Finalement, ce que montre cette forme de forclusion de la performativité financière, située dans un imaginaire économique hors de la relation à l'autre dans l'espace et dans le temps, c'est que la confiance désigne une logique économique fondée sur la reconnaissance de l'importance de la relation à l'autre.

Sans doute est-ce cette forclusion de la finance en dehors de l'espace et du temps que Goux désigne par le terme « frivolité[2] ». Il y a, en effet, deux façons, pour l'imaginaire politique, de se situer hors de l'espace et du temps : l'une est idéalisée, il s'agit de la transcendance construite par Kant, et l'autre est du domaine de l'illusion, il s'agit de l'imaginaire économique de la frivolité ou de l'idéologie libérale.

1 Martin Wolf, « L'option la moins mauvaise », *Le Monde*, 6 décembre 2011.
2 Jean-Joseph Goux, *Frivolité de la valeur*, *op. cit.*,

LES IMAGINAIRES ÉCONOMIQUES

Comme tout champ de signification, l'économie articule une dimension imaginaire aux autres instances de la médiation. Les imaginaires économiques expriment des formes d'horizon, de finalité des stratégies mises en œuvre par les acteurs politiques et par les acteurs économiques et de légitimation de ces engagements. Mais ils peuvent aussi constituer des formes d'idéalisation, de *sublimation politique*, de l'économie, des échanges et des valeurs. Si l'économie représente un ensemble d'activités réellement mises en œuvre par des acteurs dans l'espace public du marché et des échanges, c'est quand elle est articulée à une instance imaginaire qu'elle acquiert une dimension pleinement politique. En effet, c'est l'imaginaire qui oriente les choix fondant les identités politiques, tandis que le réel de la contrainte, par définition, ne peut se choisir ou se rejeter. Pour que les acteurs politiques expriment une identité dans le champ de l'économie, mais aussi pour que les discours de l'économie puissent faire l'objet d'une interprétation, il faut que les dimensions proprement économiques de leur expression s'articulent à la dimension imaginaire d'un idéal politique ou, au contraire, de craintes et de rejets par les pouvoirs et les identités.

L'imaginaire représente, ainsi, d'abord, une finalité idéalisée de la performativité économique. C'est, en particulier la forme que revêt l'imaginaire économique qui distingue la performativité économique des autres logiques de la performativité politique. Les pouvoirs politiques légitiment leur action en la situant par rapport à un idéal politique fondé sur l'idéalisation des identités des acteurs et de leur statut, par exemple, de liberté, d'égalité ou de solidarité. En revanche, les acteurs économiques légitiment l'exercice de leur pouvoir en le situant par rapport à des horizons économiques faits de logiques idéalisées d'échanges ou de relations commerciales, d'usages idéalisés de sources d'énergie, ou encore d'idéalisations de projets de profits financiers. La prospérité représente ainsi un imaginaire positif de la performativité économique, et s'exprime dans des logiques singulières de bien-être, de satisfaction dans l'emploi et de sécurité ou dans des logiques collectives de développement, de croissance ou de plein emploi.

On peut ainsi définir l'imaginaire économique comme une finalité de la mise en œuvre de l'activité économique. La performativité qui, comme on l'a vu, caractérise les représentations et les discours dans le domaine de l'économie, se situe par rapport à une finalité qui constitue une forme d'horizon de ces représentations. Cette finalité inscrit les représentations de l'économie dans une relation au réel imaginaire d'un but qui donne un sens aux identités et à leur expression dans l'espace public du marché et des confrontations, en particulier en différenciant les identités économiques les unes par rapport aux autres. Il peut s'exprimer de deux façons, sur le plan des identités singulières et sur celui des identités collectives.

L'imaginaire économique singulier exprime le désir des sujets dans le champ de leur activité économique : il exprime une forme d'idéalisation de la dimension singulière des marchés et de l'engagement dans l'économie, sur le plan des échanges ou sur le plan de la vie professionnelle. Cette idéalisation peut prendre une forme positive, et, dans ce cas, il s'agit d'un imaginaire de projet ou d'un imaginaire d'idéal social, mais elle peut prendre une forme négative, et, dans ce cas, il s'agit d'un imaginaire de crainte, d'insécurité ou d'un imaginaire de crise. Un personnage comme celui de Charlot représente, ainsi, par exemple, dans la fiction, l'imaginaire de la pauvreté, tandis qu'un personnage comme Nuncingen représentera, au contraire, pour Balzac, l'imaginaire de la réussite. On peut aussi citer, comme expressions de l'imaginaire positif de l'économie des figures comme celle de « Lula », au Brésil. « Le Brésil vit un rêve éveillé », écrivent, ainsi, O. Dabène et F. Louault[1]. « Les superlatifs manquent », poursuivent-ils, « pour décrire la relation fusionnelle qu'entretiennent les Brésiliens avec leur président Lula. À tel point que l'on se demande si le pays saura se passer de lui. Dilma Rousseff, qui lui succédera en janvier 2011, s'emploiera certes à poursuivre l'œuvre de son mentor, mais sans soulever l'enthousiasme. Le bilan des huit années de présidence de Lula apparaît pourtant en demi-teinte. Sur le plan économique, là où on ne l'attendait pas, il est excellent ». C'est par la formulation de cet imaginaire que les sujets singuliers de

1 O. Dabène et F. Louault « Lula, président inoxydable », *Le Monde*, 28 septembre 2010.

l'énonciation du discours économique et les acteurs singuliers du marché et des échanges rendent intelligible la signification de leur engagement.

L'imaginaire économique collectif exprime, lui, la finalité économique de l'engagement des pouvoirs et de l'organisation des sociétés. C'est, en particulier, cet imaginaire collectif qui permet de donner une signification aux modalités selon lesquelles les institutions politiques régulent les marchés et l'organisation de la vie économique. L'imaginaire économique collectif donne une finalité à l'organisation de l'espace public et de l'*agora*. C'est aussi par rapport à cet imaginaire que les acteurs politiques de l'espace économique peuvent faire l'objet d'une exclusion ou d'un rejet, dans la mesure où les finalités de la performativité économique constituent des normes de l'activité économique et fondent ce que l'on peut appeler une éthique de l'économie. On pourrait définir l'éthique économique comme l'ensemble des normes qui apprécient la relation entre les pratiques et leurs finalités. En orientant l'exercice des pouvoirs par une finalité, les imaginaires économiques définissent des politiques et des stratégies d'acteurs entre lesquelles le débat public peut avoir lieu. Comme les identités économiques se définissent par les modalités de leurs confrontations les unes aux autres, c'est bien les différences entre leurs finalités qui fondent ces identités et orientent les processus de leur identification.

Sans doute est-ce par la nature et la signification de la place qu'elles réservent à l'imaginaire que l'économie politique et la finance se distinguent l'une de l'autre. En effet, l'économie proprement politique se situe par rapport à la finalité imaginaire d'une croissance partagée et d'une économie inscrite dans les logiques politiques de la mise en œuvre des échanges et de l'organisation de la société. En revanche, l'économie orientée par la finance se donne un imaginaire économique fondé sur la seule finalité d'un accroissement du profit et d'un accroissement du capital indépendamment des relations avec les autres acteurs de la vie économique. C'est pourquoi la finance « a connu », selon A. Michel[1], « une forte croissance, depuis 1990, en Europe, à mesure que progressait la désindustrialisation ». Ainsi, un économiste comme A. Orléan formule le projet, pleinement politique, d'une activité économique séparée de la finance en assignant à l'économie la finalité politique d'une organisation de la société, d'une régulation des relations sociales et de l'expression

1 A. Michel, « En finir avec la banque universelle », *Le Monde*, 26 janvier 2012.

d'un imaginaire articulant les stratégies singulières des acteurs à une finalité collective. « La définanciarisation repose sur la constitution de pouvoirs d'évaluation hors des marchés (entrepreneurs, syndicats, pouvoirs publics, associations) aptes à proposer des finalités conformes à l'intérêt collectif ». Par ces lignes[1], André Orléan situe les finalités de l'économie comme un ensemble d'imaginaires proprement politiques orientant les choix et les stratégies des acteurs et des pouvoirs.

C'est ainsi que la réflexion va distinguer deux formes d'imaginaires économiques, fondées sur deux expressions imaginaires du rôle de la valeur. D'une part, l'imaginaire financier, qui se fonde sur une expression « frivole » de la valeur, pour reprendre l'expression de J.-J. Goux, oriente l'économie vers une finalité d'accumulation, en dehors de l'espace et du temps et en dehors des échanges entre les identités sociales de l'espace public. D'autre part, l'imaginaire de l'économie politique, qui se fonde sur une expression symbolique de la valeur et sur une logique de communication et de médiation entre le singulier et le collectif, oriente l'économie vers une finalité d'échanges, de circulation et de flux des valeurs, inscrites dans des logiques de relations de communication et de médiation entre les acteurs économiques et entre les identités politiques dont ils sont porteurs. C'est, en définitive, par la façon dont ils définissent la valeur que ces imaginaires se distinguent les uns des autres. En effet, ou, comme dans le cas de l'imaginaire financier, la valeur, par son accroissement quantitatif, est une fin en soi, une finalité se suffisant à elle-même pour définir l'identité des acteurs, ou, comme dans le cas de l'imaginaire politique, la valeur se pense dans une expression sublimée de la relation entre les acteurs et entre les pays.

LA PROSPÉRITÉ ET LA PAUVRETÉ

L'imaginaire de l'économie a consisté depuis toujours dans une forme de confrontation entre deux horizons, deux finalités contradictoires, de l'économie et de la vie économique. La prospérité, ou le progrès, désigne l'idéal d'un état économique de bien-être, de satisfaction des besoins et

1 André Orléan, « Il faut définanciariser l'économie », *Le Monde*, 9 décembre 2011.

des désirs et de sécurité pour l'avenir, tandis que la pauvreté désigne l'idéal négatif d'un état de malaise, de privation et d'insécurité. Ces deux représentations de la société ont, dans le champ de l'imaginaire économique, à la fois le rôle de deux références d'évaluation des politiques économiques et des engagements des acteurs de l'économie et celui de désigner des tendances, des orientations, antinomiques du discours de l'économie et des représentations dont elle est porteuse. Finalement, la prospérité et la prospérité constituent des normes idéales correspondant, dans le champ de l'économie, à un équivalent des figures du paradis et de l'enfer dans les imaginaires religieux.

Comme toutes les figures imaginaires, la prospérité, ou le progrès, et la misère ne sont ni datées ni situées dans l'espace, mais il s'agit de figures permettant d'évaluer les pratiques de l'économie et d'apprécier la situation des pays, des entreprises ou des acteurs économiques. Il s'agit de figures extrêmes qui ne se rencontrent pas de façon intégrale dans les situations réelles. En effet, aucune situation n'est dans la réalité une situation de prospérité absolue ni une situation de misère intégrale. Ces deux figures imaginaires représentent des formes d'idéalisation de notions économiques.

Comme tous les imaginaires politiques, ces deux imaginaires économiques articulent une logique singulière et une logique collective. La prospérité est la situation économique d'un pays ou d'une société qui se caractérise par le bien-être individuel de ses membres, et la pauvreté est une situation qui caractérise un pays ou une société dont les membres connaissent individuellement des situations précaires et misérables de besoin et d'insécurité.

Mais, toujours comme tout imaginaire politique, la prospérité, ou le progrès, et la pauvreté ne se présentent pas de la même manière dans toutes les sociétés, à toutes les époques et dans tous les pays. C'est ainsi, par exemple, que, dans l'appréciation d'une situation de prospérité, la consommation alimentaire, l'accès aux soins médicaux, les ressources en matière d'emploi ou les pratiques culturelles n'occuperont pas la même place dans tous les pays et à toutes les époques. De la même manière, dans l'appréciation d'une situation de pauvreté, les situations de famine ou de malnutrition, l'insuffisance du développement de la santé, le chômage ou l'illettrisme ne vont pas avoir le même rôle dans l'analyse économique des pays et des régions.

Parallèlement à la diversité de ces expressions de l'idéal du progrès, de la prospérité et de l'idéal négatif de la pauvreté, les critères qui permettent de définir et d'apprécier les situations économiques au regard de ces références sont aussi différentes selon les situations. On notera, en particulier, la place différente de la modernisation agricole, de l'appréciation du développement des technologies et des industries et du rôle des ressources énergétiques, dans l'élaboration des évaluations de la situation économique des pays et des situations dont on analysera la dimension économique. La diversité des critères d'évaluation s'inscrit, en particulier, dans la complexité de l'élaboration de données comme « l'indice de développement humain » (IDH)[1], qui constitue un des éléments de l'appréciation de la situation économique des pays. Ce qui relève de l'imaginaire dans l'élaboration de ces critères d'évaluation, ce ne sont évidemment pas les situations elles-mêmes, mais c'est l'idéal de référence par rapport auquel l'économie évalue les situations de prospérité ou de pauvreté.

La prospérité, le progrès et la pauvreté ont quatre significations, que l'on peut analyser sus la forme d'une confrontation binaire, dans la sémiotique économique que nous tentons d'élaborer ici.

D'abord, il s'agit d'une signification de la médiation entre la dimension singulière de l'économie et sa dimension collective. Nous avons vu plus haut que ces deux imaginaires constituent des projections sur la vie économique collective de références élaborées à propos des sujets singuliers, mais nous devons ici approfondir cette projection. En fait, le progrès ou la prospérité désigne un État dans lequel la situation économique d'un pays ou d'une société satisfait les besoins et les désirs de ceux qui l'habitent ou de ceux qui en font partie. C'est ce qu'écrit Marx, à la fin du *Capital*, en situant l'idéal imaginaire de l'économie « au-delà de la sphère de la production matérielle », c'est-à-dire au-delà de l'espace réel de la production et des échanges. « À la vérité, le règne

1 Instrument de base des analyses menées par les Nations unies en matière de développement économique et social, introduit en 1990 par le Rapport mondial sur le développement humain (publié par le PNUD), l'IDH est un indicateur composite. Pour un pays ou pour un groupe de pays donné (ou, à l'intérieur d'un pays, pour un groupe de population donné : sexe, ethnie, région, classe sociale), il combine les valeurs de trois indices : la longévité (espérance de vie), le savoir (mesuré pour les deux tiers par le taux d'alphabétisation des adultes et pour un tiers par le nombre d'années d'études) et le niveau de vie (mesuré par le PIB. par habitant exprimé en parité de pouvoir d'achat) (*Encyclopædia Universalis*).

de la liberté », écrit-il[1], « commence seulement à partir du moment où cesse le travail dicté par la nécessité des fins extérieures ; il se situe donc, par sa nature même, au-delà de la sphère de la production matérielle proprement dite ». À l'inverse, la pauvreté désigne une situation de manque, en particulier par rapport à la liberté. Amartya Sen définit, ainsi, la pauvreté comme une situation « due au fait que la liberté dont (on) dispose pour accéder aux modes du fonctionnement humain le plus désirable est une liberté réduite[2] ». Ces deux figures, celle de la prospérité et celle de la pauvreté sont des expressions économiques de la figure du désir – dont la signification apparaît quand il est satisfait – et de celle du manque – qui signifie l'impossibilité pour le sujet de satisfaire un désir qui représente, en fait, une idéalité imaginaire.

Par ailleurs, la figure de la prospérité et celle de la pauvreté se fondent, dans une certaine approche de l'économie, sur la référence à des logiques quantitatives. C'est en termes de mesure que l'économie appréciera la prospérité et la pauvreté, ce qui inscrit l'économie dans une problématique de la quantification. Si l'on se réfère à la figure biblique du rêve de Pharaon des sept vaches grasses et des sept vaches maigres, interprété par Daniel comme une figure imaginaire de la prévision d'un avenir de l'économie de l'Égypte, on notera que ce rêve est marqué par la mesure (pendant un certain *nombre* d'années, un certain *nombre* de vaches sont assez ou insuffisamment alimentées). La mesure représente, ainsi, pour l'économie, une forme de quantification de l'imaginaire. Le « seuil de pauvreté » est, ainsi, situé, en France, en 2011, à un montant disponible de 954 euros par mois[3].

On remarquera, ensuite, que la figure de la pauvreté et celle de la prospérité articulent l'appréciation d'une situation économique à un imaginaire de la faute et de la culpabilité et de la responsabilité, ou, au contraire, à un imaginaire du succès et de la victoire. Les stratégies des acteurs politiques des pays ou des sociétés, ou celles des décideurs des entreprises font l'objet d'une évaluation selon les critères formulés dans cet imaginaire. Finalement, l'imaginaire de la prospérité ou celui de la pauvreté interviennent dans le débat public pour évaluer les acteurs

---

1 In Karl Marx, *Œuvres*, Paris, Gallimard, « Bibliothèque de la Pléiade », 1968, t. 2, p. 1487.

2 Amartya Sen, *L'économie est une science morale*, Paris, La Découverte, 2003, p. 66.

3 P. Le Cœur, « La crise a aggravé le sort des plus démunis », *Le Monde*, 31 août 2011. Selon cette information, par ailleurs, 8,2 millions de Français, soit 13,5 % de la population, vivent sous le seuil de pauvreté.

de l'économie. C'est ainsi qu'A. Sen invoque une dimension morale de l'économie politique, en la situant par rapport à « l'impératif d'équité », qui, comme tout impératif, oriente les pratiques institutionnelles, demeure de l'ordre de l'imaginaire, tant qu'il est un horizon non encore atteint[1].

Cela nous amène à remarquer que, dans le domaine de l'économie, l'imaginaire a le rôle d'une référence d'évaluation, de la même manière que l'identité des acteurs et le discours de l'économie reposent sur une logique performative. Le rôle de l'imaginaire dans le champ de l'économie est celui d'une évaluation des politiques mises en œuvre, et, au-delà, celui d'un critère de la décision. Dans le champ de l'économie, l'imaginaire n'est pas, comme dans les autres domaines du politique, une forme d'idéalisation, mais il a le rôle d'une référence d'évaluation et de décision. En ce sens, il est articulé à de l'acte, comme dans une forme de performativité économique de l'imaginaire.

LA CROISSANCE ET LA DÉCROISSANCE

La croissance est une figure imaginaire dynamique articulée à la prospérité : elle désigne, dans l'imaginaire économique, le parcours vers la prospérité. Cette figure repose sur la projection dans le champ économique de la logique biologique de la croissance du corps humain et de la logique psychologique du développement du psychisme dans la vie du sujet. L'imaginaire de la croissance repose sur le recours de la rhétorique économique à une logique, essentiellement organique, de la vie de la personne.

Le thème de la croissance, dans le discours économique, comporte quatre significations majeures.

D'abord, il s'agit d'une projection vers un imaginaire infini. Le thème de la croissance s'ouvre sur une progression sans limites. Il s'agit d'une ouverture sans but précis, sans limite. En effet, la forme du terme est au présent, ce qui implique que l'on est toujours en train de croître. La croissance est une forme imaginaire qui désigne une ambition qui ne rencontre pas d'obstacles et à laquelle aucune limite n'est assignée.

1 Amartya Sen, *L'Économie est une science morale*, *op. cit.*

Le président de la Banque mondiale, R. Zoellick, écrit, ainsi, dans *Le Monde*[1] : « Nous avons besoin d'investir dans ce qui fonctionne et de corriger ce qui ne marche pas. Et nous devons toujours garder à l'esprit qu'au final, notre travail consiste à responsabiliser les personnes. L'esprit humain peut accomplir des choses étonnantes. Nous avons besoin d'en donner l'occasion à chacun ». Ces lignes montrent que l'imaginaire de la croissance se voit reconnaître à la fois la signification d'un projet politique optimiste (« accomplir des choses étonnantes ») et une dimension morale (« responsabiliser les personnes »), ce qui montre que le discours économique, pour susciter l'adhésion, perd toute distance critique.

Le deuxième aspect du discours sur la croissance est sa dimension quantitative. Le progrès est représenté par une forme quantitative. C'est, d'ailleurs, pourquoi la croissance se mesure et s'évalue : la ministre française de l'Économie, C. Lagarde, évalue ainsi la croissance pour 2012 à 2,25 %, le 14 avril 2011, et, le 17 octobre 2011, sur France 2 le Premier ministre, François Fillon avait laissé entendre que le projet de loi de finances pour 2012 envisageait une croissance de 1,5 %, légèrement inférieure aux 1,75 % prévus[2]. La figure de la croissance donne à l'imaginaire économique une dimension quantitative qui est de l'ordre de la mesure, ce qui donne à cet imaginaire une forme scientifique, ce qui l'inscrit dans une rhétorique savante, destinée à renforcer la crédibilité de ce discours dans l'espace public.

Le troisième aspect du discours sur la croissance est, comme on l'a vu, le recours à la métaphore de l'organisme. Par le thème de la croissance, le discours de l'économie s'inscrit dans une logique à la fois fonctionnelle et organique, en concevant l'économie comme un corps doté d'organes et de fonctions, ce qui renvoie l'économie à la figure rhétorique de la vie et de la mort. Il y a, dans l'imaginaire de la croissance, une dimension qui rapproche l'économie de tout un ensemble de métaphores concevant la société comme un organisme vivant, ce qui a deux incidences. D'une part, l'adhésion est plus facile à ce discours, car ceux qui en sont les destinataires s'identifieront plus facilement au discours sur l'économie s'il porte sur un corps comme le leur, et, d'autre part, cette rhétorique fait de la croissance une forme de nécessité vitale qui échappe à tout débat, en raison de sa nécessité. La croissance devient une contrainte, au sens du réel lacanien.

1 R. Zoellick, « La croissance éradiquera la pauvreté », *Le Monde*, 17 septembre 2010.
2 *Le Monde*, 22 octobre 2011.

Enfin, la figure de la croissance permet d'évaluer les politiques économiques et de distinguer les pays crédibles, sérieux, puissants, bénéficiant d'une forte croissance, et les pays en crise, menacés de l'envers de la croissance, la récession, ou, au contraire, plongés dans la récession. La figure de la croissance, comme tout imaginaire, se situe dans une logique d'opposition ou de confrontation avec l'imaginaire négatif, celui du danger de la fin de la croissance et de la plongée dans le déclin. D'abord, une fois encore, il s'agit d'un recours à la métaphore de l'organisme, le thème du déclin figurant le vieillissement et l'annonce de la mort, et, ensuite, ce thème du déclin inscrit l'imaginaire économique dans une logique de l'évaluation et de l'appréciation d'un mérite ou d'une valeur des pays et des situations économiques. C'est ainsi que la perte du triple A de la France, imposée par l'agence de notation Standard & Poor en décembre 2011 entraîne une situation de « panique », ce qui désigne bien l'imaginaire de la peur dans le champ de l'économie[1].

Mais il existe une forme de critique de cet imaginaire de la croissance, sous la forme d'un autre imaginaire antagoniste, différent du thème du déclin ou de la récession : le thème de la décroissance. Depuis un certain temps déjà, l'économie politique est le champ d'une confrontation, d'un débat entre plusieurs approches et entre plusieurs conceptions. « Les taux de croissance importants relèvent d'une époque révolue [...]. En conséquence, il faudrait que les préoccupations de redistribution et de justice sociale redeviennent un élément important des agendas politiques », affirmait ainsi John Kenneth Galbraith (1908-2006)[2]. Le libéralisme avait renforcé l'importance du thème de la croissance car il favorisait l'enrichissement des pays, et, surtout, celui des acteurs économiques, des capitaux et des entreprises. Par ailleurs, la compétition entre les États-Unis et les pays occidentaux et l'Union soviétique et les pays de l'Est, avait pris la forme de la « guerre froide ». Cette confrontation avait pris, dans le domaine économique, la forme d'une compétition autour du thème de la croissance. En effet, l'un des blocs cherchait toujours à dominer l'autre en bénéficiant d'une plus forte croissance.

La fin de la période de la « guerre froide » a vu s'instaurer une autre confrontation, non plus entre « l'Est » et « l'Ouest », mais, cette fois,

1 *Le Monde*, 7 décembre 2011.

2 Anne Rodier, « Croissance qualitative », *Le Monde Économie*, 22 novembre 2011.

entre « le Nord » et « le Sud ». Cette nouvelle confrontation est liée, en particulier, à la décolonisation, à l'indépendance des pays dits du Sud qui se libéraient peu à peu de la tutelle des anciens colonisateurs, mais cela a entraîné aussi, sur le plan économique, une remise en cause des modèles politiques de l'économie des pays industrialisés du « Nord ». Cette remise en cause s'est inscrite, en particulier, dans deux domaines. D'abord, il s'est agi de la critique des incidences de la politique d'une économie de croissance sur l'environnement et la dégradation du cadre de vie. L'écologie a, ainsi, élaboré une pensée critique de l'emprise de l'imaginaire de la croissance. Ensuite, s'est élaborée, à partir de cette critique, une figure nouvelle, celle de la décroissance, qui consiste dans un imaginaire opposé à l'imaginaire de la croissance, sans pour autant s'inscrire dans une logique du déclin. Il s'agissait, en d'autres termes, d'échapper à la logique d'évaluation de la croissance pour imaginer un autre mode d'appréciation des politiques et des situations économiques, sortant des modèles dominants des pays occidentaux et engageant un autre parcours, vers un autre imaginaire. C'est le sens du terme « décroissance », qui ne signifie pas un arrêt de la croissance lié au déclin, mais un arrêt lié au choix d'un autre parcours. La figure de la « décroissance » exprime une rationalité de l'économie politique différente de celle qui oriente les discours économiques dominants, en exprimant un imaginaire critique de l'économie. Y. Cochet définit la décroissance en désignant les modalités qu'elle propose d'orientation et de mise en œuvre des activités économiques. « Les activités », écrit-il[1], « qui ne relèvent pas du travail, du calcul en vue de l'accomplissement d'une tâche, de l'obtention d'un résultat, bref de l'esprit productiviste, ces activités sont les plus épanouissantes parce qu'elles sont effectuées pour elles-mêmes, non comme moyens en vue d'une fin. Ce sont des dépenses qui ne mènent nulle part, n'ont aucune utilité, ne sont pas conditionnées par une demande quelconque : ce sont des dépenses souveraines, improductives, insubordonnées. C'est par cette réorientation du désir que nous sortirons du travaillisme. On peut vivre mieux en travaillant et en consommant moins ». Par ailleurs, il s'agit d'une forme de distance critique par rapport aux logiques dominantes de l'économie politique. En effet, toujours selon Y. Cochet, il s'agit de « disqualifier la puissance, l'utilitarisme et la surconsommation ».

1 Yves Cochet, « Quel projet pour Europe-Écologie ? », *Lemonde.fr*, 16 août 2010.

LA MODERNITÉ ET LE CONSERVATISME

La modernité et le conservatisme sont deux orientations imaginaires du discours économique qui fondent l'évaluation et la norme de l'économie sur la relation à ce que l'on peut appeler le temps politique. En effet, ces thèmes sont mis en œuvre à la fois dans une logique d'évaluation, d'appréciation et de choix des politiques économiques et dans une logique de ce que l'on peut désigner comme *l'expression économique des identités politiques*. Il s'agit d'une forme d'appropriation imaginaire du réel de la temporalité par les acteurs, les décideurs et les consommateurs de la vie économique. Cette approche imaginaire de la relation au temps est propre au champ économique du discours politique, qui, par ailleurs, se réfère souvent au passé imaginaire mythique comme référence de l'évaluation et de la norme. Mais il convient d'emblée de souligner la contradiction qu'il y a à une expression imaginaire – donc indépendante de l'espace et du temps – des modalités d'inscription dans le temps des politiques et des stratégies des acteurs économiques. Cette contradiction apparaît, d'ailleurs, en particulier, dans le fait que conservatisme et modernité apparaissent dans le discours de l'économie politique à plusieurs époques, dans plusieurs espaces publics, et, finalement, dans des significations assez constantes.

C'est ce qui montre que les deux thèmes du discours économique que constituent la modernité et le conservatisme relèvent pleinement de ce que Marx appelle l'idéologie, c'est-à-dire d'une mise en œuvre de l'imaginaire dans l'élaboration d'un discours politique de l'économie, dans l'élaboration de ce que l'on peut appeler une *rhétorique de l'économie.* Ces thèmes sont engagés dans des discours visant à convaincre et à susciter l'adhésion dans le débat politique sur l'économie et les politiques économiques à mises en œuvre, mais il s'agit de figures se référant à des approches imaginaires de l'économie. Modernité et conservatisme en matière économique ne sont pas seulement des thèmes ou des points de vue d'évaluation et de choix des politiques et des stratégies à mettre en œuvre, mais sont aussi des arguments entrant dans le débat public en matière économique, et, en particulier, dans les rhétoriques électorales. C'est ainsi que H. Novelli évoquait, au cours de la campagne de l'élection présidentielle de 2012[1], « l'action en faveur de la recherche, du développement et de l'innovation ». Ce thème de l'innovation a longtemps été un enjeu d'une confrontation entre la gauche et la droite, sur le plan économique. En effet, la gauche s'est longtemps présentée comme l'identité politique hostile au conservatisme, en particulier dans le champ des relations sociales dans les entreprises et les lieux de travail et dans le champ de la réglementation sociale en faveur des travailleurs. Mais, à partir d'un certain moment, dans l'histoire de la vie politique, la droite s'est emparée du thème de l'innovation, ce qui est illustré par le propos d'H. Novelli, en particulier en faisant de la modernisation des entreprises un argument rhétorique visant à légitimer l'aggravation des conditions de travail et la diminution des emplois. Le thème de la modernité et du conservatisme est, ainsi, devenu un thème majeur de la confrontation entre les identités politiques dans le domaine économique, en particulier sous la forme d'une légitimation des acteurs politiques et des revendications qu'ils expriment dans l'espace public. Ce thème de la modernisation est devenu, par ailleurs, d'autant plus complexe qu'il s'est situé dans le contexte d'une multiplication des échanges et des flux économiques dans le monde et de la mondialisation de la vie économique. La mondialisation a, en effet, entraîné de profondes mutations des logiques de production et d'échanges et, par conséquent, une mutation des logiques économiques de signification des identités politiques.

L'opposition entre le conservatisme et la modernité revêt une autre signification dans le discours de l'économie. Il s'agit de l'expression dans le champ de l'économie de l'opposition entre des politiques et des stratégies qui s'inscrivent dans le temps et qui reconnaissent, ainsi, l'importance de s'adapter aux évolutions des modalités des échanges et de l'expression des identités et des acteurs de l'économie et celles qui refusent de suivre ces évolutions. Le conservatisme se manifesterait par la persistance de modes de production et d'échanges considérés comme se situant à d'autres époques et la modernité par la mise en œuvre de stratégies épousant les évolutions des modes de production. Mais cette opposition a connu une nouvelle signification et de nouvelles modalités d'expression politique avec la dénonciation des excès de la modernisation, en particulier sur le plan de l'environnement. Les

1 Pierre Laurent et Hervé Novelli, « Comment faire baisser le chômage en France ? », *Le Monde*, 20-21 novembre 2011.

transformations des modes de production de l'industrie ont entraîné des dégradations parfois profondes de l'espace et des paysages et une pollution considérable de l'environnement, tandis que les transformations de l'agriculture qui connaît une forme d'industrialisation ont entraîné une refonte des espaces agricoles, des paysages et des modalités de la production, entraînant la mise sur le marché de produits profondément altérés. Un débat s'est instauré, ainsi, dans le domaine de l'agriculture, entre une agriculture de plus en plus productiviste et industrielle et une agriculture revenant à des logiques plus respectueuses des formes du paysage et de l'environnement et à des formes biologiques évitant les altérations des ressources agricoles liées à l'industrialisation et au productivisme.

Le champ de l'économie politique fait, ainsi, aujourd'hui l'objet d'une recomposition liée à l'écologie et aux transformations d'une économie politique nouvelle, se fondant, en particulier, sur la reconnaissance de l'environnement comme une des contraintes réelles de l'économie et des modalités de la production, de la circulation des produits et de l'appréciation des valeurs et sur la reconnaissance de l'écologie comme une instance de l'économie politique. C'est ainsi, par exemple, que J. Bové formule des propositions pour une recomposition de l'agriculture. Il dit, en particulier[1] : « Aujourd'hui, il y a à mon sens trois grands axes à défendre. Le premier, c'est de nourrir en quantité et en qualité les 500 millions de citoyens européens. Cela implique une production sur l'ensemble du territoire, mais aussi un type de production qui permette aux générations futures de continuer à produire. Le deuxième, c'est plus largement l'enjeu environnemental, et la nécessité d'adapter l'agriculture aux bouleversements climatiques que nous connaissons. Le troisième enfin concerne l'occupation de l'espace territorial et social, c'est-à-dire le maintien d'agriculteurs sur l'ensemble du territoire européen. Cela passe par l'installation d'une nouvelle génération d'agriculteurs. Si on poursuit avec le modèle actuel, on va assister à une véritable hémorragie en nombre d'agriculteurs, puisqu'aujourd'hui les paysans ne sont pas remplacés, et ce à cause d'une politique d'installation qui empêche les jeunes de reprendre le flambeau. »

1 José Bové, « Culturellement, l'agriculture française n'existe plus », *Lemonde.fr*, 31 janvier 2012.

Ces propos situent les logiques d'une relégitimation économique du retour à des logiques anciennes de production et à une reconnaissance de ce que l'on pourrait appeler un « temps long » de l'économie, en situant le réel environnemental de l'économie sur trois plans. Il s'agit de la reconnaissance de l'importance de la prise en considération des générations futures et de leurs exigences, de celle de l'importance de l'espace et des contraintes climatiques, et de celle de la répartition des emplois et des ressources dans l'ensemble de l'espace européen et, ainsi, d'une prise en considération d'une approche transnationale de l'économie.

L'IMAGINAIRE DE LA RIGUEUR, DE L'AUSTÉRITÉ, DE L'ÉCONOMIE

C'est dans le champ des politiques économiques et des stratégies conçues et mises en œuvre par les pouvoirs que les imaginaires de la rigueur, de l'austérité et de l'économie, au sens de la restriction des dépenses prennent une place importante. Ils constituent, sur ce plan, des expressions des identités politiques qui se confrontent les unes aux autres dans l'espace public, qui devient un espace de débat à partir du moment où le réel politique conduit les pouvoirs à devoir choisir entre plusieurs politiques possibles. Dans ces conditions, l'articulation entre le réel de la contrainte des situations et l'imaginaire des choix et des orientations acquiert une dimension symbolique dans les médias, dans les discours politiques et dans les représentations des acteurs.

Le propre de l'imaginaire de la rigueur et de l'austérité est de reposer sur le transfert dans le champ de l'économie politique de thèmes et d'expressions issus d'autres champs, en particulier de la morale individuelle en ce qui concerne le thème de l'austérité et de la gestion des patrimoines et des fortunes personnelles en ce qui concerne le thème de la rigueur et de l'économie. Il s'agit, dans ces trois cas rhétoriques, d'un passage dans le champ de l'économie politique de thèmes et de discours relatifs aux situations économiques des particuliers et aux expériences personnelles de l'économie. Cela repose sur la dynamique de l'identification des personnes et des citoyens aux acteurs politiques et aux décideurs qui, par ce transfert de l'expérience personnelle individuelle au politique, tentent de fonder leur légitimité politique sur l'identification spéculaire dont ils font l'objet de la part des sujets singuliers de l'espace public. Il s'agit, en ce sens, d'une forme d'application au domaine de l'économie politique de la logique qui fonde l'éthique et la morale, c'est-à-dire l'application à des usages collectifs et à des pratiques politiques de règles de conduite élaborées à l'intention des usages des personnes singulières.

Cette dynamique de l'identification des sujets singuliers aux acteurs politiques vient, en quelque sorte, tenir lieu de débat public. Au lieu de soumettre les choix politiques de l'austérité et de la rigueur à un débat politique qui pourrait conduire au rejet de ces choix par les citoyens, l'identification des politiques engagées à des pratiques individuelles empêche la discussion politique. Au lieu de consister dans une adhésion reposant sur un libre choix inscrit dans un débat, le choix est présenté comme s'imposant pour des raisons de morale ne faisant pas l'objet d'un débat. C'est ainsi que « François Fillon [...] dès septembre 2007, avait décrété l'État en situation de faillite » (*Le Monde*, 9 janvier 2011). En appliquant le thème de la faillite à la situation de l'État, le discours cité du Premier ministre propose une analyse de la situation politique en termes de gestion privée.

C'est de cette manière que le discours de la politique économique esquive le débat, en présentant les mesures politiques prises en termes d'austérité et de rigueur comme des mesures imposées, hors débat, par une situation politique ne pouvant faire l'objet d'une discussion. C'est ainsi que la situation occupe, dans le discours politique, la place de l'instance du réel dans le champ de la psychanalyse. En termes de sémiotique économique, il s'agit de présenter la rigueur comme un ensemble de mesures politiques décidées pour faire face à une situation réelle ne pouvant faire l'objet d'un débat, et venant s'imposer, rendant ainsi indiscutable la politique économique.

L'IMAGINAIRE DU PROJET

L'imaginaire politique a une expression rigoureuse et engagée dans des formes articulées à la réalité des situations. Dans le domaine de l'économie comme dans d'autres domaines des formes de la vie politique, le projet exprime l'imaginaire dans les formes pensées et rationnelles du discours économique. Le projet articule une représentation du réel du moment, c'est-à-dire de la situation économique dans laquelle il est formulé, et de la formulation de choix, de mesures, de décisions et d'entreprises appelées à faire évoluer cette situation ou à la transformer. Le projet donne, ainsi, une signification au discours politique de l'économie en l'articulant à des stratégies d'acteurs.

Le projet s'inscrit dans deux temporalités et c'est cette articulation qui lui donne sa signification. La première temporalité est le temps politique dans lequel il est formulé, qui, comme toute temporalité, articule le temps long et le temps court ainsi que le présent et le passé. C'est la deuxième temporalité qui est, en fait, une temporalité imaginaire : il s'agit de l'imaginaire du futur dans lequel est *projetée* la représentation de la situation économique et des stratégies formulées par le discours du projet.

La première articulation du projet lui donne la signification d'une décision et d'un choix engageant des pouvoirs. En formulant un projet économique, les acteurs expriment l'étendue de leur pouvoir, qui se manifeste par le champ dans lequel le projet est opératoire, qui correspond à l'espace dont le projet envisage les transformations, et, dans le même temps, ils expriment les modalités de leur engagement dans le domaine économique ; en ce sens, ils manifestent leur identité économique en se distinguant d'autres acteurs. C'est ainsi que *Le Monde* présente un projet de transformation d'une usine française promise à la disparition : « Une formation de six mois à un an, financée par l'État, devrait permettre aux ouvrières de passer de la corseterie à la maroquinerie. Deux millions d'euros d'investissements – là encore aidés par l'État au titre des fonds de revitalisation – permettront d'adapter l'atelier à sa nouvelle destination[1] ». Un projet définit ainsi une *destination*, c'est-à-dire une médiation

1 Nicole Vulser, « Quand Bernard Arnault vole au secours de Nicolas Sarkozy », *Le Monde*, 3 février 2012.

entre une activité et une orientation qui lui donne une signification politique dans le domaine économique. Un projet définit l'identité d'un acteur économique par l'articulation de son présent et de sa culture à l'imaginaire du futur. En l'occurrence, le projet articule le passé et la culture de l'activité de l'entreprise (« corseterie », puisqu'il s'agit de l'entreprise Lejaby) et une nouvelle identité, fondée sur une nouvelle activité (le luxe et la « maroquinerie », activité qui définit l'identité de l'investisseur reprenant l'entreprise, B. Arnault et l'entreprise LVMH).

La deuxième articulation du projet lui donne la signification de ce que l'on peut appeler un *idéal économique.* De la même manière qu'il existe un idéal du moi, sur le plan du psychisme, et un idéal politique, sur le plan des identités politiques, il existe un idéal économique, qui exprime le but du projet, c'est-à-dire la situation imaginée par ses concepteurs à l'issue de sa mise en œuvre. C'est l'idéal économique qui est imaginaire au moment de la formulation du projet, qui exprime l'instance imaginaire de la sémiotique de l'économie politique, en articulant la situation présente du réel de l'économie à la situation projetée. La temporalité de l'idéal économique est seulement projetée : il s'agit de la façon dont les acteurs et les décideurs du projet conçoivent la situation résultant de sa mise en œuvre, c'est-à-dire la situation qu'ils souhaitent. C'est sur ce plan que l'imaginaire du projet exprime une forme de *désir politique* des acteurs économiques en articulant leur analyse de la situation – leur savoir sur le réel – et leur conception du futur – leur désir et leur imaginaire politique.

L'IMAGINAIRE DE LA PRÉVISION.
Prévision et planification : rationalisation de l'imaginaire

Enfin, sans doute convient-il de rappeler l'importance d'un autre imaginaire quantitatif de l'économie politique, celui de la *prévision.* La prévision consiste à mesurer l'évolution attendue de l'économie d'un pays : il s'agit d'inscrire les représentations, nécessairement imaginaires, du futur de ce pays dans des formes de rationalité auxquelles la mesure et l'appréciation quantitatives donnent le statut de formes exactes de scientificité politique. Mais c'est en soulignant le fait qu'il est nécessaire de « sortir de l'illusion prudentielle selon laquelle, par le calcul, on peut tout contrôler et prévoir », que l'économiste C. Walter illustre[1] le caractère imaginaire de certains champs de la rationalité économique. La prévision est une expression rationalisée de l'imaginaire qui a toujours été présente dans le domaine de l'économie politique. Sans doute peut-on même dire que l'économie est devenue une science politique à partir du moment où l'exigence de la prévision est venue fonder les pouvoirs dans le domaine de l'anticipation de la croissance et du risque.

La prévision articule l'analyse d'une situation et la projection de ce savoir sur l'analyse imaginaire d'une situation à venir. Elle consiste, en particulier, à articuler deux dimensions de l'imaginaire. En effet, elle exprime une forme de négociation entre des objectifs, c'est-à-dire l'expression d'un projet, et l'analyse anticipée d'une situation à venir, c'est-à-dire l'expression de ce que l'on peut appeler le futur du réel. La difficulté de la prévision réside dans la complexité de cette articulation. Les meilleures statistiques du monde et les modèles les plus pointus n'y changeront rien : « Prédire totalement et parfaitement l'avenir est impossible. Pour cela, il nous faudrait une boule de cristal », sourit Jean-Luc Schneider, directeur adjoint des affaires économiques de l'Organisation de coopération et de développement économiques (OCDE). Tout l'enjeu de son département, où travaillent quelque 150 personnes, est pourtant d'élaborer au plus juste les prévisions économiques d'une quarantaine de pays. Taux de croissance, d'inflation, de chômage et autres indicateurs sont ensuite compulsés et longuement analysés dans un épais document publié deux fois par an, en mai et novembre[2] ». La prévision consiste, en effet, dans le domaine économique, à articuler l'anticipation de l'évolution des situations à la maîtrise d'un certain nombre d'informations sur le présent et sur le passé. La prévision est, finalement, le champ de l'usage stratégique de l'information économique. Sans doute est-ce la prévision qui donne sa légitimité et son orientation à la construction d'une économie politique.

La prévision du futur est, dans tous les domaines des sciences du politique, un des aspects majeurs du pouvoir, qui se manifeste, en particulier,

1 C. Walter, « Il faut sortir de l'illusion qu'on peut tout calculer, contrôler et prévoir », *Le Monde Économie* 7 février 2012.

2 M. de Vergès, « La crise financière a bousculé les méthodes des prévisionnistes », *Le Monde*, 28 septembre 2010.

dans les conditions d'élaboration et d'adoption des budgets. Le budget consiste, en effet, dans l'articulation de la prévision et de l'anticipation du futur économique et de la formulation de choix et d'orientations donnant une signification à la politique économique. C'est cette articulation entre prévision et budget qui donne toute sa signification à la notion de *destination économique.* Une destination consiste à la fois dans un sens et une orientation, dans un but et un idéal et dans un ensemble d'analyses, de choix et de prévisions.

On peut, à partir de là, distinguer deux formes de prévision. La prévision proprement dite consiste dans l'appréciation de l'articulation entre le réel et l'imaginaire de la situation : il s'agit d'un discours de savoir. Mais il existe une autre forme de prévision, fondée sur une scansion par des moments dans le temps, qui consistent dans une articulation entre des temps courts et un temps long de l'imaginaire. Cette scansion formule des objectifs particuliers à la prévision, par laquelle les acteurs et les décideurs s'approprient pleinement le savoir et la prévision en l'articulant à leur stratégie. C'est à cette deuxième forme de prévision que l'on donne le nom de planification.

LES IDENTITÉS ÉCONOMIQUES

Comme dans les autres domaines de la communication, de la signification et du fait politique, il existe des identités dans le domaine de l'économie, ce qui fait de lui un domaine politique d'expression et de représentation. C'est par rapport aux identités que nous nous situons dans l'espace public, en y exprimant la nôtre au cours d'une confrontation continue à celle des autres. Dans le domaine de l'économie politique, l'identité se fonde sur l'articulation de trois processus de reconnaissance : l'identification des *acteurs*, la reconnaissance d'une *valeur*, et la reconnaissance d'un pouvoir et d'une indépendance, qui fonde une *propriété.*

Sans doute convient-il de commencer par proposer une analyse de ces différentes instances et de ces différentes formulations du concept d'identité dans le champ de l'économie, en commençant par une remarque d'ensemble. Le concept même d'*économie politique*, la problématique d'une économie politique, se fonde sur la reconnaissance de l'inscription du concept d'identité dans le champ de l'économie, pour deux raisons.

D'une part, c'est le lien entre singulier et collectif qui fonde la dimension politique de l'économie en donnant une place centrale à la *médiation* dans le discours et les pratiques sociales. Or, dans le champ de l'économie, la médiation articule autour de l'identité les motivations et les orientations singulières de l'activité et du désir avec les logiques collectives des acteurs et des institutions. La première signification économique de l'identité est là : dans la façon dont les personnes singulières investissent, dans leurs pratiques de l'économie, consciemment ou inconsciemment, les logiques collectives de leur appartenance et de leur sociabilité. Devenir un acteur de l'économie, c'est, ainsi, par exemple, associer le désir singulier dont on est porteur à une pratique de consommation qui nous met en relation avec les autres dans le champ de l'économie. Mais l'économie met aussi en présence les uns des autres des acteurs collectifs, qui se définissent par une situation institutionnelle dans l'espace politique et par les pouvoirs dont ils sont porteurs dans le champ économique. Sans doute pourrait-on, ainsi, fonder l'expression des identités économiques sur l'opposition entre consommation et pouvoirs.

D'autre part, le concept d'identité se fonde sur la reconnaissance d'une articulation de l'activité – et, en particulier, de la production de valeur – et de la signification. C'est le sens du terme latin *merx*, la marchandise, d'où sont issus le nom de *Mercure*, le dieu latin des marchands, du commerce, et le nom latin *mercatum*, qui, à la suite de déformations phonétiques, deviendra le mot français *marché. Merx*, c'est la marchandise, c'est-à-dire le bien qui fait l'objet d'un usage dans le champ de la consommation ou dans celui de la production, c'est-à-dire dans les activités de l'économie. En même temps, si c'est *merx* qui désigne les biens ayant une place dans la sphère économique, c'est que les biens se voient reconnaître un statut, une identité, un caractère de signe dans le champ de l'économie, à partir du moment où ils font l'objet d'un échange, d'une transaction. Ils se voient, ainsi, reconnaître une valeur dans l'espace du marché, de l'*agora*, par les partenaires de la transaction, qui, dès lors, devient une forme économique de la communication. La valeur articule, ainsi, une logique d'échange, entre des partenaires, dans un certain espace, et une logique d'évaluation. L'évaluation met en œuvre, dans le domaine économique, une logique de confrontation comparable à celle d'une traduction, puisqu'il s'agit d'exprimer dans un certain système de valeur comme une monnaie, ce que *vaut* un bien, c'est-à-dire ce qu'il *représente*, tant pour celui qui l'achète que pour celui qui le vend. C'est la mise en œuvre de cette logique de valeurs qui donne naissance à ce que l'on peut appeler la raison économique, fondée sur une sémiotique, celle de l'expression de la valeur d'un bien, de ce que représente ce bien dans le système de signes que constitue l'économie.

Le concept d'identité se fonde, ainsi, dans le champ de l'économie, comme dans les autres domaines de la sémiotique des identités, sur la confrontation de deux modes d'expression, celui des biens, qui, en particulier, va fonder la *valeur d'usage*, et celui des signes de la valeur comme les monnaies, qui va notamment fonder la *valeur d'échange*. La dimension politique de l'économie se fonde sur la logique de la confrontation des identités, qui va devenir pleinement politique dès lors qu'elle sera conflictuelle. La négociation consiste dans la mise en œuvre de l'ensemble des dispositifs d'expression et de communication qui donne sa consistance à la valeur, et qui, surtout, manifeste les éventuels conflits et divergences entre les acteurs de l'échange. C'est dans la mise en œuvre de cette confrontation entre leurs appréciations divergentes des biens échangés et de leurs valeurs que se manifeste l'expression des identités dont ils sont porteurs et qui font d'eux des acteurs de l'économie.

La première articulation entre valeur d'usage et valeur d'échange repose, ainsi, sur l'expérience de la différence entre les deux approches de l'espace de l'économie et de l'appropriation des biens par les acteurs de l'économie. En effet, *l'usage* consiste dans la manifestation de l'appropriation des biens par un acteur économique au cours de son expérience propre et au cours des pratiques sociales qui font de lui un acteur économique autonome, porteur d'une identité singulière. En revanche, l'*échange* consiste dans la mise en œuvre de la logique de dialogue, le plus souvent conflictuel, avec l'autre. Au cours de ce dialogue, les biens échangés font l'objet d'une assignation de valeur : d'une *évaluation*. C'est cette évaluation qui constitue une pratique pleinement sémiotique et qui inscrit l'économie dans une logique d'échange symbolique. Le dialogue qui fait de l'économie une logique de communication et de signification s'instaure entre les acteurs de l'économie et met en œuvre une dynamique sémiotique d'interprétation et d'évaluation.

La deuxième articulation des identités économiques ne se situe pas dans la communication et l'échange entre deux acteurs, mais dans la confrontation des logiques et des processus économiques entre singulier et collectif, qui engage la dimension pleinement politique de l'économie. Cette articulation entre singulier et collectif fait des sujets singuliers de l'échange et de la consommation les représentants, dans l'espace économique, d'identités collectives dont ils sont porteurs, qui manifestent l'existence de pays, de cultures différentes, de métiers, de pratiques sociales exprimant des formes d'appartenance et de sociabilité qui font de l'économie un espace de médiation.

On peut, ainsi, faire apparaître trois significations économiques de l'articulation de la médiation entre le singulier et le collectif. D'abord, il s'agit de la socialisation des pratiques économiques. L'usage des biens, qu'il s'agisse des biens de production ou des biens de consommation, exprime, dans les pratiques singulières des acteurs la dimension collective des normes et des cultures dont ils sont porteurs, et qui fait de ces pratiques singulières des pratiques pensables également sur le plan collectif. D'autre part, il s'agit de la socialisation *politique* des pratiques économiques. Choisir de se procurer un bien ou de se consacrer à une pratique sociale, c'est exprimer une appartenance. C'est ainsi, par exemple, que choisir un marché plutôt qu'un autre pour acheter ou vendre un bien revient à exprimer une appartenance politique ou à manifester un conflit ou une tension. Enfin, la médiation économique entre le singulier et le collectif manifeste dans l'espace public du marché la reconnaissance d'institutions communes de régulation et d'arbitrage et l'expression de lois faisant de l'évaluation, de l'échange et de la circulation des biens les pratiques sociales à la fois réelles et symboliques de l'appartenance à un espace social commun.

APPROCHE FINANCIÈRE ET APPROCHE POLITIQUE DES IDENTITÉS ÉCONOMIQUES

Sur le plan de l'expression et de la représentation des identités, on peut distinguer une approche financière et une approche politique. Cette distinction entre les deux approches de l'économie se fonde, précisément, sur la différence entre deux significations antagonistes du concept de *finance* et sur l'opposition entre deux appréciations du rôle de la finance dans l'économie.

La première approche de la finance est organique et fonctionnelle : elle réduit la finance à un certain nombre d'acteurs de l'économie et à un certain nombre de moyens d'intervention dans la vie économique. La finance y est envisagée comme un ensemble d'acteurs et d'instruments dont l'intervention est mise en œuvre dans le but de favoriser l'activité économique et les réseaux d'acteurs et de permettre l'accroissement des profits et la rémunération de cette activité. Dans une telle conception de l'économie, la finance se réduit à un ensemble d'acteurs et d'engagements qu'ils mettent en œuvre : la finance peut se réduire, en ce sens, à une dynamique d'organes et de fonctions. La « complexité des mécanismes de la finance[1] » exprime cette conception de la finance qui la réduit à un ensemble d'organes et de fonctions sans signification intelligible dans le débat public et, dans ces conditions, frappé d'une forme d'*opacité*.

1 Marc Roche, « La crise, on n'y comprend rien », *Le Monde*, 10 décembre 2011.

Cette approche financière de l'économie n'est pas politique, car elle ignore la problématique de la signification, et, ce faisant, elle sépare l'économie du politique. En effet, c'est quand l'économie s'inscrit dans une logique politique qu'elle se voit reconnaître une signification et qu'elle fait l'objet d'une rationalisation en termes d'interprétation. Penser l'économie en termes de finance, c'est ainsi, distinguer la problématique de la signification de l'économie politique de la problématique des causes et des effets des jeux d'acteurs en termes de profit, ou, d'ailleurs, à l'inverse, en termes de perte et de ruine. Séparée de l'économie et de sa dimension politique, la finance se fonde sur la seule recherche du profit et sur une logique de concurrence entre acteurs, au lieu de se situer dans le champ du développement économique des pays et de l'amélioration des conditions de vie et de travail qui fonde la conception proprement politique de l'économie et des dynamiques économiques. C'est la signification du concept de *marché*, qui désigne le champ de cette concurrence et de l'opposition entre les acteurs de la finance et entre les stratégies qu'ils mettent en œuvre dans la recherche du profit et de l'accumulation de valeurs. Le concept de marché définit, en ce sens, un espace de l'économie dont la signification ne se fonde pas sur celle d'un espace de mise en œuvre des dynamiques de développement et de confrontation entre les acteurs, et, finalement, sur la signification du rapport à l'autre exprimé dans les dynamiques économiques. En revanche, un tel champ de l'économie manifeste un espace dans lequel la relation à l'autre se réduit à une concurrence et où la mise en œuvre des dynamiques d'acteurs ne se fonde pas sur l'expression d'une signification mais sur la seule manifestation des fonctions et des relations organiques qui structurent les réseaux de relations et d'activité. Il s'agit de l'approche du marché qui le réduit à un champ dans lequel c'est la concurrence qui définit les acteurs et non l'expression de leur identité dans l'espace public de l'économie et dans le champ de l'expression des cultures économiques.

Par ailleurs, une telle conception de l'économie n'est pas dynamique, car elle se fonde sur une approche de la finance en termes de capitalisation et non en termes de circulation : la finance y est pensée dans une logique d'accumulation et de conservation, et non dans une logique de flux et d'échanges. Dans la conception financière de l'économie, le but de l'activité n'est pas de produire une richesse appelée à se partager, à se diffuser et à faciliter l'intensification de l'activité sociale, mais d'enrichir les acteurs qui la mettent en œuvre en leur permettant d'accumuler de la richesse sous la forme d'un capital. Les flux de transaction ne sont pas destinés à exprimer l'identité d'une société sous la forme de la mise en œuvre de l'activité économique qui la représente, mais à enrichir certains de ses acteurs singulièrement, c'est-à-dire en dehors de toute préoccupation de médiation ou de solidarité. C'est ainsi que Karl Polanyi distingue deux logiques de la conservation de la richesse : « Garder de la richesse en réserve », écrit-il[1], « c'est accumuler des objets quantifiables 1) pour en disposer dans le futur, ou 2) simplement comme trésor ». C'est cette notion de trésor qui définit la conception de l'économie en termes de capitalisation. La problématique du « trésor » repose sur une forme de méconnaissance du politique, car elle ne se fonde pas sur la dialectique du singulier et du collectif ni sur ce que l'on peut appeler le souci de l'autre, mais seulement sur l'enrichissement singulier de l'acteur qui possède le trésor. Étymologiquement, *« trésor »* est issu du terme latin désignant l'or (*aurum*, hellénisé dans *thes-aurus*) et du terme grec *thes-*, radical issu du terme désignant le dépôt[2]. Ce terme désigne, ainsi, un ensemble de richesse immobilisé, un capital qui n'est pas utilisé dans une activité économique, mais dont la valeur est appelée à croître en raison de la seule évolution de la valeur de la monnaie dans laquelle il est constitué. Un trésor n'est pas une richesse qui évolue, qui vit, qui se transforme, dans une dynamique de flux et d'échange, mais une richesse que l'on se contente d'accumuler pour s'enrichir d'un capital en augmentation. Ainsi, ce n'est pas l'activité économique qui croît, mais ce ne sont que les capitaux immobilisés de ses acteurs.

Dans ces conditions, l'identité économique exprimée par la finance n'est pas une identité dynamique exprimée dans des flux d'échanges et dans du travail. Il ne s'agit pas d'une identité exprimant l'identité même de l'acteur qui la met en œuvre comme le fait le travail, par lequel le travailleur s'exprime. Dans une logique de capital, l'identité exprimée par la finance repose seulement sur l'accumulation. Le capital n'est pas une identité qui exprime une dynamique d'acteur, mais il manifeste

1 Karl Polanyi, *La Subsistance de l'homme. La place de l'économie dans l'histoire et la société*, trad. fr. par B. Chavance, Paris, Flammarion, 2011, p. 171.

2 Le grec *tithèmi*, formé à partir de *thé*, signifie : « je dépose ».

l'identité d'un acteur qui ne se manifeste que par la propriété d'un ensemble de biens accumulés sans être utilisés dans l'espace public au cours de la mise en œuvre de stratégies d'usage. C'est pourquoi cette approche de la finance, qui domine le capitalisme et le libéralisme depuis le début de ces formes de rationalité économique, n'est fondamentalement pas une approche vivante. L'accumulation n'est pas l'expression d'une dynamique de vie et de progression, mais elle n'est que la manifestation d'une richesse morte sans être investie dans des stratégies qui lui donneraient une *valeur d'usage*. Finalement, dans une logique financière, l'identité exprimée par la valeur ne fait pas l'objet d'un investissement dans l'usage ou dans l'échange, mais elle n'est pleinement investie que dans la recherche d'une accumulation. C'est, d'ailleurs, la raison pour laquelle la logique de l'accumulation du capital ne se situe pas, comme l'usage ou l'échange, dans la problématique de la médiation économique de la relation à l'autre, mais dans une logique de forclusion : l'acteur économique qui s'engage dans une perspective d'accumulation ne se situe pas dans l'espace de la relation à l'autre, mais, au contraire, il se situe dans un espace *forclos*, fermé en dehors de toute relation de médiation à l'autre.

Une autre approche de la finance repose sur l'analyse critique de sa signification et des implications de son intervention dans l'espace public de l'économie : elle interroge de façon critique les pouvoirs des acteurs de la finance, ainsi que les modalités et les implications de leur intervention dans la vie économique. Il s'agit de ne plus penser la finance comme un ensemble de pratiques sociales détenant une vérité ultime de façon indiscutable, mais de l'inscrire, comme d'autres, dans le champ des discours de l'économie politique. Un éditorial du *Monde diplomatique* situait, ainsi, en février 2012, ce qu'il faut bien appeler l'incurie et l'imprévisibilité des acteurs de la finance. « Depuis », écrit S. Halimi, « les événements ont établi l'incurie des responsables politiques qui espéraient profiter de l'"innovation financière" en pratiquant le dumping fiscal. Les Etats ont sauvé les banques sans leur imposer d'autre contrepartie que des profits plus grassouillets encore. Mais aucune décision n'ayant été prise contre la finance, c'est à qui moulinera la proclamation la plus ronflante contre l'"argent-roi". Aux États-Unis, même des candidats républicains ultraconservateurs fustigent en ce moment les "vautours" de Wall Street qui "*dérobent tout l'argent de votre entreprise, entraînent votre faillite et partent avec les millions*[1]". On ne sera donc pas trop surpris que, quatre mois avant le terme de son mandat, M. Sarkozy prétende "faire participer la finance à la réparation des dégâts qu'elle a provoqués". Oubliée, l'"absurdité" d'une taxe sur les transactions financières ; envolé, le danger de voir éclore à l'étranger les œufs d'or de la spéculation ». Une telle analyse critique définit l'activité financière comme une activité institutionnelle inscrite, comme d'autres, dans l'espace public de l'économie politique, sans légitimité particulière et soumise, comme l'activité d'autres acteurs politiques, à une critique distanciée des conditions dans lesquelles elle est mise en œuvre.

C'est que la finance a été conçue, dans les logiques politiques issues de l'économie marchande du seizième siècle puis du libéralisme, comme un auxiliaire des pouvoirs politiques. Il est alors considéré que la finance rend possible la mise en œuvre des politiques publiques. En termes sémiotiques, elle se voit reconnaître le rôle d'un adjuvant des acteurs politiques et des pouvoirs. Cela implique, selon A. Orléan, qu'elle leur soit soumise. « Historiquement », dit-il[2], « la primauté du politique, c'est-à-dire sa capacité à encadrer les intérêts financiers, a eu comme instrument essentiel la banque centrale. Il ne faut pas perdre de vue cette réalité : c'est par le biais de la puissance monétaire qu'il a été possible de faire prévaloir l'intérêt collectif. Mais cela suppose que la banque centrale soit placée sous l'autorité du pouvoir politique ». Or, dans la réalité des sociétés libérales, d'une part, banquiers et financiers se voient reconnaître une identité propre, indépendante des identités politiques, et, d'autre part, ils sont considérés comme détenant un pouvoir supérieur, en ce sens, aux pouvoirs politiques qui leur sont soumis. Finalement, la finance serait considérée comme une forme de *transcendance* par rapport aux pouvoirs politiques, puisque, pour reprendre les termes kantiens définissant la transcendance, elle serait *indépendante de l'espace et du temps politiques.* C'est le sens de l'absence d'une véritable régulation à laquelle seraient soumis les marchés financiers. La finance échappe, dans la logique libérale du marché, aux normes et aux contraintes institutionnelles des pouvoirs politiques, et, dans ces conditions, elle représente une forme de transcendance politique des marchés. C'est ainsi que, selon l'économiste

1 M. Newt Gingrich, « Today Show », NBC, 9 janvier 2012, cité par l'éditorial.

2 André Orléan, « Le marché gouverne », entretien avec F. Joignot, *Le Monde*, 21 janvier 2012.

André Touati[1], la « tempête financière » qui a lieu au cours de l'été 2011, reflète « un gros problème de manipulation des cours boursiers au cours de l'été ». « Il faut se demander », poursuit-il, « à qui profite le crime. Il y a une enquête à faire du côté des autorités de marché ». On mesure ainsi la façon dont la finance finit par échapper aux lois, aux normes et aux pouvoirs de l'espace public, constituant un pouvoir autonome, un pouvoir propre. Cette forme de transcendance des pouvoirs financiers finit par aboutir à une double confusion de la finance, d'une part avec la logique et l'expression d'un pouvoir, et, d'autre part, avec le concept même d'identité dans le champ de la sémiotique de l'économie politique.

Une véritable approche de la finance en termes politiques, comme celle que propose, par exemple, un auteur comme A. Orléan, consiste à articuler la finance au débat et aux confrontations entre les identités qu'elle peut susciter dans ce qui deviendrait un véritable *espace public de l'économie*, et aux pouvoirs qu'elle met en œuvre dans cet espace public. Il s'agit d'exprimer le rapport de l'économie aux pouvoirs et soumettre l'élaboration, la décision et la mise en œuvre de la politique économique à des acteurs politiques élus et, donc, responsables devant les citoyens.

André Orléan souligne, en particulier, la contradiction qui se manifeste entre pouvoirs politiques et pouvoirs financiers. À la question « Qui gouverne en Europe ? », qui pose le problème des pouvoirs et de leur expression dans l'espace politique, il répond par ces mots. « Dans la zone euro, c'est le marché », dit-il. Et il poursuit : « Le pouvoir politique se conforme à ses priorités et craint ses évaluations. On le voit encore avec la dégradation de la note de la France par Standard & Poor's. En même temps, le marché financier est un souverain profondément erratique et incohérent. Il n'est jamais satisfait, comme on le constate avec ces politiques de rigueur qui s'accompagnent d'une croissance faible, elle-même source de nouvelles difficultés. Au final, on a l'impression que, dans la zone euro, la confiance ne reviendra jamais ».

Par ces mots, l'économiste remarque à la fois le fait que la finance et le marché constituent des pouvoirs propres, ce qui manifeste la « transcendance politique » des marchés, et le fait que l'impossibilité du retour de la confiance fait de cette dernière une forme d'idéal politique, une forme d'horizon inatteignable. Par les processus qu'elle met en œuvre,

1 Cité par Antoine Reverchon, Anne Rodier et Adrien de Tricornot dans « Le système financier n'est toujours pas régulé », *Le Monde*, 6 septembre 2011.

qui échappent à toute régulation institutionnelle, la finance se situe elle-même, par rapport à l'espace public, dans un lieu idéal situé hors du champ politique. La dimension politique et institutionnelle se manifeste, dans les propos de l'économiste, par la notion de *confiance*. D'une part, la confiance est l'expression symbolique de la dialectique entre singulier et collectif : elle manifeste, dans les relations de communication et dans les relations institutionnelles, le concept de *mandat*. La confiance exprime la reconnaissance d'un pouvoir par ceux mêmes qui lui sont soumis. En ce sens, la confiance représente, comme le vote, une expression de l'identité d'un espace politique. D'autre part, la confiance fonde la dimension symbolique de l'économie politique. Elle joue, dans le champ des significations de l'économie, le rôle de l'échange symbolique et de la communication qui institue les acteurs du champ les uns par rapport aux autres. La confiance représente, finalement, la *reconnaissance qui institue les identités politiques*. En ce sens, elle est la relation sur laquelle se fonde l'ensemble de l'édifice sémiotique de l'économie politique. Dans ces conditions, elle a un rôle fondamental, et c'est la raison pour laquelle il est essentiel de la définir, et, surtout, de désigner l'acteur qui l'exprime et qui, ainsi, fonde les pouvoirs. Dans les logiques libérales relevées par A. Orléan, ce sont les marchés qui fondent la confiance, et, ainsi, ce sont eux qui fondent les pouvoirs en leur reconnaissant la légitimité qu'exprime la confiance. Dans les logiques de l'économie politique, ce sont les acteurs et les institutions politiques qui fondent la légitimité et qui l'expriment dans les pratiques symboliques d'échange, de communication et de représentation du fait politique.

On pourrait représenter l'articulation entre l'économie et la finance de la façon suivante. Tandis que l'économie articule la dimension réelle de la confrontation entre le désir et le travail, la dimension symbolique de la confrontation entre valeur et travail et la dimension imaginaire de la confrontation entre l'utopie et la crainte, la finance articule la dimension réelle de la confrontation entre le pouvoir et le profit, la dimension symbolique de la confrontation entre la confiance et la visibilité et la dimension imaginaire de la confrontation entre le projet et l'imprévisible.

L'ACTANCE ÉCONOMIQUE

Les acteurs de l'économie expriment dans l'espace public des identités et des pouvoirs dont la confrontation manifeste la dimension politique de l'économie. Ce sont ces identités et ces pouvoirs dont il convient, à présent, d'analyser les significations et les engagements, en les inscrivant dans une logique globale que l'on peut désigner par le concept d'actance économique.

L'actance économique se définit, d'abord, par l'autonomie des acteurs qui l'engagent. Comme dans les autres domaines politiques, c'est l'autonomie qui définit l'actance, et, dans le champ de l'économie, cette autonomie se définit à la fois en termes de pouvoir et en termes de production de valeur. En termes de pouvoir, l'actance économique consiste dans l'autonomie de la décision, dans l'indépendance vis-à-vis des pouvoirs et dans la reconnaissance d'un pouvoir propre. L'indépendance d'un acteur économique se fonde sur l'autonomie de ses orientations et de ses choix en matière de dépense et elle est garantie et soutenue par l'existence de revenus qui lui sont propres. C'est ainsi, en particulier, qu'un acteur singulier est reconnu comme un acteur économique à partir du moment où il dispose d'un revenu qui lui évite de dépendre d'un autre, de sa famille ou d'un tuteur. Un acteur collectif ou une institution est reconnu comme un acteur économique à partir du moment où ses revenus – garantis, par exemple, par l'impôt, la monnaie qui exprime sa vie économique ou encore les sources d'énergie dont il dispose lui permettent de ne pas dépendre des décisions et des choix d'un autre acteur. Un État, par exemple, se voit reconnaître une actance économique de plein exercice quand il dispose de sa propre monnaie et quand il peut en imposer l'usage. C'est ainsi que la décolonisation a connu une dimension économique à partir du moment où les états accédant à l'indépendance ne se sont pleinement vus reconnaître une actance économique que quand ils ont eu la maîtrise de leur développement grâce à des ressources propres ou grâce à une autonomie de décision quant à l'orientation de leur stratégie économique. À cet égard, l'indépendance énergétique est une manifestation particulièrement forte de cette autonomie, comme on a pu le voir, par exemple, par la nationalisation de l'industrie pétrolière par un pays comme le Venezuela. On peut lire, par exemple, cette analyse dans *Le Monde*[1] : « En diversifiant les partenaires du Venezuela, M. Chavez a réduit le risque de dépendance économique ou politique vis-à-vis d'un pays ou d'un bloc géopolitique. Compte tenu des contraintes financières du pays et de la détermination de M. Chavez à ne pas dépendre des Etats-Unis – historiquement le principal client du Venezuela pour son pétrole -, cette stratégie semble étonnamment rationnelle ».

D'autre part, comme tous les acteurs politiques, ceux qui mettent en œuvre l'actance économique se définissent par leur confrontation les uns aux autres. C'est la confrontation entre les acteurs économiques qui fondent leur identité, comme c'est le cas de tous les acteurs politiques, ce qui les distingue des sujets singuliers de la communication et de la médiation. On donne le nom de *marché* à l'espace, matériel ou immatériel, dans lequel se déroule cette confrontation. C'est ainsi, en particulier, que la culture grecque l'a désigné par le terme *agora*, et la culture latine par le terme *forum*. Ces deux termes désignent, étymologiquement, un espace de passage, un espace qui n'est pas un espace de séjour, car cet espace est extérieur (*agora* et *forum* sont issus de la racine de *hors*). Il s'agit d'un espace de circulation, dans lequel on ne peut que se déplacer. L'économie libérale a donné le nom de *concurrence* à cette forme de la confrontation qui se manifeste dans l'espace public, ce qui l'inscrit, encore, dans une problématique du parcours et du déplacement : la *concurrence* désigne le fait de parcourir le même espace que ceux à qui on est opposé.

Par ailleurs, l'actance économique se manifeste par une double articulation, qui lui donne la spécificité de sa dimension sémiotique. Il convient de définir les modalités particulières de mise en œuvre de ces deux articulations, à la fois dans le discours de l'économie et dans les pratiques sociales constituant l'espace public de l'économie. Cette double articulation se manifeste à la fois dans le réel, dans l'imaginaire et dans le symbolique de la vie économique.

Dans le réel, il s'agit de l'articulation des contraintes économiques imposées par les pratiques des acteurs et par les discours qu'ils sont amenés à tenir, scandant ainsi la vie économique de leurs identités. Il y a, ainsi, comme on l'a vu, une forme de performativité du discours

1 M. Hutchinson, « Le Venezuela ne met pas tous ses œufs dans le même panier », *Le Monde*, 8 avril 2010.

économique[1], qui manifeste une spécificité de sa signification : son emprise dans le réel de la richesse ou du pouvoir des acteurs. Dans le symbolique, il s'agit de l'expression et de la visibilité de ces contraintes et des stratégies des acteurs. La vie économique n'a de signification qu'à partir du moment où les identités de ses acteurs énoncent des discours et se mettent en scène, dans une forme de représentation de l'économie. Enfin, la double articulation des pratiques et des acteurs se manifeste dans l'imaginaire. En effet, il existe toute une dimension imaginaire de ces identités, faite à la fois d'idéaux économiques, de désirs et, en même temps, de craintes, qui s'articulent aux pratiques sociales faisant de ces dernières des pratiques pleinement politiques.

La première articulation de l'actance économique est celle des pratiques et de leur signification. Pour qu'ils se voient pleinement reconnaître le statut et l'identité d'acteurs économiques, les pratiques de ceux qui interviennent dans l'espace et le temps de la vie économique ont une signification interprétable. C'est, en particulier, le rôle des médias d'exprimer cette signification, dans toute sa complexité et toute sa dimension politique, en lui donnant une visibilité et une intelligibilité dans l'espace économique. De cette manière, l'*agora* se voit reconnaître un statut double : elle est à la fois un marché, un *mercatum*, dans lequel s'échangent et circulent des *merces*, des marchandises, et un espace de débat et d'échanges symboliques, dans lequel circulent et s'échangent des discours et des représentations. Les pratiques de la vie économique sont les différentes activités mises en œuvre dans les processus de production d'échange ; les significations de ces pratiques manifestent l'existence d'une dimension symbolique et d'une dimension imaginaire qui donnent à ces activités une dimension pleinement politique manifeste dans l'espace public.

La deuxième articulation de l'actance économique est politique : il s'agit de l'articulation de la décision, de la dépense et du profit. Ces trois instances de l'actance donnent à la dimension politique de l'actance l'aspect d'un processus d'articulation entre des pouvoirs. La décision est le pouvoir politique qui suscite, de la part d'un acteur, la mise en œuvre d'un ensemble de pratiques constituant ce que l'on peut appeler une *négociation* : un passage à l'acte désigné par le terme *neg-otium*, mettant fin à une période d'*otium*, d'absence d'activité. La dépense est

1 Voir le chapitre « La médiation économique ».

la manifestation du passage à l'acte : c'est par la dépense, c'est-à-dire par l'engagement dans l'espace public d'une certaine valeur ou d'une certaine quantité de richesse que les acteurs économiques se manifestent. Enfin, le profit est l'articulation de la confrontation entre les identités des acteurs, puisqu'il s'agit de l'incidence de la dépense des uns sur le patrimoine et la richesse des autres, qui se voit, ainsi, augmenté.

Comme l'ensemble des temps des identités, ainsi que l'avait expliqué Braudel, le temps de l'actance économique articule un temps court et un temps long. On ne peut pas penser les identités économiques dans la seule temporalité des événements et des faits qui interviennent dans l'espace public, venant scander le temps court. C'est, d'ailleurs, déjà, une logique du temps long qui avait contribué à l'élaboration de la théorie des *« cycles ».* En effet, la mise en évidence de cycles venant structurer les événements et les processus de l'économie consiste dans l'élaboration d'une distinction entre un temps court et un temps long de l'histoire de l'économie. Silem fait remarquer[1] que l'approche cyclique de l'économie est ancienne, puisqu'on la trouve déjà dans l'Ancien testament sous la forme du rêve de Pharaon évoquant les sept vaches grasses et les sept vaches maigres, interprété par Daniel au Pharaon. Cette analyse cyclique consiste à penser la temporalité de l'économie comme l'association constante du temps des acteurs et d'une forme longue du temps de l'économie. Celui-ci est à la fois le temps des structures dans lesquelles ils s'inscrivent et celui de l'inconscient économique dont ils sont porteurs. Ce n'est pas tant le temps court ou le temps long seuls qui permet de comprendre le sens du temps de l'économie que *l'association constante de ces deux temporalités*, l'une venant éclairer l'autre. Comme toutes les identités, les identités économiques ne peuvent, ainsi, se penser que dans cette articulation entre deux temporalités.

Relisant Kondratiev, Schumpeter fait remarquer que les cycles longs de l'économie reposent sur une articulation constante entre les innovations technologiques et les ruptures qu'elles entraînent dans les logiques de production et d'échange, comme l'avait expliqué Kondratiev, et les « destructions créatrices », la disparition de logiques économiques devenues périmées. L'identité des acteurs se transforme, le long des cycles économiques, à la faveur de ce double mouvement d'innovation et de disparition. Mais sans doute convient-il, pour bien penser la notion de

---

1 Ahmed Silem, *Histoire de l'analyse économique*, Paris, Hachette, 1995, p. 17.

temps long dans le domaine de l'économie politique, de ne pas réduire les cycles à des processus d'innovation technologique. En effet, pour que l'économie soit, ainsi, recomposée, et pour que les cycles viennent pleinement structurer sa temporalité, encore faut-il qu'il ne s'agisse pas seulement d'innovations technologique,s mais que ces innovations s'inscrivent dans des ruptures culturelles. Médiation symbolique de l'identité, la culture s'inscrit, ainsi, dans le champ de l'économie politique sous la forme d'une façon de penser la production et les échanges. Ce ne sont pas seulement les faits de production qui sont ainsi inscrits dans la temporalité cyclique de l'économie et dans son temps long, mais toute une façon de penser l'économie, de l'exprimer et de lui donner du sens.

C'est pourquoi, comme dans toutes les logiques de l'identité, penser son temps long revient à penser l'existence d'un inconscient de l'économie, de dynamiques inconscientes qui structurent à la fois les acteurs, les processus et les modes d'expression des politiques économiques. C'est ainsi, par exemple, que l'économiste J. Pisani-Ferry fait référence à une comparaison entre les années 1936 et 1812, entre la fin de la « grande dépression » et la crise due aux guerres napoléoniennes, pour comprendre l'ensemble des crises financières survenues entre 2007 et 2011[1]. La référence au temps long permet de comprendre les processus et les situations de l'économie politique à la fois parce qu'elle les inscrit dans ce qui devient une véritable culture, une véritable rationalité, et parc qu'en comparant des situations différentes, elle permet de leur donner une signification, de les faire apparaître comme les signifiants manifestes d'un temps long inconscient de l'économie. Sans doute, en effet, l'économie ne devient-elle pleinement politique que quand les identités qui la structurent s'articulent, ainsi, autour de la confrontation entre un temps long et un temps court.

Fondamentalement, la question de l'actance économique pose, dans le champ de l'économie politique comme dans l'ensemble des sciences sociales, le problème de l'articulation entre signification et fonctionnalité. Penser les identités des acteurs de l'économie et la signification des dynamiques de l'actance économique revient à penser la façon dont s'articulent deux dimensions de l'économie. Il s'agit, d'abord, de la dimension sémiotique de l'économie politique, les logiques de l'interprétation et de la signification des discours et des identités de

1 Jean Pisani-Ferry, « Sommes-nous en 1936 ou en 1812 ? », *Le Monde*, 30 juillet 2010.

l'économie politique. Il s'agit, ensuite, de la dimension des actions et des causalités de l'économie, les logiques de la mise en œuvre de la dynamique de l'action, des causes et des transformations constituant les dynamiques de l'économie politique.

L'actance économique est une forme d'expression et de représentation de l'identité des acteurs de l'économie. On pourrait parler dans ce cas d'une articulation sémiotique entre représentation et performativité, et, ainsi, opposer deux formes de mise en scène et de visibilité des acteurs de l'économie : la représentation consisterait dans une visibilité symbolique faisant apparaître leur identité dans du discours et de la communication ; la performativité consisterait dans une visibilité d'acteurs, manifestant, dans le même temps et dans le même lieu, leur identité symbolique et leur identité réelle.

L'actance économique de représentation est celle qui se manifeste dans les médias, dans les débats politiques, dans l'espace public. Il s'agit d'une actance symbolique faisant apparaître dans l'espace public des engagements et des identités dans le cadre d'un débat suscitant la confrontation de représentations différentes, éventuellement antagonistes.

C'est ainsi que l'on peut lire, dans *Le Monde*[1], à propos de l'Europe, ces lignes de P. Askenazy : « Il se dessine donc deux Europe. Celle des Etats riches mais des populations relativement humbles, et celle des Etats endettés, mais des populations en moyenne riches ». Il s'agit de représentation d'une part parce qu'il s'agit de la mise en évidence d'un savoir, et, d'autre part, parce qu'il s'agit de l'appréciation d'une situation et de la formulation d'une opinion. L'actance économique fait l'objet d'un examen critique, faisant apparaître une distinction entre deux identités, celle des états qui sont « riches », mais dont les populations le sont moins, et celles des états endettés, dont les populations, en revanche, sont riches. Dans un tel discours, les identités économiques désignent des acteurs qui font l'objet d'un savoir et d'un discours.

L'actance économique performative confond, dans l'espace public de l'économie, la dimension symbolique de l'identité et la réalité d'une action effective. Il s'agit d'une actance réelle mettant en œuvre dans l'espace public des processus et de nature à transformer ou à faire évoluer des identités économiques. On peut lire, ainsi, le texte suivant, à propos de l'élaboration du budget de 2012. « La rigueur n'épargnera

1 Philippe Askenazy, « Trop de riches tue l'impôt », *Le Monde Économie*, 31 janvier 2012.

personne. Pas même, et surtout pas, les plus riches. À huit mois du scrutin présidentiel de 2012, c'est le message que le Premier ministre, François Fillon, entendait faire passer aux Français en détaillant, mercredi 24 août en fin d'après-midi, le nouveau tour de vis budgétaire, évalué à 10 milliards d'euros pour 2012, qui doit permettre de conforter les engagements gouvernementaux de réduction du déficit public. Le détail exact de cette contribution des plus riches n'était pas encore totalement arrêté mercredi matin. Nicolas Sarkozy et le Premier ministre devaient avoir une ultime réunion d'arbitrage en début d'après-midi[1] ». Ce texte interprète la performativité d'une décision économique qui manifeste le pouvoir économique de l'État et des acteurs politiques. On peut rapprocher ce texte d'un autre, relatif à l'élection présidentielle de 2012 en France. « François Hollande dans les pas de Barack Obama et de David Cameron », écrit A. Michel[2] à propos des politiques des gouvernements en matière bancaire, qui poursuit : « En promettant le vote rapide d'une loi, s'il arrive au pouvoir, pour séparer les activités de crédit et de marchés des banques, le candidat du PS à l'élection présidentielle entend accompagner le mouvement international. Le Royaume-Uni prépare une loi, inspirée par l'économiste John Vickers, pour isoler, d'ici à 2019, les activités de détail (la banque de dépôt) et de marché (la banque d'investissement) ». Il s'agit de la présentation d'un discours performatif, car l'énoncé de ce discours par un acteur porteur d'un pouvoir entraîne une modification, une transformation des institutions bancaires d'un pays et, par conséquent, des logiques économiques à l'œuvre dans ce pays.

1 Philippe Le Cœur, « Nicolas Sarkozy se résout à faire payer les riches », *Le Monde*, 25 août 2011.
2 A. Michel, « En finir avec la banque universelle », *Le Monde*, 26 janvier 2012.

LES ESPACES DE L'ÉCONOMIE

Comme toutes les pratiques sociales et comme toutes les sciences qui se proposent de rendre compte de leur signification, l'économie politique se situe dans un espace et un temps, qui contribuent, l'un comme l'autre, à élaborer sa signification. C'est de l'espace qu'il sera question, tout d'abord, ici. Dans le champ de l'économie comme dans celui des toutes les pratiques sociales, entre l'espace et le temps, sans doute, l'espace est-il même plus fondamental encore que le temps, ne serait-ce que parce que le contact et l'appréciation qu'en ont les acteurs sont plus immédiats que dans le cas du temps qui suppose nécessairement la distance de la mémoire. Par ailleurs, c'est dans l'espace qu'a lieu l'expérience la plus immédiate de la confrontation aux autres, événement constitutif des identités politiques.

Il nous faut donc porter une attention particulière au rôle de l'espace dans l'élaboration de la signification en politique, qui porte globalement, dans des modalités particulières, sur les trois aspects de la vie économique : la production, l'échange et la diffusion. L'espace de la production désigne l'espace dans lequel naissent les biens qui seront les références de la valeur ou dans lequel ils sont élaborés. L'espace de l'échange désigne l'espace dans lequel c'est leur valeur qui est élaborée, au cours de la confrontation aux autres, par exemple sous la forme de la négociation. L'espace de la diffusion, enfin, est l'espace dans lequel la négociation s'ouvre à une multiplicité de partenaires et dans lequel, par conséquent, l'économie change d'échelle pour s'inscrire dans un espace fondamentalement différent de celui de la production ou du simple échange.

Ce qu'il convient de noter, au commencement de cette réflexion sur l'espace, c'est que la détermination de son étendue et de son échelle fait partie de l'élaboration des modes d'intelligibilité de l'économie. On ne peut pleinement comprendre la signification de l'économie qu'en intégrant la dimension de l'espace au mode de rationalité dans lequel elle s'inscrit. L'espace n'est pas une simple donnée permettant de mieux comprendre l'économie : il fait partie des éléments qui fondent sa rationalité. Et, d'ailleurs, le terme même qui désigne ce discours se fonde sur l'espace, puisque *oikos* désigne le champ dans lequel elle est mise en œuvre. Parler d'économie, d'*oiko-nomia*, c'est parler, d'abord, du mode de régulation et de rationalisation d'un *oikos*, c'est-à-dire d'un espace. L'économie désigne, ainsi, d'abord, une pratique sociale d'appropriation et d'usage de l'espace privé : il s'agit des modes de gestion de l'espace privé, de la « maison », qui se fondent, finalement, sur ce que l'on pourrait appeler l'institutionnalisation de la distinction entre espace privé et espace public, elle-même fondée sur des modes différents de gestion.

L'économie se fonde, ainsi, étymologiquement, sur une pratique sociale qui définit un espace. En effet, c'est par la mise en œuvre de ses différentes formes et des différents usages qu'elle implique que nous nous approprions pleinement un espace qui devient, ainsi, un *oikos*, un espace quotidien : celui dans lequel nous exprimons notre identité familiale, puis dans ce que l'on pourrait appeler notre identité habituelle. L'économie se fonde sur la mise en œuvre d'un ensemble de codes et de normes qui nous permettent de structurer l'espace en nous faisant nous approprier pleinement l'espace qui deviendra l'espace privé, le nôtre, celui qui nous sera *propre*. La régulation et la gestion de cet espace le séparent de l'espace public en y instituant des pratiques spécifiques et des modes spécifiques de rationalité et d'intelligibilité. De cette manière, l'économie va se fonder sur la différenciation de deux espaces et, ainsi, contribuer à l'élaboration de notre identité politique.

L'ESPACE PRIVÉ ET L'ESPACE PUBLIC

Il importe donc de commencer par analyser la signification économique de la division du monde entre ces deux espaces, dont la distinction fonde le politique sur la différence de leurs significations. L'espace privé est celui de la consommation et des échanges intérieurs à la famille et aux proches, liés, par exemple, par des relations d'amitié, et, surtout, par l'appartenance à la même quotidienneté. En revanche, l'espace public, dans le domaine économique, est l'espace du travail, de la production et des échanges avec l'autre. Dans l'espace public, les échanges ont lieu entre des acteurs qui peuvent être étrangers les uns aux autres : il s'agit de l'espace de *l'indistinction économique*. Dans le champ de l'économie, l'indistinction revêt deux significations. D'abord, il s'agit de la dimension aléatoire et imprévisible de la rencontre : dans l'espace public, on met en œuvre des échanges avec n'importe qui. Ensuite, c'est l'indistinction économique qui fonde l'identité et le signe sur la logique de la *valeur*, au lieu de la fonder sur celle de la signification et de l'interprétation. Dans l'espace public de l'économie, ce n'est pas au non de leur identité que les biens se font reconnaître une valeur, c'est à l'issue d'une évaluation fondée sur une échelle anonyme. C'est ce qui distingue la valeur d'un bien dans l'espace public du commerce et de la production de la valeur affective que l'on reconnaîtra à un bien chargé de souvenirs ou de connotations singulières.

Dans le domaine de l'économie, la distinction entre l'espace privé et l'espace public va porter sur quatre domaines, dont la distinction permet de comprendre la signification.

Il s'agit, d'abord, des modalités de production de la valeur. Dans l'espace privé, la valeur est une *valeur d'usage*. C'est l'usage des biens qui leur donne une valeur reconnue singulièrement par les sujets qui le construisent. Sans doute n'y a-t-il pas de meilleur exemple de cette valeur d'usage dans l'économie de l'espace privé que le passage de la *Recherche du temps perdu* dans lequel Proust évoque le souvenir du goût de la madeleine qui suscite le souvenir de Combray. C'est dans l'espace privé que les biens ont, ainsi, des valeurs qui reposent sur l'expérience qu'en ont ceux qui les expriment. L'institution de l'espace public se fonde, en rupture, sur l'élaboration d'une logique de valeur fondée, désormais, sur l'échange avec les autres, c'est-à-dire sur une négociation avec les autres partenaires de l'économie qui désormais devient publique. Tandis que la valeur d'usage repose, sans débat, sur l'appréciation singulière de l'usage d'un bien, la valeur d'échange repose sur la négociation de son appréciation avec des partenaires indistincts de l'échange qui constituent la dimension institutionnelle de l'espace qui, désormais, est désigné par le terme « marché ».

La distinction entre l'espace public et l'espace privé repose, par ailleurs, sur les modalités de la mise en œuvre de l'échange. Tandis que, dans l'espace privé, l'échange a lieu entre des personnes qui se connaissent et qui occupent une certaine place, prévisible et distincte, dans un réseau de relations intersubjectives, l'espace public s'institue à partir du moment où la négociation a lieu entre des acteurs indistincts, c'est-à-dire, au moins en partie imprévisibles, et situés dans un réseau de relations publiques régulé par des institutions et des lois. L'espace public, le *marché*, qui fonde pleinement la dimension publique de l'économie, en instituant, ainsi, la différence entre lui et l'espace privé, est un espace qui ne repose que sur des relations entre acteurs indistincts, qui ne sont liés entre eux que par des relations d'échange. C'est par l'échange que j'institue la relation économique avec l'autre. En effet, dans l'espace privé, comme les relations sont fixées et déterminées par les relations de filiation ou par des liens intersubjectifs, je n'ai pas besoin de négociation pour les réguler. En revanche, dans l'espace public indistinct, les relations avec les autres sont toujours en partie imprévisibles, et j'ai, par conséquent, besoin de logiques de valeur pour réguler les échanges et les confrontations.

D'autre part, l'espace privé se caractérise par la mise en œuvre d'une économie qui se fonde sur des logiques de solidarité au lieu de se fonder sur des logiques de concurrence et de profit. Dans l'espace privé, où la valeur se fonde sur les logiques de l'usage, c'est sur les relations intersubjectives que se fonde la sociabilité. Au lieu de se fonder sur la régulation des échanges, le *fœdus*, la convention, se fonde sur la solidarité, c'est-à-dire sur l'usage que les personnes mettent en œuvre entre elles. Dans l'espace public, en revanche, la logique du marché se substitue à celle de la solidarité. Ce n'est pas sur l'usage que je fonde la relation à l'autre, c'est sur la confrontation, qui prend, en particulier, deux formes dans le domaine de l'économie. La première est celle du profit : c'est sur le profit que je fonde l'expression de mon identité politique et que je garantis une certaine pérennité à la reconnaissance dont elle fait l'objet de la part des autres acteurs. La seconde est celle de la concurrence, qui désigne l'antagonisme entre les acteurs dans l'espace du marché. La critique politique de l'économie classique porte, en particulier, sur une forme de *dénégation de la solidarité* qui s'y trouve mise en œuvre.

Enfin, tandis que, dans l'espace privé, les relations entre les acteurs de l'économie sont structurées par des logiques fondées sur les relations de filiation, les relations qui structurent l'économie de l'espace public se fondent sur l'élaboration de logiques de pouvoir, car il s'agit d'un espace politique.

D'abord, dans l'espace privé, les logiques de filiation structurent les relations économiques de trois façons. Les relations entre les acteurs sont prévisibles, car elles sont fondées sur des liens déterminés par la filiation, qui ne se choisissent pas, et non, comme dans l'espace public, par des liens fondés sur l'indistinction, et, fondés, par conséquent, sur des choix et des exclusions. Ce sont les liens de parenté qui instituent l'espace économique privé, qui structurent les échanges entre les acteurs qui en font partie, et ces liens ne peuvent faire l'objet ni d'un choix ni d'une suppression. On ne peut pas cesser d'être le père ou la fille de quelqu'un dans l'espace familial. Par ailleurs, les logiques de filiation et l'histoire familiale déterminent des valeurs attachés à des biens, fonciers, immobiliers, matériels, qui déterminent une économie très chargée de valeurs symboliques qui ne sont pas évaluables en termes de marché, mais qui le sont en termes psychiques. On peut dire que toute une *connotation économique* s'attache aux biens de l'espace privé, qui fonde leur valeur sur des appréciations qui tiennent à la mémoire ou à des liens affectifs entre des personnes. Enfin, ce sont les logiques de filiation qui, souvent, déterminent les choix professionnels. On choisit son métier parce qu'on a eu comme modèle, pour des raisons tenant à l'inconscient, tel ou tel membre de sa famille, ou, au contraire, cela nous interdira un autre choix professionnel. Ce sont les liens de filiation qui, de la même façon, vont déterminer les lieux d'habitation et, par conséquent, indirectement l'activité économique des membres d'une famille.

Mais, dans le domaine de la sémiotique économique, sans doute convient-il d'étendre la notion d'espace privé au-delà du strict espace de la filiation. En effet, les relations économiques établies entre les membres d'une famille peuvent s'instaurer avec d'autres personnes singulières, au-delà du cercle familial, et constituer une forme de réseau privé de relations, une sorte de « marché privé », dans lequel s'instaurent des valeurs et des liens d'échange spécifiques, dont les lois, propres, échappent aux lois et aux structures de l'espace public économique. Georges Pérec, dans *La Vie mode d'emploi*, ou Alaa El Aswany, dans *L'Immeuble Yacoubian*, ont montré comment, dans des immeubles de villes, s'organisent des réseaux de relations intenses et soutenues dans le temps. Ces réseaux donnent naissance à toute une économie privée de relations qui donnent à ceux qui font partie des réseaux des fonctions d'acteurs, aux objets qui leur appartiennent des valeurs de biens et aux lieux qui structurent ces espaces des significations d'espaces d'échanges.

Par ailleurs, l'espace privé de l'économie fonde tout un ensemble de relations professionnelles entre acteurs, qui instaurent des liens de dépendance, des liens de salariat et des liens organiques et fonctionnels qui ne sont pas fondés sur des relations de pouvoir mais sur des relations que l'on peut désigner comme des relations *d'autorité.* Tandis que l'espace public se fonde sur des relations de pouvoir fondés sur une sécularité institutionnelle de pouvoir et de reconnaissance de ce pouvoir, les relations d'autorité qui fondent l'espace privé se fondent sur des relations d'autorité que l'on peut définir, au contraire, comme une absence de spécularité. En effet, tandis que l'espace public se fonde sur l'indistinction des acteurs, raison pour laquelle les liens entre eux font nécessairement l'objet d'une reconnaissance, l'espace privé ne se fonde pas sur de l'indistinction, mais les acteurs y occupent des places déterminées qui ne sont pas substituables les unes aux autres.

Pour bien comprendre la différence entre les relations économiques de l'espace privé et celles de l'espace public, on peut prendre l'exemple du commerce de détail, qui met en œuvre des relations privées, puisqu'il s'agit, pour des particuliers, d'acquérir des biens dont ils feront usage dans leur vie privée. Si l'on se place dans l'espace privé, la place du commerçant et celle de son client sont déterminées et ne sont pas substituables l'une à l'autre. Si je suis le client, je ne suis pas le commerçant, et cette absence de spécularité se manifeste d'abord par la définition des rôles et des fonctions. Au *métier* du commerçant, qui occupe une certaine fonction dans la relation, correspond un *rôle* du client, pour qui il ne s'agit pas d'un métier. Par ailleurs, cette absence de spécularité se manifeste par le fait que l'échange consiste dans l'acquisition d'un bien destiné à l'usage privé contre un bien ou un montant d'argent appelé, lui, à circuler dans l'espace public. Enfin, dans le réseau des relations de l'espace privé, le commerçant va occuper une certaine place au côté des membres de la famille ou des habitants du quartier ou de l'immeuble, et se voir reconnaître, ainsi, une place dotée d'une connotation psychique. C'est pourquoi, dans le réseau de l'économie privée, il n'y a pas de concurrence. En effet, les places n'y sont occupées que par une seule personne. Dans les relations fondant l'économie privée, on n'a qu'un médecin, on n'a qu'un épicier, on n'a qu'un marchand de journaux. On peut appliquer ces observations sur l'absence d'indistinction et sur la connotation psychique, qui sont relatives au commerçant, à l'ensemble des acteurs de l'économie de l'espace privé, comme, par exemple, le médecin, le facteur, l'employé de maison.

La singularité et les connotations psychiques caractérisent les relations fondant l'espace économique privé. On peut donc les définir, de plusieurs manières et de plusieurs points de vue.

D'abord, ce ne sont pas seulement des relations organiques et fonctionnelles qui unissent leurs acteurs, mais on peut appliquer à ces relations la notion de *transfert*, définie et utilisée dans le champ de la psychanalyse. Ce qui fonde la relation de transfert, c'est l'articulation constante entre fonction – peut-être, d'ailleurs, vaudrait-il mieux parler de *rôle* – et désir. Il y a transfert quand le désir du sujet donne à l'autre, sur lequel porte la relation, une forme d'autorité. De cette manière, l'acteur qui fait l'objet du transfert cesse de n'être qu'un acteur fonctionnel, son identité cesse de n'être qu'organique, mais elle se définit par le désir exprimé par le sujet qui l'instaure. Entre le médecin et son patient, mais aussi entre l'épicier et son client, se développent des relations qui vont au-delà des relations professionnelles, mais les relations économiques se trouvent, en quelque sorte, complétées, dédoublées, par des relations psychiques qui leur donnent une signification particulière, propre à l'espace dans lequel elles sont instaurées.

C'est que la seconde caractéristique de cet espace privé de relations économiques est qu'il est clos. La connotation psychique attachée aux biens et aux acteurs qui en font partie n'a de valeur qu'au sein de cet espace et elle ne peut faire l'objet d'une reconnaissance à l'extérieur. À la différence de l'espace économique public qui, pour exercer pleinement son rôle, est ouvert et se fonde sur une logique de flux et de parcours indistincts, l'espace économique privé est un espace clos sur un certain nombre d'acteurs et sur un certain nombre de lieux et de places. Seule l'évolution du psychisme de ceux qui font partie de cet espace et leur identité singulière peuvent amener une ouverture de cet espace ou une modification de ses limites et de ses frontières. Sans doute est-ce la raison pour laquelle il est difficile de parler de *marché* à propos de l'espace économique privé, car la signification de la notion de marché comporte, en principe, celle d'ouverture. Un marché clos est appelé à une forme de dégradation, alors qu'au contraire, c'est l'ouverture de l'espace économique privé qui entraîne sa disparition à plus ou moins long terme.

Enfin, c'est le désir qui anime les acteurs de l'espace économique privé. Si nous instaurons entre nous, dans l'espace privé, des relations qui nous donnent, les uns pour les autres, des fonctions et des significations, ces relations sont fondées sur le désir qui nous anime. Ce lien est connu en ce qui concerne les relations qui structurent l'espace de la filiation. Si nous sommes les enfants de nos parents, c'est qu'entre eux des liens de désir ont mis en œuvre une relation qui nous a donné naissance. Au-delà, entre nous et ceux qui font partie de notre parenté, c'est le lien de désir qui définit la signification de nos liens, en nous donnant aux uns et aux autres des places, une image, un statut, qui définit notre identité les uns pour les autres. Mais ces liens de désir peuvent, en raison des liens de transfert qui nous anime, s'étendre à d'autres personnes, extérieures à la seule logique de filiation, qui appartiennent au réseau de l'espace privé. Un lien de désir peut, par la dynamique du transfert, se manifester à l'égard d'une personne extérieure à l'espace de la filiation, avec qui on a des relations intimes fréquentes et soutenues qui peuvent susciter une forme d'émotion et qui peut donner à ces liens une valeur qui échappera aux logiques économiques de l'espace public et qui ne sera appréciable que dans l'espace privé.

On peut définir ce lien de désir comme un lien qui articule valeur et statut de la personne. Dns l'espace privé, la dynamique du transfert fonde l'identité d'un bien ou d'une personne sur une confusion entre désir et valeur. La connotation qui s'attache au bien ou à la personne définit une relation symbolique qui articule, finalement, la signification économique au psychisme du sujet. Cela explique toute la difficulté qu'il y a à reconnaître à l'espace privé une dimension économique qui l'articule à l'espace public, car les logiques de valeur ont été depuis toujours définies pour l'économie politique, pour l'espace public de l'échange économique et des flux de relations de marché, au lieu de l'être aussi dans l'espace privé. Il nous faut donc tenter de définir une dimension privée de la notion de valeur. On peut fonder cette notion particulière de valeur sur trois éléments. Le premier est sa singularité. Tandis que la valeur des biens, dans l'espace public, fait l'objet d'une reconnaissance partagée par tous les acteurs, dans l'espace privé, chacun définit ses valeurs selon ses propres références. Cela entraîne d'ailleurs, des conflits, des antagonismes et des incompréhensions entre les membres d'un même espace privé. Le second élément qui définit la valeur privée est le lien à *l'usage*. Comme les valeurs sont établies individuellement, chacun ayant ses propres références, c'est la valeur d'usage qui règne dans l'espace privé, et non la valeur d'échange. C'est même la différence entre ces deux logiques de valeur qui fonde la rupture entre les deux espaces et qui institue l'espace public de l'économie politique pour les acteurs qui vont y exercer leur rôle et leur pratique de l'évaluation et de l'échange. Enfin, dans l'espace privé, la valeur s'établit au cours d'un processus continu dans le temps. Les fluctuations de valeur des biens et des personnes connaissent, dans l'espace privé, une évolution dans le temps qui suit l'évolution du psychisme de ceux qui en font partie et qui s'inscrit dans l'histoire de leur devenir. Cela explique le rôle de la mémoire dans l'élaboration des formes de valeur de l'espace privé, comme l'a montré Proust, dans *À la recherche du temps perdu*, œuvre écrite, justement, à un moment de crise et de mutation des espaces et des logiques de l'économie, au moment, en particulier, de l'ouverture de l'espace public aux formes contemporaines de la mondialisation.

C'est là que réside la différence fondamentale entre l'espace économique privé et l'espace économique public. En effet, tandis que l'espace économique privé repose sur les logiques de désir, l'espace économique public, comme l'espace public politique, repose sur les logiques de pouvoir.

Le pouvoir qui fonde les structures de l'espace public de l'économie porte, en particulier sur quatre domaines. D'abord, il s'agit du pouvoir reconnu par les autres dans l'attribution de la valeur. Avoir le pouvoir, dans le domaine économique, c'est avoir le pouvoir de fixer les valeurs et leur cours. C'est ainsi que l'on peut lire au moment de la crise des années 2010[1] : « Pour tenter de relancer l'économie atone, la Banque d'Angleterre a annoncé jeudi 9 février une nouvelle injection de liquidités dans l'économie britannique de 50 milliards de livres (59,6 milliards d'euros) ». Ensuite, il s'agit du pouvoir d'établir et d'instituer les modalités de mise en œuvre de la concurrence et des dynamiques du marché. Ce pouvoir de fixer les modalités de la concurrence revient, en quelque sorte, à fixer les modalités des langages qui se parlent dans l'espace public de l'économie, les formes et les logiques des modes d'expression et de manifestation des acteurs du marché. Comme on peut le dire de

1 *Lemonde.fr*, 9 janvier 2012.

tout espace public, ce qui structure l'espace de l'économie, ce sont les langages par lesquels s'y expriment les acteurs. C'est l'homogénéité de ces langages qui marque l'homogénéité de cet espace, et, de la même façon, un acteur qui ne s'exprime pas dans un de ces langages reconnus est considéré comme étranger à cet espace et s'en voit rejeté. Par ailleurs, le pouvoir économique consiste dans la possibilité d'accepter ou de refuser un échange et de choisir les partenaires avec lesquels on est en relation. Enfin, le pouvoir consiste dans l'autorité d'admettre un acteur économique dans un espace d'échange ou de marché ou de l'en exclure. Ce pouvoir fixe, en quelque sorte, les limites de l'espace public de l'économie, il en détermine les frontières par la mise en œuvre de cette dynamique de l'admission de nouveaux acteurs et de l'exclusion de certains autres. C'est le sens de l'émergence d'organisations internationales dans le domaine de l'économie qui ont scandé, au vingtième siècle, le processus de la mondialisation des relations économiques et ont ainsi accompagné le changement d'échelle des pouvoirs économiques. Les institutions comme le Fonds monétaire international (1945), comme le COMECON (1949) ou comme la Communauté économique européenne (1951, puis 1957) représentent le changement d'échelle des territoires sur lesquels s'exercent les pouvoirs économiques des institutions internationales. Ces changements d'échelle se manifestent aussi dans les transformations des relations de dépendance et de solidarité entre acteurs économiques. C'est ainsi, par exemple, que l'on peut lire ces lignes à propos d'un « sommet Sud-Sud », en 2012, dans Le Monde des 23-24 septembre 2012. « Le premier sommet Amérique du Sud – Pays arabes a eu lieu à Brasilia, en mai 2005, à l'initiative du président brésilien Luiz Inacio Lula da Silva », écrit Paulo Paranagua[1]. « Son activisme diplomatique se donnait un objectif ambitieux : l'avènement d'une nouvelle géographie économique et commerciale, la réduction de la dépendance des pays du Sud à l'égard des nations riches du Nord, par l'intensification des relations Sud-Sud ». Un tel sommet illustre l'émergence d'une institutionnalisation des relations économiques dans le monde.

1 Paulo Paranagua, « Une balbutiante coopération Sud-Sud », *Le Monde Géo & Politique*, 23-24 septembre 2012.

LES LIEUX DE L'ÉCHANGE : LE MARCHÉ, L'*AGORA*

Les lieux de l'échange sont ceux de la confrontation et de l'expression des identités dans le champ de l'économie. Sans doute même peut-on dire que c'est leur inscription dans l'espace qui achève d'instituer les identités économiques ; en effet, elles n'existent pleinement que quand elles expriment dans l'espace de l'économie leur projet, leur activité et leurs relations avec les autres. C'est, d'ailleurs, parce qu'elle est mise en œuvre dans les espaces de l'échange que la forme dominante de l'économie est désignée par le concept d'*économie marchande.*

Mais sans doute faut-il commencer cette réflexion sur les lieux de l'échange et sur la notion d'économie marchande par une réflexion sur la signification des termes qui la désignent. C'est que *agora*, *forum* et *marché* ont, tous les trois, une étymologie qui donne une dimension spatiale à leur signification. Le terme *marché* est issu d'un terme désignant un repère dans l'espace, et est associé étymologiquement à *marcher*, qui exprime un déplacement, tandis que *agora* et *forum* sont issus d'une racine signifiant l'extériorité, et exprimant, ainsi, une structuration symbolique et politique de l'espace. Sans doute peut-on dire que les termes *marché*, *agora* et *forum* expriment la rupture entre les deux espaces de l'économie, l'espace privé, de la filiation, et l'espace public, de l'indistinction, la rupture entre ces deux espaces instituant leur signification. C'est à partir du moment où elle est ainsi structurée symboliquement sur la base d'une opposition entre l'espace privé et l'espace public que la spatialité fonde pleinement une sémiotique de l'espace de l'économie.

On peut donner trois significations à ces termes, *agora*, *forum* et *marché.*

La première est une situation dans l'espace. *Agora* et *forum* sont formés sur une racine signifiant l'extériorité, qui est la même racine que celle des termes français *hors* et *dehors*, ou de l'anglais *foreign.* Ces termes expriment une construction de l'espace fondée sur l'extériorité. L'espace qu'il désigne est un espace extérieur, c'est-à-dire un espace dont l'expérience se fonde sur la sortie d'un espace fermé, qui est celui de la filiation et de la famille. L'entrée dans l'âge adulte se marque par la sortie de l'espace de la filiation et de l'espace privé et par la découverte de l'indistinction de l'espace public. Mais dans le même temps, cette découverte de l'espace public en marque une autre : la découverte de l'économie marchande, de l'économie dans laquelle les valeurs expriment des logiques d'échange. L'économie d'échange se fonde sur la rupture de l'espace domestique et sur la définition de l'espace public des échanges marchands.

La seconde signification de ces termes est celle qui renvoie à des modalités distinctes d'appropriation de l'espace. Ces termes articulent l'économie et l'échange autour d'un espace, l'espace public, que l'on s'approprie par le déplacement et la circulation (*marcher*, *marché*) et d'un autre espace, l'espace privé, qui est celui d'une habitation : habiter l'espace privé, c'est se l'approprier en y résidant de façon pérenne et stable. L'espace que l'on s'approprie en l'habitant s'oppose, ainsi, à l'espace du flux, du déplacement, qui est un espace que l'on s'approprie en le parcourant. L'espace public de l'économie désigne un espace de circulation, de flux et de déplacements, et la signification de l'économie marchande se distingue de celle de l'économie privée, ou domestique, par la mise en œuvre d'une logique de flux et de déplacements opposée à une logique du séjour et de l'habitation.

Enfin, la signification de ces termes exprime la distinction entre l'espace privé, celui de la filiation et de la quotidienneté, qui est un espace clos, dont on découvre les limites en découvrant l'autre espace, l'espace public, celui de l'indistinction, qui est un espace ouvert. C'est parce que cet espace est ouvert qu'il constitue un espace pleinement politique dans lequel se déroulent les échanges avec le grand public, avec l'indistinction du n'importe qui et dans lequel les régulations et les normes de l'usage de l'espace se fondent sur des lois et sur des normes politiques, fondées sur des décisions institutionnelles de pouvoirs et d'acteurs politiques. La rupture entre l'économie de l'espace privé et celle de l'espace public se fonde ainsi sur la rupture entre deux spatialités, entre deux logiques d'usage de l'espace, celle d'un espace fermé et celle d'un espace ouvert. Il convient de distinguer un espace de la pérennité du séjour et de l'habitation, qui s'exprime sous la forme de l'espace patrimonial, et un espace du déplacement, du flux et de la mobilité, qui s'exprime sous la forme de l'espace marchand des parcours et des circulations.

LES LIEUX DU TRAVAIL ET DE L'ÉCONOMIE : LA TERRE, L'INDUSTRIE, LE BUREAU, L'ENVIRONNEMENT

Sans doute est-ce à partir de la nécessité de pourvoir l'espace public des flux de biens à échanger que la sémiotique de l'espace de l'économie instaure un autre espace, celui de la production. L'espace de la production est celui dans lequel naissent les biens qui feront l'objet de l'échange. On distingue, dans ces conditions, quatre espaces distincts de production de biens et de valeur. La terre produit des biens à l'issue du travail de l'agriculture dans l'espace des paysans. D'autres biens résultent des travaux d'extraction des matières premières et des activités de la transformation des matières premières par l'artisanat ou l'industrie. Les activités des médiations, des administrations et des acteurs de la négociation produisent des biens dans le champ des bureaux et des services. Enfin, l'environnement désigne un ensemble d'activités qui produisent un type de valeur fondé sur l'usage propre de l'espace.

Ces quatre types d'espace désignent, ainsi, des espaces dans lequel la valeur est produite par l'activité donnant naissance aux biens qui feront, ensuite, l'objet d'échanges et qui circuleront, ensuite, dans les espaces des flux et des parcours. Dans ces espaces de la production, il convient de distinguer quatre types d'acteurs de l'élaboration de valeur, et la mise en œuvre de leur activité suscite la naissance de quatre types de valeur de l'espace.

La terre est un espace qui met en œuvre une valeur foncière. Cela signifie que c'est l'espace même, sous la forme de la terre qui le matérialise, qui produit la valeur du bien faisant, plus tard, l'objet de l'usage et de l'échange. L'espace de la terre produit des biens dont la valeur tient à la terre même dont ils sont issus. C'est ce qui permet de comprendre, par exemple, le rôle des lieux de la culture dans le cas de la valeur des vins, ou le rôle de la terre dans le cas de la valeur des biens issus de l'agriculture biologique ou écologiquement sans pollution.

C'est l'aménagement des lieux de la production des biens par extraction ou transformation de matières premières qui instaure une valeur artisanale ou industrielle de l'espace. L'extraction, l'artisanat et l'industrie sont mis en œuvre dans des espaces économiques aménagés dans une logique de travail artisanal ou industriel. Ce sont les conditions de déroulement de l'activité de production ou de l'activité de transformation qui déterminent la structuration et l'organisation de l'espace, et qui, dans un second temps, donnent naissance à tout un ensemble d'espaces de séjour et d'habitation. Ainsi, c'est le travail de la soierie qui, au dix-neuvième siècle, donne naissance au quartier urbain de la Croix Rousse à Lyon, c'est le travail de l'extraction de l'or puis celui de l'industrie qui donne naissance, sensiblement à la même époque, aux espaces économiques miniers et industriels des Etats-Unis, ce sont les activités industrielles et les usines de la fin du dix-neuvième siècle et du vingtième siècles qui donneront naissance aux périphéries industrielles des villes. En évoquant la crise économique de l'Europe, manifestée par la crise de la zone euro et la désindustrialisation des régions de l'Europe du Sud, Michel Aglietta fait remarquer[1] que « l'implantation » du modèle industriel « est territoriale par nature, comme ce qui a trait à l'environnement ». C'est une façon de reconnaître la place de l'espace dans l'élaboration d'une logique de valeur par l'économie politique.

Les bureaux et les services vont donner lieu à la construction et à l'aménagement d'un autre type d'espace, dont la structuration est fondée sur l'observation des modalités de production, de circulation et de conservation de l'information, devenue une valeur économique à part entière. Ce que l'on appellera « l'économie tertiaire » naît de la reconnaissance de l'information comme champ spécifique de production de biens et de valeurs propres. Cela conduira à deux modalités et à trois logiques de l'aménagement économique de l'espace : celle de l'espace intérieur de l'organisation du travail, celle de l'espace extérieur de la situation et celle de l'emplacement des lieux de la valeur dans l'espace urbain et celui de la circulation de l'information. Il s'agit d'espaces conçus et aménagés dans une logique fondée sur la valeur propre reconnue à l'information.

Enfin, l'environnement et l'écologie font apparaître, en particulier à la fin du vingtième siècle devant les menaces liées à la pollution de l'espace due à l'industrialisation, une valeur particulière de l'espace, fondée à la fois sur deux logiques de valeur. La première est liée à la reconnaissance d'une valeur patrimoniale de l'espace et de sa conservation, en particulier

---

1 Michel Aglietta, « La première règle d'or est de ne pas précipiter le désendettement », Entretien, *Le Monde*, 29-30 janvier 2012.

dans la perspective de la pérennité des usages de l'espace dans le temps long. L'autre reconnaissance de valeur est fondée sur la reconnaissance de la valeur particulière d'usage liée aux conditions d'habitation et d'usage propre de l'espace.

LES LIEUX DE LA PRODUCTION SYMBOLIQUE DE VALEUR : BOURSES, BANQUES, LIEUX DE POUVOIR

Il existe, enfin, un espace important de l'économie politique, celui dans lequel la valeur des biens est produite, celui dans lequel est conçu et élaboré le système même d'expression et de représentation institutionnelle de la valeur. Il s'agit, en propre, de l'espace du pouvoir de l'économie politique, puisqu'il s'agit de l'espace dans lequel sont produites et pensées les logiques mêmes de l'expression des valeurs et de l'économie, ainsi que celles de sa régulation.

On distinguera, ainsi, quatre espaces de la production de valeur : celui de son élaboration et de sa fixation, celui de sa circulation et de sa matérialisation, celui de la régulation et de la production des normes, et, enfin, celui de l'information, de la communication et de la production des significations.

L'espace de l'élaboration et de la fixation des valeurs est manifesté par l'espace des bourses. Les bourses naissent, en Europe, avec l'urbanisation. Il s'agit des lieux dans lesquels ce ne sont pas les biens qui font l'objet d'un échange et d'une évaluation, *mais leur valeur même*, exprimée par des « valeurs ». D'une certaine manière, cet espace, qui, par ailleurs, devient l'espace de la finance, est une forme d'espace de méta-langage de l'économie. Il s'agit de l'espace des lieux où les relations de communication et l'image des acteurs de l'économie fondent la valeur des biens, où c'est cette image même qui constitue un bien faisant l'objet d'un échange et d'une évaluation.

L'espace de la circulation et de la matérialisation des valeurs est celui des banques. Issu, au seizième siècle, d'un terme désignant les lieux d'échange des monnaies, ce terme exprime la spatialité des lieux dans lesquels se produisent et s'échangent les valeurs des moyens d'échange.

Les banques sont les lieux dans lesquels se produisent les monnaies et les « moyens de paiement » et les lieux dans lesquels ils sont confrontés aux autres, au cours des procédures et des opérations de change. Nous sommes donc en présence d'une double spatialité, puisque les banques désignent des lieux de travail et de mise en œuvre d'activités financières et qu'elles servent de cadre, en particulier au cours des opérations de change, à l'expression de la mondialisation de l'espace de l'économie.

L'espace de la régulation et de la production des normes est celui des lieux du pouvoir économique. Il s'agit ici de lieux proprement politiques, puisqu'il s'agit, d'une part, des lieux de la décision dans le domaine économique et dans le domaine financier, et, d'autre part, des lieux, proprement politiques, dans lesquels la décision politique a des incidences sur la vie économique et sur la mise en œuvre des activités de la production de valeur. On peut, sur ce plan, noter l'extension progressive de l'étendue des espaces soumis à la régulation de l'activité économique, qui correspond à l'intensification de la coopération entre les états dans la mise en œuvre de l'activité de régulation de l'économie. C'est ainsi, par exemple, que dans les années 2010, de nouvelles institutions internationales et de nouveaux pouvoirs transnationaux sont en mesure d'exercer des pouvoirs sur les activités économiques nationales se déroulant dans un pays comme la Grèce. C'est aussi le sens de l'internationalisation des monnaies et de leur usage. La naissance d'institutions comme le Fonds monétaire international n'a pas seulement constitué, comme on l'a vu, la reconnaissance de pouvoirs économiques d'une nouvelle étendue, mais a aussi manifesté la naissance de nouvelles formes de monnaie comme les « droits de tirage » des pays sur leurs réserves monétaires.

Enfin, l'espace des médias et de l'information économique est celui de la production et de la transformation de l'information, celui des échanges de l'information, de sa circulation et des relations de communication et, enfin, celui de la production des significations. Une fois encore, on se trouve devant une double spatialité, puisqu'il s'agit, d'une part, des lieux de production et de diffusion de l'information sur les acteurs économiques, sur leurs identités et sur leurs activités, et, d'autre part, de la reconnaissance d'une valeur propre des lieux dans lesquels ont lieu ces activités. L'importance des flux d'information qui s'y déroulent donne à un lieu une importance et une valeur propres dans le domaine de l'économie politique. À l'inverse, l'exclusion de ces espaces condamne une activité à n'avoir plus de valeur et à ne plus pouvoir agir dans le champ de l'économie politique. La naissance et le développement des langues avait manifesté la naissance et le développement d'un espace dans le domaine de la communication et des échanges symboliques. De la même manière, la naissance d'un véritable espace propre de l'information et la consolidation de son existence manifestent, dans le champ de l'économie politique, l'existence d'une forme d'espace politique second, d'une forme d'espace de production et de régulation de la signification dans le domaine économique.

C'est de cette manière que l'espace de l'économie manifeste l'existence de trois dimensions. L'espace réel est celui des contraintes géographiques de l'espace sur l'économie et sur le déroulement de ses activités. L'espace symbolique est celui de l'élaboration et de la diffusion de l'information et de la signification de l'économie et de la valeur. Enfin, l'espace imaginaire est l'espace du projet et de l'expression des conceptions de l'avenir de l'économie. L'articulation de ces trois espaces donne naissance à la dimension spatiale de la médiation économique et qui lui donne une signification, tant pour ses acteurs que pour ceux qui lui sont seulement soumis.

PLACE DE L'ESPACE DANS LA VALEUR

Sans doute convient-il de tenter de donner une signification à la place de l'espace dans l'élaboration de la valeur, c'est-à-dire dans l'identité économique. Mais il s'agit d'un rôle assez complexe, qui, sans doute, amène à distinguer la problématique de la valeur et celle du coût, et, au-delà, à distinguer la dimension réelle de la valeur et sa dimension symbolique. La place de l'espace dans les coûts de production est elle-même complexe, et porte sur plusieurs points.

D'abord, il s'agit du coût de l'aménagement de l'espace de la production. C'est ainsi que, dans le domaine de l'agriculture, plus est étendu l'espace dans lequel est mise en œuvre l'activité de production, plus, par conséquent, le coût de cette activité sera élevé, en raison des répercussions de la valeur foncière sur les coûts de la production. C'est, par exemple, ce qui a entraîné le développement d'une agriculture de plus en plus intensive, souvent au détriment de la qualité des produits, tandis que, depuis que les logiques écologiques ont pris de plus en plus d'importance, l'agriculture de qualité se déroulant dans des espaces plus importants s'est développée. Cela est vrai, en particulier, des conditions de l'élevage des animaux. Dans le domaine de l'industrie, les conditions spatiales de l'aménagement des lieux de production ont aussi eu des répercussions sur le coût des produits vendus ou négociés. De la même façon que dans le domaine de l'agriculture, s'est développée une logique de distinction entre une industrie de qualité à coûts élevés et, donc, à prix eux-mêmes élevés et une industrie considérée comme « bas de gamme » dont les produits sont élaborés dans des conditions spatiales tendues et dont les prix seront plus bas, le coût de l'espace étant, comme les salaires, plus réduit.

Ensuite, il s'agit de la place de l'espace dans le coût de l'activité commerciale proprement dite, c'est-à-dire du conditionnement, de la diffusion et de l'acheminement des produits du lieu de leur production vers l'espace économique de la diffusion et du marché. Plus est élevée la distance qu'il est nécessaire de parcourir pour que le bien soit mis dans le marché, plus son coût sera élevé. C'est pourquoi les biens importés sont grevés d'un coût de transport plus important que ceux qui sont produits sur place. Cela peut avoir deux types de répercussions sur leur valeur marchande. Ou l'éloignement de la production des biens faisant l'objet de la transaction sera seulement considéré comme la contrainte réelle d'un coût, sans connotation imaginaire, et, dans ce cas, les produits ne feront pas l'objet d'une grande recherche à l'extérieur de leur espace de production. Ou, au contraire, l'éloignement de leur production leur donnera une connotation positive, en raison de l'attrait de l'éloignement, et, au contraire, leur valeur symbolique sera élevée. Dans ce cas, l'éloignement de la production sera un élément constitutif du luxe exprimé par les produits.

Enfin la spatialité jour un rôle dans l'institution de la dimension proprement symbolique de la valeur. Cette instance de la valeur caractérise la place de la diffusion de l'information relative au produit. Il s'agit, en particulier, de trois logiques. D'une part, il s'agit de la diffusion plus ou moins grande des savoirs sur les modalités de la production, en particulier des informations techniques qui lui sont liées. C'est ainsi que des méthodes de production, tant dans le domaine de l'agriculture que dans celui de l'industrie, caractérisent l'identité d'un produit, et, au-delà, par conséquent, sa valeur. D'autre part, il s'agit de la diffusion des conditions de l'usage des biens échangés et, en particulier, de la différence entre les cultures et entre les identités nationales. Dans tous les domaines de la vie économique, on remarque des différences culturelles qui peuvent aussi bien avoir une dimension d'obstacle symbolique à la diffusion qu'une dimension, au contraire, de séduction imaginaire vers des marchés nouveaux de plus en plus étendus. Enfin, il s'agit de l'impact sur la valeur des biens de la mondialisation et de l'extension toujours plus grande des aires de diffusion des biens échangés et de l'information sur eux. Cela caractérise, d'ailleurs, autant les biens faisant l'objet d'une diffusion ordinaire que les biens fonciers ou immobiliers, dont le marché est, lui aussi, de plus en plus étendu.

LES TEMPS DE L'ÉCONOMIE

Si c'est la spatialité qui, comme dans l'ensemble du fait politique, fonde les identités, ce n'est que quand elle est confrontée au temps qu'elle acquiert toute sa signification. Il nous faut donc, à présent, proposer une réflexion sur la sémiotique des temps de l'économie politique. Si *oiko-nomia* désigne la régulation et la rationalité de l'*oikia*, de l'espace ordinaire, cet espace est structuré par le quotidien, par un *temps de l'ordinaire*. L'économie vise, fondamentalement, à rendre ordinaire le temps du politique, à le rendre prévisible, à le maîtriser, de sorte qu'il soit le plus continuellement possible un temps ordinaire, soumis le moins possible à des aléas imprévisibles et à des événements impondérables comme des crises ou des catastrophes.

Pour penser les temps de l'économie, sans doute importe-t-il donc de commencer par penser trois modes fondamentaux de ce que l'on peut appeler la rationalité temporelle de l'économie, ou la sémiotique économique de la temporalité. Ces trois aspects de la sémiotique de l'économie politique permettent de désigner trois aspects qui orientent la façon de penser la temporalité dans le champ de l'économie, en la situant autour des questions qui pensent le temps comme un temps politique. En effet, au côté de l'histoire qui donne du sens au temps présent en l'éclairant par une confrontation au temps symbolique du passé et au temps imaginaire du futur, l'économie a pour tâche essentielle de situer l'espace politique dans les temps de la vie sociale.

Pour cela, avant d'aborder ces contradictions et ces tensions majeures qui fondent la signification et les orientations de la temporalité de l'économie, sans doute convient-il de préciser quels seront les temps qui la structurent. À partir des usages de nos langues, on a l'habitude de distinguer trois temps, le passé, le présent et le futur, mais il faut, sans doute, approfondir cette distinction et la préciser davantage. C'est que, tandis que le présent et le passé articulent le temps entre le temps de l'expérience, de la pratique et de l'activité, qui est le présent, et le temps du discours, du récit et de la mémoire, qui est le passé, le futur, lui, n'est pas à proprement parler un temps, mais une modalité, celle de l'imaginaire. Dans le domaine de l'économie, on distinguera, de la même façon, d'abord, le temps de l'histoire et de la mémoire, qui est le passé de l'économie, qui en dit l'histoire, car celle-ci ne peut que se dire ou s'écrire, car on ne peut pas revivre le passé ni en refaire l'expérience. Ensuite, le temps du présent de l'économie est celui de la gestion et de la régulation des activités sociales du moment et des discours présents sur l'économie. C'est le temps des décisions, de la gestion, mais aussi celui des activités de la production et du travail. Le présent est le temps de l'expérience des contraintes du temps. L'économie connaît, enfin, un mode imaginaire du futur, justement parce qu'elle a à imaginer le futur de la façon la plus rationnelle possible, c'est-à-dire de la façon qui rende cet imaginaire le plus proche possible de ce que sera effectivement le futur. C'est le rôle de la prévision et de la planification, dimensions essentielles de l'économie politique.

Dans ce cadre fixant les différentes dimensions du temps de l'économie, ce que l'on peut appeler les différents lieux de ce temps, il importe de définir de façon un peu approfondie ces trois tensions, ces trois contradictions, qui fondent ce que l'on peut appeler la signification de l'économie politique, et qui définissent les logiques temporelles de cette sémiotique particulière que nous tentons d'élaborer ici. C'est que, comme les autres aspects de la sémiotique du politique, la temporalité ne devient pleinement significative que quand on la structure autour de contradictions et d'oppositions qui fondent la signification et qui la situent dans une logique politique.

L'opposition entre l'extraordinaire et le quotidien fonde une temporalité de la gestion. Sur ce plan, la signification de l'économie politique est celle de la recherche de la plus grande prévisibilité possible. Maîtriser le temps de l'économie, c'est, sans doute, faire en sorte qu'il soit le moins possible exposé à des incertitudes et à des événements échappant au contrôle et aux pouvoirs politiques. L'économie politique est, sans doute, là, fondamentalement, pour faire en sorte que des normes, consenties et politiquement significatives, viennent rendre le temps pleinement lisible et intelligible. C'est que l'économie politique est traversée par une contradiction : le rare est précieux, porteur d'une grande valeur, mais il est, en même temps, imprévisible et, ainsi, menaçant ; le quotidien et le fréquent sont à la fois habituels et prévisibles, et, ainsi, rassurants, mais, dans le même temps, ils sont de peu de valeur, justement parce qu'ils sont ordinaires. L'économie politique a, ainsi, à penser cette première contradiction qui fonde sa médiation de la temporalité sur la régulation du temps habituel de la vie sociale. Sans doute est-ce le marché qui est l'instance économique la plus marquée par cette opposition entre l'extraordinaire et le quotidien. En effet, il désigne l'espace de l'économie, dont la dimension politique se comprend, justement, dans cette conception de la valeur autour de l'opposition entre le rare et l'ordinaire. C'est ainsi, par exemple que l'économie politique identifie la notion de crise quand des événements viennent rompre l'ordinaire de la temporalité économique et financière, et la gestion des crises consiste à rendre la situation de nouveau ordinaire et prévisible.

Une autre articulation de l'économie se situe entre le temps singulier et le temps collectif ; elle fonde le temps politique. En effet, la médiation politique pense la dialectique entre le singulier et le collectif. Il s'agit de penser les contradictions et les antagonismes entre les désirs et les conduites des sujets singuliers et les impératifs et les normes de la vie collective. Il s'agit de construire la signification culturelle de l'identité entre les logiques singulières de la subjectivité et les logiques collectives de l'appartenance. Sur le plan de la temporalité, pour être pleinement politique, l'économie a à réguler les relations entre ces deux temps. Le temps de la vie singulière est le temps disponible pour les pratiques, les métiers, les activités et les expressions du désir, de la subjectivité et des relations entre les personnes. Le temps de la vie collective est le temps des normes des pratiques et des activités collectives, qui est aussi le temps de l'expression des identités collectives et des appartenances, le temps des rituels, des activités sociales, le temps du travail et le temps de la vie culturelle. C'est le travail qui est l'instance la plus problématique de cette tension entre le temps singulier et le temps collectif, car le travail désigne la part du temps singulier soumise au collectif. C'est le travail qui désigne *l'emprise du collectif sur le temps singulier.* C'est ainsi, par exemple, que les acteurs de l'économie articulent leur propre engagement dans le quotidien de la production et des échanges et l'identité collective – sociale ou professionnelle – dont ils sont porteurs, avec sa culture, son histoire et sa mémoire. Les travailleurs d'une entreprise de transports maritimes, par exemple, travaillent dans le quotidien de la navigation, mais, en même temps, ils sont en mesure de situer leur entreprise dans l'histoire des transports et dans l'histoire des relations maritimes.

Enfin, la signification de l'économie politique articule une logique libérant les sociétés des contraintes du temps et l'émergence de nouvelles contraintes et de nouveaux impératifs. Le temps de l'économie est celui de cette tension, de cette contradiction, entre les deux aspects de la temporalité, celui dans lequel elle est soumise au réel de la contrainte et des impératifs de l'existence, et celui, au contraire, dans lequel elle est soumise à cet autre réel, celui du désir et de l'expression pleine et ouverte de la subjectivité. L'économie du temps social est traversée par la contradiction entre ces exigences, entre ce que l'on peut appeler ces deux orientations : celle de libérer les hommes d'un temps de contraintes et celle de structurer le temps par des normes et des impératifs. L'histoire du commerce et des technologies est dominée par la rationalité de ces deux exigences, celle de faciliter le temps ordinaire et celle de scander la vie quotidienne par les contraintes que l'économie fait peser sur le temps social. L'économie politique vise à faciliter les pratiques ordinaires du temps, à nous libérer de ces contraintes, en élaborant des modes d'activité facilités par des technologies ou par la maîtrise et l'habitude des pratiques mises en œuvre. Dans le même temps, l'économie politique consiste à *penser ces contraintes et à les exprimer*. C'est ainsi, par exemple, que l'histoire de l'agriculture est à la fois l'histoire des façons dont nous avons pensé et ordonné les contraintes des activités agricoles liées aux saisons, aux climats et à la nature des sols, et l'histoire des façons que nous avons trouvé d'alléger ces contraintes, de les maîtriser de façon à nous en libérer le plus possible.

PLACE DU TEMPS DANS LA VALEUR

Comme à propos de l'espace, sans doute convient-il de tenter de donner une signification à la place du temps dans l'élaboration de la valeur, c'est-à-dire dans l'identité économique. Mais, comme celui de l'espace, le rôle du temps dans l'appréciation de la valeur sera assez complexe, et nous amènera, sans doute, lui aussi, à distinguer, dans la problématique de la valeur, la dimension réelle du coût et la dimension imaginaire de la connotation des biens.

Le réel du temps porte, d'abord, sur la place de la production du bien et de sa transformation, de façon particulière selon qu'on se situe dans le champ de l'agriculture, dans celui de l'industrie, dans celui des activités de médiation ou dans celui de l'art et des activités culturelles. Le temps intervient de plusieurs façons dans l'appréciation du réel de l'objet de la valeur. D'abord, il s'agit de la *durée* de la production, qui intervient sur le coût, en particulier en raison du temps de travail nécessaire et en raison du temps d'immobilisation et d'usage des locaux et de l'espace requis.

Par ailleurs, c'est ce que l'on peut appeler *le réel du temps de l'autre* qui intervient comme contrainte dans le coût. D'une part, il s'agit du temps de l'autre dans la production. Cela désigne la différence d'appréciation du temps entre l'employeur et l'ouvrier, et les conflits liés à ces différences d'appréciation, ou encore la confrontation des temporalités des différents acteurs et des différentes entreprises qui interviennent dans la production. Dans l'agriculture, il s'agit du temps de la production des denrées et du temps de leur conservation, de leur conditionnement et de leur transport. D'autre part, il s'agit du temps de l'usager ou du client : de celui qui fera intervenir l'objet de la production dans la mise en œuvre de ses propres activités sociales. Dans l'agriculture, il s'agit aussi bien du temps de la commercialisation des denrées que du temps de leur consommation dans l'alimentation. La valeur finale du bien reconnaît ainsi une certaine place à la valeur du temps de travail requis pour la production et à la valeur de l'ancienneté des acteurs de la production, et, par conséquent, de leur culture, c'est-à-dire de leur expérience et de leur formation. L'appréciation de cette place va, elle aussi, faire l'objet de tensions ou de conflits, à la fois dans la production entre les employeurs et les salariés, et dans le marché entre l'offre et la demande.

Mais, comme à propos de l'espace, il existe une connotation imaginaire de la temporalité, qui se fonde, en particulier, sur la distinction entre l'ancienneté du bien et son rapport à la modernité. Dans le champ du marché, la valeur imaginaire de l'ancienneté des biens exprime ce que l'on peut appeler leur valeur patrimoniale. C'est ainsi, en particulier, que c'est élaborée toute une valorisation des biens anciens, et que s'est développé tout un marché de l'antiquité, d'abord dans le domaine des biens liés à l'aménagement des espaces d'habitation, en raison de la dimension imaginaire de la mémoire, puis, progressivement, dans tous les domaines de l'activité sociale, au fur et à mesure du développement de l'activité marchande qui leur est liée : l'habillement, la culture, la cuisine et l'alimentation, etc.

Par ailleurs, il existe une autre connotation de valeur imaginaire liée au temps, celle de la modernité, qui porte, en particulier, sur les domaines économiques liés aux technologies et à la mutation progressive des formes d'activité sociale. C'est ainsi, par exemple, que le domaine des technologies de l'information et de la communication s'est développé progressivement dans tous les champs de l'économie, pour y développer une valeur imaginaire liée à la connotation de modernité qui s'y exprime. Cela finit, d'ailleurs, par se développer de façon de plus en plus éloignée des usages réels dont ces technologies font l'objet. Se développe ainsi tout un ensemble de caractéristiques technologiques parfois inutile, et on assiste, par ailleurs, à la complexification de plus en plus grande des pratiques sociales d'usage et de consommation des biens proposés dans le marché, qui nécessite des activités de formation parfois considérables des clients et des usagers, et qui accentue, par ailleurs, les clivages sociaux liés à ces usages.

LES TEMPS DES ACTEURS DE L'ÉCONOMIE

La temporalité de la médiation économique se structure en plusieurs instances que l'on peut désigner comme des *séquences* : l'investissement, la production, la distribution, l'évaluation, le commerce. Chacune de ces séquences occupe une place particulière dans le temps de la valeur et, par ailleurs, constitue une temporalité propre, qui fonde la place du temps dans l'identité de chacun de ces acteurs de l'économie. C'est cette différence entre les différents temps des acteurs, tant dans leur appréciation que dans leur représentation, qui donne à la temporalité un caractère politique particulier.

Le temps de la production est le temps au cours duquel sont élaborés les biens faisant l'objet de la valeur dans le champ de l'économie. Sans doute convient-il de donner au concept de production une signification complexe et à la temporalité qui lui est liée une dimension également complexe, fondée sur les différences entre les formes de la production. La signification du temps de la production, sa dimension proprement sémiotique, articule le temps court du geste et de l'activité même mise en œuvre par l'acteur singulier et ce que l'on peut appeler le *temps culturel de la production.* Ce temps articule le temps court des gestes et des procédures de la production et leur temps long. Ce temps long est celui de la culture professionnelle et de l'évolution des méthodes dans l'histoire, celui de l'entreprise dans lequel la production est mise en œuvre, qui est un temps institutionnel, et celui, propre à l'acteur de la production, de sa propre histoire, de sa propre identité singulière de sujet de la communication et de la pratique sociale.

Le temps de l'investissement constitue l'approche du *temps long* dans l'économie, en donnant au capital une temporalité particulière, extérieure, étrangère à la réalité du temps de la production et des échanges. Lié à la spéculation et, en ce sens, à une activité de prévision de l'évolution de la valeur, le temps de l'investissement s'inscrit dans le temps long. Il échappe, en ce sens, à la dialectique, qui fonde la signification du temps, entre temps long et temps court, car il n'est que dans le temps long, celui de la spéculation. À ce propos, André Orléan explique que *la finance néoclassique propose une référence exogène d'une autre nature.* « Cette référence exogène, qui assure l'ancrage des prix financiers hors de la sphère des échanges », écrit-il[1], « c'est la valeur fondamentale du titre ». Le temps de l'investissement désigne par ailleurs un temps du pouvoir.

La distribution et le commerce constituent le temps de l'espace public du marché dans l'économie. Il s'agit à la fois d'un temps réel, de pratiques et d'activités immédiatement liées à la transaction, et d'un temps symbolique, de médiation et de représentation, lié à la mise en œuvre des pratiques de communication et d'échange symbolique articulées à l'activité du marché. La distribution et le commerce sont les champs dans lesquels la valeur est pleinement articulée comme signifiant de la médiation économique, puisque c'est dans le champ du commerce que l'échange se voit pleinement reconnaître sa dimension institutionnelle. C'est le temps de la distribution et du commerce qui situe le temps de la production dans l'espace public, en suscitant, entre les acteurs de différents champs, une confrontation qui va instituer les identités

---

1 André Orléan, *L'Empire de la valeur. Refonder l'économie*, Paris, Seuil, 2011, p. 263.

dont ils sont porteurs, de la même façon que le temps de la diffusion constitue, pour les médias, *le temps politique de l'espace public.*

Enfin, le temps de l'évaluation est un temps économique particulier. Évaluer, c'est mettre en œuvre un processus institutionnel destiné à attribuer une valeur à un bien, mais aussi à une entreprise, à un ensemble d'actions, à une politique. L'évaluation consiste dans une forme de traduction, puisqu'il s'agit d'exprimer un objet dans les termes d'une économie politique, c'est-à-dire à ne pas en exprimer une *signification*, mais une *valeur.* Mais de ce fait, c'est ce temps de l'évaluation qui marque ce que l'on pourrait appeler la naissance du signe et de la signification dans le domaine de l'économie. C'est quand ils sont évalués que les biens se voient reconnaître une identité dans les échanges : l'évaluation est une forme d'*identification.* L'évaluation donne à la problématique économique elle-même la dimension d'une sémiotique, puisque la valeur devient, dans ce champ, un système de représentation, une forme de langage. C'est par la mise en œuvre de l'évaluation que l'économie devient pleinement une économie politique, car, d'une part, il s'agit, pour elle, d'élaborer une forme de signification, et, d'autre part, elle ne peut prendre la place d'une sémiotique et d'un système d'interprétation que si elle est mise en œuvre par un *pouvoir.* L'évaluation est la marque d'un pouvoir, car l'évaluation entreprise n'a de pertinence qu'à condition d'être reconnue par les autres, ce qui revient à la reconnaissance d'un pouvoir dont est porteur celui la met en œuvre.

LES TEMPS DES PROCESSUS ET DES STRUCTURES DE L'ÉCONOMIE

Le temps de l'économie est fondé, structuré, par deux types de temporalité, qui permettent de le comprendre et de lui donner une signification, amis aussi de l'inscrire dans une forme d'histoire, de culture et de mémoire. D'une part, il existe des temporalités dynamiques, faites de processus, inscrites dans des logiques d'évolution et de transformation qui s'inscrivent dans des formes de diachronies. Ces processus de l'économie rendent lisibles des successions de moments et d'événements qui construisent une temporalité linéaire. On peut désigner ces temporalités économiques comme des chronologies, inscrites dans des mémoires et représentées par des médias et par des observateurs des acteurs politiques de l'économie. D'autre part, il existe des temporalités synchroniques, faites de structures qui s'inscrivent dans des logiques faisant apparaître des organisations de pouvoirs et d'acteurs, des logiques institutionnelles et des rapports de force, intelligibles et pensables par des comparaisons mises en œuvre à des moments particuliers de rencontre et de confrontation. On peut désigner ces formes de tranches synchroniques dans la diachronie de l'histoire comme des *conjonctures.* L'économie articule, ainsi, deux approches de la temporalité, fondées l'une sur des dynamiques d'évolution et de transformation, et l'autre sur l'appréciation des conjonctures dans lesquelles se déroulent les processus dynamiques. C'est l'articulation entre la linéarité des dynamiques et la non-linéarité des conjonctures qui, finalement, permet de construire une signification de la temporalité de l'économie : d'en penser une sémiotique.

Les processus de l'économie s'inscrivent dans la succession linéaire des actes qui la scandent par les interventions des acteurs, des pouvoirs et des contre-pouvoirs, et dans les transformations des structures et des conjonctures qui donnent une dynamique à l'histoire de l'économie. On pourrait parler, comme dans d'autres domaines de la sémiotique politique, d'un *agenda* de l'économie, c'est-à-dire de la succession d'événements et d'interventions d'acteurs, dont rendent compte les quotidiens, mais aussi de la succession d'opérations, d'actes et d'événements qui portent sur l'évolution des valeurs. À cet égard, il est important de noter l'importance de la conjoncture, au début du dix-neuvième siècle, au cours de laquelle se rencontrent l'institutionnalisation des bourses de valeurs et des pouvoirs des investisseurs et le développement de la presse quotidienne qui affiche, tous les jours, les cours des bourses et leur confrontation aux événements économiques, politiques et sociaux qui scandent, dans le temps court, l'histoire du présent.

Les structures de l'économie désignent, d'une part, ce qui ne change pas, les institutions dans lesquelles les pouvoirs impriment leur marque à ce que l'on peut appeler les paysages de l'économie, et, d'autre part, ce qui, dans les institutions, fait l'objet de modifications, d'évolutions, de transformations : ce que l'on désignera par le concept de conjoncture.

Le concept de conjoncture implique, d'ailleurs, étymologiquement, la désignation de ce que, dans d'autres domaines, on appelle des *contextes*, c'est-à-dire des rencontres ou des confrontations, à un moment particulier de l'histoire, d'éléments et d'événements *a priori* sans rapport les uns avec les autres, mais dont la rencontre, précisément en raison de ce caractère étrange, élabore des significations. On pourrait désigner par le concept de *conjoncture* l'état des structures de l'économie dans le temps court de l'histoire de l'économie, tandis que l'on réserverait le concept d'*institution* à l'état des structures de l'économie inscrites de façon pérenne dans le temps long de cette histoire.

C'est que, pour penser la temporalité de l'économie, on a besoin de recourir à la distinction, fondamentale dans le domaine de l'histoire, c'est-à-dire dans la médiation sémiotique de la temporalité, à la distinction entre le temps court et le temps long. Avant d'aborder les particularités de l'une et de l'autre de ces deux dimensions de la temporalité, sans doute convient-il de commencer par les situer l'une par rapport à l'autre dans le domaine de l'économie. On le fera ici en trois points.

D'abord, le caractère politique du temps de l'économie tient à cette confrontation, qui met en relation les acteurs et les institutions. Les acteurs de l'économie, de ses tensions et de ses dynamiques, expriment le temps court de l'économie, fondé sur leur expérience de l'économie et de ses impératifs à un moment donné de l'histoire. En revanche, on peut penser des institutions de l'économie en articulant l'intervention de ces acteurs à un temps long, fait de logiques pérennes et de dynamiques inscrites dans l'histoire, dont on ne peut avoir pleinement conscience qu'en comparant entre elles les situations issues de différents temps courts.

D'autre part, l'articulation entre un temps court de l'économie et un temps long permet de comprendre pleinement une signification inconsciente de l'opposition entre conjoncture et structure. La conjoncture désigne la mise en œuvre, dans un temps court, d'initiatives, de dynamiques et d'entreprises mises en œuvre par des pouvoirs qu'elles expriment. Elle fait apparaître les pouvoirs de l'économie dans le temps court de leur règne, de leur pouvoir, de leur capacité d'intervention. On ne peut pleinement la comprendre qu'en la pensant comme l'actualisation à un moment donné, par des *pouvoirs* et des acteurs, de structures de l'économie qui ne sont pleinement intelligibles qu'en termes de *savoir*. La conjoncture est une rencontre, à un moment donné de faits et d'interventions qui expriment, dans le temps court d'un événement, l'identité d'acteurs économiques exprimée par la culture et la mémoire qui donnent une dimension symbolique intelligible aux structures qui font leur histoire économique. C'est ainsi qu'un événement économique oppose, dans une certaine situation, le temps court de la conjoncture et le temps long de la structure. La naissance de la Banque centrale européenne et de l'euro ne peut pleinement se comprendre que dans l'articulation entre les rapports de force économique existant en Europe à ce moment et les histoires des monnaies européennes et des cultures nationales de l'émission des monnaies remplacées par l'euro.

Enfin, on peut envisager une application au domaine de l'économie de l'articulation entre compétence et performance, entre savoir et actualisation, mise en œuvre, dans les sciences du langage, dans la suite de l'opposition saussurienne entre langue et parole. Sans doute est-ce la possibilité de cette articulation qui permet de penser l'économie, comme la langue, comme un système sémiotique d'expression, de représentation et d'interprétation. L'expression des identités d'acteurs économiques de temps long dans des pratiques et des événements de temps court met en œuvre, dans la sémiotique de l'économie, ce que l'on peut comparer à une *énonciation.* Ce qu'A. Orléan appelle « l'objectivité marchande[1] » illustre ce fait d'une énonciation économique, en manifestant « l'effet (sur le consommateur) de la consommation[2] ».

La conjoncture représente, dans le champ de l'économie politique, une forme de confrontation mettant en opposition des acteurs politiques qui font, ainsi, l'expérience de l'expression de leur identité. Sur le même plan, l'articulation entre conjoncture et structures profondes représente, dans le champ de l'économie politique, une articulation comparable à l'articulation saussurienne entre langue et parole et à l'articulation freudienne entre la conscience et l'inconscient. Sensiblement au même moment de l'histoire des idées, l'économie politique construit, ainsi, sa propre logique de l'identité.

1 André Orléan, *op. cit.* chap. 2, p. 55.
2 *Id.*, p. 56.

LE TEMPS COURT

Le temps court est, fondamentalement, dans le champ de la sémiotique politique, le champ de l'acte, qui manifeste une performativité du langage politique. En effet, le propre du politique, par rapport à d'autres champs de communication et de médiation, est que la vérité de la parole y est appréciée dans son rapport à l'acte. La parole ordinaire du sujet exprime une relation à l'autre qui se fonde sur l'identification spéculaire, en miroir, et qui s'inscrit, ainsi, dans une logique de vérité. En revanche, comme les identités politiques se fondent sur une logique de confrontation et non sur une logique d'identification à l'autre, la parole politique manifeste cette confrontation, sous la forme d'une articulation performative entre langage et acte – qu'il s'agisse d'un acte réel engageant une dynamique de causalité et d'effets, ou d'un acte imaginaire, engageant une logique d'adhésion.

Il va convenir, donc, à présent, de définir les modalités particulières de cette performativité du temps court du politique dans le domaine de l'économie. La performativité économique se fonde sur l'articulation du langage et de la valeur. C'est dans la manifestation d'une valeur dans l'espace de l'échange et de la communication que s'instaure la performativité du langage économique dans le temps court. Quand j'achète un bien ou quand je le vends, j'énonce une valeur de ce bien, qui correspond à la signification que je lui reconnais. En effet, comme c'est problématique de la valeur qui manifeste la logique de l'identité dans l'espace économique, c'est la valeur qui est, en quelque sorte, *réalisée* par le discours, actualisée par l'énonciation dans la relation qui instaure la communication économique. Le temps court de l'économie consiste dans l'expression *hic et nunc* d'une valeur dans un espace et un temps de la relation d'échange avec l'autre – que cet échange soit mis en œuvre au cours d'une relation effective ou qu'il le soit dans l'imaginaire d'une relation figurée, attendue ou crainte.

Dans le temps court de l'économie, dans cette manifestation de la valeur qui institue l'espace de l'échange en instaurant la relation économique entre des acteurs, il convient, de distinguer deux dimensions, deux échelles, du temps court. Le temps court du sujet singulier manifeste, dans l'espace public, l'identité singulière d'un sujet de désir. Ce temps court va exprimer dans la relation à l'autre ce que l'on peut appeler *l'urgence du manque*, manifestant, ainsi, la différence entre les deux sujets de la relation, faisant de l'un un sujet supérieur à l'autre, plus riche ou plus puissant, ou, au contraire, leur égalité dans l'épreuve d'un manque partagé, d'un manque commun. Le manque manifeste, en particulier, dans le temps court, la dimension de *l'aliénation* du sujet économique – expression du manque dans la relation économique à l'autre. En revanche, le temps court de l'acteur collectif manifeste l'identité d'un acteur collectif exprimant une appartenance sociale dans le temps court du présent d'une confrontation à d'autres acteurs collectifs ou à d'autres identités politiques. Le temps court de l'acteur collectif ne va pas manifester la dimension du manque, mais celui du pouvoir – ou de son opposition au pouvoir – dans l'espace public de l'économie : dans l'espace du marché. Le temps court de l'acteur collectif manifeste une autre forme de pression et d'urgence, qui se caractérise par le fait que c'est une société ou une identité collective toute entière qui se trouve menacée dans le temps court, sous la forme de ce que l'on appelle une *crise*. Mais le temps court de l'acteur collectif peut ne pas se manifester sous une forme de crise ou d'urgence, et prendre la forme ordinaire d'un événement. Un événement économique se caractérise par une transformation ou une variation de l'identité collective liée à une cause identifiable dans *l'hic et nunc* du présent économique. En effet, comme dans toute forme d'histoire ou de temporalité politique, le temps court se caractérise par son articulation au présent. Ou cette articulation est réelle, ce qui indique que l'on se trouve en effet dans le présent de l'événement, que l'on se trouve *en présence* de l'événement auquel on est confronté. Ou cette articulation est symbolique, ce qui indique que le temps court de l'événement est, pour nous, du passé, auquel on n'est plus confronté.

C'est ainsi par un acte, par exemple par l'acte de vendre ou d'acheter, ou encore par celui de changer une quantité de monnaie dans une autre, que le sujet singulier intervient dans l'espace public de l'économie, exprimant ainsi son identité dans le temps court. C'est dans cette articulation entre le temps singulier et l'espace public que l'économie manifeste, d'abord, un temps court. Mais il nous faut ici définir cette notion d'*acte économique.* Un acte économique est un acte singulier par lequel nous exprimons notre appréciation de la valeur d'un bien en l'achetant ou en le vendant : en l'inscrivant, ainsi, dans un processus de négociation avec un autre sujet. L'acte économique est la première manifestation du temps court de l'économie, sa manifestation la plus simple, car elle fonde l'espace de l'économie sur la seule relation entre deux acteurs singuliers n'engageant qu'eux-mêmes dans une forme performative de spécularité. L'acte économique définit, ainsi, un présent de l'espace économique dans la relation entre deux acteurs qui expriment l'un pour l'autre le manque dont ils sont porteurs et le désir qui les anime.

Le temps court singulier de la relation économique, de la négociation ou de la transaction, manifeste, de cette façon, la relation entre les deux sujet de la relation et un troisième terme qui articule une signification économique. La sémiotique de la relation singulière du temps court de l'économie se fonde entre quatre termes. Il s'agit, d'abord, d'un signifiant, qui exprime la valeur du bien échangé. Il s'agit, par ailleurs, d'un signifié qui est l'accord entre les deux sujets de l'échange établissant cette valeur même. D'autre part, il s'agit d'une référence, qui est le bien échangé. Enfin, un système de signes rend possible l'expression de la valeur ; il s'agit de la monnaie ou de tout système d'expression de valeur reconnu en commun par les deux sujets de l'échange qui y adhèrent – au moins dans le présent du temps de l'échange. On peut illustrer cela par un exemple simple. Quand un sujet achète un journal, il met en œuvre une relation entre deux sujets, lui-même et le marchand de journaux, fondée sur une référence, le journal, produit ou proposé par l'un et acquis par l'autre. Cette référence se voit reconnaître, en commun par les deux sujets de la relation, une valeur d'échange, exprimée par un certain prix, dans une monnaie commune ou dans un autre système d'échange fondé sur une convention entre les deux sujets de l'échange. C'est justement parce que l'échange se fonde, ainsi, sur une convention entre ses partenaires que l'économie consiste dans une sémiotique, dans un système de signes qui, comme tout système sémiotique, est arbitraire et fondé sur une convention au lieu de l'être sur une causalité ou sur des processus échappant à la convention et au politique.

L'échange manifeste la relation entre deux acteurs dans l'immédiateté du temps court, autour du réel du désir qui manifeste la dimension symbolique du manque dans la matérialisation du bien qui fait l'objet de l'échange. L'échange met en œuvre une dynamique économique dans la dimension la plus élémentaire du politique : le temps court de la relation entre deux sujets, qui, entre eux, et l'un par rapport à l'autre, manifestent à la fois un désir de relation, un désir d'acquisition et un désir de cession. Dans la logique de l'échange, et c'est en cela que l'on se situe dans une perspective économique et non dans la perspective psychique de la spécularité, la relation entre les deux sujets se fonde en même temps, et de façon dialectique et contradictoire, sur deux désirs. Le désir d'acquisition exprime le désir d'un bien ; il représente, sur le plan matériel et sur le plan de l'économie, la demande de satisfaction d'un *manque*, le manque fondant la dimension symbolique de l'identité du sujet dans sa relation à l'autre. Le désir de cession exprime ce que l'on pourrait appeler *le désir d'un manque* ; il représente, dans le champ de l'économie, ce que l'on appelle, en réponse à la demande, une *offre*, c'est-à-dire une demande alternative, ou spéculaire, la demande de justification ou de légitimation d'un manque à venir. Dans sa dimension singulière, l'échange manifeste, dans le temps court de l'économie, ce que l'on pourrait appeler la spécularité politique de deux manques, celui de l'offre et celui de la demande. C'est, d'ailleurs, parce que ces deux manques sont dans une dialectique, et non dans une succession temporelle, qu'ils ne se situent pas dans la logique causale ou organique de la réponse à l'expression d'un manque. C'est dans une forme de mécanique fonctionnelle que l'acquisition d'un bien marquerait la satisfaction d'un besoin ; dans une dynamique sociale qui institue une relation de langage fondée sur l'arbitraire du signe, échappant, ainsi, à la logique de la causalité, l'échange est symbolique et n'est pas fonctionnel. C'est en ce sens que le manque, qui fonde la dimension symbolique du psychisme et la subjectivité, ne saurait être comblé ni satisfait, car, alors, il n'y aurait plus de manque, et le sujet n'appartiendrait plus à une société fondée sur la relation à l'autre. C'est le manque qui fonde la relation nécessaire à l'autre qui, elle-même, institue la société en instituant l'aliénation, expression sociale du manque et du désir.

Il nous faut, ici, marquer la différence entre trois modalités de l'échange, le don, le troc et l'échange proprement dit. Ces trois pratiques manifestent trois types de relation entre deux sujets et instituent, de cette façon, trois formes différentes de ce que l'on peut appeler la médiation économique, c'est-à-dire l'institution de la relation à l'autre dans le domaine de l'économie, c'est-à-dire dans la logique de la valeur. En effet, ces trois modalités de l'échange intersubjectif manifestent de trois façons différentes l'articulation entre la reconnaissance de l'autre et l'expression de la valeur, qui donne au bien une dimension à la fois réelle et symbolique.

Dans le don, la cession, le désir de manque n'appelle, de la part de l'autre, qu'une reconnaissance symbolique. Le don a, dans ces conditions, une dimension institutionnelle, comme l'explique Mauss. « Dans les économies et dans les droits qui ont précédé les nôtres », écrit-il[1], « on ne constate pour ainsi dire jamais de simples échanges de biens, de richesses et de produits au cours d'un marché passé entre les individus [...] ce sont des collectivités qui s'obligent mutuellement, changent et contractent ». Au-delà de cette analyse anthropologique de la signification institutionnelle du don, on peut remarquer qu'entre des personnes singulières, le don manifeste matériellement une relation intersubjective de reconnaissance mutuelle, le donateur exprimant la relation à l'autre sous la forme d'une cession sans échange autre que symbolique, et le bénéficiaire du don exprimant cette relation sous la forme symbolique de la reconnaissance envers le donateur. La médiation économique du don repose, ainsi, sur une dimension morale de la valeur. Il convient, dans ces conditions, de distinguer deux types de don. Entre les institutions, le don ou ce que l'on appelle, par ailleurs, le « potlatch », fait de la relation économique, comme le montre Mauss, une médiation institutionnelle qui met en relation des acteurs collectifs ou, comme il l'écrit, des « personnes morales ». Entre deux personnes, le don fait de la relation économique une relation intersubjective fondée sur la reconnaissance, c'est-à-dire sur une forme d'engagement vis-à-vis de l'autre. Dans le cas du don, c'est la reconnaissance qui fonde la valeur, qui a, ainsi, une dimension psychique, éthique ou morale. Ce que l'on appellera le « contre-don » est la forme que peut revêtir cette reconnaissance morale quand elle s'inscrit dans la cession d'un bien en quelque sorte en réponse à la cession initiale de la relation de don.

Le troc met en œuvre un autre type d'échange, car il s'agit de l'échange d'un bien contre un autre. Dans le troc, la valeur exprimée par les biens faisant l'objet de l'échange est une valeur d'usage, car les biens ne sont ni renvoyés à une valeur morale de reconnaissance comme dans le don, ni renvoyés, comme dans l'échange proprement dit, à une valeur symbolique et institutionnelle d'échange. C'est, d'ailleurs, la raison

---

1 Marcel Mauss, *Essai sur le don*, Paris, PUF, 2007, p. 70.

pour laquelle le troc ne peut se situer que dans un temps court, dans le temps dans lequel les partenaires de l'échange ont l'usage des biens sur lesquels porte la transaction. Le troc met en œuvre une économie fondée sur l'usage des biens et sur la dénégation ou la méconnaissance de la dimension symbolique et institutionnelle d'un langage de la valeur. « Des objets utiles s'échangent contre d'autres d'objets utiles », écrit Aristote[1] au sujet du troc, « mais rien de plus ». Et il ajoute : « ce genre d'échange [...] ne servait qu'à compléter l'autarcie naturelle ». Le troc, d'une certaine manière, confond finalement la valeur d'échange et la valeur d'usage en établissant une relation d'échange entre deux sujets qui ne reconnaissent le bien échangé et la relation à l'autre que dans le strict champ de l'usage qu'ils vont faire des biens échangés. Ces biens sont, en ce sens, moins des biens proprement dits, associés à une véritable valeur d'échange, que de simples objets fonctionnels, associés à la valeur d'usage d'instruments, d'outils ou d'objets destinés à l'amélioration de la vie.

C'est l'échange proprement dit qui va instituer la dimension politique de l'économie, pour trois raisons. D'abord, au lieu de se situer exclusivement, comme le troc, sur la valeur d'usage, il va articuler l'usage des biens échangés à une valeur qui leur est reconnue par la société à laquelle appartiennent les acteurs de la relation. Ensuite, l'échange se fonde sur la relation entre des biens et un code, une convention, dont la validité va au-delà de la transaction, et est reconnue, comme tout langage, de façon permanente pour l'ensemble des relations d'échange instituées dans la société. L'échange ne se situe pas dans la seule relation entre les partenaires de l'échange, mais il s'inscrit dans les formes sociales manifestant les lois exprimant l'identité sociale. Enfin, l'échange met de cette façon en œuvre la dimension sémiotique de la valeur. La valeur s'inscrit dans un système de signification, au lieu de n'être opératoire que dans une situation particulière. C'est ainsi que la problématique de l'échange donne à l'économie la dimension sémiotique qui fait d'elle un des champs du politique. En effet, d'une part, la valeur d'échange est arbitraire : elle repose sur une convention entre les partenaires de l'échange, dont la légitimité est politique parce qu'elle est instituée et parce que sa force ne repose que sur la reconnaissance dont elle fait l'objet de la part des acteurs qui la mettent en œuvre. D'autre part,

1 Aristote, *Politique*, trad. fr. par J. Aubonnet, Paris, Les Belles-Lettres, 1968, I, 9, 6.

la valeur d'échange s'inscrit dans une logique de signification : elle ne repose pas sur une logique fonctionnelle, mais sur l'élaboration d'un code d'équivalence entre des biens et des signes qui *représentent* la valeur de ces biens dans ce qui devient le langage de l'économie.

La négociation, sur laquelle se fonde l'échange, met en œuvre trois instances : l'achat, la vente et la parole. Ces trois instances manifestent la relation entre deux acteurs dans une relation entre le temps court de la transaction et le temps long de l'enrichissement, l'un constituant une forme de finalité de l'autre. Les trois temps de la négociation mettent en œuvre un temps court, en ce qu'ils sont structurés par rapport au même objet et aux mêmes acteurs : pendant la négociation, l'objet de l'échange et les acteurs qui sont en relation ne changent pas, et l'on pourrait parler d'une rupture du temps court quand se produit un changement. Dans ce cas, on pourrait parler d'un temps long de la négociation, figuré par la notion de *cycle.* L'achat et la vente sont les deux moments de la performativité du temps court de l'échange qui fonde la négociation, mais, comme dans l'échange de paroles, il s'agit de deux éléments d'un même temps. On ne peut pas à proprement parler de deux moments distincts, car la transaction repose sur ces deux moments en même temps – de la même manière que l'offre et la demande constituent les deux volets d'une spécularité marchande. Le temps court de la négociation repose sur cette dialectique entre achat et vente qui met en œuvre la *spécularité marchande*, qui exprime l'identité des deux acteurs de la négociation l'une par rapport à l'autre. Il convient, ici, d'appliquer au domaine de l'économie et à la relation de négociation la distinction proposée par ailleurs entre acteurs singuliers et acteurs collectifs. En effet, si, dans le cas d'une transaction entre des sujets singuliers d'échange et de communication, la relation entre eux est une relation spéculaire d'identification symbolique, dans le cas d'une transaction entre les acteurs collectifs d'une négociation à caractère politique ou institutionnel, c'est une relation politique de confrontation, voire d'affrontement, qui exprime ces identités. Quand un sujet singulier, un consommateur par exemple, achète un bien à un autre sujet singulier, un commerçant, leur relation se fonde sur une identification spéculaire symbolique, et la négociation va constituer à rapprocher les points de vue vers une identité partagée, fondée sur un accord portant sur la valeur d'échange du bien acquis. Quand un acteur collectif ou institutionnel, une entreprise par exemple, achète un bien auprès d'un autre, fait, par exemple, l'acquisition d'une matière première qu'elle va transformer, la négociation va consister dans la mise en œuvre antagoniste d'un rapport de forces ou de pouvoirs entre les deux acteurs, conduisant, finalement, non à l'identification de l'un à l'autre, mais à la manifestation d'un pouvoir de l'un sur l'autre. C'est en ce sens que la logique de la concurrence fonde les antagonismes entre acteurs collectifs dans les marchés collectifs. Il en va de même pour les négociations économiques entre états ou entre puissances, qui se fondent, elles aussi, sur la manifestation de rapports de forces entre les pays, entre les états ou entre les puissances internationales qui sont parties prenantes à la négociation. C'est ainsi que l'on peut lire une analyse concernant les négociations entre la Grèce et les autres pays de la zone euro au sujet de la dette publique de cet État. « Le casse-tête du sauvetage de la Grèce devait tenir l'Europe en haleine d'ici au lundi 20 février, quand les ministres des Finances de la zone euro se retrouveront une nouvelle fois à Bruxelles pour tenter de boucler le second plan d'aide à Athènes. Au fil des retards, la facture s'est alourdie sur le plan financier et politique, sur fond de tensions croissantes entre le nord et le sud du continent, entre les Etats les plus solides et les pays fragilisés par la crise des dettes souveraines[1] ». C'est la logique des « tensions » entre les pays qui donne sa signification à ces négociations, en manifestant la rupture entre les pays du Nord de l'Europe et les pays du Sud. Cette distinction géographique en recouvre, d'ailleurs, une autre, économique, « nord » et « sud » ayant fini par devenir, dans le langage économique, des formes de métaphore exprimant la différence entre les pays riches et développés (les pays du Nord) et les pays plus pauvres, à l'industrialisation moins avancée (les pays du Sud). Dans le cas de la négociation sur la dette, il ne s'agit pas, à proprement parler, d'achat et de vente, mais l'échange qui a lieu entre la Grèce et les autres pays de la zone euro, en particulier l'Allemagne, est une forme d'échange comparable à une négociation entre achat et vente. En effet, il s'agit, pour la Grèce, d'obtenir auprès des autres pays de la zone une liberté et une autonomie économique que ces pays sont, ou non, disposés à lui offrir en échange. Comme on le verra plus loin, une dette, sa reconnaissance et son règlement représentent les éléments d'une forme d'échange entre « créanciers » et « débiteurs ».

---

1 Philippe Ricard, « La Grèce au bord du défaut de paiement » *Le Monde*, 18 février 2012.

Mais le troisième terme de la négociation, en plus des deux acteurs de l'échange, est la parole mise en œuvre, le langage énoncé au cours de l'échange. C'est que, comme toute performativité, l'échange économique se fonde sur la reconnaissance, l'interprétation et la manifestation de paroles ou de discours énoncés par les acteurs de la négociation. C'est parce que le langage est un élément fondamental de la négociation et de l'échange que l'économie relève, comme d'autres champs de la communication, d'une *sémiotique*. On ne peut pas procéder à un échange ni à une négociation quelconque sans en passer par l'énonciation d'une parole ou d'un discours qui articule la dimension réelle de l'échange et des biens échangés à la dimension symbolique de ce qu'ils représentent pour les acteurs de la négociation et à la dimension imaginaire que représentent leur acquisition et leur cession. C'est autour du langage que naît la négociation et l'histoire de l'économie politique se fonde sur une histoire des usages symboliques et des pratiques de communication que mettent en œuvre les acteurs économiques. Tandis que la négociation proprement dite met en scène l'échange entre les biens et le moyen de paiement de cet échange, c'est le langage qui va mettre en œuvre, au cours de la négociation, la dynamique d'offre et de demande qui la fonde. C'est que l'offre et la demande sont entièrement situées dans le langage, mettant en œuvre à la fois des formes de représentation des biens faisant l'objet de l'échange et des formes de rhétorique destinés par les acteurs de l'échange à se convaincre réciproquement. La rhétorique économique définit la performativité de l'échange en articulant les formes de représentation des biens et les dynamiques de décision mises en œuvre par les acteurs de l'échange. La représentation des biens échangés met en œuvre une esthétique destinée à la fois à séduire, à susciter le désir, et à légitimer les acteurs de l'énonciation, qui cherchent à se convaincre réciproquement de leur crédibilité. C'est précisément cette dialectique du désir et de la crédibilité qui fonde la négociation entre les acteurs singuliers de l'échange, tandis que le rapport de forces entre les acteurs collectifs d'une négociation se fondera sur une dialectique de la crédibilité et du *pouvoir*, le pouvoir jouant, dans les logiques de la confrontation des identités collectives, le rôle du réel de l'identité joué par le désir dans els logiques singulières de l'identification. La rhétorique de l'échange vise à convaincre l'autre de la crédibilité de celui qui parle en suscitant son désir. C'est de cette façon que la publicité, sous toutes ses formes, est née et a été mise en œuvre depuis toujours pour mettre en valeur des biens qu'il s'agit de convaincre l'autre d'acquérir, et que la rhétorique de la négociation et du marché a toujours cherché, de la part de l'acteur de la demande, de la part du client, à diminuer la valeur du bien acquis et, ainsi, à convaincre l'autre de le céder pour le prix le plus bas possible. La performativité du langage de l'économie consiste, ainsi, dans le temps court de l'échange et de la négociation, à mettre en scène dans l'espace de la communication, les acteurs de la négociation et la dimension proprement symbolique de l'objet de l'échange. En effet, en particulier dans le domaine de l'économie, ce n'est pas la réalité de l'objet qui fait l'objet de l'échange, c'est la valeur symbolique et la valeur imaginaire qui lui sont attachées par les acteurs de la négociation et de l'échange. La sémiotique de l'économie consiste à fonder une esthétique et une rhétorique destinées à la fois à l'argumentation, à la séduction et au pouvoir et à la décision des acteurs de la négociation et de l'échange, dans la performativité articulant ses dimensions à la fois réelles, symboliques et imaginaires.

Le travail est une autre forme de performativité de l'économie, qui articule le temps court du salarié et celui de son employeur autour d'une valeur exprimée et produite par le travail produit. L'acte économique prend alors la forme du travail, dont la dimension performative tient à ce qu'il articule, dans le même temps, la dimension réelle de la mise en œuvre d'une fonction et de la réalisation d'une tâche et l'expression symbolique de l'identité de l'acteur.

Le temps économique court du travail revêt trois significations, qui portent l'une sur la valeur dégagée, l'autre sur la relation institutionnelle entre les acteurs économiques qu'il implique, et la troisième sur le système politique de l'économie qu'il institue.

Le travail en soi contribue à la valeur du bien produit. Il occupe une place particulière de cette valeur, d'abord, pour une raison tenant à la réalité de son implication, puisque la rémunération de l'acteur qui travaille entre pour une part dans l'évaluation du prix du bien. Par ailleurs, le travail contribue à la dimension symbolique de ce qu'il représente, élément essentiel de ce que ce que l'on appelle la « valeur ajoutée » du bien, la dimension symbolique de sa valeur dans la culture économique du pays. C'est ainsi, par exemple, que la référence à un produit réalisé à la main ou que la référence à un bien produit dans un pays particulier contribue à augmenter la valeur du bien.

L'aliénation est la forme que prend la dimension institutionnelle de la relation nouée autour du travail entre les acteurs du travail, l'employeur et le salarié. En fait, ce que Marx désigne par le concept d'*aliénation* désigne la dimension proprement politique de la relation du travail, structurée autour d'une relation de pouvoir. Le travail est une aliénation du salarié, en ce que, par la relation entre le salaire et le travail, il est soumis au pouvoir de l'employeur, mais, comme toute relation d'aliénation, le travail suscite l'expression et la matérialisation d'un contre-pouvoir de la part du salarié. Celui-ci manifeste ce contre-pouvoir par exemple quand il refuse de travailler (la grève) ou quand il impose des évolutions du salaire ou des conditions de travail. La part de la relation institutionnelle du travail dans l'économie politique tient à la fois au salaire, qui représente une valeur d'échange du travail, et qui occupe une certaine place dans la valeur du bien produit, et à l'organisation des institutions de l'économie politique, comme les entreprises ou les services publics.

C'est que le travail institue l'économie en un véritable système politique. Le temps court de l'économie fonde un système politique de pouvoirs et d'identités qui s'expriment dans des relations conflictuelles. Le temps court du travail constitue, en soi, un système d'économie politique car *le temps y a une valeur.* Celle-ci est exprimée de trois façons complémentaires. D'abord, c'est par rapport au temps qu'est fixée la rémunération du salarié, à la fois en fonction de la durée du travail, et, donc, de la quantité de temps mobilisée par le travail, et en fonction de la valeur du temps de travail, qui dépend du statut du salarié (son âge, son expérience, sa qualification, son ancienneté dans es fonctions, etc.). Ensuite, la durée du travail, appréciée dans sa quantité hebdomadaire et par rapport aux congés, fait l'objet de négociations et de confrontations institutionnelles entre les salariés et les employeurs, mais, qu'il s'agisse de la semaine de travail ou de la durée des congés, il s'agit toujours de la mesure du temps court du travail. Enfin, le temps court fonde le système politique du travail en déterminant l'incidence de l'espace sur l'organisation du travail. En effet, les conditions du logement des salariés et leur éloignement ou leur proximité du lieu de travail, ainsi que l'aménagement des espaces du travail constituent les conditions spatiales de l'organisation du travail qui fondent son institutionnalisation comme système politique.

LE TEMPS LONG

Il nous faut donc, à présent, finir cette analyse du temps de l'économie politique par une sémiotique de son temps long. Cette analyse particulière, qui permet de mieux comprendre la complexité des significations économiques de la temporalité, fonde, en effet, la signification du temps court sur son opposition et sa distinction d'avec le temps long. Mais sans doute convient-il de commencer cette analyse par une approche de la *médiation du temps long du travail.* C'est que, comme le temps court, le temps long de l'économie connaît un temps long du sujet singulier et un autre temps long, celui de l'acteur collectif.

Le temps long du sujet singulier se manifeste par une relation à la mémoire, qui donne au temps long la signification du passé, et par une logique de l'attente, qui articule, spécifiquement, le temps long présent de l'économie à l'imaginaire du futur. La mémoire économique du sujet singulier, la façon dont il appréhende le temps long dans son expérience personnelle, fonde sa culture économique et son inconscient. La culture économique des sujets de l'économie exprime, d'abord, leur culture professionnelle. En effet, ils sont porteurs d'une identité propre de leur métier et de leur rôle dans l'économie, tenant à l'histoire de ce métier et des pratiques qu'il engage, qui s'exprime, par exemple, par un vocabulaire propre et par des références à des acteurs importants de cette histoire. Les inventeurs des dispositifs technologiques, par exemple, occupent une place importante dans cette culture en donnant un nom à ces dispositifs ou en fixant des processus pérennes de réalisation du travail. Mais l'inconscient et le temps long des sujets singuliers du travail se fondent aussi sur leur culture familiale. On choisit un métier – ou on se le voit imposer – en grande partie en fonction de la culture professionnelle propre à sa famille ou à son milieu social. La fidélité et la persistance de la manifestation de cette identité est significative, par rapport à l'identité du sujet de l'économie, de même que le sera la rupture par rapport à son passé familial et son changement de milieu d'appartenance ou de statut social. Enfin, c'est, bien sûr, par rapport à la retraite que l'on peut penser le temps long des sujets singuliers de l'économie. En effet, la retraite signifie, pour tous, la fin du travail, ce qui implique à la fois une appréciation, par chacun, de l'importance du travail dans son existence et une inquiétude pour la fin du travail qui coïncide avec la fin de la vie et des façons d'occuper le temps de loisir de la retraite qui sont liées à la culture et au psychisme de chacun.

Le temps long des acteurs collectifs de l'économie se fonde sur la relation entre les pratiques économiques et les cycles ou les processus d'évolution, de ruptures et de transformations des identités politiques manifestées dans l'espace public de l'économie. Ces processus caractérisent une culture sociale des acteurs économiques en marquant l'évolution des logiques de production et en inscrivant l'évolution de ces logiques dans les savoirs et les normes caractéristiques des identités professionnelles. C'est ainsi que les identités des acteurs institutionnels de l'économie se fondent sur l'évolution des logiques de leurs modes d'intervention dans l'économie. Les banques, par exemple, ne sont pas toujours intervenues de la même façon, et l'histoire de leur rôle et de leurs pouvoirs dans l'économie est porteuse de ces évolutions et de ces transformations. C'est ainsi qu'au dix-neuvième siècle, les banques ont joué un rôle majeur dans l'institutionnalisation du capitalisme industriel, et le temps long de cette évolution joue un rôle majeur dans les tensions du système bancaire liées à l'évolution de leur rôle dans la consommation et l'activité économique individuelle. De la même façon, c'est par rapport au temps long des acteurs de l'économie que l'on peut apprécier la signification de l'intervention d'acteurs particuliers comme les fonds de pension, dont le rôle peut se comprendre par rapport à la fragilisation des banques et par rapport à l'accroissement du rôle des retraites par capitalisation dans l'organisation du travail.

Mais cette culture est aussi fondée sur l'histoire des conflits et des antagonismes fixant l'évolution des statuts sociaux et politiques des travailleurs. C'est ainsi que l'histoire économique du tissage est en grande partie fondée, dans une ville comme Lyon, sur les conflits entre les canuts et les soyeux, ou que le passé industriel de villes comme Boulogne-Billancourt ou Vénissieux est marqué par la présence des usines Renault ou Berliet qui ont apporté à ces villes une importante population ouvrière porteuse de sa propre histoire, de ses propres expressions politiques et de la mémoire des conflits qu'elle a pu connaître. Le temps long collectif de l'économie joue, ainsi, un rôle majeur dans l'espace public, à la fois dans ses usages et ses aménagements.

Enfin, le temps long manifeste ce que l'on peut appeler les stratégies de l'économie politique. Les acteurs de l'économie élaborent et mettent en œuvre des stratégies qui donnent aux pratiques et aux décisions qu'ils mettent en œuvre dans le temps court ce que l'on pourrait appeler un horizon dans le temps long. Le temps long de l'économie politique peut, ainsi, se penser comme une forme de finalité qui rend intelligibles les choix et les actes du temps court en les inscrivant dans un parcours d'acteur donnant une signification à ce qui devient, dès lors, une identité économique. On analysera, ici, trois illustrations de cette forme de finalité. La première est la fiscalité, qui introduit la préoccupation du temps long de l'économie sous la forme de la notion de contribution. L'impôt n'a pas de sens dans le temps court, ce qui est, d'ailleurs, la raison pour laquelle, dans le temps court, il ne fait pas l'objet d'une adhésion de la part de ceux qui lui sont soumis. Dans le temps court, le percepteur ou l'agent du fisc a toujours une image négative. En revanche, la fiscalité trouve une légitimation quand on inscrit sa signification dans le temps politique long de l'économie d'un pays ou d'une société. La deuxième illustration qui permet de comprendre le sens de l'articulation économique du temps court et du temps long est la notion de croissance et celle de développement, dans l'économie politique d'un pays ou d'un espace politique. Penser un pays en termes de croissance, c'est inscrire sa situation économique d'un moment dans la continuité logique d'un processus continu de développement qui ne peut se penser, lui, que dans un temps long. La préoccupation sémiotique du temps long, en ce sens, ne permet pas seulement de penser la signification d'une situation économique : elle l'articule à une évaluation. Penser une situation économique en termes de croissance ou de déclin, c'est évaluer cette situation en faisant porter sur elle une appréciation de qualité. C'est, d'ailleurs, à partir de cette logique d'évaluation que la critique de l'économie politique et de ses critères d'appréciation et d'évaluation a élaboré le terme de *décroissance*, permettant d'évaluer négativement la notion de croissance, sans pour autant s'inscrire dans une logique, négative, de déclin. Enfin, une troisième forme de l'articulation du temps court de la décision économique et de l'horizon du temps long de l'économie politique est l'investissement. Investir dans le développement d'un pays, ou d'une entreprise, c'est utiliser un certain montant de capital en vue d'un bénéfice futur, à venir, parfois dans un temps assez éloigné. L'investissement consiste à situer l'activité économique du temps court dans des cycles et des processus dont la signification ne peut apparaître que dans le temps long. Investir, c'est articuler un engagment financier dans un projet ou une entreprise en se faisant reconnaître, dans l'identité fondée sur ce projet ou sur cette activité, une forme de pouvoir. L'investissement articule ainsi l'économie politique aux dynamiques institutionnelles de pouvoir, en particulier en associant la dépense, dans le réel politique du temps long à l'acquisition d'un pouvoir de choix et de décision et en l'articulant, dans l'imaginaire rationalisé du temps long, à un souci de rentabilité et de bénéfice. C'est le sens de la dimension financière de l'identité dans le champ de l'économie politique.

C'est pourquoi il convient, à présent, d'avoir un regard sur ce que l'on appeler la dimension financière du temps long de l'économie politique, qui se pense autour de quatre notions : la dette, l'emprunt, l'investissement et l'épargne. Ces quatre notions manifestent le temps long de l'économie autour de la dimension financière de la médiation politique de l'économie, c'est-à-dire autour de sa relation à l'identité des acteurs économiques et aux formes de son expression dans l'espace public de l'économie et autour de sa relation aux stratégies mises en œuvre pour atteindre ce qu'Eugene Fama, cité par André Orléan, désigne comme « l'idéal[1] ».

La dette est une aliénation qui met en œuvre un temps long de l'économie, car c'est dans le temps long que s'inscrit la relation entre le créancier et le débiteur, entre celui qui intervient comme une aide, un appui ou un contributeur et celui qui lui doit de l'argent. La dette est un processus qui engage la relation économique entre deux acteurs dans le temps long et qui, ainsi, se situe en rupture par rapport au temps court ordinaire du marché des relations économiques. Quand on se situe dans la logique de la dette, que l'on doive de l'argent ou que l'on en prête, c'est que l'on se situe dans le temps long, c'est que l'on reconnaît, dans l'économie politique, l'existence d'un temps long distinct du temps court des choix, des actes et des décisions. La

1 « L'idéal », écrit Fama, cité par A. Orléan (*op. cit.*, p. 241), « est un marché dans lequel les prix fournissent des signaux approrpiés pour allouer les ressources » in Fama Eugene, « Efficient Capital Markets : A Review of Theory and Empirical Work », *Journal of Finance*, vol. 25, 1970, p. 383.

dette rompt le temps quotidien, le temps court, ordinaire de l'espace public pour y inscrire la conscience d'un temps long structurant les identités économiques des acteurs et exprimant leur engagement dans une temporalité distincte de la temporalité ordinaire de l'acte. C'est, d'ailleurs, cette confrontation entre deux temporalités, le temps ordinaire et le temps long, qui explique la difficulté que peuvent avoir des sujets singuliers à contracter des dettes. Mais c'est aussi ce qui, dans le champ des acteurs collectifs de l'économie, fonde des logiques de pouvoir qui manifestent une certaine emprise du temps long sur le temps court.

Quand on se place sur le plan des sujets singuliers, la dette les aliène, pour le temps long de l'attente de son remboursement, en les soumettant au pouvoir de leurs créanciers. Contracter une dette consiste, ainsi, dans l'élaboration et la mise en œuvre d'un langage dans un temps long qu'elle ouvre et qui ne se clôt qu'avec son extinction. La dimension symbolique de la dette est exprimée, en particulier, par la signification des termes employés à ce sujet. En effet, *« contracter »* une dette fait référence à un contrat, c'est-à-dire à l'institution d'une relation symbolique entre deux sujets, tandis que la notion de *reconnaissance* désigne, comme à propos d'une filiation ou d'une naissance, l'identité » symbolique de celui sur qui elle porte. Mais cette relation symbolique comporte la dimension performative de l'expression d'un pouvoir, car les créanciers ont un pouvoir sur leurs débiteurs, ils sont en mesure d'exercer une pression sur eux et d'influer sur leurs choix et sur leurs décisions. Mais cette relation de pouvoir manifestée dans le temps long par la relation de la dette porte aussi sur la dimension politique des acteurs collectifs. En effet, la dette « financiarise » l'économie, pour reprendre l'expression d'A. Orléan. Cela signifie qu'elle la soumet aux logiques de la finance, et donne, ainsi, à la finance et à ses acteurs, un pouvoir sur les acteurs politiques légitimes. La finance institue, dans le champ de l'économie politique, une forme de légitimité qui n'est plus fondée sur l'expression du peuple, comme dans les systèmes démocratiques, mais qui ne l'est que sur la force que confère la propriété de biens financiers. C'est en ce sens que, pour reprendre une autre expression d'A. Orléan[1], « le marché gouverne ». En évoquant, ainsi, l'émission d'« eurobills[2] » par les

1 « Le marché gouverne », Entretien, *Le Monde*, 21 janvier 2012.

2 C. Hellvig et T. Philippon, « L'Europe a besoin d'eurobills », *Lemonde.fr*, 30 janvier 2012.

états ayant besoin de liquidités, C. Hellwig et T. Philippon[1] proposent la mise en œuvre d'un mode de refinancement des états appartenant à l'Union européenne, ce qui est une manière pour la dette publique de soumettre le pouvoir politique à des pouvoirs financiers détenus par des particuliers et par des acteurs économiques échappant au pouvoir démocratique. Par la dette, la finance exerce ainsi une double emprise sur l'économie, tant dans sa dimension singulière que dans sa dimension collective : elle aliène l'autonomie, la liberté et l'identité du sujet ou de l'acteur et elle aliène sa temporalité en soumettant le temps court de ses actes et de ses décisions au temps long de ce qu'Orléan appelle « l'empire de la dette ».

Le crédit est une structure du temps économique qui s'articule à la dette dans la relation conflictuelle fondant les identités politiques. En effet, la situation dans laquelle le crédit est consentie est une situation de confrontation entre un acteur qui bénéficie du crédit, mais, en même temps, aliène une part de son indépendance, et, ainsi, au-delà, de son identité, et des acteurs qui lui consentent le crédit et disposent, ainsi, d'une prise sur lui.

L'institutionnalisation du crédit par la naissance d'établissements spécialisés dans cette activité, qui se confond avec la naissance des banques comme acteurs économiques de la médiation financière, s'articule à une forme de recomposition des identités économiques. En effet, la relation établie entre le bénéficiaire du crédit et ceux qui le lui consentent donne lieu à l'élaboration d'une nouvelle identité d'acteur, fondée sur un temps long particulier, puisque l'ouverture du crédit engage un temps long particulier, qui s'achève avec le remboursement du crédit et l'extinction de la dette. La recomposition des identités tient, ainsi, d'une part, à leur inscription dans le temps long, car les identités liées au crédit s'engagent toujours dans l'ouverture de cette séquence, et, d'autre part, à la nouvelle logique de pouvoir qui s'institue dans cette période d'emprise du crédit. Par ailleurs, le temps du crédit est un temps long particulier, puisque l'immobilisation des fonds pendant cette période est rémunérée à un taux consenti par les acteurs du crédit, mais, en fait, imposé et exprimant, ainsi, dans ce temps, une logique de pouvoir.

1 Économistes, l'un à la « Toulouse School of Economics », et l'autre à l'université de New York.

Comme dans toutes les logiques du temps long de l'économie, le crédit s'inscrit dans la temporalité des sujets singuliers, qui ont besoin d'un crédit pendant un certain temps de leur existence et de leur activité sociale. Mais le temps long du crédit s'inscrit aussi dans l'histoire des acteurs collectifs, qui donnent leur consentement à une perte de leur pouvoir et de leur autonomie pour répondre, eux aussi, par le crédit, à un besoin financier dans une certaine période. Dans ces deux dimensions, le temps long du crédit articule, ainsi, au temps long, une logique instrumentale et fonctionnelle, car il est censé répondre à un besoin et à un usage, et une logique institutionnelle et politique, car il manifeste, pour les acteurs collectifs, l'aliénation d'une perte de pouvoir et d'indépendance, et, pour les sujets singuliers, la dimension économique d'un manque. Ce qui caractérise le crédit, dans ces deux logiques, est l'institutionnalisation de la logique économique qu'il exprime. En effet, dans tous les cas, le crédit engage la médiation d'un acteur financier qui inscrit la relation au crédit dans une relation institutionnelle manifestée par un contrat et par la relation d'un sujet ou d'un acteur à une institution particulière, une banque par exemple, dans le cas de sujets singuliers, une banque ou des acteurs politiques internationaux dans le cas d'un pays. Ce qui fonde la dimension institutionnelle du crédit est la reconnaissance de la solvabilité de celui qui en bénéficie. Celle-ci définit, finalement, la relation de son identité dans l'espace public, dans une forme de spécularité dans le cas des sujets singuliers, car se voir reconnaître sa solvabilité par les autres revient à se faire reconnaître comme semblable à eux, et dans une forme de pouvoir dans le cas des acteurs collectifs, car consentir un crédit à une entreprise ou à un État revient à reconnaître sa puissance. C'est ainsi qu'A. Orléan désigne la *confiance*, qui est, écrit-il[1], « ce par quoi l'individu marchand fait l'expérience à une totalité qui le dépasse et le protège ». Cette « totalité » est l'espace public de la médiation économique.

L'institution du crédit permet de donner une signification à la logique de l'emprunt, qui, dans le temps long de l'économie, consiste, pour l'emprunteur à reconnaître à l'autre un pouvoir de l'autre sur soi en manifestant l'aliénation du *manque*. Il nous faut, sans doute, ici, revenir sur cette notion fondamentale du manque dans l'institution de l'identité. Le manque fonde l'identité du sujet à la fois en instituant sa relation

---

1 André Orléan, *op. cit.*, p. 195-196.

à l'autre et en donnant une consistance au désir et à la spécularité. Peut-être, en ce sens, pourrait-on dire, que, dans la problématique de l'identité, le manque constitue une dimension proprement économique de l'identité du sujet.

D'abord, la problématique du manque engage dans le temps long la singularité du sujet et du rapport à l'autre. Le manque n'est pas un concept opératoire dans le champ des acteurs collectifs, il ne l'est que dans le champ des sujets singuliers, dans lequel l'a élaboré la psychanalyse. Rappelons la définition qu'en propose Lacan : « Je dis toujours la vérité : pas toute, parce que toute la dire, on n'y arrive pas. La dire toute, c'est impossible, matériellement : les mots y manquent. C'est même par cet impossible que la vérité tient au réel[1] ». Le manque représente, ainsi, une dimension proprement économique du psychisme, puisque ce concept repose sur l'appréciation d'une quantité et d'une valeur : celle des mots et du langage par rapport à une forme d'idéal, la vérité, dont le réel nous sépare. Le manque est ce qui, pour le sujet singulier, exprime une forme d'horizon inatteignable, et c'est justement parce qu'il est inatteignable qu'il constitue une limite. Dans le champ de l'économie, les sujets singuliers expriment leur identité en en fondant la signification sur leur relation à cet idéal qui n'est idéal que parce qu'il ne peut être satisfait. Atteindre l'horizon d'un idéal économique entraînerait, pour le sujet singulier, la désignation et la formulation d'un nouvel idéal. C'est sur cette forme de progression que se fonde l'activité du sujet singulier dans l'espace public de l'économie et que se fonde l'identité exprimée par son désir.

Le manque va donc être exprimé, dans la relation économique à la sémiotique de la valeur, par la consommation et, en particulier, par la recherche d'acquisition de biens. Mais ces biens ne sont pas destinés à satisfaire le manque, ou à la combler, car, alors, il n'y aurait plus de manque et il n'y aurait plus de désir, donc le sujet n'aurait plus d'identité car il n'aurait plus devant lui l'horizon de cet idéal économique. Les biens acquis ne servent qu'à déplacer le manque, à en repousser la limite un peu plus loin, à déplacer le réel constitutif de l'identité du sujet. Sans doute est-ce là la signification de l'emprunt pour le sujet singulier : l'emprunt consiste dans une forme de manifestation économique du manque en termes de valeur. L'emprunt exprime la valeur du manque

1 Jacques Lacan, *Télévision*, Paris, Seuil, 1974, p. 9.

du sujet et de son désir en se manifestant sous la forme du montant de valeur emprunté. Par l'emprunt, le sujet manifeste ce « pas-tout », ce manque, désigné par Lacan comme le lieu fondateur de la dimension proprement symbolique du psychisme. L'emprunt exprime le manque dans la sémiotique propre de l'économie.C'est dans cette logique du manque que la dynamique de l'emprunt va donner à la finance la place centrale qu'elle a fini par occuper dans les logiques des pouvoirs économiques.

Mais l'emprunt va aussi exprimer la logique du manque dans les logiques de l'économie politique mises en œuvre par les acteurs collectifs. En effet, le recours à l'emprunt signifie la reconnaissance par un acteur collectif d'un manque comparable à celui qui fonde l'identité des sujets singuliers en fondant leur désir. Mais la reconnaissance du manque consiste, dans le cas des acteurs collectifs, dans la reconnaissance d'un *manque de pouvoir*, d'une forme économique d'aliénation et de perte d'indépendance. L'emprunt contracté ou institué par un pouvoir exprime la limite même de ce pouvoir. Quand un pays comme la Grèce a recours à l'emprunt, c'est, pour lui, une façon de reconnaître la limite de son indépendance économique, constitutive de la situation de crise dans laquelle il se trouve. Quand un État a recours à un emprunt auprès du public pour financer la réalisation de grands projets, cela équivaut à la reconnaissance d'une limite de son pouvoir, et à la reconnaissance au public d'une forme de contre-pouvoir. C'est ainsi, qu'à propos du grand emprunt lancé en juin 2009, on peut lire ces lignes dans *Le Monde*[1] : « À moins d'un an de la présidentielle, le chef de l'État, dont la cote de popularité ne décolle pas, s'est résolu à défendre son bilan de crise. Il a vanté les mérites du grand emprunt, annoncé deux ans plus tôt à Versailles devant le Parlement ». En instituant une logique de confrontation entre un pouvoir et des contre-pouvoirs, la dynamique de l'emprunt fait de la politique économique un instrument de la politique de visibilité et d'image du président de la République.

En ce sens, la logique de l'emprunt met en œuvre une logique d'image et de reconnaissance dans l'espace public tant dans sa dimension singulière que dans sa dimension collective. En effet, si l'emprunt est l'expression économique du réel pour le sujet singulier qui aliène, ainsi, l'expression de son identité à la reconnaissance d'un manque, il manifeste, pour les acteurs collectifs, la reconnaissance d'une situation

1 A. Leparmentier, « Nicolas Sarkozy vante le grand emprunt », *Le Monde*, 28 juin 2011.

de crise et de la limite de leur pouvoir. Avoir recours à l'emprunt pour financer des projets et pour les réaliser, c'est exprimer dans le champ de la finance la limite de la dimension économique de son pouvoir, c'est, finalement, reconnaître aux acteurs financiers une forme de pouvoir venant limiter celui dont on dispose. Il s'agit, ainsi, de la même façon que pour les sujets singuliers, d'exprimer la nécessité de faire reconnaître à des acteurs politiques et institutionnels la limite de son propre pouvoir. Dans l'histoire, l'emprunt a toujours exprimé la limite des pouvoirs de ceux qui le lançaient et, en même temps, l'emprise de ceux qui le finançaient. En effet, l'emprunt consiste toujours, pour les acteurs politiques et institutionnels, à manifester des manques ou des insuffisances et à laisser aux acteurs financiers une part du pouvoir politique. Sans doute est-ce le sens de ce qu'A. Orléan nomme la « financiarisation » de l'économie. De même que, quand il emprunte, un sujet singulier reconnaît la limite de sa possibilité de satisfaire les manques issus de son désir, un acteur collectif qui a recours à l'emprunt reconnaît la limite du pouvoir politique et reconnaît la spécificité de la puissance des pouvoirs financiers. C'est par l'emprunt que la finance fait apparaître sa véritable signification politique : il s'agit d'une forme de pouvoir. Il s'agit d'un pouvoir propre aux acteurs qui disposent de moyens de financement et qui, de cette manière, font apparaître dans l'espace politique un pouvoir qui échappe aux rationalités démocratiques pour n'être reconnu qu'à des acteurs sans autre légitimité que celle de leur richesse. Il y a, en ce sens, une forme de contradiction et d'antagonisme, exprimée dans le temps long engagé par l'ouverture de l'emprunt, entre les logiques financières de la raison politique et ses logiques démocratiques.

L'investissement est une autre forme d'expression économique du temps long et des formes financières de pouvoir sur les entreprises ou sur les institutions. Investir consiste à devenir un acteur économique doté d'un pouvoir sur une entreprise ou sur un projet en mettant une somme d'argent à sa disposition. L'investissement articule l'espace public de l'entreprise ou du projet et le temps long, car l'investissement se pense dans la durée. Dans la logique de l'investissement, l'espace public de l'entreprise ou l'expression publique du projet se situe dans le temps long. En effet, il articule le temps long de la durée de l'immobilisation des fonds et l'imaginaire de l'attente d'un rendement, puisque, comme dans la logique du prêt, l'investisseur est rémunéré par un intérêt. En ce sens, l'investissement a la signification d'une rentabilisation du temps long. Dans la logique financière de l'investissement d'un certain capital, le temps long se trouve en quelque sorte instrumentalisé, car il a, pour l'investisseur, la fonction d'une source de revenu, et, pour l'acteur qui en bénéficie, la fonction d'un apport de fonds utilisé pour mener à bien le projet concerné ou pour développer l'entreprise qui recueille les investissements. Cette articulation fonctionnelle a, de plus, une signification politique et institutionnelle, puisque, pendant le temps long ainsi ouvert, l'investisseur dispose d'un pouvoir sur les choix d'orientations et de stratégies de l'entreprise, de l'institution ou du projet concerné.

La naissance et le développement des logiques financières du pouvoir sur les entreprises ont trois significations au point de vue du temps long. D'abord, il s'agit d'une forme de projection de l'entreprise elle-même dans le temps long. La mobilisation des investissements situe l'institution ou le projet qui en bénéficie dans la durée, et, en ce sens, elle leur confère une dimension institutionnelle. Il ne s'agit plus seulement de pratiques ou d'engagements situés dans le temps court des actions et des initiatives économiques, mais l'investissement reconnaît à ces engagements la pérennité d'institutions situées dans un temps qui va au-delà du temps des acteurs ordinaires de l'espace public. En ce sens, et c'est la seconde signification de la logique de l'investissement, l'espace public de l'économie se voit reconnaître une dimension proprement institutionnelle : par la logique financière de l'investissement, le capital se donne l'ambition d'une régulation et d'une institutionnalisation de l'économie comparable aux lois, aux institutions politiques et même aux imaginaires sociaux et culturels comme les institutions religieuses. C'est le sens des réflexions de Max Weber sur le lien entre la culture protestante et la naissance, en Europe, d'une économie capitaliste. En s'inscrivant dans le temps long de l'investissement, l'économie se voit reconnaître un statut comparable à celui des institutions fondatrices et régulatrices des états et des sociétés. Enfin, l'investissement articule l'histoire et l'économie, à la fois en inscrivant cette dernière dans une dialectique constante entre le temps long et le temps court, ce qui caractérise la rationalité de l'histoire, et en articulant les cycles des investissements aux événements et aux évolutions du temps court. Les événements qui scandent le temps long de l'histoire par des chocs ou par des faits qui surviennent dans le temps court ont une incidence sur l'investissement en faisant évoluer et se modifier la valeur des placements et des actions des investisseurs. L'investissement, en ce sens, articule pleinement l'histoire de l'économie et l'histoire du politique, des pouvoirs et des identités d'appartenance et de sociabilité.

L'épargne consiste dans une autre forme d'articulation de l'économie et du temps long, mais, à la différence de l'investissement qui a la dimension institutionnelle d'une relation entre l'investisseur singulier et la dimension collective de l'entreprise ou du projet, elle désigne une forme de conservation de la richesse pour soi. L'épargne consiste dans l'expression économique et financière du temps long pour le sujet singulier qui, par là, souhaite se prémunir contre le risque d'événements et d'évolutions qui pourraient lui être néfastes, ou, au contraire, entend engager un projet de croissance de sa fortune dans le temps long. En France, par exemple, l'épargne est une pratique ancienne dans la culture économique des particuliers qui expriment, ainsi, à la fois une culture du risque, que l'on rencontre aussi, par exemple, dans le rôle des sociétés d'assurances dans l'histoire des institutions économiques. Mais la logique de l'épargne a aussi la même signification pour les particuliers que l'investissement pour les entreprises : par l'épargne, ils se projettent dans la pérennité du temps long. C'est ce qu'explique B. Spitz[1]. « L'assurance-vie reste, et restera », dit-il, « l'instrument privilégié de préparation de la retraite, le pilier de l'épargne longue en France. Les incertitudes sur l'économie n'entameront pas le besoin des Français de sécuriser leur avenir. Au contraire ».

La logique de l'épargne fait apparaître une tension, une contradiction entre deux orientations économiques des pratiques singulières : les dépenses donnent à l'argent une fonction d'usage immédiat dans l'économie, tandis que l'épargne lui donne une fonction d'usage dans le temps long. La dynamique de la dépense, de l'achat et de la consommation se situe dans le temps court de la médiation entre le sujet singulier et l'espace public, tandis que la dynamique de l'épargne le situe, comme l'investissement, dans une logique du temps long. L'épargne exprime, ainsi, une tension entre le temps court et le temps long, et, en ce sens, elle entre en contradiction avec les dynamiques de l'économie qui consistent aussi dans le développement et la croissance des volumes d'échanges

1 Président de la Fédération française des sociétés d'assurances, B. Spitz répond à des questions d'A. Michel dans *Le Monde* du 27 janvier 2012.

dans le temps court. En s'opposant à l'investissement et à la dépense, en immobilisant les ressources, l'épargne constitue un obstacle à la dynamique de croissance de la vie économique, manifestant, ainsi, la contradiction déjà relevée entre économie et finance. Cette contradiction tient au fait que l'épargne s'inscrit toute entière dans la logique du sujet singulier. N'entrant pas dans les logiques de la dialectique entre le singulier et le collectif, l'épargne se situe en dehors de la médiation économique ; elle empêche la mise en œuvre de cette médiation dans la dialectique du temps long et du temps court, elle empêche la médiation économique de s'inscrire dans le temps long.

Au-delà, la logique économique de l'épargne consiste à ne penser le temps long et l'imaginaire économique qu'en termes de risque. Au lieu de se situer dans une logique positive du futur, l'épargne ne le pense que comme une menace. Épargner, c'est conserver sa fortune sans l'utiliser dans le temps court du présent en vue d'une utilisation éventuelle dans le futur dans une situation de crise à venir. Sans doute, en ce sens, les moments forts de mise en œuvre de l'épargne se situent-ils dans des périodes de l'histoire dans lesquelles l'économie est menaçante, en situation de crise et en situation de montée du chômage. C'est le sens de l'analyse de la situation de l'épargne proposée par A. Michel[1]. « Poussés par les banques – priées par leur régulateur de gonfler leur base de dépôts -, les Français », écrit-elle, « ont privilégié les placements de court terme, immédiatement mobilisables (comptes à terme, livrets d'épargne, etc.). Peinant à boucler leurs fins de mois, ou désireux de maintenir leur pouvoir d'achat malgré la crise, ils ont aussi puisé dans cette épargne “longue”. Ainsi, près de la moitié des retraits sur l'assurance-vie (48 %) sont allés dans la consommation, contre 13 % vers d'autres placements financiers ! ». Ce qu'il est important de noter ici est la contradiction que fait apparaître les logiques d'épargne entre le temps court et le temps long. Au lieu de se situer dans une dialectique donnant une signification à la temporalité de l'économie politique, ces pratiques de l'épargne singulière mettent le temps long en contradiction, en opposition, avec le temps court.

Le temps long s'inscrit enfin dans la logique de la négociation. Une négociation désigne un processus économique qui engage plusieurs acteurs dans le but d'élaborer un accord, une convention permettant un

1 A. Michel, « L'épargne liquide peut arrondir les fins de mois », *Le Monde*, 27 janvier 2012.

achat ou une vente, instituant une situation nouvelle ou encore fondant des identités économiques. *Négocier*, c'est, étymologiquement, mettre fin à une situation d'*otium*, terme désignant, en latin, le repos, l'absence d'activité. En fait, sans doute faut-il aller plus loin. En effet, *negotium*, terme dont est issu le français « négoce », qui désigne le commerce, est la négation d'un premier terme, *otium*, ce qui indique que le *negotium* est la situation qui met fin à l'*otium*, ce terme désignant la situation initiale. Cela indique qu'en fait, *otium* désigne une situation dans laquelle le sujet est seul, n'est pas confronté à l'autre. Le *negotium* est la situation dans laquelle le sujet se trouve confronté à l'autre, dans l'espace public du marché, du *forum*. La négociation désigne, ainsi, fondamentalement, un temps long de communication et d'échange symbolique. C'est la performativité de l'économie qui fait que cet échange de mots, de discours, de langage, consiste dans le même temps en un échange de biens et en une expression de valeurs. C'est en ce sens que *negotium* et négociation désignent des situations de temps économique, car c'est le processus performatif même de l'échange des mots échangés et de l'institution conventionnelle de valeurs qui engage ce temps long. C'est justement l'engagement de ce processus dans le temps que désigne la négation initiale de *negotium* : en mettant fin à l'*otium*, la négociation engage un temps particulier, qui a la particularité d'être un temps régulé et structuré par la société au lieu d'être, comme l'*otium*, un temps entièrement maîtrisé par le sujet, un temps au cours duquel le sujet n'est pas soumis aux contraintes sociales. Le propre du *negotium* est d'être un temps dans lequel le sujet est aliéné par la spécularité sociale de son rapport à l'autre.

La situation de négociation désigne, ainsi, un temps complexe de relation et de confrontation entre acteurs, faisant intervenir, dans ces conditions, plusieurs acteurs qui expriment, dans cette confrontation et ce débat, plusieurs identités politiques et qui mettent en œuvre des stratégies d'acteurs antagonistes et des intérêts économiques divergents. La complexité de ce temps d'échanges et de confrontations fait de lui une période qui ne peut se réduire à un temps court qui ne ferait intervenir qu'un ou deux acteurs. C'est pourquoi la négociation consiste en un cycle d'échange et de confrontation entre plusieurs acteurs situés dans plusieurs lieux de l'espace public, voire dans plusieurs espaces publics différents. Il y a, ainsi, une différence fondamentale, dans le temps, entre une décision, manifestant, par définition, le temps court de l'engagement d'un sujet singulier manifestant, ainsi, le rôle d'un acteur politique, et le temps long d'un ensemble de discussions et de confrontations qui l'entourent. C'est ainsi que l'on peut lire, dans *Le Monde*, des lignes définissant une négociation venant de se terminer à propos du débat autour de la dette publique de la Grèce. « Un accord aux forceps, après quatorze heures de tractations nocturnes », écrit le journal[1], « les ministres des Finances de la zone euro sont parvenus, mardi 21 février au petit matin, à finaliser les contours du second plan d'aide à la Grèce. L'accord doit permettre de "garantir l'avenir du pays dans la zone euro", a assuré le président de l'Eurogroupe, Jean-Claude Juncker ». Mais cet exemple montre que ce temps long d'une négociation s'inscrit lui-même dans un autre temps long, désigné par la notion de *cycle*, faisant reposer sa signification institutionnelle sur la continuité du processus dans lequel elle se situe. En effet, le journal poursuit en situant l'accord conclu dans un véritable cycle de négociations. « Après plus de six mois d'incertitudes et de rebondissements », écrit le journal plus loin, « Athènes est placé sous une tutelle sans précédent, dans l'espoir de lui éviter le défaut de paiement d'ici à la mi-mars, et afin de superviser son redressement tout au long de la prochaine décennie. Pour Olli Rehn, le commissaire chargé des affaires économiques et monétaires[2], le pays est désormais en mesure de "prendre un nouveau départ", en dépit d'une interminable récession et des multiples sacrifices demandés à sa population La partie était loin d'être gagnée d'avance ».

C'est en ce sens qu'une négociation ne désigne pas un simple échange, ou un simple accord entre deux acteurs de l'espace public. Une négociation désigne une dialectique, une articulation, entre le temps court d'une décision, celle qui met fin au cycle par la conclusion d'un accord auquel consentent les acteurs, et le temps long des échanges qui entourent cette décision. Sans doute est-ce cette différence qui fait apparaître la signification économique du temps long de la négociation, que l'on peut définir en trois points.

D'abord, comme toute période de temps long, la négociation est complexe et sa conclusion n'est pas connue dans le temps même de son

1 Philippe Ricard, « Un plan européen record pour sauver la Grèce », *Le Monde*, 22 février 2012.

2 Un « commissaire » est un membre de la Commission responsable d'un domaine d'activité de l'Union européenne.

déroulement. C'est ce qu'indique l'article du *Monde*, en précisant que la partie n'était pas gagnée d'avance, que son issue n'était pas certaine. Sans doute est-ce, précisément, l'incertitude de son issue qui définit le temps d'une négociation comme un temps long. La complexité de ses enjeux et le nombre des acteurs qui y participent, qui peut être élevé, rendent aléatoire l'issue d'une négociation. Cette complexité même définit ce que l'on peut appeler une *performativité longue*, ce qui peut paraître contradictoire dans les termes, mais qui marque la spécificité du temps de la négociation.

Par ailleurs, une négociation est un temps de recomposition des identités des acteurs qui y participent. On peut rappeler, à cet égard, la complexité des négociations et des jeux d'acteurs qui ont constitué le processus de négociations qui, dans les années soixante, ont donné naissance à ce que l'on a pu appeler « l'Europe verte », ou, dans le même ordre d'idées, la complexité des cycles de négociation nécessaires à l'adhésion de nouveaux pays à l'Union européenne. Au cours du processus de la négociation, les enjeux se déplacent et se transforment. Les acteurs engagent leurs biens et leurs capacités et cet engagement même implique une modification de leur identité. Les enjeux de la confrontation qui caractérise l'expression des identités d'acteurs se déplacent d'un moment à l'autre de la négociation, les pouvoirs se transforment, et, dans ces conditions, le cycle même de la négociation est un cycle de recomposition et d'expressions nouvelles des identités engagées. Dans l'exemple cité plus haut, *le Monde* désigne ainsi cette transformation : « Les banques et autres assureurs vont devoir renoncer à 107 milliards d'euros de créances, soit 53,5 % de leurs portefeuilles. Les Etats de l'Union européenne acceptent, de leur côté, la baisse des taux d'intérêt consentis sur le premier plan d'aide de mai 2010 – les 110 milliards d'euros, déjà déboursés aux deux tiers. Quant à la Banque centrale européenne (BCE) et ses composantes nationales, elles renoncent aux plus-values qu'elles auraient pu tirer de l'appréciation de bons du Trésor grecs rachetés à bas prix sur le marché pour stabiliser le pays – sans participer à proprement parler à la restructuration de la dette ».

Enfin, une négociation est un temps long marqué, tout au long de son déroulement, par l'imaginaire de son issue. Une négociation engage, en ce sens, une logique de finalité. Il ne s'agit pas d'un temps long linéaire, défini par le chronologie de la succession des faits qui le scandent, mais bien d'un temps orienté vers la finalité souhaitée – ou, pour certains, crainte – par les acteurs qui y participent. Le temps de la négociation est un temps long parce que la diversité de ses faits et de ses moments est unifiée par une finalité commune qui désigne ce que l'on peut appeler son *identité temporelle.* Une négociation est orientée vers l'expression des nouvelles identités économiques qui constitue sa *fin.* C'est ainsi que, dans l'exemple de la négociation concernant la dette grecque, l'engagement des acteurs est modifié et leur identité même est recomposée. Mais on peut citer aussi d'autres exemples de négociations au cours desquelles des identités économiques se sont recomposées, comme les négociations liées à la naissance de l'Union européenne, en particulier les négociations ayant conduit à la naissance d'un marché commun européen de l'agriculture dans les années soixante, ou les négociations concernant le marché de l'énergie ou les prix du pétrole. Dans tous les cas, la négociation conduit à une finalité qui n'est pas entièrement prévisible à son commencement, qui consiste dans l'expression d'identités transformées et d'enjeux déplacés et recomposés.

L'ÉCONOMIE SINGULIÈRE

Comme toute médiation, la médiation économique consiste dans une dialectique entre une dimension collective de l'économie, exprimée, en particulier, par le discours politique et manifestée par des pratiques économiques mises en œuvre par des acteurs collectifs et institutionnels dans l'espace public, et une dimension singulière, mise en œuvre par des sujets porteurs d'identités singulières, dans l'espace privé ou dans l'espace public. Sans doute est-ce, justement, cette dialectique entre l'espace public et l'espace privé qui caractérise l'économie singulière, alors que les formes collectives de l'économie s'inscrivent dans l'espace public.

Ce que nous proposons de désigner comme l'économie singulière consiste dans l'ensemble des pratiques symboliques et des activités sociales mises en œuvre par les sujets singuliers dans le cadre de leurs échanges avec les autres et dans le cadre de leur implication personnelle dans l'espace public de l'économie. Il s'agit donc d'un ensemble de pratiques dont la signification repose sur une contradiction, sur une tension fondamentale – entre des logiques orientées vers l'expression de la dimension singulière de l'identité, en particulier celle du *désir*, et des logiques orientées vers l'expression de sa dimension collective, en particulier celles de l'*appartenance*. L'activité économique singulière manifeste ainsi, dans l'espace privé et dans l'espace public, une contradiction entre le désir qui pousse le sujet à agir dans l'espace de l'économie, tant dans ses relations d'identification à l'autre et d'échange avec lui que dans ses relations de sociabilité et d'échange avec les autres acteurs et les logiques de pouvoir qui fondent ses appartenances. Cette tension même et de la conscience que peut en avoir le sujet marque l'avènement de l'économie singulière et de la contradiction entre elle et l'économie collective. Il s'agit, finalement, de la contradiction et de la tension entre d'une part, l'espace privé et l'espace spéculaire des relations singulières du sujet avec l'autre, et, d'autre part, l'espace public des relations économiques institutionnelles avec l'indistinction des autres, que l'on désigne comme l'espace du marché.

L'économie singulière n'existe comme une forme propre de l'économie que dans cette tension qui la distingue de l'économie collective. C'est cette tension qui fonde l'économie politique, dont le rôle est de penser la signification de cette tension entre le sujet singulier et les acteurs collectifs, qui consiste, fondamentalement, dans une logique d'aliénation et de lutte contre cette aliénation. Sans doute convient-il donc de commencer par définir ce que l'on pourrait appeler la signification économique de l'aliénation. *Aliéner* signifie *rendre autre*. C'est, d'ailleurs, pourquoi, on désigne, en droit, par l'aliénation d'un bien, le fait de le céder à l'autre, par la vente ou par le don. Mais, pour bien comprendre le sens du concept d'aliénation, sans doute convient-il de le penser dans la signification élargie d'une *dépendance de l'autre*. Par l'aliénation, le sujet singulier cesse d'être indépendant, il cesse de disposer de fonder son identité singulière sur une autonomie complète par rapport à l'autre, pour fonder, au contraire, cette identité sur la relation à l'autre qui lui donne sa consistance et sa signification. C'est ainsi que, dans le champ de la psychanalyse, Lacan dira que *l'inconscient est le discours de l'autre*, tandis que, dans le champ de l'économie politique, la relation à l'autre, en particulier sous les différentes formes que va revêtir la logique de l'échange, va fonder l'identité du sujet singulier de la médiation économique. Mais, comme les deux sujets de l'échange sont, l'un et l'autre, inscrits dans les espaces sociaux de leur existence politique d'acteurs d'appartenance et de sociabilité, l'économie singulière va se fonder elle-même sur la manifestation et l'expression de relations d'échange avec l'autre, fondant la dimension sociale de l'identité du sujet sur ce qui la distingue de celle de l'autre.

LE MANQUE FONDE L'ÉCONOMIE SINGULIÈRE

On a vu un peu plus haut comment le manque fonde l'identité du sujet en instituant la dimension singulière de l'économie et de ses contraintes. C'est, en particulier, la logique du manque qui institue la valeur pour le sujet en l'articulant au désir. En ce sens, le manque fonde la dimension singulière de l'économie, en faisant du sujet un acteur de l'espace des échanges. Le manque a quatre significations qui font de lui une dimension essentielle de l'économie singulière et qui lui donnent le rôle d'une dynamique instituante de la médiation économique entre les logiques singulières du sujet et les logiques collectives des acteurs de l'espace politique.

D'abord, le manque institue la logique du désir. C'est dans la relation au manque qui fonde son identité que le désir se manifeste comme la dynamique de l'engagement réel du sujet dans l'espace public. Le manque fonde la médiation symbolique de l'identité singulière du sujet sur la distinction entre la dimension réelle du sujet et la dimension imaginaire de l'idéal du moi (ce que Freud désigne par le concept d'*Ich-ideal*). C'est le manque qui distingue l'espace réel de l'espace imaginaire. En ce sens, le manque va constituer l'horizon, la forme de finalité vers laquelle est orientée l'activité sociale du sujet, et, en particulier, son engagement dans l'espace économique. En orientant la recherche imaginaire d'une satisfaction impossible, le manque constitue, pour le sujet lui-même, une forme de légitimation de son implication dans une activité économique. C'est, en particulier, le manque qui va engager le sujet dans des relations avec l'autre qui vont faire de lui un acteur de l'espace économique confronté à d'autres.

Par ailleurs, le manque fonde la valeur. Il constitue la référence par rapport à laquelle le sujet va exprimer la valeur d'échange des biens en la distinguant de leur valeur d'usage. Le manque est la référence qui fonde la différence entre la valeur d'échange et la valeur d'usage. La logique de l'échange situe la valeur dans une distinction avec les biens de l'autre et avec les biens qui circulent dans l'espace économique du marché, tandis que la logique de l'usage fonde la valeur sur l'appréciation par le sujet de l'usage des biens et de ce qu'ils représentent pour lui, en particulier compte tenu de son histoire, de son inconscient et de son identité propre.

D'autre part, le manque exprime, par rapport aux biens dont ils disposent et à ceux dont il ne dispose pas, *l'aliénation du sujet*. En effet, c'est sa relation de dépendance aux autres qui situe pleinement la valeur des biens du sujet et qui institue la relation aux autres qui lui donne une place, un rôle et une identité dans l'espace public du marché et de l'échange. L'aliénation exprime, en particulier, la reconnaissance par le sujet des lois et des normes qui s'imposent à lui dans ses pratiques sociales de l'économie et fonde la signification et la consistance de sa relation aux autres sujets dans des pratiques et des formes de communication et d'échange.

Enfin, le manque donne une valeur propre à l'identité même du sujet. C'est en termes de manque que les autres sujets et les acteurs de l'espace de l'économie vont apprécier sa place dans l'espace économique et lui donner le statut qui fonde la dimension symbolique de son identité économique. Il s'agit d'une dimension proprement symbolique et identitaire de l'aliénation : le manque manifeste le fait que l'identité du sujet n'est pas exprimée ni définie en dehors d'une relation d'échange avec l'autre. Une des formes majeures de cette relation à l'autre est le concept de *solidarité*, qui exprime le fait que l'aliénation est reconnue et assumée par le sujet comme ce qui fonde son identité sur la nécessité sociale d'une relation à l'autre.

Le libéralisme se fonde sur la méconnaissance ou le refoulement de la différence fondatrice entre le singulier et le collectif dans le champ de la sémiotique de l'économie. En revanche, le socialisme, puis le communisme vont exprimer une économie politique qui se fonde sur la distinction de deux rationalités, celle de l'économie des sujets singuliers, qui se fonde, en particulier, sur la valeur d'usage des biens, et celle de l'économie des acteurs collectifs, qui se fonde, en particulier sur les échanges. Une autre forme singulière de l'économie politique est apparue au cours du vingtième siècle : il s'agit de l'écologie et de l'économie de l'environnement, qui consiste à penser les logiques économiques de l'espace de la vie quotidienne, des relations entre les sujets singuliers et leur espace de vie et des échanges entre les acteurs collectifs de l'économie politique. Le socialisme, le communisme et l'écologie ont en commun l'expression d'une spécificité de la place du singulier dans la médiation économique.

Cette place du singulier peut se définir en quatre points, qui constituent autant de formes d'expression d'une tension entre le singulier et le collectif, constitutive de l'économie politique. D'abord, ce que l'on peut appeler *l'économie singulière* se fonde sur la rationalité de la consommation et de l'économie quotidienne. Tandis que le libéralisme appelle à une croissance sans limite de la consommation, destinée à faire en sorte que les pratiques singulières viennent renforcer les entreprises et les projets économiques collectifs, l'économie socialiste et l'économie écologiste se fondent sur la reconnaissance de la spécificité de la place du singulier dans l'économie, et, en particulier, sur la recherche de modes particuliers de consommation. Ces modes particuliers se fondent, en particulier, sur la pérennité des biens de consommation et sur le souci de la diminution des dépenses. Cela est lié au second point qui fonde l'économie singulière : l'articulation du souci de la consommation dans le temps court à la pérennité des biens et des espaces dans le temps long. Le propre de l'approche écologiste de l'économie, en particulier, est l'inscription du souci de la durée dans l'usage des biens et dans les pratiques singulières de l'économie. Ce souci du temps est lié à une troisième préoccupation économique de l'écologie : la préservation de l'espace. Tandis que le libéralisme, qui fonde l'économie politique sur la logique du profit, ne conçoit pas l'espace comme une préoccupation fondamentale des orientations de l'économie politique, l'approche écologiste de l'économie se fonde sur la reconnaissance de la place de l'environnement et de l'aménagement de l'espace comme un point fondamental de l'économie politique. Cela va se traduire, en particulier, par le souci de la préservation des lieux dans le temps long et par la reconnaissance de l'importance de l'environnement dans l'aménagement des villes et des espaces industriels. Enfin, l'économie politique écologiste et l'économie politique socialiste et communiste se fondent sur une véritable dialectique entre le singulier et le collectif, qui exprime la spécificité de la place du sujet dans les logiques des acteurs collectifs de l'économie. Au lieu de confondre le sujet singulier et les identités collectives dans une même façon de penser l'économie, les économies politiques non libérales se fondent sur la reconnaissance de deux dimensions spécifiques et différentes de l'économie, que l'on peut définir de façon suivante. Tandis que l'économie collective fonde les structures et les institutions de l'économie politique, l'économie singulière en structure les pratiques en effet mises en œuvre par des sujets qui en deviennent des acteurs. Les identités économiques se fondent, dans ces conditions, sur l'expression d'une différence fondamentale entre des logiques singulières fondées sur la recherche de la satisfaction et de la rationalisation des biens et des modes de vie quotidienne et des relations avec les autres, et des logiques collectives fondées sur une meilleure rationalisation des institutions de l'économie politique et de l'institution de rationalisations économiques de l'appartenance et de la solidarité.

Ce qui distingue le libéralisme d'autres orientations de l'économie politique est le fait de penser la dimension collective de l'économie dans les mêmes termes que sa dimension singulière, dans une forme de méconnaissance de la différence entre les deux logiques de l'économie politique, ou dans une forme de refus de mettre en œuvre cette distinction. L'idéologie du libéralisme fonde son imaginaire économique sur l'identité des acteurs économiques, de leurs stratégies et de leurs contraintes et des sujets singuliers, de leur responsabilité, de leurs initiatives et de leur rapport à la loi et à l'autre. Finalement, la confusion qui fonde le libéralisme est entre la dimension singulière de l'identité et la dimension collective de l'appartenance et de la sociabilité. C'est ce qui va expliquer, dans l'histoire, le lien entre les logiques religieuses monothéistes et le libéralisme. La confusion, propre au libéralisme, entre le singulier et le collectif, s'exprime, dans le champ de l'économie politique, dans les termes d'une sublimation politique de la subjectivité qui s'inscrit dans les logiques économiques des stratégies des acteurs. Le sujet singulier s'investit jusqu'à se confondre dans le processus institutionnel par lequel il devient un acteur de l'économie politique.

Sans doute convient-il, alors, de penser dans le champ d'une éthique de l'économie et d'une forme de *sublimation politique* les termes de la relation entre économie singulière et économie collective. Cette logique imaginaire qui consiste dans une forme de confusion de l'identité des acteurs économiques se manifeste, en particulier, sous trois formes : l'intérêt, la prescription et la norme, la responsabilité et l'engagement.

L'intérêt est une forme de finalité des pratiques économiques. Il est ce qui oriente vers la satisfaction de désirs économiques les pratiques des sujets singuliers dans l'espace du marché. L'intérêt est à la fois ce qui oriente par exemple, dans les échanges commerciaux, les stratégies des clients et des consommateurs, et ce qui oriente les stratégies des commerçants et des acteurs de la vente. L'intérêt va se trouver, dans ces conditions, exprimé et illustré dans l'imaginaire par la rhétorique de la publicité, comme on peut le voir, très tôt dans l'histoire, dans les pratiques symboliques de la « réclame » ou dans des discours comme ceux de Figaro fans le théâtre de Beaumarchais.

La prescription et la norme pour les puissances et les pouvoirs sur les appartenances, articulée à la responsabilité des sujets singuliers, constitue une forme de « sur-moi » économique. Ce « sur-moi » oriente les pratiques des sujets singuliers dans l'espace public du marché et des échanges en exprimant pour eux une forme d'idéal économique par rapport auquel ils vont orienter leurs pratiques et qui va leur donner une signification complexe, articulant trois dimensions. La dimension réelle prend la forme d'une contrainte de normes structurant l'activité économique dans des espaces, des temps et des modalités qui uniformisent et régulent les pratiques de l'espace du marché. La dimension imaginaire de ce « sur-moi » économique s'exprime sous la forme d'une sublimation : le sujet singulier cherche à s'identifier, dans ses discours et ses projets, à cet idéal auquel il cherche à se conformer. Enfin, la dimension symbolique de ce « sur-moi » s'inscrit dans les pratiques de communication, de représentation et d'échange symbolique qu'il oriente et auxquelles il donne du sens dans les relations du sujet singulier avec les autres dans l'espace public de l'information et de la médiation.

L'engagement du sujet singulier, enfin, prend, dans l'espace public du marché, la forme d'un ensemble de stratégies et de pratiques d'échange, de production et de diffusion. L'engagement du sujet singulier exprime ce à quoi il croit : il s'agit d'un ensemble de valeurs qui, pour lui-même, donne une signification à son activité économique, et, par rapport aux autres, le situe dans le champ des débats et des conflits qui font de l'économie une pratique sociale de débat public et de confrontations des identités politiques. C'est l'engagement qui donne pleinement à l'activité économique la dimension et la signification d'une identité politique en la situant par rapport à des adversaires et des rivaux dans une logique de concurrence et par rapport à des partenaires et des acteurs d'échange dans une logique non conflictuelle de marché. Mais l'engagement du sujet dans l'activité économique et dans les stratégies d'usage du marché s'inscrit aussi dans des logiques inconscientes. C'est dans son engagement que le sujet va manifester un inconscient économique qui oriente des stratégies et des pratiques économiques sans qu'il soit toujours possible de comprendre facilement leur signification. Sans soute, d'ailleurs, est-ce cette dimension inconsciente que va désigner Adam Smith au dix-neuvième siècle en évoquant une « main invisible » orientant les stratégies des acteurs de ce qui devient un espace économique structuré comme un espace de confrontation entre identités comme l'espace politique. La logique de l'engagement fonde l'élaboration, dans l'histoire, de systèmes de valeurs par rapport auxquels va pouvoir se mettre en œuvre une comparaison entre des systèmes d'activités économiques, tant sur le plan d'une forme d'éthique que sur celui de leur efficacité et de leur rationalité.

Par ces logiques de normes, l'économie politique devient, ainsi, un champ de débat et de confrontations épistémologiques qui vont prendre, dès le commencement, un caractère politique. Cette dimension politique est due, en particulier à l'importance de la dimension imaginaire de l'économie politique, exprimée sous la forme des idéologies dont les acteurs du marché sont porteurs et qui orientent leurs choix, leurs décisions et leurs analyses des situations dans lesquelles ils se trouvent.

Sans doute importe-t-il de penser en termes de médiation, c'est-à-dire de tension entre le singulier et le collectif, la relation entre la dimension singulière des sujets de l'économie politique et la dimension collective des acteurs qui participent à son espace public. La problématique de la médiation se fonde, en effet, sur trois termes qui rendent intelligible cette relation entre le singulier et le collectif en lui donnant une signification multiple. Le premier terme de la relation est une logique de conflit, d'antagonisme. Tandis que le sujet singulier fonde son identité sur l'identification symbolique à l'autre qui se met en œuvre au cours de l'expérience du miroir, c'est dans le conflit et l'antagonisme que les acteurs collectifs construisent leur identité politique et l'expriment dans leurs discours et dans leurs pratiques sociales. Le second terme de la relation entre le singulier et le collectif est la différence fondamentale entre les intérêts qui donnent une logique aux pratiques et aux engagements. En effet, tandis que l'intérêt des sujets singuliers est exprimé par leur désir, celui des acteurs collectifs est orienté par les logiques de pouvoir. Tandis que le sujet singulier va orienter son activité économique vers la satisfaction de son désir, l'acteur collectif va orienter sa stratégie vers la conquête et la conservation de son pouvoir dans l'espace public de l'économie et des échanges. Enfin, le troisième terme de la médiation est la différence que revêtent l'imaginaire économique du sujet et l'idéal politique des acteurs. L'imaginaire du sujet est peuplé et exprimé, dans le domaine de l'économie, par des modes de vie, par des situations de plaisir et par la relation aux autres sujets singuliers qu'il rencontre et qui constituent, pour lui, des normes. En revanche, l'idéal politique des acteurs prend la forme d'un idéal d'organisation sociale, d'une forme idéale du marché, des échanges et des normes régulant les biens, les entreprises et les pratiques sociales exprimées par les valeurs. Ce sont les valeurs qui constituent la forme imaginaire des identités économiques collectives, alors que sont les idéaux qui constituent la forme imaginaire de l'engagement économique des sujets singuliers.

La confusion entre économie singulière et économie collective qui est un des fondements du libéralisme se manifeste en particulier sous la forme de trois problématiques : la dette, le travail et l'activité des agences de notation.

LE RAPPORT À L'AUTRE DANS LE MARCHÉ

La dimension singulière de l'*agora*, du marché, comme espace de production de la valeur et d'expression des acteurs économiques, se fonde sur la logique de l'échange. Le sujet met en œuvre la dimension singulière de l'économie quand il se livre avec l'autre à un échange. C'est donc le concept d'échange qu'il nous faut analyser ici. On peut définir l'échange singulier comme une modalité économique de la spécularité : il s'agit de la forme que revêt l'identification du sujet à l'autre quand elle s'inscrit dans le champ de l'économie. Cette expression de la spécularité est nécessaire pour penser l'économie politique, car c'est elle qui fonde la médiation économique en constituant le pôle singulier de la dialectique entre le singulier et le collectif.

Par ailleurs, c'est la mise en œuvre de l'échange qui donne sa pleine existence et sa pleine signification au concept même de marché, qu'il ne faudrait pas réduire à la signification que lui a donnée le libéralisme ou la tradition de l'économie dominée par le pouvoir des marchands et des commerçants. Sans doute convient-il, au contraire, de penser une définition plus complexe du marché et d'en faire apparaître une forme de polysémie, fondée sur une certaine distance critique.

Le marché se fonde, d'abord, sur la relation spéculaire du désir des sujets singuliers de l'échange. C'est quand ils expriment l'un pour l'autre le désir qui les anime que le marché est pleinement fondé comme espace d'échange, de relation et de communication intersubjective. Le marché est l'espace dans lequel j'exprime mon désir vis-à-vis de celui de l'autre, en le manifestant sous la forme d'un échange ou d'une acquisition. Mais pour que le marché ne se réduise pas à une dimension organique et fonctionnelle, encore faut-il que l'autre comprenne le désir qui me pousse à mettre en œuvre la relation, en lui donnant une signification identique à celle que je lui donne moi-même. C'est, d'ailleurs, l'expression de la relation en termes de signification qui marque l'intersubjectivité de l'échange, car ce ne sont pas les biens échangés qui sont identiques, mais c'est le sens que les sujets leur donnent qui est identique pour les deux partenaires de la relation. Comme tous les domaines de la médiation, la médiation économique repose sur une identification *symbolique* qui met en œuvre une relation entre des expressions et des représentations et non une identification *réelle*, qui serait impossible ni une identification *imaginaire*, qui serait illusoire. Quand j'achète un livre à un certain prix, la relation entre ce livre et ce prix définit une identité symbolique. En effet, il ne s'agit pas d'une identification réelle, car ce livre n'est pas substituable à son équivalent en monnaie, l'un et l'autre n'ont ni la même consistance ni la même fonction. Par ailleurs, il ne s'agit pas d'une identification imaginaire, car l'échange a bien lieu, effectivement. Dans ces conditions, la relation intersubjective entre les deux partenaires de l'échange est une relation de miroir symbolique. C'est dans le symbolique que les deux sujets de la relation se mettent à la place d'un de l'autre ; ce n'est pas dans le réel, car leur situation est différente. C'est le sens de la convention par laquelle les deux partenaires de la relation s'entendent sur le choix du langage dans lequel ils expriment la valeur des biens échangés et sur le montant de cette valeur même. C'est, d'ailleurs, la raison pour laquelle, dans certains cas, quand la régulation institutionnelle de l'économie n'est pas pleinement achevée, les biens qui circulent dans l'espace de l'échange ne se voient pas reconnaître la même valeur dans toutes les relations engagées.

Par ailleurs, le marché se définit comme un espace symbolique d'expression, de langage et de représentation. La dialectique des désirs des sujets qui participent à l'échange institue l'espace du marché comme un espace symbolique, parce qu'ils expriment ce désir dans un langage, dans un système de représentation. Le concept de valeur ne désigne pas une relation réelle, mais une relation symbolique. Comme cela a déjà été dit, c'est toute la différence entre le troc et l'échange proprement dit. Dans la relation établie au cours d'un troc, les biens échangés le sont en fonction de leur usage et de leur matérialité. C'est entre les biens échangés eux-mêmes qu'est instaurée la relation, sans intervention d'une notion symbolique de valeur. L'espace du marché et de l'échange se fonde sur la notion de *tiers symbolisant* formulée par Louis Quéré[1], qui désigne l'institution qui, commune aux deux sujets de l'échange, définit le langage dans lequel ils s'expriment et représentent les biens échangés. Cette notion montre bien que le langage, dans le domaine de la communication intersubjective comme dans celui de l'économie, est une institution, et ne relève, ainsi, pas d'une logique fonctionnelle ou d'une logique d'interaction, mais bien d'un droit et d'une rationalité politique. Le marché institué par les partenaires de l'échange est un espace symbolique, dans lequel ce sont des faits de langage qui sont mis en œuvre, instituant des relations de communication. L'économie est pleinement pensée comme une économie politique quand elle est pensée en termes de langage et de signification.

C'est ici qu'intervient la notion d'*arbitraire*, fondatrice de la rationalité sémiotique de la communication, et, ici, de l'économie politique. En effet, le marché institue la relation à l'autre dans une logique de convention. Le système de représentation et de signification mis en œuvre lors de l'échange n'est pas naturel : il est fondé sur un code. Il n'y a pas non plus de relation de causalité à l'origine de l'engagement de la relation d'échange et de l'institution du code dans lequel elle est établie. Les faits constitutifs de la relation sont fondés sur des conventions, sur l'arbitraire institutionnel d'une négociation entre les partenaires de l'échange. L'économie politique n'est pas fondée sur une légitimité naturelle ni imposée par une logique causale : elle est fondée sur l'arbitraire d'une convention conclue entre les partenaires de l'échange. C'est justement la raison pour laquelle, comme toute relation politique, l'échange qui fonde l'économie est institué selon des logiques de pouvoir. Le pouvoir économique consiste dans la puissance d'instituer les codes, et les échanges sont soumis à des pouvoirs qui les régulent et qui leur imposent des logiques de mise en œuvre. C'est, d'ailleurs, la raison pour laquelle les marchés et les logiques économiques sont toujours inscrits dans l'histoire. On a pu avoir un exemple de cette historicité des codes d'échange, de leur arbitraire et de leur soumission aux logiques de

1 Louis Quéré, *Des miroirs équivoques*, Paris, Aubier, 1982, p. 40.

pouvoir, par exemple au cours de l'institution de l'euro, de la monnaie unique qui circule dans la plupart des pays de l'Union européenne. Plus particulièrement encore, on a pu assister à la mise en œuvre de cette dimension conventionnelle et arbitraire de la valeur des monnaies dans les tensions qui ont entouré, en 2011 et 2012, les négociations engageant le maintien de la Grèce dans la zone euro et le maintien de l'euro comme monnaie ayant cours dans ce pays, au lieu du retour à une monnaie propre comme la drachme. Dans une logique voisine, la question du maintien de l'euro en France et de l'éventualité du retour au franc a été soulevée au cours de la campagne de l'élection présidentielle française en 2012. Comme tout système de signes, le système des valeurs se fonde sur l'arbitraire d'une convention. Cette convention peut être fondatrice comme c'est le cas de la reconnaissance institutionnelle d'une monnaie dans un pays ou dans un espace d'échanges. Mais il peut ne s'agir que d'une convention rendant possible un échange particulier, comme c'est le cas des négociations mises en œuvre entre acteurs dans des situations particulières. Le concept de négociation désigne cette dimension fondamentalement conventionnelle de la notion de valeur constitutive de la sémiotique de l'économie politique.

Cette dimension conventionnelle, arbitraire et sémiotique de la valeur explique, enfin, que la dynamique symbolique du marché repose sur une dimension inconsciente. Il y a du non-dit, de l'inconscient, du refoulement, dans les relations économiques intersubjectives de l'échange, comme dans toutes les relations symboliques de communication engagées entre des sujets de langage. Pour participer au marché, pour devenir un acteur de l'échange dans une relation intersubjective à l'autre, encore faut-il commencer par refouler un certain nombre de désirs interdits et de représentations censurées. C'est précisément cette censure qui fait que les représentations dont sont porteurs les sujets de l'échange sont homogènes, car elles obéissent à des lois communes et à des conventions partagées. Dans le même temps, c'est cette censure qui, en écartant un certain nombre de relations interdites, rend possible l'identification symbolique entre les partenaires de l'échange. En effet, c'est parce que je suppose qu'il est soumis aux mêmes normes et aux mêmes interdits que moi que je reconnais l'autre comme symboliquement semblable à moi, et donc comme un partenaire d'échange possible d'échange. C'est le sens de la notion de *réel*. Le réel est ce qui s'impose aux sujets de l'échange et de la relation sans discussion possible (c'est pourquoi il échappe au symbolique) et qui, ainsi, régule la communication et ordonne les échanges en les soumettant à une loi commune.

Dns le domaine économique, le refoulement est de trois ordres. D'abord, comme l'échange se situe dans l'espace politique, il s'agit du choix des partenaires avec lesquels il a lieu. On n'engage pas d'échange avec n'importe qui : pour que l'échange soit légitime et pour qu'il soit autorisé, encore faut-il que le partenaire que l'on choisit appartienne au même espace public que soi. L'échange n'est pas aléatoire, mais l'une des conditions, fondamentales, de sa mise en œuvre est le choix du partenaire avec lequel il est instauré. C'est le sens de ce que l'on peut désigner comme la liberté de l'échange, qui se manifeste, en particulier, dans les logiques qui seront organisées, dans l'histoire de l'économie, sous le nom de concurrence. La convention qui désigne les partenaires avec lesquels on procède à des échanges et à des négociations commence par interdire la relation avec certains acteurs et, donc, par refouler le désir de négocier et d'échanger avec eux. Une des raisons pour lesquelles l'échange eut avoir lieu pleinement avec l'autre est que nous sachions que l'autre obéit aux mêmes normes que nous dans le choix de ses partenaires de relation et de communication. Par ailleurs, ce refoulement constitutif de la dimension institutionnelle de l'échange est la censure et l'interdit d'un certain nombre de pratiques considérées comme illégales. Dans le domaine de la relation économique avec l'autre, un certain nombre de normes ne peuvent être transgressées, et cette transgression même empêche la relation d'être reconnue dans l'espace public. C'est le sens, notamment, de l'interdit du vol dans le Décalogue, et dans la plupart des systèmes institutionnels de régulation de la vie sociale. En effet, le vol est une transgression car il empêche la mise en œuvre de l'échange. Voler, c'est s'approprier un bien sans l'inscrire dans une relation légitime, puisque aucun bien n'est cédé en échange. L'interdit du vol et le fait qu'il soit considéré comme une transgression manifestent le fait que, dans la logique économique dans laquelle nous vivons, c'est la propriété qui manifeste l'identité économique du sujet singulier. Cette logique sera, d'ailleurs, contestée par un penseur comme Proudhon qui cherche à penser l'économie dans d'autres logiques, fondées sur l'usage[1].

---

1 Pierre-Joseph Proud'hon, *Qu'est-ce que la propriété ?*, Paris, Garnier, 1966.

Une autre forme de transgression porte sur la dimension symbolique de la relation d'échange : il s'agit de l'usage de fausse monnaie ou de l'usage d'une monnaie émise dans un faux langage, dans un code non légitime de valeur, à l'issue d'un processus d'émission non régulé par des institutions et des pouvoirs non reconnus. En ce sens, de la même façon que des mots non légitimes et des représentations censurées sont refoulés dans les formes symboliques du psychisme, il existe des expressions de valeur qui sont interdites dans un certain marché. Enfin, ce sont certains biens mêmes qui sont exclus par la loi du marché des échanges et des relations économiques. Dans le domaine de l'intersubjectivité, sont interdites, en particulier, toutes les manifestations et les expressions économiques qui portent atteinte à l'identité même du sujet. C'est le sens de l'abolition de l'esclavage qui écarte la personne humaine de l'espace des échanges économiques. On n'a pas le droit de vendre un autre sujet. Cet interdit prend la forme d'un refoulement, car on sait bien que, dans certaines situations, il fait l'objet d'une transgression, comme dans le cas de la prostitution, qui réduit le désir et la sexualité à des objets d'échange et de relation commerciale. Ces différentes formes de refoulement font pleinement apparaître la dimension symbolique de l'expression singulière de l'économie politique en l'ordonnant comme un langage.

L'ÉMISSION SINGULIÈRE DE MONNAIE

Sans doute convient-il, ici, d' établir une différence entre deux expressions. On réservera le terme *émettre* au fait, pour un sujet d'échange singulier, de proposer un montant de monnaie en échange à l'autre pour l'acquisition d'un bien. En revanche, on parlera, plus loin, d'*instituer* de la monnaie pour le fait, pour un pouvoir, d'imposer l'usage d'une monnaie et de réaliser des espèces, exprimant des valeurs dans cette monnaie, appelées à circuler dans l'espace public. Sans doute, d'ailleurs, le fait de parler d'émission de monnaie à propos de l'imposition d'une monnaie par un pouvoir relève-t-il de la confusion que nous avons déjà relevée entre la dimension singulière de l'économie et sa dimension collective.

L'émission de monnaie par l'un des sujets de l'échange est une forme de la performativité économique. En effet, il s'agit, *dans le même temps*, de l'expression symbolique d'une valeur et de l'acte réel par lequel le sujet produit de la monnaie au cours de la négociation ou de la transaction qui constitue l'échange. Émettre de la monnaie consiste, pour le sujet qui s'y livre, à exprimer la reconnaissance de la valeur d'un bien par la production même de monnaie dans l'espace public, ainsi institué, sur la base d'une reconnaissance partagée par les deux partenaires de l'échange, comme un *marché* : comme un lieu d'échange et d'expression de valeur. Émettre de la monnaie est, dans ces conditions, au sens propre du terme, un *acte de langage* : il s'agit d'un acte engagé dans une relation de cause à effet, et, en même temps, de l'énonciation de l'expression symbolique d'une valeur. Comme toute forme de performativité de langage, émettre de la monnaie consiste, ainsi, pour le sujet, à manifester son identité dans l'espace public, à s'exprimer, dans l'espace du marché, au cours d'une confrontation avec l'autre. C'est en ce point que la sémiotique de l'économie, comme toute sémiotique des identités politiques, fonde l'identité sur une confrontation et une opposition entre adversaires. C'est en se confrontant l'une à l'autre que les identités politiques s'instituent, mettant ainsi en œuvre, une forme de performativité. En effet, elles articulent la dimension singulière de l'identification spéculaire à l'autre, dans la reconnaissance partagée de la valeur de la monnaie, à la dimension collective de la confrontation des identités politiques, dans une opposition qui se manifeste au cours de la négociation mettant aux prises l'une avec l'autre les conceptions de la valeur dont sont porteurs les acteurs de la confrontation. La dimension performative de l'émission de monnaie est, ainsi, dans le même temps, une expression de valeur et une expression d'identité.

LE TRAVAIL COMME MODALITÉ D'IMPLICATION DU SUJET

L'impératif du travail fait partie des formes d'expression du réel politique de l'économie imposé au sujet. Il s'articule au refoulement de l'oisiveté, considéré comme une transgression. Le travail, en ce sens, est une forme impérative d'expression économique de l'identité du sujet, ce qui sera contesté, en particulier, par P. Lafargue, dans *Le droit à la paresse*[1]. Le travail manifeste l'identité économique du sujet singulier dans la seule expression de la production de valeur. Il s'agit, finalement, d'une forme d'implication contrainte du sujet dans une activité qui limite la reconnaissance institutionnelle de l'engagement du sujet à la production de valeur par le travail auquel il se livre. C'est en ce sens que le travail a fini par constituer, dans les logiques normatives de l'économie politique, la seule façon d'exprimer son identité dans l'espace public.

Nous nous trouvons ici devant une situation de performativité économique, car, en s'engageant dans le travail qu'il met en œuvre, pour son propre compte ou pour le compte d'un employeur, le sujet singulier de la médiation économique manifeste à la fois la dimension réelle de son identité (il produit un bien ou exerce une profession ou un acte) et la dimension symbolique de la valeur reconnue à cette activité. Mais, pour pleinement penser la signification du travail dans une logique de sémiotique économique, encore faut-il mettre en œuvre une critique du travail et de la contrainte qu'il représente. Lafargue a, en particulier, montré[2] comment la contrainte du travail, imposant une forme de réel de l'économie politique, finit par être intériorisée dans le psychisme : « En dépit de la surproduction de marchandises, en dépit des falsifications industrielles, les ouvriers encombrent le marché innombrablement, implorant : du travail ! du travail ! ». C'est en ce sens que l'économie politique finit par s'inscrire dans une médiation, imposant les contraintes liées à la production, sous la forme d'un réel indiscutable, et faisant assumer singulièrement au sujet, dans son psychisme même, les impératifs d'une certaine forme de pouvoir. C'est de cette façon que le travail contribue, comme les autres formes singulières de l'économie politique, à la mise en œuvre d'une logique d'aliénation.

1 Paul Lafargue, *Le Droit à la paresse*, Paris, François Maspero, 1979.

2 *Id.*, p. 141.

CRITIQUE DES SIGNIFICATIONS POLITIQUES DE L'ÉCONOMIE

Comme dans tous les domaines de la médiation, l'économie devient pleinement politique quand elle articule de façon dialectique une dimension singulière de désir et d'identification symbolique à l'autre et une dimension collective d'appartenance et de sociabilité et de conflit avec les autres. C'est fondamentalement une logique conflictuelle qui permet de penser une critique politique de nature à penser l'expression et l'interprétation des significations politiques de l'économie. Pour penser une signification politique complexe de l'économie, il est, sans doute, nécessaire de commencer par identifier des antagonismes de concepts et de problématiques et des confrontations d'acteurs qui structurent le champ selon des logiques conflictuelles d'identités.

Dans l'histoire de l'économie, on peut relever trois figures qui fournissent des exemples de cette sémiotique politique conflictuelle de l'économie, dont les expressions s'inscrivent, sans doute, dans des logiques inconscientes de l'économie politique, mais permettent une compréhension et une interprétation de la complexité des faits économiques d'expérience et de visibilité. Comme c'est le cas de l'ensemble des identités, les identités économiques fondent leur signification et leur rationalité sémiotique sur le rapport à l'espace et sur les modalités différentes de leur inscription et de leur visibilité dans l'espace.

La première figure importante de l'espace de l'économie est, sans doute, la contradiction entre nomadisme et sédentarité, qui permet de penser la signification politique de la relation entre les activités de production et les activités de diffusion et d'échange. Sans doute est-ce dans cette problématique que l'on peut comprendre également la signification économique de la différence et de l'opposition entre espaces ruraux et espaces urbains. Fondamentalement, c'est la référence de la valeur qui fournit une signification économique à cette conflictualité. En effet, la sémiotique de l'économie politique va proposer une différence essentielle entre deux logiques de valeur. La première est fondée sur la production, et, au-delà, sur l'usage, à la fois sur le plan réel, sur le plan symbolique et sur le plan imaginaire. L'usage réel est l'instrumentalité et la fonctionnalité du bien dans les pratiques effectives, tandis que son usage symbolique désignera sa mise en œuvre dans des pratiques de langage et de représentation et son usage imaginaire sa mise en œuvre dans des désirs ou des expressions imaginaires d'envies ou de projets. Cette articulation entre production et usage s'inscrit dans des sites qui sont les lieux de la production ou de la consommation. Cela explique la signification, par exemple, de l'opposition forte entre les sites en aménagement et les sites en déshérence.

L'autre logique de la valeur est fondée sur l'échange avec l'autre et sur les confrontations que peut entraîner cette logique. Celle-ci comporte, elle aussi, une dimension réelle, fondée sur la concurrence et la rivalité et sur l'appréciation de la valeur fondée sur la valeur d'échange. Elle comporte aussi une dimension symbolique, fondée sur l'énonciation de discours et la mise en œuvre de représentations de l'activité économique dans l'information et dans le débat public. Enfin, elle comporte une dimension imaginaire, fondée à la fois sur l'image de l'autre dont on est porteur dans un imaginaire qui ne consiste pas dans de la connaissance, mais dans des fantasmes et sur des impressions et sur des représentations fondées sur de la fiction ou sur de la propagande. La publicité, en particulier, va susciter un imaginaire de la consommation qui va s'inscrire dans les logiques de confrontation, d'échange et de concurrence avec l'autre. C'est moins l'espace dans lequel elle s'inscrit que la temporalité de la confrontation avec l'autre qui caractérise cette expression de la valeur, qui prend, par exemple, la forme de récits. C'est ainsi, par exemple, que *Le Monde*[1] publie une « chronologie de la récession espagnole ».

Ce que l'on peut remarquer, c'est que l'ensemble de ces logiques différentes fondées les unes sur l'usage et les autres sur l'échange s'inscrivent dans une problématique commune à celle de l'opposition entre sédentarité et déplacement, entre immobilité et flux. En effet, la production renvoie, fondamentalement, au rapport à un espace fixe, comme les exploitations agricoles de la terre ou les activités industrielles de production et de transformation des matières premières, tandis que l'échange renvoie fondamentalement à un rapport à l'espace fondé, lui, sur le parcours, sur

1 *Le Monde Géo & Politique*, 16-17 septembre 2012.

le flux et sur la relation à l'altérité entraînée par ces flux et ces parcours. On opposera donc, ainsi, une économie de permanence, caractérisée par un rapport à la pérennité du temps long et à une spatialité sédentaire, et une économie de flux et d'échange, caractérisée par un rapport à un temps long de mutation et à une spatialité de déplacement.

Une seconde figure fonde l'économie politique dans une opposition ancienne et durable entre « économie réelle » et « économie formelle ». André Orléan a recours à cette opposition, par exemple, pour proposer une interprétation de l'opposition entre activité économique de production et d'échange et activité financière de spéculation[1]. « Les banques », écrit-il ainsi, « doivent être incitées à faire leur métier, à savoir investir dans l'économie réelle, créatrice de biens et d'emplois. Il faut réorganiser le métier bancaire, le détourner de la spéculation. Et, chaque fois qu'est proposée une innovation financière, se demander si elle est bonne pour l'économie réelle. Ce serait là un complet changement d'orientation ». Il s'agit, finalement, d'une opposition entre deux conceptions du temps long et du rapport de l'économie à la durée et à l'immédiateté. En effet, les acteurs de l'économie peuvent concevoir le temps long comme un temps de production et de développement, fondé sur la mise en œuvre de l'activité dans le temps court : c'est ce que l'on désigne par le concept d'économie réelle, qui exprime des identités économiques fondées sur des biens réels et des activités effectives de production et de transformation. Mais on peut aussi concevoir le temps long comme un temps de développement de profits dans le long terme, fondé sur la mise en œuvre, dans le temps court, d'activités de spéculation, caractérisées par un rapport à la prévision et à l'imaginaire portant sur l'évolution des valeurs et non sur celle des activités. C'est cette deuxième conception de l'économie que l'on désigne par le concept d'économie formelle.

Une troisième figure est l'opposition entre les acteurs et entre les pouvoirs. Les identités économiques sont, dans ces conditions, fondées sur l'identité des acteurs qui mettent en œuvre des pratiques et des stratégies dans l'espace public de l'économie et des échanges. C'est ce qui permet à Marx de fonder son approche de l'économie politique sur la lutte des classes. Il s'agit de ne pas concevoir l'économie politique comme un champ de rationalité de la production et de l'échange de valeurs, mais de la concevoir comme un champ d'expression et d'intelligibilité de la

---

1 André Orléan, « Le marché gouverne », Entretien, *Le Monde*, 21 janvier 2012.

confrontation entre les acteurs et entre leurs identités. Cette opposition fonde une dimension proprement institutionnelle de l'économie politique qui repose sur le débat public et sur la représentation d'institutions, au sens anthropologique du terme. On peut comprendre une institution, sur ce plan, comme une *médiation symbolique d'appartenance.* Dans une telle problématique, l'économie se conçoit comme un champ de définition des appartenances et des acteurs collectifs. En pensant l'histoire comme un champ d'oppositions entre des acteurs de l'aliénation et de la propriété et des acteurs aliénés et soumis au pouvoir des premiers, entre la bourgeoisie et le prolétariat, Marx propose une lecture de l'économie politique comme un ensemble d'expressions de cette conflictualité, qui prendra différentes formes dans l'histoire, selon les logiques qui dominent, à différentes époques, l'organisation des sociétés. Dans l'Antiquité, il s'agit, essentiellement, de l'opposition entre l'esclavage et les hommes libres– qui fondera, d'ailleurs, dans l'histoire des identités politiques, la problématique de la liberté. À l'époque moderne, il s'agit, essentiellement, de l'opposition entre bourgeoisie et salariat. À l'époque contemporaine, cette opposition entre les pouvoirs économiques et les employeurs et les salariés et ceux qui sont soumis aux pouvoirs va rejoindre l'opposition entre nomadisme et sédentarité. En effet, l'aliénation prend la forme du déplacement pour l'emploi, qui peut aller jusqu'à une véritable errance d'un emploi à l'autre. Cela s'accompagne d'une perte d'identité professionnelle, qui peut aller jusqu'à la perte de l'expertise et du savoir ou, sur un autre plan, jusqu'à l'errance et à la migration incessante dans des pays étrangers, sans que l'identité puisse se fixer ni s'exprimer de façon pérenne, dans un lieu, dans un métier ou dans un statut reconnu d'acteur.

Ces trois figures montrent comment, pour inscrire pleinement l'économie dans une sémiotique politique, il est important de désigner et de penser les antagonismes et les conflictualités qui fondent les identités des acteurs et des appartenances et qui structurent un inconscient de l'économie politique. C'est que, pour penser l'économie politique dans toute sa dimension, non seulement il faut aller au-delà de la fonctionnalité et de l'instrumentalité, mais il faut, sans doute, aussi, penser des dynamiques inconscientes et comprendre les logiques de refoulement qui font de l'économie un véritable champ de signification politique. Sans doute est-ce de cette manière que les acteurs de l'économie ne se manifestent pas seulement dans l'espace du marché par leurs stratégies, leurs initiatives, leurs entreprises et leurs actes, mais aussi s'expriment en y instituant des identités dont ils sont porteurs et qui permettent de penser une signification politique de l'économie. C'est de cette manière que l'espace public de l'économie ne se réduit pas à un marché d'échanges et de confrontations entre des valeurs, mais s'inscrit dans la logique d'un espace public d'expression d'identités, articulant leur dimension symbolique au réel de leur intervention et à l'imaginaire de leurs ambitions et de leurs projets.

C'est ainsi que la valeur n'est pleinement reconnue comme un signe que quand elle est articulée par ceux qui la mettent en œuvre à une référence qu'elle exprime. Ce sont les différences entre les diverses conceptions sur lesquelles repose cette référence qui fondent les identités exprimées dans le champ de l'économie politique : un travail pour les salariés et leurs employeurs, une marchandise pour les acteurs du commerce et de l'échange, un bénéfice attendu pour les spéculateurs, une relation à un équivalent général comme l'or ou d'autres références[1], en ce qui concerne les monnaies. Goux explique[2], à ce propos, « qu'il n'y a pas de valeur (de sens), sinon par un effort producteur ». C'est la production qui constitue la référence fondamentale inscrivant la valeur dans un système sémiotique, en l'articulant au réel d'une activité sociale. Cette activité sociale constitue, avec les autres, l'espace social de l'économie. Celui-ci devient un espace politique à partir du moment où les acteurs qui le peuplent et y agissent s'expriment sous la forme d'identités dont ils sont porteurs et qui les situent les uns par rapport aux autres dans des relations initiatrices de conflictualité. Le terme « effort », employé par Goux, présente la référence de la valeur comme un *réel*, au sens où l'entend Lacan dans l'articulation du réel, du symbolique et de l'imaginaire. En effet, l'effort est un réel de l'économie, une contrainte, car il manifeste ce qui résiste au sujet de la communication, du langage et du politique, ce qui, dans ces conditions, revêt, pour lui, le statut d'un réel, d'un obstacle dont l'expérience est constitutive de

1 On verra plus loin que ces références vont changer dans l'histoire, l'histoire de l'économie politique s'exprimant, précisément, dans la succession de ces références. Il s'agira, en particulier, de l'or, puis du dollar après la deuxième guerre mondiale, mais il existe d'autres références, dans l'histoire politique des monnaies.

2 Jean-Joseph Goux, *Économie et symbolique*, *op. cit.*, p. 131. Le texte dont ceci est issu est la réédition d'un article publié en 1968 dans *Tel Quel*, sous le titre « L'inscription du travail ».

l'identité. L'effort est producteur de valeur et de sens, de même que le travail est producteur de valeur et d'identité pour Marx, car il désigne l'expérience du réel par laquelle le sujet se constitue comme acteur, porteur d'une identité politique qu'il exprime par la spécificité même du « travail » qu'il met en œuvre. C'est en ce sens que Marx présente la figure du travail, c'est-à-dire de la confrontation au réel, comme l'expérience qui permet d'exprimer l'identité de celui qui la met en œuvre. C'est, d'ailleurs, le sens de la référence fréquente à « l'effort » dans la rhétorique politique de l'économie, qui fonde, finalement, une forme de sublimation des acteurs de l'économie – tant ceux qui sont porteurs des pouvoirs et qui énoncent les discours que ceux à qui ils s'adressent – comme des formes de héros d'une économie devenu une sorte d'épopée. C'est ainsi, par exemple, qu'en présentant le projet de budget pour 2013, le Premier ministre, Jean-Marc Ayrault, évoquera[1] « un budget de combat de reconstruction », et dira « L'effort fiscal, il est réel [...] il est juste, le choix fiscal que nous faisons ».

LES POUVOIRS ET LES INSTITUTIONS EN ÉCONOMIE

Pour que soit pleinement élaborée la sémiotique politique de l'économie, il importe que soient pensées les logiques selon lesquelles se structurent, dans ce champ, des pouvoirs qui caractérisent les acteurs et des institutions qui structurent et expriment des appartenances sociales. C'est, en effet, à partir du moment où l'espace public est structuré par des pouvoirs et des affrontements entre pouvoirs et contre-pouvoirs qu'il devient pleinement un espace politique. Dans le champ particulier de l'économie, ce qui va définir la notion de pouvoir, c'est, sans doute, la puissance de définir les valeurs. Détenir un pouvoir dans l'espace de l'économie, c'est être, ainsi, en mesure d'en imposer l'usage et la signification aux acteurs qui y sont reconnus.

On peut proposer deux exemples qui illustrent ce fait que le pouvoir économique repose sur la puissance d'instituer les conditions de définition de la valeur. Le premier exemple est contemporain. Il s'agit du débat

1 « Des paroles et des actes », France 2, 27 septembre 2012.

qui a lieu autour de la dette publique de la Grèce, dans les années 2010-2012. En effet, ce débat a deux dimensions. Il a, d'abord, une dimension proprement économique et financière : il s'agit de l'appréciation des conditions dans lesquelles la Grèce peut rembourser la dette et dans lesquelles, dans le cadre d'un débat entre les puissances économiques, une part de cette dette peut être neutralisée. Mais le débat a aussi une dimension qui articule l'économie et le politique, autour de la faillite éventuelle de la Grèce, qui constitue une forme d'image de la Grèce vis-à-vis des puissances économiques dans le monde et qui manifeste une forme de perte d'identité en faisant perdre à la Grèce son indépendance financière. En effet, la définition de la monnaie, par le maintien de l'euro en Grèce ou par l'exclusion de ce pays de la zone euro, fonde les conditions dans lesquelles s'y exprime la valeur. Ce débat permet de comprendre que l'économie se pense comme un champ de la sémiotique politique à partir du moment où les logiques de pouvoir y sont engagées et à partir du moment où les identités se fondent sur le concept d'indépendance. Une identité politique est reconnue par les autres, et se fonde pleinement comme identité dès lors que l'acteur qui en est porteur a la maîtrise indépendante de ses choix et de ses décisions. Or, les conditions dans lesquelles la Grèce conclut un accord avec les autres puissances portent, en particulier, sur les limites de l'indépendance économique du pays. C'est ainsi que l'économiste P. Richard dira[1] que « l'objectif des Européens est de mettre la Grèce sous cloche ». L'autre exemple que l'on peut donner de cette articulation du pouvoir à l'institution de la valeur se situe dans l'inconscient, car on peut dire qu'une forme de refoulement fonde, dans le champ de l'économie, les institutions et les relations au pouvoir. En effet, comme le refoulement dans le champ du psychisme, le pouvoir consiste, dans le champ de l'économie, à interdire, à censurer, le débat sur les modalités de désignation de la valeur. De même que l'arbitraire du signe empêche tout débat sur les conditions d'apparition des signes dans la langue et dans les systèmes psychiques de représentation, le pouvoir économique empêche tout débat sur ce qui fonde la valeur des monnaies et des autres systèmes d'expression de la valeur. « Le lien qui attache un signifiant à un signifié », écrit J.-J. Goux[2], « est aussi fragile, aléatoire, arbitraire, que celui qui donne une valeur marchande à une

1 P. Ricard, Chat modéré par A. Fournier, *Lemonde.fr*, 22 février 2012.
2 Jean-Joseph Goux, *Économie et symbolique*, *op. cit.*, p. 189.

pièce de métal vil ou à un rectangle de papier ». C'est ainsi que, dans le champ de la crise contemporaine de la dette grecque que nous choisissons comme exemple, c'est sur l'arbitraire d'une convention entre les puissances que réside la reconnaissance de l'usage de l'euro en Grèce. « Les pays de la zone euro se sont mis d'accord, mardi 21 février au matin, sur un nouveau plan de sauvetage sans précédent de la Grèce d'environ 230 milliards d'euros, afin d'éviter une faillite du pays aux conséquences imprévisibles pour l'Europe entière », écrit, ainsi, *Le Monde*[1]. C'est ainsi que se définit une instance du réel dans le champ de la sémiotique de l'économie politique : comme ce dont la maîtrise échappe à l'acteur à qui la norme est imposée.

Mais le réel de l'économie peut prendre la forme d'un contre-pouvoir. C'est, en particulier, le cas quand il acquiert l'identité d'un acteur propre, confronté au pouvoir politique ou à d'autres pouvoirs du champ de l'économie. C'est ainsi, par exemple, que les banques sont progressivement apparues comme des contre-pouvoirs et ont peu à peu contribué à la limitation des pouvoirs politiques institutionnels. D'une part, cela tient à l'autonomisation de plus en plus grande de la « sphère économique » par rapport à l'espace des pouvoirs politiques, et, d'autre part, cela tient au fait que les pouvoirs politiques, pour leurs investissements et la mise en œuvre de leur politique, ont eu de plus en plus souvent besoin des banques pour les financer. On peut ainsi parler de deux logiques de contre-pouvoirs des banques : d'un côté un contre-pouvoir institutionnel tenant à l'indépendance des pouvoirs propres des banques, en particulier compte tenu de leur activité auprès des particuliers, et, de l'autre, d'un contre-pouvoir instrumental et organique, tenant à leur activité dans le champ des politiques publiques. La naissance de l'euro et l'indépendance de la banque centrale européenne vis-à-vis des pouvoirs politiques des états ou de l'Union européenne sont une autre illustration de ces contre-pouvoirs de l'économie, à l'époque contemporaine. Quand l'espace européen se constitua pleinement en un espace économique commun de production et d'échanges par l'adoption d'une monnaie unique, il fut décidé que l'émission de cette monnaie et la régulation de son usage relèveraient d'une autorité indépendante des pouvoirs politiques nationaux, la Banque centrale européenne. Dans ces conditions, le réel du pouvoir de l'économie devenait un contre-pouvoir d'autant

1 « Accord de la zone euro sur un plan de sauvetage de la Grèce », *Lemonde.fr*, 21 février 2012.

plus important qu'il ne faisait pas face à un pouvoir exécutif propre commun à l'ensemble des pays de l'Union européenne, et qu'il échappait, ainsi, pleinement, au contrôle des états et à leur souveraineté politique. Enfin, les « agences de notation » font, de plus en plus, apparaître les acteurs financiers comme un contre-pouvoir, échappant aux institutions politiques et venant limiter leur pouvoir propre. Ces « agences » privées mettent en œuvre une activité de plus en plus importante dans le domaine économique, et apparaissent de plus en plus nettement comme un pouvoir propre et un véritable contre-pouvoir contrebalançant le pouvoir des acteurs politiques : l'évaluation, en particulier l'évaluation des politiques publiques. L'activité des agences de notation était, au commencement, limitée à l'évaluation comparative des banques, des entreprises et des acteurs financiers : il s'agissait, au départ, de fournir des informations, en particulier aux investisseurs, sur l'activité des entreprises dans lesquelles ils effectuaient des placements, pour les éclairer sur leur rentabilité. Mais, avec le temps, cette activité a illustré le caractère politique de l'information et son rôle dans la décision et dans le débat public, comme l'avait bien montré Habermas. En particulier, les agences de notation ont fini par étendre leur activité à l'évaluation des pays et des états et ont, ainsi, joué un rôle de plus en plus important de contre-pouvoir financier dans l'espace politique, notamment avec l'accroissement du montant de la dette publique contractée par les états et avec le rôle de plus en plus important de l'information financière dans le domaine des investissements publics. Mais, à la différence des contre-pouvoirs politiques légitimes classiques, celui des agences de notation, des banques et des acteurs financiers n'est pas d'ordre politique, car il ne se fonde pas sur une légitimité issue de choix démocratiques, mais il est d'ordre financier et se fonde sur une légitimité d'expertise, fondée sur des critères techniques et sur une culture propre, fermée et, en quelque sorte, autorégulatrice.

Le marché, qui représente l'ensemble de ces acteurs économiques et financiers propres, de leur légitimité particulière et de leurs modes spécifiques d'expression et de légitimation, se fonde, ainsi, sur une dissimulation de plus en plus grande de ses acteurs, liée à la spécificité close des informations qui les fondent. C'est ce phénomène qu'Adam Smith désignait par la « main invisible », au moment où l'autonomie accrue des acteurs financiers se développait avec la naissance des formes modernes du capitalisme contemporain, fondé sur les pouvoirs propres des capitaux et des investisseurs, dans les entreprises et dans les politiques publiques. Les acteurs de l'espace du marché constituent, ainsi, un acteur porteur d'un pouvoir propre, comme le montre Marx, opposé au pouvoir politique des travailleurs et du peuple, revendiquant de plus en plus fortement de se voir reconnaître une part propre du pouvoir politique, d'autant plus qu'il dispose, de plus en plus, de modes spécifiques d'expression et d'information. On notera, ainsi, que l'opposition entre le marché et les pouvoirs politiques se manifeste d'autant plus clairement que le développement des médias et de l'information, lui-même, d'ailleurs, lié à l'accroissement de l'activité des bourses et des acteurs financiers, manifeste la visibilité de plus en plus intense des identités politiques.

Avec ce développement de l'information et de la dimension symbolique propre de l'économie, se développe une opposition de plus en plus claire entre ce que l'on appellera « l'économie réelle » et ce que l'on appellera « l'économie formelle ». Cette opposition manifeste la naissance de l'économie comme un système symbolique propre, comme un langage particulier, comme un mode spécifique d'expression et d'énonciation de l'identité de ses acteurs et de ses pouvoirs. Ce que désigne le concept d'économie « réelle », c'est l'ensemble des activités effectivement mises en œuvre dans l'espace de la production et de l'échange. Il s'agit de la matérialité des biens conçue au point de vue de leur usage et de leur rôle effectif dans l'activité économique d'un pays. Ce que désigne l'économie « formelle », c'est l'ensemble des informations et des représentations qui donnent une *signification* à ces activités, leur donnant, ainsi, une dimension symbolique. L'opposition entre économie formelle et économie réelle est, finalement, du même ordre que l'opposition, classique, entre forme et contenu, entre signe et référence. Mais, précisément, la sémiotique vient contester cette opposition pour la remplacer par une *dialectique*. Il s'agit, en effet, de montrer que la réalité des biens et des activités n'est rien sans leur représentation symbolique, que le rôle de l'information et de la représentation est de faire en sorte que les acteurs de l'économie s'instituent en sujets d'énonciation et de représentation porteurs d'un langage propre et d'identités particulières, fondées sur des entreprises de reconnaissance mutuelle. Le projet sémiotique engagé par Saussure consiste, justement, à aller au-delà de l'opposition entre une économie formelle et une économie réelle, permettant de fonder une sémiotique de l'économie politique sur la dialectique entre les informations et les représentations, d'un côté, et, de l'autre, la réalité et la matérialité des biens et des échanges. Deux faits semblent, ici, devoir être notés. Le premier est historique. Le *Cours de linguistique générale* est publié par des élèves de Saussure, après sa mort, en 1920. Il est intéressant de noter que cette publication a lieu dans un moment de grave crise du système économique mondial, culminant avec les événements de 1929. Ce n'est pas un hasard si la réflexion sur le signe et sur la dialectique entre la forme et le sens apparaît au moment de la crise de la représentation de l'économie, qui est mise en œuvre par les acteurs financiers. Ce que l'on peut aussi noter est le fait que cette crise, qui se manifeste sous la forme de l'opposition entre économie formelle et économie réelle, apparaît dans un moment de développement du rôle de l'information et de l'expression dans l'activité économique. C'est, par exemple, le moment où se développe l'usage des chèques dans les transactions économiques, le moment où se développent les formes modernes d'enregistrement de la mémoire de l'activité, où, enfin, par le développement de l'informatique et des formes modernes de traitement de l'information, le rôle des médias s'accroît dans le champ de l'économie politique[1].

Le champ de l'économie, de ses entreprises et de ses acteurs, apparaît ainsi bien comme le réel du politique, comme ce qui ne dépend pas du politique. Il ne s'agit pas toujours d'un véritable contre-pouvoir, mais il s'agit toujours d'une limite du pouvoir politique, d'un des éléments qui viennent le borner, voire le déterminer et en limiter l'autonomie de décision. C'est sur ce plan qu'il importe de penser et de comprendre la signification des stratégies élaborées et mises en œuvre par les acteurs de l'économie, qui permettent de penser les logiques propres de ce réel du politique. Cette confrontation entre pouvoir politique des états et pouvoir propre de l'économie et des acteurs financiers était illustrée par deux intervenants d'un débat intitulé « Que peuvent les États face aux marchés[2] ? ». « Ce qui est frappant », disait Marc Roche au cours de ce débat, « c'est l'absence de contre-pouvoir face au pouvoir bancaire. Les

1 On peut lire, sur ce point, les informations proposées dans l'ouvrage historique de Patrice Flichy : *Une histoire de la communication moderne. Espace public et vie privée*, Paris, La Découverte, 1991.

2 Organisé par *Le Monde*, ce débat a eu lieu le 10 octobre 2011 (*Le Monde*, 18 octobre 2011).

ONG n'ont pas les compétences nécessaires, la presse est ligotée par la crise, les analystes, au sein des banques elles-mêmes, sont marginalisés parce qu'ils ne rapportent pas d'argent, les universitaires font financer leurs recherches par les milieux d'affaires. Il faudrait que les ONG, les Eglises, les associations reprennent du pouvoir ». Et, au cours du même débat, J. Cahuzac évoquait « le sentiment d'impunité » des banques, et le fait « (qu')il y a toujours eu tension entre la démocratie et le marché ». Cette tension entre les institutions et les acteurs de la démocratie et le marché et les acteurs financiers manifeste à la fois la crise du politique et la réalité de l'existence de l'économie comme limitation du pouvoir – que cela s'exprime sous la forme d'un contre-pouvoir ou que cela prenne la forme d'un obstacle à la liberté des acteurs politiques et à leur autonomie de décision.

C'est dans ce champ qu'il convient de s'interroger sur les significations politiques du capitalisme et du libéralisme, d'une part, et, d'autre part, sur celles du socialisme et du communisme, comme modes d'orientation de l'exercice des pouvoirs et d'organisation des institutions et des espaces politiques. La naissance du capitalisme comme mode d'organisation de l'économie d'un pays et, au-delà, comme mode d'organisation des institutions, des pouvoirs et de leurs limites, date du moment où les capitaux privés et, en particulier, les banques, se voient reconnaître un rôle particulier dans l'espace politique. Les recherches de Max Weber[1] sur la relation entre la naissance du protestantisme et celle du capitalisme ont permis de mieux comprendre la signification politique de ce qu'il appelle « l'esprit du capitalisme », qui se fonde, justement, sur l'indépendance prise par les acteurs financiers à l'égard des pouvoirs politiques. Historiquement, la reconnaissance de ce pouvoir propre des acteurs financiers s'inscrit dans la logique d'une « éthique », celle du protestantisme, qui naît dans des pays dans lesquels la finance se développe sous la forme d'une activité propre, qui s'impose face aux acteurs politiques et à leurs pouvoirs. Weber propose d'identifier à *« l'ascèse »* cette spécificité de la culture protestante, c'est-à-dire de l'identifier comme une séparation de l'activité économique par rapport à l'espace public. « En passant des cellules monacales dans l'activité professionnelle et en commençant à dominer la moralité intramondaine », écrit M. Weber[2],

---

1 Max Weber, *L'Éthique protestante et l'esprit du capitalisme*, Paris, Gallimard, 2003.
2 *Ibid.* p. 250-251.

« l'ascèse a contribué [...] à édifier le puissant cosmos de l'ordre économique moderne qui, lié aux conditions techniques et économiques de la production mécanique et machiniste, détermine aujourd'hui avec une force contraignante irrésistible, le style de vie de tous les individus qui naissent au sein de cette machinerie – et *pas seulement* de ceux qui gagnent leur vie en exerçant directement une activité économique ». En évoquant cette « force contraignante », M. Weber rejoint à la fois ce qu'A. Smith appelait « la main invisible » du marché, et ce que Lacan désigne comme le réel.

C'est dans cette problématique que nous proposons de penser une signification des politiques économiques comme l'austérité, la rigueur, ou l'inflation et situer la problématique contemporaine de la dette, ses implications et ses significations multiples. En fait, on peut mieux comprendre ces significations dans la logique d'une limitation des pouvoirs. La politique de l'austérité et de la rigueur désigne, dans ce champ, l'impératif de la diminution des dépenses publiques. Elle manifeste, en ce sens, une limitation du pouvoir d'investissement de la puissance publique, et, par conséquent, une diminution de sa capacité d'intervention dans l'économie et dans les entreprises qui lui donnent sa dynamique. C'est la raison pour laquelle les politiques d'austérité ont souvent été condamnées, en particulier par les économistes keynésiens, parce qu'elles portent atteinte à la croissance et au développement économique des pays. L'austérité et la rigueur représentent des expressions contemporaines que M. Weber identifiait comme le propre de l'idéologie protestante, et elles ont, en effet, été mises en œuvre dans des pays dans lesquels la culture protestante est importante, comme l'Allemagne ou les Etats-Unis à certaines époques. À l'inverse, la politique de l'inflation désigne une politique dans laquelle les prix sont libres d'augmenter, ce qui est soutenu par une émission importante de monnaie. En ce sens, il s'agit d'une politique dans laquelle les pouvoirs publics laissent libre cours à la croissance des profits et à l'intensification des initiatives privées, souvent au détriment du pouvoir d'achat des classes populaires, soumises plus que d'autres à la contrainte des prix. Ces politiques permettent de mieux comprendre le lien entre monnaie et pouvoir. En effet, l'émission et la circulation de monnaie dans l'espace public de l'activité et des identités politiques caractérisent les différences entre ces politiques économiques.

Mais il faut aller plus loin en termes sémiotiques, et mieux comprendre ce que *signifient* ces politiques. On peut leur donner trois significations majeures. D'abord, elles expriment, dans le champ de l'économie, des principes moraux, elles manifestent la naissance d'une forme d'*éthique*, pour reprendre le terme proposé par Max Weber. En ce sens, les politiques économiques sont articulées par la culture politique qui donne naissance à ces termes, à des conceptions morales, à une idéologie consistant dans un imaginaire d'idéal moral. Par ailleurs, et ceci est lié à la dimension morale de la signification de ces politiques, les problématiques de l'austérité et de la rigueur consistent dans des modes d'évaluation des politiques publiques fondés sur des jugements moraux. En ce sens, les réflexions de Keynes sur les politiques publiques constituent une forme d'indépendance de l'économie vis-à-vis de la morale, car elles consistent à critiquer ces politiques et à en suggérer d'autres en se fondant sur un impératif de développement et sur un imaginaire de croissance plus que sur un imaginaire moral. C'est ainsi que P. Askenazy écrira que la politique d'austérité est « suicidaire[1] » et que M. Wolf dira que « l'austérité mène au désastre[2] ». Fondamentalement, c'est sur ce point que repose le clivage entre politiques conservatrices et politiques socialistes ou social-démocrates dans le domaine de la politique économique. Enfin, on peut donner à ces problématiques une signification liée à des conceptions de la légitimité des pouvoirs. C'est que l'éthique protestante fonde l'économie politique, comme le montre Max Weber, sur une légitimité morale au lieu de la fonder sur une rationalité économique. En revanche, les politiques de développement de l'activité la fondent sur une légitimité politique liée au bien-être des citoyens, sur le développement de leur emploi, eu, au-delà, de la reconnaissance de leur identité professionnelle, et sur le développement de leur pouvoir d'achat, et, au-delà, sur la reconnaissance de leur activité dans le domaine du commerce et des échanges.

En termes de sémiotique politique, les acteurs de la vie économique deviennent des pouvoirs propres quand ils entrent en conflit, en confrontation avec les pouvoirs politiques. C'est ce qui a pu se produire, en particulier, entre les états et les investisseurs privés, dans le cadre de la décision et de la mise en œuvre de grands travaux de nature à modifier

---

1 P. Askenazy, « L'austérité est suicidaire », Entretien, *Le Monde Culture et Idées*, 28 janvier 2012.

2 « L'austérité mène au désastre », *Le Monde Économie*, 5 juillet 2011.

ou à restructurer l'espace public, dans le cadre des politiques de santé publique associant les pouvoirs politiques aux acteurs privés comme les laboratoires concevant les médicaments ou les médecins constituant des pouvoirs propres. C'est aussi le cas du partage de l'espace public des activités financières entre les banques privées et les administrations postales, ainsi appelées à réguler l'espace à la fois par la diffusion du courrier et de l'information et par la mise en œuvre d'initiatives et d'activités financières publiques.

Il est intéressant, sur ce plan, de noter qu'au dix-huitième siècle, dans les trois pouvoirs élaborés par Montesquieu, l'économie n'apparaît pas. En effet, ce n'est, sans doute qu'au dix-neuvième siècle qu'on assistera à l'émergence d'un pouvoir économique propre avec le pouvoir du capital, prenant la forme du développement des banques, des bourses de valeurs et de l'activité des pouvoirs financiers, même si ce pouvoir est limité, au commencement, à l'espace privé des entreprises et des acteurs financiers. Dans ce contexte, l'engagement financier et l'investissement sont considérés comme les équivalents d'une forme de citoyenneté. En effet, il s'agit de la naissance de véritables pouvoirs dans les institutions privées, dans lesquelles le développement des décideurs et du management donne lieu à la naissance d'acteurs politiques et à leur confrontation aux salariés, qui donne lieu à la naissance d'un véritable espace politique. La nécessité croissante des investissements dans les entreprises donne naissance à des formes financières de l'engagement politique et institutionnel dans le développement des profits et des activités économiques. On assiste aussi à la naissance de nouveaux modes d'expression du pouvoir dans l'entreprise, liés à l'engagement de nouveaux acteurs financiers, moins liés à des acteurs proprement économiques, comme les fonds de pension. Dans ces conditions, on peut mieux comprendre la signification de nouvelles identités économiques. Le réel finit par désigner le pouvoir lié à la contribution financière des investisseurs, ce qui conduit à réduire le pouvoir propre reconnu aux acteurs de l'économie réelle comme les salariés et ceux qui travaillent à la production. L'instance symbolique finit, dans ce contexte, par désigner l'investissement comme expression financière de l'identité. L'identité des acteurs économiques, dans une logique financière, est liée aux investissements qu'ils mettent en œuvre, à leurs choix des entreprises dans lesquelles ils placent leurs fonds et dont ils attendent des intérêts. Mais, de ce fait, la dimension symbolique de l'activité du marché est aussi liée, comme on l'a vu, au développement de médias propres et de logiques propres de communication et d'opinion. Enfin, l'instance imaginaire de cette logique financière exprime l'attente du profit et du rendement : en effet, il n'y a pas d'investissement sans l'imaginaire de l'attente d'un profit, d'un rendement, logique d'attente comparable à celle de l'agriculture qui consiste dans l'attente de la récolte.

C'est ainsi qu'avec le temps, l'investissement va donner lieu à la naissance d'une forme particulière de concurrence, à la fois entre les investisseurs pour le pouvoir sur l'entreprise et entre entreprises pour bénéficier des investissements et du financement. En ce sens, va s'établir un véritable espace public de la concurrence qui donne à l'activité financière la signification et la consistance d'un espace public propre, dans lequel il convient de comprendre les stratégies des acteurs. En effet, l'identité des acteurs économiques va se penser dans cette problématique particulière, opposant l'économie réelle, que l'on peut identifier à la mise en œuvre de logiques économiques de production et d'échanges, et l'économie formelle, que l'on peut identifier à la mise en œuvre de logiques financières par des acteurs propres.

La signification des politiques économiques peut se penser dans cette rationalité particulière. C'est dans ce champ que l'on peut penser la problématique contemporaine de la dette : ses implications et ses significations multiples tiennent à la fois à une dimension éthique et morale de condamnation de la dette et à une dimension d'imaginaire politique fondée sur l'expression de l'indépendance, à la fois politique et financière. Sans doute est-ce aussi ainsi que peut se comprendre la signification politique du libéralisme, que l'on peut penser comme une forme de dénégation de la spécificité de la dimension politique de l'économie, fondée sur la revendication d'un pouvoir propre des acteurs économiques, indépendants des pouvoirs politiques. Cette logique se fonde aussi sur une forme de projection sur la dimension collective des politiques publiques des logiques singulières de l'économie, fondées sur des termes et des expressions liées à une dimension singulière des acteurs individuels, comme la dette, sur l'austérité, sur la liberté, ou sur le rejet des pouvoirs et de l'État. Cette dénégation de la part du politique dans l'économie caractérise le libéralisme par rapport au socialisme, au communisme, ou encore à l'écologie politique, qui reposent, au contraire, sur la prise en considération par l'économie des références et des orientations liées à l'orientation politique du développement social. Sans doute peut-on pleinement comprendre le sens de cette dénégation en s'appuyant sur la problématique freudienne de la *Verneinung*, selon laquelle la dénégation est une forme particulière d'expression de l'identité, liée à l'expression d'un désir et d'une orientation du sujet par l'énoncé de son contraire, et sur une problématique des identités politiques fondées sur une logique de l'antagonisme et de la conflictualité.

USAGE, PROPRIÉTÉ, POUVOIR

Significations de la relation

Sans doute la notion de propriété fonde-t-elle la problématique de la médiation économique, car c'est elle qui instaure une tension entre le singulier et le collectif dans le champ de l'économie. La dimension conflictuelle, la tension, entre le singulier et le collectif, qui impose de penser la distinction et de lui donner du sens repose, dans le domaine de l'économie, sur la distinction entre des biens collectifs, à la disposition de tous, et exprimant, ainsi, l'appartenance et la part collective de l'identité, et des biens propres, appartenant à des personnes singulières et extraits, ainsi, du domaine collectif. Cette distinction exprime la dialectique économique entre le singulier et le collectif autour de l'existence de trois logiques qu'il convient, ici, de mettre en relation l'une avec l'autre, en leur donnant une signification proprement économique : l'usage, la propriété et le pouvoir.

L'usage articule l'économie autour de la relation entre fonctionnalité et identité. C'est la fonctionnalité d'un bien, la mise en œuvre de son rôle dans l'économie, qui lui donne un statut et une valeur. La terre se voit reconnaître une valeur car elle sert à produire de la nourriture, sous la forme de végétaux ou sous la forme de pâture pour les bêtes. Les matières premières se voient reconnaître une valeur, car elles sont utilisées dans la production industrielle de biens destinés à l'usage ou au commerce. Les services et l'information se voient reconnaître une valeur, car ils sont mis en œuvre dans l'expression d'une signification de la médiation et dans l'élaboration d'une culture commune. Mais ces valeurs liées à la fonctionnalité ne s'inscrivent dans une logique économique que quand elles fondent une identité sous la forme d'une désignation dans le langage et sous la forme d'une institution qui s'exprime dans l'espace et le temps. Les biens se voient reconnaître une valeur d'usage dès lors que cette valeur est instituée de façon pérenne, dans le temps, et uniforme, dans tout l'espace public, et cette valeur s'articule en une identité, à partir du moment où, comme toutes les identités politiques, elle s'oppose à d'autres valeurs auxquelles elle est comparée et confrontée.

La propriété articule l'économie autour de l'antagonisme entre singulier et collectif. L'espace public, considéré par tous comme un espace qui leur est commun, se voit reconnaître une identité politique propre quand il est distingué d'espaces privés dont il est séparé par une appropriation singulière. C'est l'appropriation par certains de parts de l'espace public qui fonde la propriété sur la distinction entre la part singulière de l'identité et sa part collective. En effet, elle rend, dès lors, problématique la dialectique entre singulier et collectif qui fait l'objet d'une médiation sous la forme des institutions. C'est ce que nous dit Rousseau, dans le *Discours sur l'origine de l'inégalité* : « le premier », écrit-il[1], « qui, ayant enclos un terrain, s'avisa de dire, *ceci est à moi* et trouva des gens assés simples pour le croire, fut le vrai fondateur de la société civile ». En considérant, ainsi, que la naissance de « société civile », d'une société de citoyens et de lois, est liée à la naissance de la propriété singulière, Rousseau situe l'origine du politique dans la séparation entre le singulier et le collectif, mais, dans le même temps, il fait de la propriété une des origines de l'inégalité. En termes d'identité, la propriété fonde l'identité politique des acteurs singuliers, car elle est ce qui empêche l'identification spéculaire à l'autre. Si j'ai une propriété, c'est que l'autre ne l'a pas, et, en ce sens, nous ne pouvons pas être, l'un pour l'autre, dans une relation spéculaire. La propriété fonde la distinction du politique avec l'identité symbolique singulière, qui fonde le psychisme sur l'identification à l'autre, qui objective l'identité pour le sujet. En revanche, c'est l'antagonisme, la différence, qui fondent l'identité politique sur une relation conflictuelle à l'autre. Mais il convient d'ajouter que Rousseau, dans cette définition, donne une importance fondamentale au langage et à la communication, car, pour que la société civile soit fondée, encore faut-il que celui qui enclôt son champ *en trouve d'autres assez simples pour le croire*. C'est dire qu'il n'y a de société civile et d'économie politique que si le langage rend possibles l'expression et l'interprétation et si la communication rend possibles l'adhésion et la « croyance ».

---

1 Jean-Jacques Rousseau, *Œuvres complètes*, t. 3, Paris, Gallimard, « Bibliothèque de la Pléiade », 1966, p. 164.

Cette importance de la communication dans l'institution de la propriété et, au-delà, dans la naissance de l'économie, y manifeste la place du pouvoir. En effet, c'est lui qui articule l'économie autour de la relation entre contrainte et autonomie en fondant cette relation sur une dimension à la fois réelle (la matérialité des biens et la maîtrise qu'on en a), symbolique (le discours, la communication et l'opinion) et l'imaginaire (la croyance et l'intériorisation de la loi et de la propriété par le sujet). C'est dans le langage, la communication et l'espace public des relations entre acteurs qu'il convient de penser la *signification* de l'économie politique et la constitution des identités économiques dans l'espace des échanges.

La dimension économique du pouvoir se manifeste dans une relation entre trois significations, qui construit la signification de cette instance du pouvoir dans le champ de l'économie politique. La première relation articule l'usage, l'échange et la propriété. L'usage est la relation entre des pratiques et des activités mises en œuvre par des sujets et les biens qui sont nécessaires à ces pratiques ou qu'elles produisent. L'usage fonde une valeur, dite « valeur d'usage », à partir du moment où les modalités de sa mise en œuvre font l'objet d'une convention entre les sujets singuliers appartenant à une société commune ou d'une loi, commune à tous, qui leur est imposée. L'échange articule l'usage singulier à la relation à l'autre. En effet, quand le sujet prend conscience du manque d'un bien pour un usage, il a recours à l'autre pour le lui fournir, et c'est ainsi que se fonde *l'aliénation*, c'est-à-dire la dépendance de l'autre. La propriété articule, comme on l'a vu, le singulier et le collectif, en fondant la distinction entre ce qui est de l'ordre du collectif, et dont les sujets singuliers n'ont que la disposition ou l'usage, et ce qui est de l'ordre du singulier, dont ils ont seuls la maîtrise et la pleine disposition. C'est ainsi que la seconde relation articule l'autonomie et la dépendance. La dépendance fonde l'aliénation en manifestant la nécessité du recours à l'autre et en l'articulant au manque. Dépendre de l'autre, c'est ne pas avoir l'entière maîtrise des ses pratiques et de ses choix et avoir besoin, pour les mettre en œuvre, de biens qui lui appartiennent ou dont il est seul à avoir la maîtrise. C'est ainsi que je peux avoir besoin, pour me nourrir, d'un aliment produit par l'autre, que je lui achète, mettant, ainsi, en œuvre *l'échange* entre des biens ou entre un bien et un montant d'argent, ou que je peux avoir besoin, pour me déplacer, d'emprunter un moyen de transport collectif, pour lequel je m'acquitte d'un droit de passage ou d'usage. L'autonomie consiste, au contraire, à ne pas avoir besoin de biens appartenant à l'autre ou appartenant au collectif, mais à disposer de tous les biens permettant la réalisation des projets dont on est porteur ou des actes que l'on met en œuvre. La troisième relation manifeste la médiation économique de l'espace et du temps. En effet, on vient de voir comment la propriété singulière ou la disposition collective se manifeste dans l'espace et marque la distinction entre espace privé et espace public, mais on peut voir aussi, à partir de là, comment cette distinction entre le singulier et le collectif se marque dans le temps. On peut, en particulier distinguer un temps dont je suis seul à avoir la maîtrise, un temps dont l'usage m'est imposé par l'autre (c'est le cas du temps de travail salarié) et un temps collectif dont l'usage est commun à tous (c'est le temps des activités collectives, le temps des fêtes et des événements politiques, le temps des activités et des pratiques de médiation).

SIGNIFICATIONS DE LA NOTION DE PROPRIÉTÉ

C'est dans ce cadre qu'il convient de penser la notion de propriété et son rôle dans le champ de l'économie. La signification de la propriété est celle d'une rupture dans la dialectique économique entre le singulier et le collectif. La propriété désigne un bien qui est soustrait à l'espace public et à l'usage collectif, et qui, par conséquent, n'exprime plus l'identité collective, mais appartient à un sujet singulier. Cette possession peut être seulement revendiquée par le sujet, mais elle peut aussi faire l'objet d'une reconnaissance par le collectif, sous la forme d'une convention. C'est cette reconnaissance qui est désignée par Rousseau par l'expression « en trouva d'autres assez simples pour le croire », manifestant la dimension symbolique de l'institution de la propriété dans l'espace public.

La propriété a, ainsi, quatre significations articulées l'une à l'autre dans le champ de l'économie politique. D'abord, elle exprime la part du singulier dans l'économie. C'est le sens du terme « propriété », qui, étymologiquement, désigne *ce qui est propre à un sujet*, c'est-à-dire ce qui exprime la part singulière de son identité. Par ailleurs, la propriété désigne, ainsi, ce qui échappe au collectif pour n'être soumis qu'à la norme singulière du sujet qui possède. La propriété désigne, en ce sens, une forme de limite de l'espace public et de l'emprise du collectif sur le sujet singulier. Par ailleurs, la propriété fonde la relation du politique et de l'aliénation. L'aliénation désigne étymologiquement l'appartenance au singulier, mais, surtout, elle se fonde sur la référence à un sujet singulier. En effet, étymologiquement, *alius* ne désigne pas, d'abord, l'autre, mais désigne fondamentalement un sujet singulier dont l'identité se fonde, dans l'expérience du miroir, sur la relation à l'autre qui l'objective dans l'espace de la rencontre et de la sociabilité. Enfin, la propriété désigne une identité économique qui articule deux dimensions. En effet, elle exprime l'usage, en ce qu'elle désigne l'emploi de son bien par le sujet, dans sa vie sociale, et elle exprime la valeur que représente ce bien pour les autres, dans l'espace public et dans l'espace de l'appartenance, de la culture et du politique.

La signification de la propriété repose, dans une sémiotique de l'économie, sur une forme de sortie de l'espace public. Quand un bien fait l'objet d'une appropriation, il ne fait plus l'objet d'un échange, il échappe à l'espace public de l'*agora*, de la négociation et de l'échange, dans une forme de rupture de la médiation. En effet, la propriété consiste dans une forme de *dénégation de l'emprise économique de l'autre*, et, au-delà, dans une forme de rejet de la relation à l'autre dans l'institution des identités économiques. Finalement, la propriété est une forme de dénégation économique de la spécularité, puisque, fondamentalement, si je possède un bien, *c'est que l'autre ne le possède pas*. Il y a là, en ce sens, une forme de contradiction entre la logique de la propriété et celle de la médiation. Cela peut expliquer en partie pourquoi l'inscription de l'économie dans le champ de la rationalité politique soit toujours problématique – qu'elle fasse toujours l'objet d'une mise en doute, voire d'une remise en cause. C'est dans cette forme de crise de la médiation de l'identité politique entre sa dimension singulière et sa dimension collective qu'une sémiotique de l'économie politique conduit à une critique de la notion même de propriété. Cette crise se fonde sur une remise en cause de la confusion imaginaire ou idéologique entre la propriété et l'identité singulière dont le sujet est porteur et dont il se fait reconnaître, et, en quelque sorte, instituer comme sujet politiquement semblables à eux par les autres acteurs de l'espace politique.

SÉMIOTIQUE DE L'APPROPRIATION

Pour comprendre la signification de la notion de propriété, sans doute convient-il de commencer par analyser la signification du fait même désigné par l'appropriation, qui désigne une forme de performatif. L'appropriation est une performativité économique, car elle est un acte, qui entraîne des effets, et, en même temps, elle a une signification et est de nature à transformer ou à déplacer les identités des acteurs qu'elle implique. L'appropriation est, d'abord, un acte. Cela implique qu'elle s'inscrit dans l'espace et dans le temps sous la forme de la transformation d'une situation. Dans l'espace, et, en particulier, dans l'espace économique, un bien change de propriétaire. L'espace de l'économie connaît, ainsi, une transformation. L'achat d'un bien immobilier modifie le cadastre et l'espace concerné par la mutation des propriétaires des biens, ce qui peut entraîner des changements d'aménagement de l'espace et des changements d'usage des biens concernés. L'achat d'une entreprise entraîne des modifications de son activité, et, surtout, des modifications du personnel qui y travaille. Enfin, sur le simple plan de l'achat d'un bien de consommation, l'appropriation d'un bien modifie l'espace de la consommation et des pratiques singulières de l'économie par le fait qu'il ne figure plus dans l'offre disponible. Dans le temps, comme tous les actes, l'appropriation s'inscrit, d'abord, dans le temps court : elle est un moment du temps de l'économie, marqué par une procédure d'achat et de vente, qui se manifeste sous la forme de l'échange entre la cession du bien et le transfert d'un montant d'argent ou d'un autre bien, exprimant la valeur d'échange du bien acquis. Mais l'appropriation s'inscrit aussi dans le temps long, car elle transforme l'identité économique des acteurs engagés. En effet, celui qui s'approprie le bien transforme, ainsi, son patrimoine, et celui qui le cède augmente les moyens financiers dont il dispose, modifiant, ainsi, la dimension financière de son identité d'acteur économique.

Comme toute forme de performatif, l'appropriation revêt une dimension symbolique en exprimant une signification qui peut faire l'objet d'une interprétation et elle s'inscrit dans le langage de l'économie. L'appropriation revêt, en particulier, trois significations. D'abord, au point de vue de l'identité de celui qui s'approprie le bien, elle répond à un désir en donnant à ce désir une consistance qui permet d'en comprendre la signification. Le bien qui fait l'objet de l'appropriation fera, ainsi, l'objet d'un usage qui lui donne la réalité d'une fonction. J'achète un paquet de madeleines parce que j'ai envie de les consommer, et, en ce sens, elles renvoient à la conception que je me fais du plaisir d'un biscuit. Mais, en même temps, ces madeleines vont éveiller des représentations symboliques qui leur donnent la dimension symbolique d'un signifiant associé à la fois à un signifié conscient, exprimé dans le discours qui accompagne l'appropriation et à un signifié inconscient, se référant à mon psychisme. Je vais consciemment associer ces madeleines à un souvenir d'enfant, mais, dans le même temps, je vais associer ce souvenir à des représentations psychiques qui peuvent être d'un tout autre ordre, dont l'association se fera dans mon inconscient. Je vais, par exemple, penser à quelqu'un de mon entourage chez qui je consommais des madeleines un jour où s'est produit un événement que j'avais oublié. Au-delà, l'appropriation a la signification de la satisfaction d'un *manque*, ce qui signifie, à la fois, que ce manque, ainsi comblé par l'appropriation, n'est plus éprouvé comme un manque, et que cette acquisition même me révèle, par récurrence, le manque dont j'étais porteur : elle en est le *signifiant*. Par ailleurs, au point de vue de l'acteur de l'offre, au point de vue de celui qui cède le bien, l'appropriation a une double signification. D'une part, en modifiant son patrimoine et l'ensemble de ses biens, elle modifie son statut de sujet économique et elle modifie l'image qu'il a de lui-même. La signification de l'appropriation concerne, ainsi, l'identité de celui qui offre comme celle de l'acquéreur. L'autre signification de l'appropriation du point de vue de celui qui cède le bien porte sur le manque dont il est porteur et sur l'évolution de son propre désir. En effet, céder un bien signifie qu'il ne fait plus l'objet d'un désir pour soi et que le désir dont on est porteur porte désormais sur un autre objet, que l'on va peut-être acquérir grâce aux moyens nouveaux dont on dispose désormais, ou que l'on ne connaît pas encore, si ce désir nouveau ne s'est pas encore manifesté sous la forme d'un signifiant identifiable.

En ce sens la cession d'un bien révèle souvent une signification dont on n'était pas conscient. C'est souvent le cas lors de la liquidation des biens d'une personne disparue. Mais, quand on ne parle plus de sujets singuliers mais d'acteurs collectifs, comme c'est, par exemple, le cas lors de la liquidation ou de la cession d'entreprises, la cession d'un bien fait apparaître des significations économiques comme l'évolution de modes de production ou la disparition d'objets de consommation. C'est ainsi que, sur un troisième plan, l'appropriation a une signification pensable en termes de sémiotique économique. En effet, d'abord, elle met en œuvre la sémiotique de la valeur sous la forme d'un acte qui lui donne à la fois la consistance d'un événement et la signification politique d'un pouvoir, désigné par le concept de *pouvoir d'achat*, qu'il convient d'approfondir. En termes de sémiotique de l'économie, l'élaboration de cette notion s'apparente à l'articulation linguistique entre compétence et performance. De même que la compétence désigne la culture nécessaire à l'énonciation d'une parole et la performance l'énonciation effective de cette parole dans la réalité de la communication, le pouvoir d'achat désigne la capacité d'acheter ou de dépenser qui caractérise l'identité d'un acteur de l'économie, que cette capacité soit, ou non, mise en œuvre dans un acte effectif d'achat. C'est pourquoi le « pouvoir d'achat » désigne l'identité sociale d'un acteur et son appartenance à une classe sociale particulière. Par ailleurs, l'appropriation désigne l'établissement d'une relation symbolique entre deux acteurs qui expriment, ainsi, leur identité, de façon nouvelle, l'un pour l'autre. La performativité de l'appropriation est une forme de spécularité. Celle-ci se situe dans l'espace de l'intersubjectivité entre les deux acteurs qu'elle engage. Mais cette spécularité se situe aussi entre l'acteur de l'appropriation et tous les autres acteurs de l'espace public – *a fortiori* quand l'appropriation n'implique que lui, ce qui se produit, par exemple, lors de l'appropriation d'un bien par sa production même ou par sa découverte.

Il convient, sur ce plan, de distinguer deux formes de l'appropriation : l'appropriation auprès de l'autre, à laquelle on peut réserver le nom d'*appropriation*, et l'*usage*, qui désigne une appropriation pour soi.

L'appropriation auprès de l'autre, de celui qui cède le bien, s'inscrit dans une logique d'échange. En ce sens, la valeur du bien acquis s'inscrit, comme signifiant échangé, dans une forme de dialogue et de spécularité. C'est dans cette première forme d'appropriation que l'économie s'inscrit dans l'ensemble des formes et des logiques de la communication politique. Elle fonde la dynamique institutionnelle du commerce et donne à l'espace public le statut d'un espace politique d'échanges, de communication, de représentations et de négociations. C'est cette première forme d'appropriation qui met pleinement en mouvement la dynamique performative qu'elle implique, car il y a toujours du langage échangé au cours de la négociation et, finalement, cette forme d'appropriation repose sur une forme d'accord ou de convention. En ce sens, l'appropriation au terme d'un échange s'inscrit dans l'espace public auquel elle donne la consistance d'un espace politique de confrontation entre des acteurs qui manifestent, ainsi, leur identité politique. L'appropriation par l'échange instaure, de plus, une temporalité particulière, scandée et marquée par la performativité institutionnelle de l'acte d'acquisition. C'est pourquoi elle fait l'objet de rituels et de procédures qui font apparaître, dans l'espace public, une forme de langage, de code, inscrivant l'appropriation dans le temps long d'une histoire et d'une culture de l'économie propre à une société particulière.

L'usage désigne, lui, une appropriation pour soi, et la valeur exprimée au cours de l'appropriation ne l'est que pour l'usager, que pour l'acteur de cette appropriation pour soi, en dehors de toute relation à l'autre. C'est pourquoi Marx lui donnera le nom de *valeur d'usage.* Cette forme d'appropriation échappe, en particulier, au pouvoir de l'autre et manifeste une forme d'indépendance économique de l'identité du sujet qui la met en œuvre. Dans une certaine mesure, on pourrait dire, en ce sens, que cette forme d'appropriation échappe à l'économie politique ; elle est antérieure à la distinction qui fait apparaître l'économie politique comme un champ particulier de la rationalité économique. On peut, en particulier, relever que l'espace de cette appropriation par l'usage est un espace propre à un acteur, et ne fait pas l'objet d'un partage entre les deux acteurs d'une négociation ou d'une transaction. L'appropriation par l'usage modifie l'espace dont dispose l'acteur en propre, ce que l'on peut appeler son espace privé, mais elle n'a pas d'implications sur l'espace commun des échanges et de l sociabilité, sur l'espace public. Quant au temps de la consommation et de l'usage, il s'agit d'un temps court, car l'usage est une forme de propriété limitée dans le temps. Tandis que l'appropriation liée à un échange ne connaît, *a priori*, pas de limite dans le temps, l'appropriation d'usage est temporaire. C'est, en particulier, dans cette logique d'appropriation par l'usage que l'économie instaure des logiques de location, en particulier dans le domaine foncier et dans le domaine immobilier, et, plus récemment, dans le domaine des biens d'usage fonctionnel (locations de véhicules, location d'outils, location de biens culturels). Les formes de la location mettent en œuvre en réalité un double système de valeur. En effet, il s'agit à la fois d'une valeur d'usage singulière pour le locataire et d'une valeur d'usage établie par des normes culturelles ou par un marché de l'usage. Mais il s'agit aussi d'une valeur d'échange, à la fois imaginaire et symbolique, déterminée par les acteurs de la transaction, à la fois en fonction des représentations et des cultures dont ils sont porteurs en propre et en fonction des représentations et des cultures qui circulent et s'imposent dans l'espace public de la communication, du langage et des pratiques symboliques.

USAGE, PROPRIÉTÉ, POUVOIR

Dans le champ de la sémiotique de l'économie, c'est quand se pose le problème du pouvoir que l'on s'inscrit dans le champ de l'économie politique. L'économie politique définit l'instance du réel en termes de pouvoir. C'est pourquoi il importe de définir, ici, les identités politiques des acteurs économiques en termes de pouvoir. Mais, si l'on se situe aussi dans le champ de la médiation, de la dialectique entre une dimension singulière et une dimension collective, l'identité se pose aussi dans les termes d'une contradiction, d'une confrontation, entre la logique de la propriété et celle de l'usage, qu'il nous faut, par conséquent, également tenter de définir.

En employant le terme *empire*, A. Orléan situe bien la question politique de l'économie dans le champ du pouvoir. En effet, le pouvoir peut se définir comme l'emprise d'un acteur sur un autre, comme la relation par laquelle un acteur exerce une domination (un « empire ») sur un autre acteur, ou comme la situation dans laquelle un acteur dépend d'une contrainte d'une situation dont la maîtrise lui échappe. C'est ainsi qu'Orléan pose le problème de la valeur en termes politiques en la situant dans la logique du pouvoir : « Comme toute valeur, religieuse, esthétique, morale ou sociale, la valeur économique a la dimension d'un jugement portant sur la puissance des individus ou des objets[1] ». C'est parce qu'elle désigne une « puissance » que la valeur devient un objet politique de la rationalité économique et qu'elle amène à penser l'économie en termes politiques. La relation entre la puissance et le pouvoir désigne la relation entre la contrainte et l'acteur qui l'exerce. Comme toute identité politique, le pouvoir articule un acteur et son intervention dans l'espace politique, articulée à celle des autres acteurs. La puissance désigne la contrainte subie par un acteur qui voit, ainsi, se réduire sa capacité d'intervention et son autonomie de décision, et le pouvoir désigne l'acteur qui exerce sur lui cette contrainte. Le pouvoir désigne, ainsi, l'identité d'un acteur porteur d'une capacité à intervenir dans l'espace de l'économie et les modalités particulières suivant lesquelles il va mettre cette capacité en œuvre, manifestant ainsi pleinement son identité. En posant le problème du pouvoir en termes sémiotiques, on peut se référer à la logique, déjà mise en œuvre, de la compétence et de la performance. Dans ces termes particuliers, le pouvoir désigne une forme de compétence économique, qui se manifeste par sa performance, c'est-à-dire par sa mise en œuvre réelle dans l'espace économique. Pour reprendre la réflexion d'A. Orléan, le pouvoir consiste dans la compétence qui fonde la signification d'une identité économique, en l'occurrence la valeur, dont la performance consiste dans la mise en œuvre de la contrainte de la valeur dans l'ensemble de l'espace politique dans lequel elle s'exerce. Mais, bien sûr, ce pouvoir et cette contrainte de la valeur ne peuvent pleinement se penser que si l'on est en mesure de les associer aux acteurs qui les exercent, c'est-à-dire aux acteurs qui ont fait dominer cette référence à la valeur dans la rationalité de l'économie politique : les acteurs des marchés. Mettant en œuvre le pouvoir politique des acteurs et des institutions qu'ils orientent comme une « main invisible » (A. Smith), ceux-ci ont dominé la raison de l'économie politique en y élaborant des conceptions fondant l'identité sur la propriété et sur la valeur d'échange au lieu de la fonder sur l'usage et sur la valeur d'usage. En effet, c'est la propriété qui peut s'échanger et faire l'objet d'un commerce, d'une transaction, et donc d'un profit, et non l'usage. Sans doute peut-on désigner les modalités de mise en œuvre de la contrainte du marché par une forme de refoulement de la distinction entre usage

1 André Orléan, *op. cit.*, p. 188.

et propriété et par l'intériorisation de la norme de la propriété par les sujets singuliers de l'espace politique qui en firent, ainsi, un réel orientant leurs pratiques sociales.

C'est sur ce plan qu'il convient, sans doute, de penser la contradiction entre usage et propriété dans le champ de la rationalité politique de l'économie. On peut le faire sur trois plans, qui désignent les champs de signification de cette contradiction : la dialectique entre le singulier et le collectif, la question de l'espace et la question du temps.

Dans les premières pages du *Capital*, Marx fonde la distinction entre valeur d'usage et valeur d'échange sur la distinction de deux dimensions d'un bien. Celui-ci a le statut d'un simple objet, auquel est reconnu un usage. Mais il a aussi le statut d'une marchandise, à laquelle est reconnue une valeur d'échange quand il fait l'objet d'une transaction dans le marché. La médiation politique intervient à partir du moment où, par la référence au travail, les identités des acteurs intervenant dans l'espace économique se fondent elles-mêmes sur une médiation politique. Celle-ci confronte l'une à l'autre une dimension singulière, qui s'exprime lors de l'événement de l'échange proprement dit, et une dimension collective qui s'exprime lors de l'institution de normes et de lois des échanges et lors des confrontations entre employeurs et salariés. En effet, l'institution de normes de l'échange fait intervenir le travail et sa valeur propre, à la fois en termes quantitatifs mesurables (quantité de travail fourni et temps de travail) et en termes qualitatifs appréciables (compétence, pénibilité). Mais, de cette manière, Marx montre que c'est la propriété qui fait l'objet d'un échange dans le marché, tandis que l'usage est, lui, extérieur au marché proprement dit, n'intervenant qu'indirectement, comme une des références, d'ailleurs contestée, de la valeur. Finalement, la propriété fonde l'identité singulière dans l'économie de marché, alors que c'est l'usage qui fonde cette identité dans ce que l'on pourrait appeler une économie réelle, c'est-à-dire une économie de pratiques sociales effectives.

Sans doute pourrait-on situer de deux façons, dans l'histoire politique récente, cette tension entre l'économie de marché de l'échange et l'économie réelle de l'usage. L'opposition entre le socialisme et le libéralisme cherche à rendre sa place à ce que l'on pourrait appeler « l'empire de l'usage » en imposant et en régulant la référence aux contraintes sociales du travail et des pratiques de consommation dans l'appréciation des valeurs des biens. Mais l'expression de l'écologie politique cherche à faire intervenir la référence aux contraintes de l'environnement et de la préservation d'espaces non dégradés de vie sociale dans l'appréciation et l'expression de la valeur des biens et dans l'établissement des normes de la vie économique. C'est ainsi, par exemple, qu'au cours de la campagne de l'élection présidentielle de 2012, en France, l'attention aux contraintes environnementales, « l'empire de l'écologie » a pris une place importante dans la confrontation ente les acteurs, par exemple dans le domaine de l'agriculture. « J'ai conscience que l'aspect tatillon de certains règlements administratifs (*dans le domaine de l'environnement*) vous insupporte », a dit, ainsi, N. Sarkozy, président (U.M.P.) sortant[1]. Il poursuivait ainsi : « La préservation de l'environnement, ça n'est pas empêcher quiconque de faire quoi que ce soit [...]. Il faut absolument lever le pied de ce point de vue ». De tels propos s'inscrivent dans le débat politique dans le cadre d'une confrontation plus générale entre acteurs de droite et acteurs écologistes. Nous nous trouvons devant deux logiques de l'usage. La première est une logique libérale tendant à l'atténuation des normes et des réglementations imposant la prise en compte du collectif dans les pratiques des acteurs singuliers, et l'autre est une logique de médiation politique, fondant les pratiques singulières sur la référence aux exigences et aux contraintes du collectif et des autres acteurs singuliers. C'est ainsi que le programme électoral proposé par Eva Joly pour Europe-Écologie, lors de l'élection présidentielle de 2012, comporte, en particulier, un « plan national de préservation de la nature » et la préparation d'une « loi d'urgence écologique », avec « objectif Triple zéro », faisant référence à « zéro OGM, zéro gaz de schiste, zéro autoroute supplémentaire ». On peut mesurer à ces expressions la place de l'écologie dans les références contemporaines de la sémiotique de l'économie politique, en particulier dans l'appréciation du rôle de la norme comme expression nécessaire de la référence au collectif dans les pratiques singulières.

C'est ici que la question de l'espace apparaît pleinement comme une référence majeure de la sémiotique de l'économie politique dans l'articulation entre usage et propriété. En effet, d'abord, c'est dans l'espace qu'historiquement s'est toujours manifestée cette distinction. La propriété désigne un espace fermé, réservé à l'usage d'une personne

1 Rémy Barroux et Martine Valo, « Nicolas Sarkozy tourne le dos à l'environnement », *Le Monde*, 20 janvier 2012.

singulière, tandis que la logique de l'usage fonde l'espace sur son ouverture à des usages collectifs, à des pratiques sociales, à des déplacements et à des mouvements. Cette dimension de l'espace apparaît aussi dans l'histoire des identités politiques dans la distinction sociale de plus en plus importante entre des classes populaires pour qui l'espace est une contrainte (à la fois par la nécessité de déplacements souvent longs entre le domicile et le travail et par les contraintes des prix de l'immobilier) et des classes aisées pour qui l'espace est disponible à des usages librement choisis. Sur ce dernier plan, c'est sous la forme d'une valeur d'échange de plus en plus élevée ignorant les logiques de l'usage que l'espace a fini par devenir un des éléments du marché fondant aujourd'hui l'économie libérale. L'incidence politique de cette mise en marché de l'espace et de cette méconnaissance de la logique de l'usage dans les identités spatiales a été remarquée récemment lors des études d'opinion menées dans le cadre de l'élection présidentielle de 2012. En effet, ces études font apparaître, par exemple, « un survote frontiste de la France périurbaine ». « Des populations venues des centres-villes ou, plus souvent, des banlieues proches) sont là par choix autant que par contrainte, explique Jérôme Fourquet, directeur adjoint du département opinion de l'IFOP. Le choix, c'est celui de la verdure, de la mise à distance de la grande ville et de ses nuisances. La contrainte, c'est celle du prix du foncier et de l'immobilier. Pour pouvoir acheter un petit pavillon à la propriété, les ménages modestes doivent aller de plus en plus loin[1] ».

Enfin, la question du temps, elle, s'est toujours vu reconnaître une importance majeure dans la distinction entre usage et propriété et dans les logiques économiques du pouvoir. En effet, l'économie politique a toujours opposé deux classes d'acteurs, ceux qui ont la pleine maîtrise de leur temps de travail et de loisir et ceux qui sont contraints de « se louer », de donner à leur temps de travail une valeur d'échange dans la relation avec leurs employeurs. Cette valeur cesse d'être libre et devient une contrainte pour les salariés à partir du moment où elle est imposée par le marché et où les employeurs agissent sur elle pour la définition des valeurs d'échange des produits qu'ils mettent sur le marché, en agissant sur cette valeur du temps de travail pour augmenter leurs profits lors de l'échange soumis aux normes du marché. Entre le temps de

1 T. Wieder, « Dans la France périurbaine, le "survote" pour le Front national exprime une colère sourde », *Le Monde*, 29 février 2012.

l'usage et celui de la propriété, il y a, dans le champ de la sémiotique de l'économie politique, une différence comparable à celle qui distingue l'espace de l'usage et celui de la propriété. Le temps, comme l'espace, se fonde, ainsi, comme un réel de l'économie politique : comme une contrainte qui ne fait pas l'objet d'un débat politique, mais qui semble, comme toute valeur, ne pouvoir faire l'objet que d'une négociation entre des acteurs opposés les uns aux autres. Mais sans doute convient-il de donner une autre dimension à la logique conflictuelle du temps dans la sémiotique de l'économie politique. La distinction entre le temps long et le temps court se voit, en effet, reconnaître une signification particulière dans ce champ. La signification dans le temps de l'opposition entre l'usage et la propriété peut en effet se penser comme une double opposition entre temps long et temps court. D'une part, la propriété inscrit la possession, c'est-à-dire la maîtrise d'un bien par un acteur ou son pouvoir sur lui, dans le temps long d'une certaine pérennité, tandis que l'usage l'inscrit dans le temps court d'une utilisation, d'une mise en œuvre, d'une consommation ou d'un certain plaisir. Par ailleurs, la propriété se fonde sur le temps court de la consommation immédiate et d'un échange, dans le cycle court d'un achat et d'une vente, tandis que l'usage se fonde sur le temps long d'une pratique mise en œuvre à l'échelle de l'existence du sujet. Celle-ci manifeste sa contrainte, en particulier, dans le champ du travail et des impératifs de l'hygiène, de la santé et de la vie quotidienne. Par ailleurs, sur un autre plan, la reconnaissance de la contrainte environnementale s'inscrit dans la référence au temps long, imaginaire, de la préservation de l'espace, opposée au temps court de son usage immédiat sans considération de la pérennité de l'environnement.

MARX, KEYNES ET L'ÉCONOMIE D'USAGE

Marx et Keynes proposent une rupture, une forme de « coupure épistémologique » dans la rationalité de l'économie politique en y intégrant le travail comme une référence de la valeur d'usage, l'un en faisant du travail un des fondements de l'identité des acteurs de l'économie politique, l'autre en faisant de l'emploi une des instances de la théorie économique.

Le travail représente, pour Marx, une référence de l'identité exprimée par les acteurs singuliers de l'économie politique qui fondent sur elle leurs appartenances et leurs identités collectives. L'emploi représente, pour Keynes, une forme particulière de l'usage dans la relation entre usage et propriété. Sans doute est-il important de rappeler que, quand Keynes écrit sa *théorie générale*, on est au sortir de la crise économique de 1929 et qu'à ce moment, les logiques fondamentales de l'économie politique sont soumises à une critique radicale, à la fois sur le plan politique, sur le plan financier et sur le plan social.

Marx et Keynes partagent une conception de l'économie selon laquelle c'est le travail et l'activité sociale, et non la rente, qui fondent les identités des acteurs économiques. Mais, entre ces deux conceptions de la signification du travail et de l'identité sociale qu'il exprime, il existe une différence fondamentale qui constitue un élément fondamental du processus que l'on peut désigner comme *l'identification en économie*, et qui articule usage, propriété et pouvoir. La logique sémiotique de l'approche de l'économie politique par Marx est la centralité de la logique du conflit et de la contradiction. C'est l'antagonisme qui les oppose qui fonde l'identité des classes sociales et qui structure la signification de leur engagement dans l'espace économique. Les acteurs de l'espace public de l'économie politique instituent leur identité par une dynamique d'identification fondamentalement conflictuelle, ce qui explique la place centrale de la dialectique dans la logique de Marx. C'est ainsi que *Le Capital* se conclut par la centralité de la différence conflictuelle qui distingue l'origine des revenus. « Voici trois grands groupes sociaux », écrit Marx[1], « dont les membres individuels vivent respectivement du salaire, du profit et de la rente, c'est-à-dire de la mise en valeur de leur force de travail, de leur capital et de leur terre ». Cette logique se fonde ainsi sur la tension entre les « groupes sociaux » et leurs « membres individuels », qui se manifeste, dans l'histoire, par les luttes et les conflits qui expriment leur identité politique. Mais le processus social de l'identification passe aussi par l'évolution des modes de production, qui constitue un des « traits civilisateurs » dont parle Marx[2], c'est-à-dire des cultures, des médiations symboliques de l'identité, et qui se fonde sur l'opposition entre accumulation et travail. La finalité d'une économie politique rationnelle se

1 Karl Marx, *Œuvres. Économie*, *op. cit.* t. 2, p. 1483.
2 *Id.*, p. 1486.

trouve, ainsi, pour Marx, dans une articulation entre usage, propriété et pouvoir fondée sur la liberté. La liberté désigne, dans son discours, le fait que c'est la nature qui constitue le réel auquel se confrontent l'instance symbolique et l'instance imaginaire des identités sociales, au lieu d'être la contrainte imposée au travail par le capital. « Dans ce domaine », écrit Marx à la fin du *Capital*[1], « la liberté ne peut consister qu'en ceci : les producteurs associés – l'homme socialisé – règlent de manière rationnelle leurs échanges organiques avec la nature et les soumettent à leur contrôle commun au lieu d'être dominés par la puissance aveugle de ces échanges ; et ils les accomplissent en dépensant le moins d'énergie possible, dans les conditions les plus dignes, les plus conformes à leur nature humaine ». Le discours de Marx se réfère, ainsi, à une forme de sublimation imaginaire de l'identité dans l'histoire.

La logique de l'approche de Keynes va se fonder, compte tenu, en particulier, de la différence entre son époque et celle de Marx, sur une approche beaucoup plus critique et distanciée des identités sociales et de la nature humaine. On peut estimer que la signification de la *« Théorie générale »* de Keynes fonde la sémiotique de l'économie politique sur trois éléments. Le premier est l'acceptation de l'inégalité entre les classes sociales comme une forme d'instance réelle que l'on est obligé de considérer comme une contrainte à laquelle on ne peut échapper. « Pour notre part », écrit-il[2], « nous pensons qu'on peut justifier par des raisons sociales et psychologiques de notables inégalités dans les revenus et les fortunes, mis pas non des disproportions aussi marquées qu'à l'heure actuelle ». On peut remarquer, ici, la reconnaissance d'une instance « psychologique » de l'économie, la reconnaissance d'un poids du psychisme dans les logiques des identités politiques, et une approche que l'on peut qualifier de « réformiste » qui fonde l'identité politique social-démocrate sur la modération d'inégalités sociales cependant acceptées. La deuxième signification que nous pensons pouvoir donner au discours de Keynes est l'instauration d'une rationalité de l'économie fondée sur une articulation entre salaire, demande et emploi. C'est la demande qui engage l'économie dans une dynamique de production et de consommation, la demande est soutenue par un salaire permettant au

1 *Id.*, p. 1487-1488.

2 John Maynard Keynes, *Théorie générale de l'emploi, de l'intérêt et de la monnaie*, trad. fr. par J. de Largentaye, Paris, Payot & Rivages, 2005, p. 367.

travail de fonder l'identité économique du salarié, elle-même articulée à l'emploi, considéré par Keynes comme une instance réelle de l'économie. Pour bien comprendre la signification de ce discours, il importe de rappeler qu'il est énoncé dans une situation[1] qui ouvre ce que l'on peut appeler la période contemporaine de l'économie, dans laquelle l'emploi commence à devenir un réel fondé sur le manque – faute, en particulier, d'imaginer des formes nouvelles de mise en œuvre de l'activité sociale. Le travail et l'activité sociale fondent, pour Keynes comme pour Marx, l'identité sociale dans l'espace de l'économie politique, mais, à l'époque où écrit Keynes, le travail, qui commence à se caractériser par le manque, devient pleinement une instance réelle de la sémiotique de l'économie politique. Enfin, la troisième signification que l'on peut donner au discours de Keynes est la reconnaissance à la monnaie d'un statut sémiotique, celui d'un *signifiant*. Ce signifiant est articulé à une référence réelle, qui articule deux éléments. Le premier est l'intérêt, qui fonde la valeur de la monnaie sur l'appréciation des taux d'intérêt, variables dans le temps, selon les situations politiques et sociales. En ce sens, Keynes définit la valeur de la monnaie, comme signifiant, en la fondant, en particulier, sur le rôle de l'information dans l'évolution des taux d'intérêt, devenu essentiel à l'époque où il écrit, compte tenu, en particulier, du rôle croissant des médias et de la recomposition des pouvoirs politiques, désormais exercés autant par les acteurs économiques, les acteurs sociaux et les médias que par les acteurs politiques classiques. Le deuxième élément qui fonde la valeur de la monnaie est la centralité du lien entre l'emploi et l'état du marché, c'est-à-dire de l'espace public de l'activité économique de la production et de la consommation.

L'économie d'usage définit, ainsi, ce que l'on pourrait appeler une *médiation économique pleine*, c'est-à-dire une médiation économique mettant pleinement en œuvre la relation dialectique des identités entre les sujets singuliers et les acteurs collectifs. Cette dimension pleine de la médiation se fonde sur la mise en œuvre commune, dans l'histoire, de quatre instances articulées l'une à l'autre. La première est l'expression par la monnaie, devenant, comme tout signifiant, un mode d'échange symbolique et de relation de sociabilité, d'une valeur fondée sur la réalité d'une activité économique effective et d'un pouvoir économique exercé

1 La préface de la *Théorie générale* est datée du 13 décembre 1935, et celle de la première édition française du 20 février 1939.

par des acteurs économiques engagés. Le deuxième élément de la plénitude de la médiation économique est l'articulation de l'emploi et du pouvoir, fondée sur la maîtrise de l'orientation des usages de l'emploi et des conditions de travail par ceux qui l'exercent. Au lieu qu'elle ne se fonde que sur la propriété et le capital, c'est, ainsi, la dynamique de l'activité économique qui fonde l'identité des acteurs, exprimée par leur travail et les pouvoirs qu'ils exercent. À cet égard, il est significatif, aujourd'hui, qu'un pouvoir économique nouveau ait été reconnu, en particulier aux Etats-Unis et dans les autres sociétés anglo-saxonnes, aux fonds de pension. En effet, une part importante de l'activité de spéculation, opposée à l'activité de production et d'échange, est mise en œuvre par ces acteurs, qui expriment l'identité de salariés retraités, donc sortis de la sphère économique de l'activité. Le troisième élément d'une médiation économique pleine est la reconnaissance d'une identité propre des acteurs sociaux exprimée dans l'espace public de l'économie à la fois par leur activité de production, par leur activité d'usage et de consommation. C'est cette relation entre usage et possession qui permet de fonder la notion de propriété sur des biens propres destinés à la fois, dans le temps court, à la consommation et, dans le temps long, à l'expression d'un patrimoine garantissant une forme de pérennité. Mais, dans le même temps, la considération pour les impératifs de l'environnement et de l'écologie donne une expression nouvelle au temps long de l'économie politique. Une médiation économique pleine articule, en effet, la temporalité des sujets singuliers, comme celle des acteurs collectifs, entre le temps court des événements, des pratiques et des stratégies et le temps long de l'histoire et de la culture. Enfin, le quatrième élément qui nous semble fonder une médiation économique politique pleine est l'articulation entre désir et pouvoir, ainsi reconnus comme les deux instances qui fondent la signification de l'engagement des sujets singuliers comme acteurs exprimant des appartenances économiques collectives. En effet, c'est le désir qui donne sa signification à l'engagement des sujets singuliers dans des pratiques sociales et culturelles de travail, de consommation et d'usage, tandis que le pouvoir consiste à être en mesure d'imposer une signification et une orientation à des pratiques collectives de production, de distribution et de médiation. La *liberté* dont parle Marx[1], les *motifs qui gouvernent l'évolution des sociétés orga-*

1 Karl Marx, *Œuvres. Économie*, t. 2, *op. cit.*, p. 1487.

nisées dont parle Keynes[1], désignent la façon dont l'usage et la propriété, articulés au désir et au pouvoir, donnent à l'économie politique une signification pleine, au sens où Lacan parle d'une parole pleine, exprimant pleinement l'identité du sujet symbolique. Mais cette articulation se fonde aussi sur la dialectique entre le singulier et le collectif, qui fonde aussi les expressions contemporaines de la médiation économique sur des pouvoirs nouveaux, en particulier sur l'environnement, et sur des formes nouvelles d'organisation institutionnelle de l'action collective (syndicalisme d'un type nouveau, O.N.G., organisations diverses d'initiatives locales, associations de consommateurs, etc.). Sans doute cette reformulation contemporaine des identités économiques et des enjeux des confrontations dans l'espace public de l'économie est-elle de nature à refonder les logiques de la médiation politique de l'économie. La sémiotique politique de l'économie permet, ainsi, de mieux comprendre l'articulation de l'expression symbolique des identités économiques, des ambitions et des projets qui fondent leur dimension imaginaire et des contraintes nouvelles, économiques, énergétiques, environnementales, qui constituent le réel s'imposant à elles. On se rend compte de cette manière du fait que la dimension pleinement politique de la signification de l'économie se fonde sur l'expression de l'identité et de l'appartenance par les différences qui structurent les logiques de la valeur.

SIGNIFICATIONS DE LA COMPÉTITIVITÉ DANS LA SÉMIOTIQUE DE L'ÉCONOMIE POLITIQUE

La compétitivité est une figure économique qui domine les représentations politiques des échanges, mais aussi du travail, dans une logique de concurrence dominée par les impératifs liés au marché. Dans un texte sur les politiques économiques de l'Union européenne, le géographe Gilles Ardinat[2] propose une critique de ce qu'il appelle *le mythe de la compétitivité.* Trois éléments définissent le caractère proprement mythique de ce qui est devenu un impératif de la politique libérale.

1 John Maynard Keynes, *op. cit.*, p. 375.

2 « La compétitivité, un mythe », *Le Monde diplomatique*, octobre 2012, p. 1 et 22-23.

D'abord, comme tous les mythes, la compétitivité est devenue une figure échappant à tout débat et, donc, à toute contradiction, et orientant les politiques économiques élaborées et mises en œuvre par les institutions et par les pouvoirs, en leur donnant une légitimité politique.

C'est ainsi que, dans un article du *Monde*, trois économistes présentaient la compétitivité avec les « pays émergents » comme une situation d'urgence constituant un impératif de la politique économique. « Nous, c'est-à-dire les pays de l'OCDE », écrivent-ils[1], « avons transféré comme jamais les activités vers les pays émergents. Le coût social et économique de ces délocalisations massives est gigantesque et compromet notre compétitivité. La France si riche en ingénieurs, en innovations, en produits de toute nature est désormais affaiblie, d'où l'importance majeure de retrouver de la compétitivité ».Ce qui vient compléter la place de l'urgence dans le mythe de la compétitivité, c'est le thème d'un affaiblissement des acteurs économiques auxquels les lecteurs sont supposés s'identifier. En d'autres termes, la compétitivité devient un mythe orientant, dans le champ de la confrontation des acteurs économiques, la constitution de ce que l'on peut appeler l'identité imaginaire nationale. La figure de la compétitivité fait, finalement, passer l'économie politique dans le champ des imaginaires politiques, en inscrivant dans son discours un modèle imaginaire de structuration de l'identité des acteurs.

Par ailleurs, la figure de la compétitivité s'inscrit dans une logique de concurrence qui, encore une fois comme tous les mythes, repose sur une confrontation avec des adversaires imaginaires. Sans doute nous trouvons-nous là devant la dimension mythique et imaginaire de la figure économique du pouvoir. En effet, au lieu de se fonder sur des rapports de force et de confrontation avec des adversaires identifiés et analysés, au lieu de se fonder sur des confrontations fondées sur une forme objective de rationalité politique, la figure de la compétitivité instaure une dynamique de concurrence avec des adversaires imaginaires, ne faisant pas l'objet d'une identification objective, mais se fondant sur une approche mythique des politiques économiques. En effet, la figure de la compétitivité oriente les politiques économiques dans une logique de confrontation supposée avec des concurrents qui ne sont pas identifiés, mais qui sont désignés de façon absolue.

1 J.-P. Betbèze, J. Le Cacheux, J.-H. Lorenzi et C. Saint-Étienne, « La compétitivité, c'est maintenant ! », *Le Monde*, 6 octobre 2012.

Dans cette approche mythique des pratiques politiques de l'espace public, la figure de la compétitivité devient un impératif économique s'imposant à tous les acteurs politiques, au-delà de tout choix possible, dans ce que G. Ardinat appelle un « singulier unanimisme ». Le « credo » imposé par l'Europe, toujours pour reprendre les termes de G. Ardinat, devient la figure mythique d'un consensus imposé au-delà des clivages et des identités politiques, dans une forme de dissolution ou de dénégation du débat public. Cet abandon du caractère politique de l'économie, qui n'est pas sans rappeler ce que Marx dénonce dans sa « critique de l'économie politique », revient, selon G. Ardinat, à « un affaiblissement des prérogatives de l'État » : « l'objectif de la compétitivité », écrit-il, « masquerait une perte d'autorité et de souveraineté des États-nations ». On se trouve bien, ici, devant un affaiblissement du caractère politique des identités des acteurs économiques qui, de ce fait, cessant d'être responsables devant des citoyens qui les auraient élus, font échapper l'économie au champ de la critique politique, garant de la démocratie.

Enfin, comme tous les mythes, celui de la compétitivité consiste dans une forme de refoulement de la distance dialectique, constitutive de la médiation politique, entre le singulier et le collectif. Représenté en termes de *responsabilité*, l'impératif de la compétitivité impose aux sujets singuliers de l'espace politique une forme de responsabilité, qui exprime la signification des relations économiques en termes éthiques et moraux. « Pour briser cette spirale dépressive et rebondir », écrivent les auteurs de « La compétitivité, c'est maintenant », « il n'y a pas d'autre issue que de soutenir les entreprises en faisant supporter aux ménages les charges sociales qui leur reviennent ». Nous nous trouvons, en fait, ici, devant une des figures qui fondent le libéralisme économique. En effet, celui-ci repose sur une logique de représentation de la médiation économique qui se caractérise par une confusion du singulier et du collectif. Dans une telle approche, les acteurs institutionnels, politiques et collectifs, de l'économie sont représentés sous la forme de sujets singuliers, auxquels il est donc possible (et même politiquement souhaitable) que les citoyens s'identifient, assumant, ainsi, leurs responsabilités et leurs impératifs. En revanche, dans cette approche, les sujets singuliers du politique et des citoyens font l'objet d'une représentation sous une forme imaginaire d'acteurs collectifs de la décision et des choix qui fondent le politique.

INSTITUTIONS ET MÉDIATION DE L'ÉCONOMIE POLITIQUE

La médiation économique définit ainsi une articulation spécifique du singulier et du collectif, fondée sur les pratiques mises en œuvre par les acteurs de l'espace public de l'économie et sur les représentations de l'économie dont ils sont porteurs dans leur culture et dans leurs identités. L'économie devient pleinement une *économie politique*, quand elle se fonde sur des pratiques de la dialectique entre les sujets singuliers et les acteurs collectifs et sur la mise en œuvre de la médiation entre la dimension réelle, la dimension symbolique et la dimension imaginaire des représentations et des pratiques. Tout un ensemble d'institutions seront analysées ici, qui sont de nature à structurer la médiation politique de l'économie et à donner une consistance et une signification à la dialectique de l'économie entre ses trois instances, la contrainte du réel, les représentations symboliques et les projections imaginaires.

Mais sans doute convient-il de commencer par une réflexion sur *la notion d'institution en économie.* En effet, l'espace public de l'économie est structuré par des institutions qui lui sont propres et dont il convient d'approfondir la signification. D'abord, ces institutions articulent la dimension performative du langage de l'économie à une dimension singulière et à une dimension collective. En effet, la performativité de l'économie ne consiste pas seulement à articuler, comme on l'a vu, une démarche qui est de l'ordre de l'acte et une démarche qui est de l'ordre de la représentation : elle consiste aussi en une déclinaison de la performativité au singulier et au collectif. La médiation de l'économie est mise en œuvre, au singulier, dès l'acte d'achat et la pratique de la consommation. Dès que nous faisons l'acquisition d'un bien ou que nous le vendons, nous mettons en œuvre la dimension singulière de la médiation économique, de deux façons.

En effet, il s'agit, d'abord, d'une transaction et d'une négociation mises en œuvre par des sujets singuliers, dans un espace spéculaire d'intersubjectivité. La parole qui s'échange ou les actes symboliques mis en œuvre au cours de cette relation sont, d'abord, singuliers. Une forme de spécularité est ainsi mise en œuvre, qui, dans le champ de l'économie, est désignée par le concept de *confiance.* La confiance est la relation établie entre deux sujets de l'échange symbolique qui manifeste la spécularité qui les engage l'un par rapport à l'autre. Avoir confiance en l'autre, c'est s'identifier symboliquement à lui, en le supposant en mesure de mettre en œuvre les mêmes relations économiques que soi et en le supposant donner les mêmes significations et les mêmes références que soi aux signifiants, par exemple monétaires, engagés dans la relation. S'entendre avec l'autre sur un prix, c'est donner à un bien la même valeur que lui, mais c'est aussi supposer que l'autre donnera la même signification que soi à cette valeur même, et l'exprimera dans les mêmes termes et selon la même échelle que soi. Mais cette dimension symbolique de la confiance intersubjective a une dimension performative, en ce qu'elle se manifeste dans la prestation d'un acte. Tant que la confiance ne s'est pas exprimée sus la forme d'un acte effectif de transaction, elle ne se situe que dans *la conception imaginaire* de l'identité économique de l'autre. C'est quand elle est mise en œuvre au cours d'une négociation dont elle fonde la légitimité et la consistance aux yeux des deux partenaires qu'elle engage que la confiance acquiert la consistance réelle qui lui donne sa dimension performative. Mais la relation économique entre deux sujets est toujours performative, car, si elle ne l'était pas, elle resterait de l'ordre de l'énonciation et de l'échange de paroles ; c'est seulement quand elle est articulée à la matérialité réelle d'un échange que la médiation entre les deux sujets devient pleinement économique, instituant ainsi un double espace : l'espace intersubjectif de l'échange et son espace public.

L'échange entre les deux partenaires de la transaction institue à la fois la dimension économique de l'espace privé et la dimension intersubjective de l'espace public de l'économie, auquel on donne le nom de *marché.* Il nous faut donc, ici, approfondir la signification du concept de marché, en articulant de façon nouvelle les termes *agora*, *forum*, *marché.* En effet, on a vu plus haut que *agora* et *forum* désignaient, étymologiquement, un espace particulier d'échanges et de transactions, fondé sur son extériorité par rapport à l'espace spéculaire de l'intersubjectivité et à l'espace privé de la filiation. Mais l'approche de la médiation économique nous engage à donner à ces termes une signification un peu plus approfondie. Cette extériorité de l'espace public de l'*agora* et du *forum* est aussi une extériorité *par rapport à un espace strictement symbolique d'échanges et de relations.* L'espace de l'*agora* et du *forum* est aussi un espace « extérieur » parce qu'il s'agit d'un espace dans lequel les échanges sont nécessairement performatifs, car leur signification est toujours articulée à l'expression matérielle d'une valeur ou à un échange de valeurs. C'est ici qu'il convient de revenir sur le sens du terme *marché.* Le latin *mercatum*, d'où est issu le français *marché*, est l'espace du *merx*, de la marchandise, et du *mercator*, le marchand. Nous sommes donc dans la logique du commerce et de l'échange, de la négociation, de la transaction. Le français *commerce*, comme le latin *commercium* dont il est issu, désigne l'articulation entre la marchandise, *merc* et la relation exprimée par le préfixe *com*, de *cum*, *avec.* Mais, justement, *merx* est issu de la même racine qu'un autre terme latin, *merces*, le salaire, la rémunération. Et Benveniste explique, sur ce plan : « La notion qui doit unir *merx* et *merces* est que la rémunération est faite en argent : *merx*, en tant que "marchandise", est la marchandise obtenue *pour de l'argent.* Non plus le troc, l'échange d'une chose contre une autre, mais bien un achat commercial réalisé moyennant argent[1] ». De la même façon, le salaire désigne la rémunération liée à un travail effectué pour de l'argent, à la différence, par exemple, du travail effectué par un membre de la famille dans l'espace privé ou, dans la culture latine, par un esclave non rémunéré. Ce qui est commun à la marchandise et au travail salarié est leur inscription dans un espace qui n'est plus l'espace privé régulé par du désir et par des relations intersubjectives et exprimé par des signifiants dont la signification est elle-même fondée sur des conventions privées, mais dans un espace public, régulé par du pouvoir et des relations d'appartenance et exprimé par des signifiants dont la signification est fondée sur des normes, des lois et des conventions publiques. Le *mercatum*, le marché, désigne, ainsi, l'espace public dans lequel la signification, l'usage et l'échange des biens sont régulés par des logiques de valeur fondées sur des normes institutionnelles articulant désir et pouvoir, au lieu de l'être sur des normes familiales ou privées ou sur des logiques de

---

1 Émile Benveniste, *Le Vocabulaire des institutions indo-européennes*, t. 1, Paris, Éditions de Minuit, 1969, p. 169.

désir. L'idée d'*extériorité* exprimée par *agora* et *forum* prend ainsi toute sa consistance : elle désigne la sortie de l'espace des relations de filiation et de désir et l'entrée dans un autre espace, celui des normes, des lois, des pouvoirs et des échanges fondés non sur le troc mais sur la relation à la monnaie. Il ne s'agit plus, ainsi, d'une sémiotique de la valeur fondée sur le psychisme ou le désir du sujet, mais d'une *sémiotique politique de la valeur*, fondée sur des normes politiquement établies et sur des cours légitimés par des conventions instituant des relations entre des acteurs confrontés les uns aux autres dans l'espace des identités politiques. Sans doute convient-il, ainsi, de ne pas limiter la signification du *mercatum*, du marché, à la manifestation des activités liées au commerce, mais d'étendre sa signification et sa consistance à l'ensemble des activités de l'économie mettant en œuvre des expressions et des significations régulées et codifiées par l'arbitraire sémiotique de la monnaie. Celle-ci est considérée, en ce sens, comme un système de signification imposé de façon indistincte à l'ensemble des acteurs de l'espace public. L'identité d'un acteur de l'économie repose sur sa participation à ce système de signification. L'exclusion ou la sortie de ce système d'échange implique l'exclusion de l'espace économique. C'est que cet espace d'échanges et de transaction fondé sur l'usage d'une monnaie est clos comme tout système d'usage des langues. L'usage d'une langue désigne l'expression sémiotique de l'appartenance à une société, et cette appartenance nécessite un apprentissage et l'accès à un système social clos. De même, l'usage d'une monnaie désigne l'expression sémiotique de l'appartenance à un espace économique, et cette appartenance nécessite la reconnaissance de l'expression des valeurs par cette monnaie et la reconnaissance de soi et de sa solvabilité par les autres acteurs de l'espace du marché. La performativité économique fonde l'espace du marché comme l'espace dans lequel les expressions symboliques sont immédiatement articulées au réel de la valeur, fondé sur l'usage ou sur l'échange. Cet espace public est *extérieur* à l'espace symbolique en raison de ce caractère systématique de la performativité des échanges et de l'expression des valeurs. C'est le sens qu'il convient de donner à l'unification de l'espace économique des Etats-Unis exprimée par l'établissement du dollar comme monnaie unique. « L'État fédéral », écrit Viviana Zelizer[1], « s'était énergiquement

1 Viviana Zelizer, *La Signification sociale de l'argent*, trad. fr. par C. Cler, Paris, Seuil, 2005, p. 210.

employé à imposer un moyen d'échange unique, anonyme et interchangeable à partir de la fin du XIXe siècle ». Dans ce contexte, l'unification désigne l'institution politique d'un État par l'unification des monnaies, comme la France s'est unifiée par l'imposition d'une monnaie unique (écu, puis franc) ou l'Europe par l'unification de l'euro, l'anonymat désigne la nécessité politique de l'indistinction des sujets sociaux, et l'interchangeabilité désigne l'universalité des échanges opérés grâce à la monnaie unique et le caractère sémiotique des transactions dans l'espace économique de l'indistinction.

L'IMPÔT ET LA COTISATION : LA CONTRIBUTION COMME MÉDIATION ÉCONOMIQUE

L'impôt et la cotisation manifestent la façon pour le sujet de mettre en œuvre sa contribution à la médiation économique et d'exprimer, ainsi, la dimension financière de son identité politique et civique par une pratique qui exprime sa citoyenneté et son appartenance à un groupe social. L'articulation classique entre le paiement de l'impôt et le droit de vote est une façon d'exprimer la dimension institutionnelle de la contribution et le fait qu'elle constitue une forme d'actualisation de la citoyenneté et de l'identité politique. Par la cotisation et l'impôt, nous manifestons sur le plan financier un engagement et une forme d'adhésion à une identité collective qui emploiera les fonds ainsi recueillis à la réalisation de projets collectifs et à la mise en œuvre des politiques publiques. Sous la forme de l'impôt, l'État manifeste son identité de deux façons. D'abord, il exprime sa puissance auprès des citoyens à qui il impose de contribuer aux politiques publiques de l'économie. De plus, par la fixation des taux de l'impôt, l'État définit des classes sociales, il désigne des identités et des statuts sociaux et il assigne des fonctions différentes à ceux qui font partie de la société. À cela, il faut ajouter que, par l'impôt et la politique fiscale, l'État met en œuvre une véritable forme de solidarité politique : il donne à l'impératif social et moral de la solidarité la dimension institutionnelle d'une norme et la dimension politique de l'adhésion aux logiques d'un pouvoir. Sur un deuxième plan, la levée de l'impôt et la disposition des sommes qu'il recueille donnent à l'État les moyens d'exprimer sa puissance, car il reçoit, ainsi, les moyens d'entretenir des agents et d'engager une politique. L'impôt donne aussi à l'État les moyens de s'assurer la visibilité d'un véritable espace institutionnel aménagé par des équipements et des infrastructures et par des bâtiments publics et celle d'un temps de l'institution, scandé par des événements organisés comme des fêtes, des cérémonies et des aménagements de la temporalité comme des congés ou des expressions institutionnelles de la mémoire publique et collective. De la même façon, l'impôt scande le temps social

La contribution manifeste ainsi une forme d'emprise du pouvoir institutionnel, ce qui explique qu'elle ait toujours fait l'objet à la fois d'une véritable rhétorique publique de légitimation. C'est, d'ailleurs, le sens étymologique du terme même « impôt » qui, en français, est issu de la même racine que le verbe « imposer ». Par l'impôt, l'espace public de l'économie est institué comme un véritable espace politique, à la fois parce que s'y exprime une confrontation entre la puissance publique et les intérêts singuliers et parce que s'y manifestent des logiques institutionnelles de pouvoir et de solidarité. Finalement, pour parler, comme Simmel, d'une *téléologie* de l'argent[1], la contribution exprime une finalité institutionnelle et proprement politique de l'usage des biens. Cette finalité se situe à la fois dans le champ de la fiscalité qui l'exprime sous la forme de la puissance de l'État et de la pérennité de son existence, et dans le champ des contributions et des cotisations diverses dont nous nous acquittons régulièrement, qui expriment cette finalité sous la forme de l'existence d'associations et d'acteurs collectifs auxquels nous participons en manifestant notre adhésion et nos choix.

Mais on peut aller plus loin, et situer la question de la contribution et de l'impôt dans une logique politique plus large de la valeur et de l'économie politique. En effet, sans doute peut-on situer cette question dans le champ de l'expression des *identités politiques.* En exprimant le caractère obligatoire de l'imposition et de la contribution, l'identité collective manifeste la dimension réelle d'une contrainte. La part singulière de notre identité, exprimée par notre désir de liberté et d'émancipation, est, en quelque sorte, limitée, bornée par sa confrontation à l'impératif

1 Georg Simmel, *Philosophie de l'argent*, trad. fr. par S. Cornille et P. Ivernel, Paris, PUF, 1987, en particulier p. 235-239.

collectif de la solidarité et de l'appartenance sociale. C'est de cette manière que la contribution et l'impôt manifestent pleinement la part collective de notre identité. Mais, dans ces conditions, selon B. Friot[1], « la cotisation [...] constitue l'une des deux dimensions émancipatrices du salaire. La cotisation sociale offre une définition anticapitaliste de la valeur ». En effet, notamment selon B. Friot, en reconnaissant une valeur à des activités sociales qui ne sont pas des marchandises, la cotisation sociale exprime la médiation entre le singulier et le collectif, en lui donnant une valeur économique propre, l'inscrivant dans l'espace public de l'économie. La contribution manifeste, ainsi, une forme de *sublimation politique de l'identité.* L'expression de la valeur n'est plus limitée, comme dans une stricte logique capitaliste, à la mise en œuvre d'une transaction, d'un achat ou d'une vente, ou au cours de l'expression des valeurs du marché, à la manifestation de la possibilité d'un échange entre des acteurs individuels de l'économie. Au-delà, elle manifeste la puissance publique et l'appartenance à une identité collective. Par la contribution qu'ils offrent à l'économie de la société, l'impôt ou la cotisation manifestent l'adhésion du sujet singulier à une identité collective, et, de cette manière, ils transforment son identité singulière en l'inscrivant dans une dialectique avec son expression collective, ce que désigne le concept de sublimation. D'ailleurs, historiquement, l'époque de la Révolution française de 1789 est aussi celle où, en Europe, les philosophies classiques comme celle de Kant vont exprimer un impératif politique de la transcendance situant l'appartenance et la part collective de l'identité dans un champ de rationalité et d'expression indépendant de l'espace et du temps. En nous faisant contribuer à la manifestation des identités collectives auxquelles nous appartenons, les impôts et les cotisations diverses dont nous nous acquittons nous font prendre pleinement comprendre de la pérennité des identités collectives dont nous sommes porteurs et, dans le même temps, de leur universalité (elles sont imposées à tous) et de leur pérennité (elles se manifestent dans un temps qui va au-delà de notre temporalité singulière). Sans doute les propositions de Vauban sur l'institution d'une « dîme royale » (1707) étaient-elles aussi destinées à garantir la pérennité de l'expression de la puissance publique dans la dimension pleine qu'elle avait acquise, en

1 Bernard Friot, « La cotisation, levier d'émancipation », *Le Monde diplomatique*, février 2012.

France, sous le règne de Louis XIV, en particulier dans sa confrontation aux acteurs privés de l'économie. C'est ainsi que, selon Schumpeter, Vauban « atteint pleinement ces sommets, foulés par peu de gens, d'où la politique fiscale apparaît comme un instrument de thérapeutique économique, l'aboutissement d'un examen global du processus économique[1] ». L'expression « aboutissement d'un processus global » désigne bien, ici, une forme de sublimation des identités politiques, tandis que la référence à une « thérapeutique » désigne la mise en œuvre d'une entreprise de purification de la société par la puissance publique, qui se voit reconnaître un rôle de sécurité, d'assurance et de guérison des troubles sociaux.

Les taxes sur la consommation constituent une autre forme de régulation des pratiques singulières de l'économie, et, ainsi, mettent en œuvre une autre dimension de la médiation politique et économique entre le singulier et le collectif. En effet, en imposant des taxes sur la consommation de divers produits, les pouvoirs publics en régulent l'usage et instituent des normes définissant une forme de culture économique des pratiques sociales. C'est ainsi que, selon les époques, les pouvoirs publics peuvent limiter la consommation de certains produits comme le tabac ou l'alcool, ou en réguler le commerce, comme c'était le cas par la gabelle, impôt sur le sel. À l'inverse, en limitant les taxes sur d'autres produits, les pouvoirs publics peuvent en encourager l'usage, comme c'est le cas, par exemple, avec la limitation des impôts comme la TVA sur les biens culturels et les activités de diffusion de la culture. De cette façon, la fiscalité constitue un mode d'exercice économique des pouvoirs de médiation reconnus aux acteurs politiques et institutionnels. C'est ainsi que, par l'instauration d'un débat et l'institution de normes, la fiscalité contribue à la formulation et à la mise en œuvre d'autorités venant réguler les activités et les structures de l'espace public de l'économie, qui devient, ainsi, un véritable espace politique. Au cours des débats publics récurrents sur la fiscalité, notamment à l'occasion des élections ou à l'occasion des débats sur l'établissement des budgets, en exprimant leur opinion singulière, les acteurs de l'économie manifestent la médiation politique de l'économie et des échanges sociaux. Le débat rend possible, par les médias et par des

1 Joseph Schumpeter, *Histoire de l'analyse économique*, trad. fr. sous la dir. de J.-C. Casanova, Paris, Seuil, 1983, t. 3, p. 288.

confrontations entre acteurs, l'appropriation des représentations politiques de l'économie par les sujets singuliers qui manifestent, ainsi, une véritable citoyenneté économique.

L'imposition d'une contribution manifeste une forme de justice économique : elle vise à corriger les inégalités sociales en permettant une redistribution des biens et des richesses dans l'espace public économique et en rendant possible l'accès de tous à de bonnes conditions de vie. En ce sens, elle participe à l'expression et à la mise en œuvre d'un imaginaire économique fondé sur l'idéal économique de la solidarité. C'est en ce sens que la contribution, sous la forme, en particulier, de l'impôt, représente une des formes de la médiation économique entre le singulier et le collectif, puisqu'en contribuant à la formation d'un bien collectif, chaque sujet singulier devient un acteur de l'identité collective. L'impératif économique d'une contribution fait partie des logiques politiques de la constitution d'une identité politique collective manifestant, dans l'espace public, les formes et les orientations de l'appartenance et de la sociabilité. Cet impératif est formulé à un moment de l'histoire, au dix-huitième siècle, où se recomposent les identités politiques et où se préparent les ruptures liées à des révolutions dont la signification sera à la fois institutionnelle et sociale. S'imposant à tous, la contribution exprime sur le plan de l'économie politique à la fois l'impératif de la solidarité et la nécessité de l'indistinction qui fonde la logique des identités collectives. Mais c'est précisément en raison de cette signification que l'impôt fait, depuis toujours, l'objet d'un débat entre des identités politiques différentes. Tandis que l'économie libérale souhaite toujours diminuer les impôts et exprimer la notion de liberté sous la forme de l'autonomie de la personne singulière par rapport à la société, les projets socialistes donnent une plus large place à l'expression fiscale de l'État dans l'espace économique et expriment la notion de liberté sous la forme de l'égalité de l'accès de tous aux logiques de la médiation politique et aux fonctions de la solidarité de la société. C'est ainsi, par exemple, que l'on peut comprendre, en 2012, le bilan des réformes fiscales mises en œuvre pendant le mandat de N. Sarkozy, qui ont avantagé les plus riches, par exemple en augmentant le poids de la T.V.A. par rapport au revenu ou en réduisant le poids de l'impôt sur la fortune[1].

1 Claire Guélaud, « Un syndicat éreinte le bilan fiscal de Sarkozy », *Le Monde*, 22 mars 2012.

L'EMPLOI ET LE TRAVAIL DANS LA MÉDIATION ÉCONOMIQUE

Par le travail, le sujet singulier exerce la médiation économique en contribuant à la production des biens qui feront l'objet des échanges, et, par l'emploi, les acteurs collectifs de l'économie donnent au sujet une fonction qui l'inscrit dans le système organique de l'économie. Mais, au-delà de cette fonction dans le système économique, le travail donne au sujet singulier une identité. En effet, il constitue, pour lui, une forme d'expression dans ses pratiques sociales de ses intérêts, de ses orientations et de ses conceptions de la société et de la participation à la vie collective. C'est pourquoi le travail ne saurait se réduire à la mise en œuvre d'une fonction, car cela réduirait le travailleur à n'être qu'un instrument, un organe de la vie économique. Le travail lui donne une identité et un statut dans l'espace politique de l'économie. C'est pourquoi il importe de reconnaître au travail une place majeure dans la rationalité des significations de l'économie. Au lieu de réduire l'espace public de l'économie à la manifestation des expressions des stratégies et des identités des acteurs financiers, il importe de reconnaître la place majeure qu'occupent dans cet espace les acteurs du travail, porteurs d'identités aussi importantes pour l'économie que celles des acteurs financiers. C'est dans cette confrontation entre les acteurs financiers et les acteurs du travail que la médiation économique prend toute sa signification politique. Associant expression symbolique de l'identité, dimension imaginaire d'un idéal social et politique et manifestation du réel de la contrainte dans l'articulation de l'énonciation et de l'acte, le travail constitue une des manifestations de la performativité économique.

Comme toute médiation, le travail revêt, d'abord, une signification pour les acteurs singuliers qui le mettent en œuvre et qui, ce faisant, expriment une dimension fondamentale de leur identité individuelle, fondée sur quatre éléments. Le premier élément consiste dans la mise en œuvre d'un savoir par le sujet et dans la reconnaissance de cette compétence par les autres. Reposant sur un savoir acquis par la médiation de la transmission scolaire et par l'expérience fondée sur la pratique, la compétence du travailleur s'inscrit dans une logique de reconnaissance de l'identité à la fois à ses propres yeux et aux yeux des autres. Le travail revient, en ce sens, à une forme sociale et institutionnelle de spécularité propre à l'espace public de l'économie. En accomplissant le travail dont il est chargé, le sujet fonde l'identité qui fait de lui un sujet actif de l'espace public de l'économie. Le second élément de l'identité individuelle du travail est sa dimension physique, corporelle. En mettant en œuvre le travail, le sujet fait, dans son corps, l'expérience d'une confrontation au réel. C'est le sens de l'étymologie du terme *travail*, issu d'un terme latin, *tripalium*, qui désignait un instrument de torture. Si le travail est fondamentalement inscrit dans une thématique de la souffrance, c'est qu'il exprime la confrontation entre le sujet singulier et le réel de la nature, de la matière ou de l'expérience qui lui résiste. La thématique de la souffrance fait référence à cette confrontation qui, au-delà, contribue à faire prendre pleinement conscience au sujet de son existence sociale. C'est la raison pour laquelle les revendications liées à l'amélioration des conditions de travail et à la reconnaissance des souffrances et des maladies professionnelles sont des éléments fondamentaux de la formulation d'une économie pleinement politique. Le troisième élément singulier du travail est le temps. Le travail fait partie du temps de l'existence, il représente même, sans doute, la plus grande partie de la durée de la vie. Dans ces conditions, il constitue une part majeure de la dimension temporelle de l'identité du sujet. C'est pourquoi le temps fait partie des éléments essentiels de la dimension singulière du travail. Cela se manifeste dans le temps court de l'existence du sujet dans la fixation ou l'appréciation de la durée de la journée ou de la semaine de travail ou dans la détermination des droits à congé. Mais cela se manifeste aussi dans le temps long de la vie par la reconnaissance de la part du travail dans l'existence individuelle, en particulier par l'appréciation des droits à la retraite, fondés sur la durée du travail. C'est aussi dans le champ de la temporalité qu'à l'inverse du travail, le chômage prend toute sa dimension pour le sujet singulier. Durant le temps au cours duquel il n'a pas d'emploi, où il cherche du travail, le sujet, finalement, voit lui échapper la signification même du temps pour son identité. Le chômage constitue un temps pendant lequel le sujet perd à la fois son identité professionnelle et la signification de son rôle dans la société. Mais il existe un quatrième élément de la signification singulière du travail pour le sujet : l'articulation du travail et de l'expérience de l'espace. À la fois dans le rôle du travail dans l'organisation de son espace quotidien de vie et dans l'aménagement des lieux dans lesquels il exerce son métier, le sujet fonde la dimension singulière de son identité au travail sur son expérience spatiale du travail, qui se manifeste aussi dans l'expérience quotidienne des déplacements liés au travail. La signification spatiale du travail porte, ainsi, également, sur la contrainte spatiale que représente la nécessité des mouvements, parfois importants, imposés au sujet singulier par l'emplacement des lieux dans lesquels il travaille. Au-delà, cette dimension spatiale du réel singulier de la contrainte du travail porte aussi sur les migrations qui font subir aux travailleurs l'expérience singulière de l'internationalisation de la vie économique. Les travailleurs qui quittent leur pays pour devenir des immigrés dans d'autres pays subissent ainsi une double contrainte : celle du travail même qui leur impose des conditions particulières d'existence et celle du déplacement hors de leur pays et de leur culture d'origine qui implique la mutation de leur identité.

Mais il convient d'analyser aussi la signification de la dimension collective du travail. Il existe, en effet, une dimension collective de la médiation de l'identité économique du travail, qui prend la forme de la régulation et de la dimension institutionnelle des espaces collectifs dans lesquels le travail est mis en œuvre et des identités collectives auxquelles appartient le travailleur. On peut aborder cette dimension collective de la signification économique du travail de trois points de vue. D'abord, il s'agit de l'expression d'*identités collectives*. Ces identités prennent, d'abord la forme de l'adhésion des travailleurs à des organisations professionnelles. Ces organisations manifestent l'évolution d'une profession, dans les formations et les qualifications qui définissent les métiers exercés, mais elles consistent aussi dans l'élaboration de cultures professionnelles. Ces dernières sont fondées sur des médias particuliers, sur des activités d'information spécifiques et sur des modalités de transmission de savoirs qui fondent des cultures et des identités dans le temps court de la formation individuelle comme dans le temps long de l'évolution des pratiques et des instruments de travail. Par ailleurs, les organisations collectives auxquelles adhèrent les travailleurs sont les syndicats et les autres organisations de défense de leurs droits et de leurs revendications. Ces organisations professionnelles constituent la dimension proprement politique de l'identité du travail en exprimant l'engagement militant des acteurs du travail et en contribuant à l'évolution de l'économie politique du travail, en faisant évoluer les rémunérations et les expressions de la valeur du travail dans l'espace économique. Le deuxième point de vue de l'expression des identités collectives de l'économie politique du travail est celui des politiques de régulation du travail et de négociation des conditions de travail et de rémunération. La relation, souvent conflictuelle, entre les salariés et les employeurs fonde la constitution des identités politiques des uns et des autres en mettant en œuvre l'expérience de la confrontation constitutive des identités politiques. C'est au cours de ces expériences de confrontation institutionnelle que l'espace du travail devient un véritable espace public d'expression des identités politiques collectives liées au travail, à sa mise en œuvre et à la rationalisation de son rôle dans l'économie politique d'un pays. La régulation du travail fait de ce dernier un des champs d'exercice des pouvoirs et d'expression des identités politiques autant qu'un des champs dans lesquels se met en œuvre une politique d'expression de la valeur économique du travail. Enfin, le troisième point de vue que l'on peut prendre pour apprécier la signification politique des logiques collectives du travail est celui de l'emploi et de son inverse, le chômage. Comme toujours dans le champ de l'économie politique, c'est, bien sûr, dans les périodes de crise que les identités s'expriment de façon conflictuelle et tendue dans des situations d'urgence sociale. Le chômage est une situation qui a, comme on a vu, la signification singulière d'une perte d'identité, mais qui constitue aussi, dans le champ des identités collectives, une situation de crise politique à l'échelle d'un pays, voire de plusieurs pays. Il s'inscrit, en particulier, dans les périodes de mutation des identités professionnelles, dans des situations dans lesquelles les métiers changent de mode de mise en œuvre, et, par conséquent, rendent caduques les formations des travailleurs qui ne sont plus en mesure de faire face à de nouvelles contraintes professionnelles. Le chômage caractérise aussi les périodes de crise économique au cours desquelles les employeurs interrompent les embauches, les recrutements et les salaires. Les entreprises disent n'avoir plus les moyens financiers de recruter des salariés et cela conduit à des situations collectives de chômage et de manque d'emplois qui conduisent à la raréfaction des identités professionnelles. C'est, ainsi, en particulier dans ces situations que le travail se voit reconnaître, dans le champ de l'économie politique, une valeur particulière, tant dans l'appréciation des identités professionnelles que dans celui des identités des espaces. En effet, des régions, voire des pays entiers, se trouvent en situation de crise d'emploi en raison des nouveaux impératifs de répartition des espaces de travail dans le monde et des nouvelles contraintes économiques et sociales liées à l'internationalisation des activités de production et d'échange et des identités professionnelles.

Toutes ces logiques font du travail un des éléments constitutifs majeurs de la notion même de *valeur d'usage.* Il fait partie des éléments qui fondent la rationalité et la signification du concept de valeur sur l'activité et les pratiques sociales effectives au lieu de la fonder sur l'appréciation financière de la propriété et de l'acquisition des biens. En ce sens, il constitue une des formes que peut revêtir la place de l'usage dans la recomposition des rationalités performatives de la médiation symbolique de l'économie politique.

LE COMMERCE ET LA CONSOMMATION COMME MÉDIATION ÉCONOMIQUE

Sans doute le commerce est-il la première expression singulière de la médiation économique, car il constitue un domaine d'expression de la valeur et de transmission de biens et de marchandises, depuis le commencement de la mise en œuvre des logiques sociales et culturelles d'échange. Le commerce a, fondamentalement, quatre significations qui rendent intelligible l'identité économique qu'il représente. D'une part, il consiste dans un change de biens. C'est leur inscription dans les logiques économiques et institutionnelles du commerce entre des acteurs qui donnent aux objets transmis et échangés le statut de biens, assortis d'une valeur qui leur est reconnue par les acteurs de l'échange. Il peut s'agir d'un animal issu d'un élevage ou de l'objet issu d'une culture dans le cas de l'agriculture. Il peut aussi s'agir de l'objet d'une extraction du sol dans le cas des mines ou du produit d'un ensemble de transformations et d'interventions sociales. Mais, dans tous ces cas, les objets qui dont l'objet d'une transaction commerciale se voient reconnaître une identité de biens car ils sont articulés à une valeur qui exprime ce qu'ils représentent dans l'espace public de l'économie. C'est leur inscription dans le marché conçu comme espace de l'échange et de la transaction qui fait de ces objets des biens économiques porteurs d'une valeur reconnue par les acteurs de la médiation. D'autre part, le commerce est l'une des formes que revêt la confrontation entre des acteurs dans l'espace politique de l'économie. Les identités politiques reposant sur des logiques de confrontation qui leur donnent leur signification et leur consistance, le commerce est fondamentalement une activité économique inscrite dans le champ des identités politiques. La mise en œuvre du *negotium*, de la négociation qui articule les biens échangés à l'expression de leur valeur, institue les identités qui s'expriment dans l'espace du marché et acquièrent, ainsi, le statut d'identités politiques. C'est, finalement, le passage de la logique de l'usage et de la libre disposition des biens à la logique de l'échange et de la transaction qui institue l'espace public de l'économie en rupture avec l'espace privé de l'usage des objets de la vie quotidienne. Par ailleurs, le commerce constitue ce que l'on pourrait appeler l'expérience singulière de la médiation économique. En effet, c'est en se livrant à l'activité commerciale, en y exerçant le rôle de l'offre ou celui de la demande que les sujets singuliers de la communication et de l'échange symbolique font l'expérience par laquelle ils deviennent des acteurs de la médiation politique de l'économie et de l'échange. Faisant, au cours de la relation ainsi instituée à l'autre, l'expérience de l'articulation du bien et de sa valeur, les sujets singuliers d'énonciation du discours et des pratiques du commerce mettent en œuvre des pratiques de discours et de représentation qui fondent une première expérience, singulière, du langage de l'économie. Enfin, le commerce est une activité économique qui articule le temps court du sujet de l'énonciation et de l'échange au temps long de sa culture et de son identité. Au cours de l'expérience de la transaction commerciale, le sujet singulier met en œuvre un savoir et une compétence (au sens linguistique du terme) qui expriment la dimension économique de son identité symbolique dans la confrontation avec l'autre. Entre la logique de l'usage et la logique de l'échange et du commerce, il y a toute la différence entre l'expérience de la confrontation des identités et l'expérience de l'usage simple des objets de la culture et de la sociabilité.

La consommation est une autre forme de mise en œuvre de la médiation économique, car elle est une façon, pour le sujet singulier, de participer à la vie et aux usages de l'espace public économique. La consommation constitue, en quelque sorte, l'image spéculaire du commerce, car c'est en consommation les biens qu'il a acquis au cours de l'échange commercial que le sujet leur donne la valeur *d'usage* articulée à leur valeur d'*échange*. En ce sens, la consommation représente une forme de performativité économique singulière et expression économique de l'identité singulière du sujet et de la personne. C'est ce que montre V. Zelizer quand elle fait l'histoire des débuts de la régulation de la consommation et des usages individuels des biens diffusés au cours des échanges et des transactions du commerce[1]. La consommation désigne l'ensemble des pratiques sociales et culturelles par lesquelles les biens faisant l'objet d'une valeur d'échange exprimée au cours des activités du commerce font aussi l'objet d'une valeur d'usage exprimée au cours de pratiques sociales culturellement structurées et répondant à des normes constitutives de la citoyenneté et de la sociabilité. En ce sens, la consommation constitue une autre forme de performativité économique associée à l'activité commerciale. Tandis que l'offre des biens constitue la performativité par laquelle les acteurs du commerce manifestent la performativité qui exprime leur identité économique dans l'espace du marché, la demande des biens constitue une autre performativité, en quelque sorte en réponse, par laquelle les acteurs de l'usage manifestent, en fait, deux identités. Dans l'espace public du marché, ils manifestent, par leur demande et leur acte d'achat, l'identité économique d'acteurs de l'échange, et, dans l'espace privé de l'usage des biens ainsi acquis, ils manifestent, par leur pratiques sociales, l'identité culturelle dont ils sont porteurs comme sujets de langage, d'énonciation et de médiation. Finalement, la consommation est articulée au commerce en structurant la mise en œuvre par les sujets singuliers de la sociabilité, porteurs des identités sociales, de pratiques sociales et culturelles donnant une valeur d'usage aux biens qui font, au cours des activités commerciales, l'objet d'un échange qui leur donne une valeur dans un marché et dans l'espace public de l'échange. Ainsi, la consommation est articulée au commerce, et c'est dans leur articulation qu'ils manifestent une identité particulière de l'espace public de l'économie. On pourrait même dire que c'est une signification fondamentale de l'*agora* et du *forum*, de l'espace du marché, de manifester des identités fondées sur l'articulation performative entre

1 *Cf.* Viviane Zelizer, *op. cit.*, p. 231.

consommation et commerce, qui représentent, l'un et l'autre, des pratiques sociales extérieures (c'est le sens du radical indo-européen **gwe/or*), étrangères, au champ des identités singulières, sur la filiation et le psychisme. La notion même d'espace public d'échange fonde, ainsi, une logique de médiation économique en articulant deux performativités dialoguant l'une avec l'autre : celle de l'offre et du commerce et celle de la demande et de la consommation. En ce sens, le commerce et la consommation articulent la part singulière de la médiation économique à sa dimension collective en instituant, par leur régulation et leur codification, un *espace public de l'économie*, articulant, à la fois dans la conscience économique des sujets de l'échange et dans les logiques inconscientes de leur désir, la valeur symbolique d'échange des biens et leur valeur, d'usage, imaginaire et réelle. C'est de cette manière que l'économie fait l'objet de ce que l'on pourrait appeler une *médiation pleine*, fondée sur l'articulation d'un désir plein du sujet singulier et de l'expression par le pouvoir, de l'impératif social, politique et culturel qui fonde la dimension collective de la valeur. Par la formulation et la mise en œuvre de cette médiation pleine, l'économie s'inscrit à la fois dans l'espace privé des relations spéculaires de communication intersubjective et d'identification entre les sujets singuliers de l'acquisition, de l'offre et de la consommation et dans l'espace public des confrontations institutionnelles et politiques des acteurs de la négociation, de la transaction et de l'échange.

SIGNIFICATIONS DE L'ARGENT ET DE LA MONNAIE

De premiers instruments d'échange sont, sans doute, apparus dès le dix-huitième siècle avant J.-C. En effet, des poids ou divers objets métalliques sont utilisés dans des échanges comme des signes exprimant des valeurs. Sans doute peut-on comprendre grâce à la monnaie que l'économie est bien un système de signes, un système sémiotique dans lequel va pouvoir s'exprimer la valeur et grâce auquel vont pouvoir se mettre en œuvre les échanges, les transactions, les négociations qui constituent l'expérience sémiotique de l'économie. Le grec *nomisma*, qui signifie « monnaie », est issu de la racine de *nomos*, la loi, et le terme latin *moneta* est issu de le la racine de *monere*, avertir, informer. Dès l'étymologie, la monnaie s'inscrit, ainsi, dans une logique à la fois de signe et d'institution. En effet, la monnaie institue ainsi un système d'échange de biens contre des signifiants arbitraires de la valeur. L'argent et les codes qui le structurent, les monnaies, sont des *signifiants* pour le langage de l'économie, car ils représentent la valeur dans des systèmes arbitraires de signification, et non de simple usage. La valeur du bien qui fait l'objet de l'échange est exprimée de façon arbitraire dans un code. Mon appréciation de la valeur d'un bien est fondée sur la confrontation de l'usage que je peux en avoir à l'expression de sa valeur dans la monnaie que je partage avec celui avec qui je l'échange. La dimension arbitraire de la monnaie renvoie au fait que c'est une convention qui fixe les valeurs qui fondent l'échange, de la même manière que c'est une convention qui fixe les significations dans la mise en œuvre de la communication. En ce sens, on ne peut pas à proprement parler d'usage de la monnaie et de l'argent, mais on ne peut parler que de leur signification, exprimée dans un espace d'échange, de médiation et de communication, commun aux deux partenaires de la transaction. Même dans le cas du troc, un système sémiotique fonde l'échange des biens en le situant par rapport à une monnaie, commune aux partenaires de l'échange, qui exprime la valeur des biens échangés, comme en une langue, un système commun de représentation.

C'est, d'ailleurs, ce caractère sémiotique de la monnaie qui explique qu'aient pu exister des systèmes de valeur, comme l'ECU, dans l'Union européenne, ou les droits de tirage spéciaux du Fonds monétaire international. En effet, ces systèmes de valeur ne font pas l'objet d'une matérialisation dans des espèces monétaires « sonnantes et trébuchantes », mais ils ont le rôle de systèmes de représentation des valeurs, de systèmes d'échanges et de relation entre les pays et de systèmes d'information sur l'économie des pays concernés.

L'argent et la monnaie inscrivent l'économie dans un système de rationalité qui n'est plus seulement économique, mais qui exprime ce que l'on pourrait appeler, comme l'avait fait, en son temps, A. Martinet à propos du langage, une *double articulation.* La première articulation instaure la valeur en établissant une relation entre deux systèmes de biens articulés l'un à l'autre. Le troc relève de cette première articulation, car il confronte le système des biens possédés par l'un au système des biens possédés par l'autre, et, ainsi, il articule les usages de l'un aux usages de l'autre. La première articulation de l'économie est, en ce sens, fonctionnelle et instrumentale, car la relation entre les deux partenaires de la négociation est une relation entre des usages, des pratiques de l'activité économique, dissemblables mais comparables entre eux.

Instaurée comme système symbolique de l'échange économique, la monnaie institue une forme de langue dans laquelle s'expriment à la fois les échanges qui constituent la dynamique de l'économie et l'appartenance sociale et culturelles des acteurs qui les mettent en œuvre les échanges. Il s'agit de la deuxième articulation de l'économie, celle de l'échange sémiotique. Elle instaure la valeur en établissant une relation entre les biens, matériels ou immatériels, et un système de représentation de la valeur qui est commun à tous les biens circulant dans l'espace du marché et qui est accepté, reconnu, par une convention commune, par tous les acteurs qui participent à ce marché et qui mettent en œuvre des échanges qui s'y inscrivent. Les biens acquis et cédés ne le sont plus dans le seul cadre d'un échange entre eux, mais dans le cadre d'un échange entre eux associé à un système de représentation et d'évaluation qui leur est commun, la monnaie reconnue et mise en œuvre par les partenaires de l'échange et de la transaction. L'argent est comme un langage et la monnaie comme une langue. En effet, comme un langage, l'argent va exprimer des valeurs en les inscrivant dans des logiques de représentation sociale et articuler les biens échangés à une dimension symbolique. Comme une langue, la monnaie exprime une appartenance à un espace institutionnel d'échange et de négociations, et suppose l'existence d'un pouvoir sur cet espace d'échange, qui l'unifie et lui impose le code, le langage, dans lequel les valeurs y sont exprimées. La monnaie va, dans ces conditions, mettre en œuvre un double système sémiotique, dans lequel l'évaluation joue le rôle d'une interprétation. D'abord, elle exprime la valeur d'un bien dans le système sémiotique qu'elle institue, ce qui manifeste un pouvoir d'achat. Ensuite, elle fait elle-même l'objet d'une évaluation par rapport aux autres monnaies, dans le système des changes, ce qui manifeste un pouvoir dans une confrontation aux autres monnaies. La monnaie est instituée, ainsi, comme une langue, par un pouvoir, comme mode d'évaluation et d'expression des valeurs des biens dans un espace politique sur lequel ce pouvoir s'exerce, et, comme une langue, elle est confrontée aux autres monnaies, dans un système généralisé de confrontations des pouvoirs, des appartenances, des cultures et des modes d'échange.

Par rapport à la monnaie instituée comme système à la fois culturel, symbolique et politique de l'échange, le troc apparaît une forme imaginaire des origines de l'échange. Selon Jean-Michel Servet[1], le troc va occuper la place d'un « mythe fondateur » dans le discours sur l'économie politique. La monnaie constituant un système culturel et politique d'expression de la valeur et d'énonciation de l'échange, le troc va faire l'objet d'une sorte de mythe : se trouvant renvoyé dans l'imaginaire culturel et politique des origines de la société, le troc n'a pas le statut symbolique d'une médiation d'expression et de matérialisation de l'échange. La monnaie apparaissant, « dans les écrits des XVIe et XVIIe siècles », « comme étant essentielle à l'ordre social[2] », le troc est considéré comme étranger à l'économie politique et fait, en quelque sorte, l'objet d'un refoulement dans l'inconscient de la culture économique, comme les argots et les langues régionales populaires vont faire l'objet

1 Jean-Michel Servet, « Le troc primitif », *Revue numismatique*, t. 157, année 2001, p. 16 *sqq.* Je remercie André Tiran de m'avoir communiqué ce texte important.

2 *Id.*, p. 18.

d'un semblable refoulement au cours du processus d'unification des territoires par l'imposition des langues nationales. C'est ainsi que le troc joue, par rapport à la monnaie, le rôle d'une forme de mythe d'origine.

MÉDIATION SYMBOLIQUE DE LA VALEUR

C'est que, comme un langage, la monnaie est une médiation symbolique de la valeur. Elle articule les biens à leur valeur, qui *exprime* ce qu'ils représentent pour les sujets et les acteurs qui les apprécient. L'argent inscrit, ainsi, les biens, qu'il s'agisse de marchandises ou de biens immatériels, dans des représentations qui n'ont de sens que pour ceux qui les mettent en œuvre. C'est cette problématique de l'expression qu'il nous faut, à présent, comprendre en lui donnant une signification particulière, propre au champ de l'économie. Pour exprimer une réalité ou un imaginaire à quoi on se réfère, on élabore une forme qui va le représenter dans la médiation de communication avec l'autre. L'expression, comme le marché, met en relation des sujets de langage et de communication qui se réfèrent à une réalité ou à un imaginaire communs, qu'ils vont représenter dans un système qu'ils vont tenter de rendre aussi proche et aussi significatif que possible pour l'un et pour l'autre. Le marché désigne l'espace, matériel et institutionnel, dans lequel a lieu cette transaction qui, comme toute médiation de communication, va rapprocher, au cours d'une négociation qui peut être simple et brève, mais qui peut être parfois longue et complexe, les représentations de l'un et de l'autre. Les monnaies sont le langage commun dans lequel est exprimée la valeur du bien faisant l'objet de la transaction, mais encore faut-il que ce langage ait une matérialité signifiante, c'est-à-dire une langue, et, dans les logiques économiques d'échange et de transaction, une *monnaie*. Dans une logique symbolique manifestée par de l'argent, les transactions visant l'acquisition et la cession de biens sont des pratiques proprement *symboliques* de communication, car ce ne sont pas les biens qui apparaissent dans la transaction, mais leurs représentations. Ces transactions se heurtent à des contraintes qui les limitent et qui les encadrent en les régulant. Ces contraintes, qui constituent le *réel* du langage mis en œuvre et de la communication instituée, sont justement celles de l'expression de la valeur par un système commun d'expression et de codification. C'est quand on est confronté aux différences entre ces systèmes de représentation que l'on prend conscience de leur matérialité, de la dimension réelle de la contrainte qu'ils manifestent. En effet, de même que c'est la différence entre les langues qui, par les contraintes liées à la traduction, nous fait prendre conscience du réel du langage et de la représentation symbolique, c'est la différence entre les monnaies qui, par les contraintes liées au change et à la différence des représentations de la valeur entre elles, nous fait prendre conscience du réel de l'économie et de l'échange. Enfin, comme l'économie se situe désormais dans un langage, cette instance réelle et cette instance symbolique sont elles-mêmes confrontées à une troisième instance, *l'imaginaire*. L'argent et la monnaie sont aussi des champs d'expression de l'imaginaire économique. Il s'agit de l'imaginaire singulier des partenaires de l'échange, qui consiste dans la valeur imaginaire du bien que l'on cherche à acquérir, que l'on peut exprimer par un montant d'argent, un *prix*, qu'on lui reconnaît en l'articulant au désir dont on est porteur, et dans la valeur imaginaire que lui donne le vendeur, en fixant lui-même un prix de vente. La transaction va consister dans la confrontation entre ces prix imaginaires et dans la fixation d'un prix symbolique qui, lui, est commun aux partenaires de l'échange. Mais l'imaginaire de l'argent et de la monnaie consiste aussi dans un imaginaire collectif. En effet, la valeur même d'une monnaie, qui s'exprime, en particulier, au cours des opérations de change, manifeste la richesse imaginaire du pays dans lequel elle a cours et la puissance économique qui lui est reconnue dans l'espace public international de l'économie et des échanges. En ce sens, le cours d'une monnaie s'articule, comme tout système de représentation à un réel et à un imaginaire, eux-mêmes nourris par l'information, par les médias, par les discours et les actes énoncés et mis en œuvre dans l'espace public.

Comme la langue, une monnaie est une médiation symbolique du pouvoir et de l'identité, mais elle s'inscrit dans une dimension économique. En effet, la monnaie est l'expression d'une identité sociale et politique, au cours d'un échange. L'usage d'une monnaie représente l'identité dont on est porteur ou le pouvoir que l'on reconnaît dans le cours de l'échange engagé. Comme le recours à une langue, le recours à une monnaie, exprime ainsi l'identité que se donnent les acteurs de l'échange, au moins pendant le temps dans lequel il se déroule : il constitue une forme économique de la culture. C'est qu'une monnaie n'est pas naturelle, elle est culturelle ; c'est parce qu'elle s'inscrit dans une culture que la monnaie représente l'une des médiations symboliques de l'identité. Sans doute même la monnaie est-elle ce qui inscrit la dimension économique de l'échange dans une logique symbolique comme les autres pratiques d'échange. En effet, le choix de la monnaie à laquelle on a recours pour mettre en œuvre la transaction est un des éléments de l'identification symbolique des sujets de l'échange l'un à l'autre. Comme la langue dans laquelle on énonce la parole, la monnaie dans laquelle on met en œuvre l'échange est une des instances de la spécularité, de la relation en miroir que les deux sujets de l'échange mettent en œuvre et qui institue leur identité symbolique. Convenir de l'usage d'une monnaie au cours d'un échange revient à s'identifier symboliquement à celui avec qui on le met en œuvre. Mais, comme il ne s'agit pas d'échanges de paroles, mais bien d'échange de biens et de monnaie, cet échange symbolique est *performatif*, car il s'articule à la réalité effective d'une transaction qui a des effets sur les acteurs de l'échange. La monnaie, ainsi, n'est pas seulement le rôle d'une langue, mais elle s'inscrit dans la performativité du langage de l'économie. Par ailleurs, l'identité exprimée par la monnaie est aussi une identité collective : comme elle exprime une appartenance, elle se réfère aussi à une appartenance et à des liens de sociabilité entre tous les sujets singuliers qui expriment une identité collective en manifestant la même appartenance sociale. Le recours à une monnaie ne manifeste pas seulement l'identité singulière des sujets de l'échange : il manifeste aussi leur appartenance et l'identité collective dont ils sont porteurs. C'est en ce sens que le recours à une monnaie ne relève pas seulement d'une activité singulière, amis exprime le fait que les sujets de l'échange sont des sujets sociaux, appartenant à des espaces collectifs d'identité. Quand V. Zelizer évoque la multiplicité des monnaies ayant cours aux Etats-Unis à une certaine époque, elle montre la diversité des systèmes politiques et sociaux d'appartenance qui coexistent dans ce pays, dans lequel ils font exister dans le même temps plusieurs systèmes symboliques de contrainte des échanges et des marchés. Cette différence même entre plusieurs systèmes d'échange et de représentation en montre la dimension proprement culturelle, en même temps qu'elle vient nous rappeler que ce qui fonde l'identité est à la fois l'identification spéculaire à l'autre sur le plan singulier et la confrontation à la différence sur le plan collectif. « La standardisation de l'argent », écrit-elle[1], « ne fut pas un processus consensuel : elle ne se passa pas sans heurts ». La différence entre les monnaies et, même, le recours, dans les échanges, à des monnaies privées, montrent bien que l'élaboration de la monnaie est un processus culturel qui n'a rien de nécessaire, et que la confrontation entre les monnaies s'inscrit dans des logiques conflictuelles de rapports de force. L'usage des monnaies dans les échanges se fonde, ainsi, bien, sur des processus institutionnels de *reconnaissance* de la valeur des monnaies, c'est-à-dire de leur dimension symbolique et de leur signification. Ce sont ces processus de reconnaissance qui articulent l'usage des monnaies à la spécularité dans le rapport à l'autre et à la conflictualité dans les logiques collectives, qui inscrivent la monnaie et l'argent dans la même rationalité sémiotique que la langue et le langage.

LA MONNAIE, L'IDENTITÉ ÉCONOMIQUE ET LE POUVOIR

La monnaie est un code d'expression et de représentation de la valeur mis en œuvre dans les relations commerciales et dans les processus d'échange qui font vivre l'économie. Mais la monnaie est aussi un système symbolique qui exprime l'appartenance d'un pays ou d'un ensemble d'acteurs économiques à un système particulier dont l'identité financière est exprimée par la monnaie. C'est ainsi, à l'époque contemporaine, que le choix d'un grand nombre de pays de l'Union européenne de reconnaître, en 2002, l'euro comme monnaie exprime leur appartenance à l'espace monétaire européen et donne à cette monnaie le statut d'une représentation symbolique de l'identité économique et financière de ces pays. Le choix d'une monnaie par un pays a ainsi une double signification politique. D'une part, il exprime l'unification de ce pays et du réseau d'échanges qu'il constitue par la reconnaissance et l'usage d'une même monnaie sur l'ensemble de son territoire. C'est ainsi que le choix de

1 Viviane Zelizer, *op. cit.*, p. 45.

l'euro comme monnaie par un ensemble de pays appartenant à l'Union européenne exprime leur adhésion à un ensemble économique et financier commun, le refus d'autres pays de l'Union, comme la Grande-Bretagne, de reconnaître l'usage de l'euro manifestant, parallèlement, le refus de ces pays de s'engager davantage dans l'expression d'une unité européenne commune. D'autre part, ce choix d'une monnaie manifeste le pouvoir des acteurs politiques institutionnels qui ont imposé la reconnaissance et l'usage de cette monnaie en unifiant, ainsi, l'espace sur lequel s'exerce leur autorité. C'est ainsi que, toujours pour prendre l'exemple de l'euro, le fait pour l'euro de devenir la monnaie de dix-sept pays de l'Union européenne manifeste la reconnaissance par ces pays des pouvoirs des institutions européennes et de leur appartenance à un espace à la fois économique et politique commun, auquel on donne le nom de « zone euro[1] ». C'est ainsi que ces pays ont institué de cette façon une identité économique commune à laquelle ils adhèrent : la monnaie est un signifiant économique de cette identité, comme la langue en est un signifiant symbolique. On comprend mieux en assistant, aujourd'hui, à la naissance de l'euro, qui ne s'est pas déroulée en un seul jour et qui ne s'est pas passée sans heurts, la difficulté de la construction d'une identité politique économique et celle de sa matérialisation et de son expression signifiante par la monnaie. Dans un autre registre et à d'autres époques, la monnaie a pu exprimer l'unification d'espaces économiques post-coloniaux : c'est ainsi que la reconnaissance et l'usage de la livre ou du franc ont pu exprimer la domination de pays colonisés pour la France ou engagés par la Grande-Bretagne dans le réseau des échanges exprimés et manifestés par la livre sterling. La monnaie constitue, ainsi, une expression signifiante du pouvoir de pays colonisateurs sur d'autres pays. La logique de pouvoir exprimée par le choix d'une monnaie, comme, sur d'autres plans, l'exprime le choix d'une langue, peut, ainsi, unifier tout un pays, comme ce fut le cas pour la généralisation de l'usage du franc en France. Ce choix peut aussi manifester l'existence de tout un ensemble de pays liés par un marché unique, comme ce fut le cas de la livre et comme c'est aussi le cas de l'euro. Mais l'usage d'une monnaie

1 Les dix-sept pays reconnaissant l'euro comme monnaie et constituant, ainsi, la « zone euro » sont l'Allemagne, l'Autriche, la Belgique, Chypre, l'Espagne, l'Estonie, la Finlande, la France, la Grèce, l'Irlande, l'Italie, le Luxembourg, Malte, les Pays-Bas, le Portugal, la Slovaquie et la Slovénie.

unique peut aussi représenter l'unification de tout un ensemble de pays dominés ou colonisés, comme ce fut le cas du franc ou, en Amérique du Nord, celui du dollar, dont l'imposition a manifesté dans les échanges économiques l'existence d'une identité politique commune et d'un pouvoir fédéral reconnu.

L'émission de monnaie est une marque de pouvoir et son usage une marque de reconnaissance de ce pouvoir. La signification politique de la monnaie est, fondamentalement, articulée à une logique de pouvoir, et la monnaie n'est pas seulement un signifiant mis en œuvre dans des échanges et des transactions, mais constitue ce que l'on peut appeler *le signifiant économique et financier d'un pouvoir politique.* Le pouvoir politique s'exprime et se manifeste de trois façons dans la politique monétaire. D'abord, il s'agit du pouvoir d'unifier un espace économique et d'imposer une expression monétaire à l'identité politique ainsi instituée. En unifiant un marché par l'imposition d'une monnaie unique, commune à tous les échanges qui s'y déroulent, un pays ou une institution manifeste son pouvoir sur un espace en lui imposant l'expression économique d'une identité commune. Ce sont, en effet, les relations économiques et commerciales et la mise en œuvre des échanges et des transactions qui manifestent, à la fois dans l'histoire et dans l'espace, l'unification politique et institutionnelle d'un champ de flux qui devient pleinement un territoire. À cet égard, l'unification monétaire jour le même rôle, à la fois politique et culturel, que l'unification linguistique. Ensuite, l'imposition d'une monnaie exprime ce que l'on peut appeler une *emprise économique et financière* sur un espace. « L'économie marchande », écrit, sur ce plan, A. Orléan[1], « tend à s'unifier autour d'une définition unique de la liquidité qui acquiert, ce faisant une emprise extrême sur les acteurs. La pluralité des monnaies se trouve rejetée en tant qu'elle constitue un obstacle à l'expression des intérêts marchands ». La monnaie manifeste, ainsi, l'imposition de l'unification d'un marché comme une langue exprime celle d'un espace d'échanges culturels et symboliques de représentations. Ce faisant, elle donne à l'espace du marché, qui est un espace d'échanges et de transactions, la dimension politique d'un espace commun de culture et de représentations. Enfin, l'imposition d'une monnaie manifeste ce que l'on peut appeler la *puissance d'instituer* des acteurs et des organes de pouvoir. Émettre une monnaie est une puissance qui n'est reconnue qu'à

1 André Orléan, *op. cit.*, p. 161.

des états ou à des pouvoirs institutionnels légitimes et reconnus dans un espace d'échange et de valeurs. C'est ainsi que, plutôt que d'émission de monnaie, sans doute vaudrait-il mieux parler d'*institution* de monnaie[1]. En effet, il ne s'agit pas seulement de manifester l'existence d'une monnaie comme instrument d'échange dans le temps court d'une transaction particulière, mais bien, en imposant cette monnaie, de fonder des institutions et d'imposer leur reconnaissance et leur légitimité, dans le temps long de l'activité économique et de l'existence d'un espace d'échanges. Comme une langue, une monnaie inscrit les flux et les relations dans le temps long d'un véritable système d'échanges et de représentations, au lieu de les limiter à la mise en œuvre de pratiques singulières dans le temps court d'usages et de négociations. Manifestant l'existence de ce que l'on peut appeler une *institution économique et financière*, la monnaie manifeste un temps long de l'activité économique et financière – ne serait-ce que parce que c'est dans une monnaie que sont consentis les prêts, que sont calculés et négociés les taux d'intérêt et qu'ainsi, les pratiques économiques et financières sont mises en œuvre dans ce que l'on peut appeler un véritable *code*. Par ailleurs, en inscrivant l'échange dans un temps long, la monnaie l'inscrit dans une mémoire qui donne une signification particulière à cet échange.

La sémiotique de l'économie politique se propose ainsi de penser la monnaie comme un code, c'est-à-dire comme un système de représentations qui manifeste, dans un espace devenant un espace culturel et politique, l'emprise d'un code, c'est-à-dire de l'ensemble des expressions et des normes propres à un pouvoir et aux institutions qu'il fonde dans le temps long pour s'assurant une certaine pérennité. L'articulation de cette logique de pouvoir et de celle de la monnaie s'est, par exemple, manifestée, lors de la naissance de l'euro, dans le conflit entre le pouvoir de la BCE et celui du pouvoir des Etats, dans cette forme nouvelle de la confrontation, dans l'espace européen, entre les pouvoirs nationaux et celui des institutions européennes, en l'occurrence celui de la Banque Centrale Européenne. Il s'agit, en l'occurrence, d'une double confrontation de pouvoirs qui manifeste l'identité de deux types de pouvoirs, puisque cette confrontation oppose à la fois les institutions des états à celles de l'Union européenne et les institutions politiques aux institutions financières, les pouvoirs des acteurs politiques à ceux des acteurs financiers.

1 *Cf.* p. 202.

La détermination et la variation de la valeur des monnaies, comme les pratiques de dévaluation, sont des marques du pouvoir financier des institutions politiques ou encore consistent dans la reconnaissance d'un pouvoir financier propre : en effet, elles manifestent le pouvoir de l'État ou celui de l'autorité qui décide la dévaluation et pouvoir de la monnaie sur les échanges. Dans un entretien au *Monde*[1], André Orléan fait remarquer que le pouvoir politique a perdu le pouvoir sur l'économie au profit des acteurs financiers, qui détiennent la réalité du pouvoir sur les valeurs et sur leur fixation, en particulier par le biais de l'action des agences privées de notation financière et par la mise en œuvre d'une logique privée et strictement financière de l'évaluation. Dans le même entretien, A. Orléan définit les logiques politiques du pouvoir économique « Historiquement », dit-il, « la primauté du politique, c'est-à-dire sa capacité à encadrer les intérêts financiers, a eu comme instrument essentiel la banque centrale. Il ne faut pas perdre de vue cette réalité : c'est par le biais de la puissance monétaire qu'il a été possible de faire prévaloir l'intérêt collectif. Mais cela suppose que la banque centrale soit placée sous l'autorité du pouvoir politique. C'est ce qu'on constate dans les grandes démocraties ». Ce rappel du rôle des états et des acteurs politiques dans la détermination des logiques de valeur montre bien que la fixation de la valeur de la monnaie par les banques centrales émettrices relève, dans les logiques de la démocratie politique, des pouvoirs politiques. En effet, à la différence des acteurs financiers, ils sont, eux, choisis et évalués par les citoyens au cours d'un débat qui a lieu dans l'espace public et qui manifeste la signification démocratique d'une économie pleinement politique. Finalement, les identités politiques des acteurs de l'économie se manifestent, s'expriment et prennent toute leur signification au cours du conflit entre les pouvoirs politiques et les pouvoirs économiques, qui se manifeste, en particulier, dans la concurrence entre le pouvoir des marchés et celui des banques centrales issues du politique. Cette confrontation a été tranchée de deux façons opposées dans l'histoire. D'un côté, il s'est conclu par la dépendance des banques centrales vis-à-vis des pouvoirs politiques, et, par conséquent, la reconnaissance aux pouvoirs politiques du monopole de l'émission de la monnaie. C'est la situation de la plupart des états contemporains. De l'autre, il a été résolu, au profit des acteurs financiers, par l'indépendance des banques centrales

1 « Le marché gouverne », Entretien avec F. Joignot, *Le Monde*, 21 janvier 2012.

et des autorités émettrices de la monnaie qui en fixent la valeur. C'est la situation de l'Union européenne, où la Banque centrale européenne, qui émet l'euro et en fixe la valeur, est indépendante des pouvoirs politiques nationaux, en particulier en l'absence d'un pouvoir politique à l'échelle européenne. Ces deux logiques peuvent, fondamentalement, s'interpréter en deux sémiotiques différentes, en deux systèmes opposés de signification politique, de « signification sociale de l'argent », pour reprendre l'expression de V. Zelizer[1]. Quand l'émission et la régulation de la monnaie relèvent de l'autorité d'institutions indépendantes des pouvoirs politiques, la monnaie est un instrument de régulation et de facilitation de l'évaluation et des échanges des marchandises et des biens, en particulier financiers. C'est, finalement, le cas de l'euro. Dans ce cas, la monnaie a une dimension instrumentale, fonctionnelle et organique, et elle n'a pas de signification politique. La monnaie n'a de signification politique que quand son émission relève de l'autorité des acteurs politiques et quand sa valeur est déterminée dans le cadre du débat public et de la confrontation entre les acteurs politiques, les acteurs économiques, les acteurs financiers et les médias et les autres acteurs du débat politique. En effet, dans ce cas, la monnaie n'a pas seulement une dimension fonctionnelle et organique. Elle est utilisée dans le cadre des échanges commerciaux et financiers, mais elle est comme la langue, qui a, elle aussi, une dimension fonctionnelle et instrumentale. Mais, comme la langue, la monnaie, dans ce cas, a aussi une dimension sémiotique, une signification : elle représente l'identité politique du pays dans lequel elle est émise. La dimension politique de cette identité se fonde, en particulier dans sa confrontation aux identités des autres pays dans l'espace public économique international et dans le rôle de l'identité politique qu'elle exprime dans la confrontation entre les identités et les cultures qui peuplent le pays dans lequel elle circule. La concurrence relevée par V. Zelizer[2] entre différentes monnaies s'exprime, en particulier, dans ce qu'elle appelle « la bataille pour le contrôle monétaire[3] » et dans la concurrence, au sein de l'espace public, entre les monnaies publiques et institutionnelles et les monnaies de marché, les monnaies privées[4]. Ces

1 Viviana Zelizer, *op. cit.*
2 *Ibid.*, chapitre VI, p. 267.
3 *Id.*, p. 269.
4 *Ibid.*, p. 317.

confrontations entre plusieurs monnaies et plusieurs logiques d'usage de la monnaie rapprochent la signification politique de la monnaie de celle de la langue, dans la confrontation entre les logiques politiques d'unification nationale et d'expression de l'identité d'un pays et les logiques financières qui réduisent la monnaie à sa dimension instrumentale.

Sans doute convient-il de voir dans cette différence entre deux logiques de la monnaie, la différence relevée par G. Simmel dans la « signification de l'argent ». En effet, il observe dans l'histoire, en particulier dans l'étude qu'il propose de l'histoire des amendes et de leur mode de fixation par la justice, une distinction entre deux approches de l'argent et de son rôle dans la société. La première approche est, selon lui[1], « utilitaire, et relève, sinon strictement du droit privé, du moins de cet état d'indifférenciation entre droit privé et droit public avec lequel débute partout l'évolution sociale ». C'est, ainsi, avec la distinction entre droit public et droit privé, qu'apparaissent les logiques institutionnelles et politiques, dans l'espace public et, en particulier, que naît, dans le champ de l'économie, la spécificité de l'économie politique. Dans le cadre de ce que l'on peut appeler, de façon indistincte, « l'argent », une première conception, fonctionnelle et instrumentale, s'oppose, avec l'apparition des logiques politiques, à la conception, politique et symbolique, d'un système économique d'expression de l'identité, comparable à la langue, auquel on pourra réserver le nom de « monnaie ». Simmel associe l'apparition de cette conception non instrumentale de la valeur, exprimée par la monnaie, qui est, selon lui, indépendante du temps et des situations particulières dans lesquelles elle est mise en œuvre, en particulier dans l'exemple qu'il propose de la fixation des peines judiciaires, à une forme de transcendance[2]. Mais, finalement, pour reprendre les termes de Simmel, dans cette forme de transcendance et, pour employer des termes plus proches des logiques contemporaines de la sémiotique et de la psychanalyse, dans cette forme de sublimation politique, c'est bien l'identité qui est exprimée, sur le plan économique et dans l'espace public des changes et des transactions, par le système symbolique de la monnaie.

L'apparition des « monnaies locales » au cours des époques récentes exprime une forme de critique des logiques économiques dominantes.

1 Georg Simmel, *op. cit.*, p. 448.

2 *Id.*, p. 453.

L'émission de monnaies locales qui n'ont cours que dans un espace politique restreint, manifeste le rôle de véritables contre-pouvoirs, en exprimant une forme de critique des logiques économiques et monétaires dominantes, en encourageant les initiatives des acteurs économiques locaux et en faisant se référer la valeur des monnaies à des réalités économiques, sociales, écologiques, différentes des logiques dominantes[1].

LES RUPTURES DES MÉDIATIONS ET DE LA SIGNIFICATION DE LA MONNAIE

C'est dans les situations de crise et de rupture des médiations qu'elle exerce, que la signification de la monnaie est contestée et que, dans ces conditions, comme elle est remise en cause, les modalités de la mise en œuvre de cette signification apparaissent pleinement. Pour bien comprendre les modalités d'expression de la signification de la monnaie, il nous faut donc analyser les situations de rupture de la médiation monétaire et de mise en cause des significations de la monnaie et de sa valeur. C'est ce qui définit une crise monétaire. On peut, en particulier, citer ici trois exemples de ces crises qui consistent dans une suspension critique de la reconnaissance de la signification de la monnaie. La première est la crise de 1929, qui a consisté à la fois dans une crise financière et dans une crise de la valeur des monnaies, marquée en particulier, par la dévaluation de la livre sterling et du dollar et par le débat en France, autour du maintien de la valeur du franc. On peut trouver un second exemple de rupture de la médiation monétaire et de la signification de la monnaie dans le changement de parité du franc en 1961, manifestée, en particulier, par l'émission du « nouveau franc », que l'on appellera aussi, à l'époque, le « franc lourd », puisque l'unité monétaire du franc correspondait à cent anciens francs. Le troisième exemple que l'on pourrait citer est la tension entre la dette publique de la Grèce, la crise financière dans laquelle ce pays s'est trouvé engagé et

1 Mélina Gazsi présente, ainsi, l'initiative de la municipalité de Saint-Dié, dans les Vosges, qui émet des « déodats », monnaie locale, et explique qu'il existe plus de 2500 monnaies locales dans le monde (« À Saint-Dié des Vosges, on paie en déodats », *Le Monde*, 20 mars 2012).

la menace sur l'usage de l'euro dans ce pays qui a été jusqu'à ce que soit envisagé le retour à la drachme en raison d'une perte de signification de la représentation de l'identité économique de ce pays par l'euro. Ces situations de crise sont des situations dans lesquelles, perdant la valeur qui lui était reconnue auparavant dans les échanges et les confrontations avec les autres monnaies, la dimension sémiotique de la monnaie est contestée et dans lesquelles, par conséquent, elle perd sa signification pour s'en voir reconnaître une nouvelle. Ce changement de signification de la monnaie et de sa puissance symbolique s'inscrit dans la logique, que l'on a pu analyser plus haut[1], de la performativité économique. En effet, celle-ci consiste dans l'articulation dans l'espace du marché et des échanges, au cours d'un acte comme une vente ou une transaction quelconque, de la dimension imaginaire de la valeur (la façon dont elle exprime un idéal social ou une norme), de sa dimension symbolique, exprimée, par exemple par la monnaie et le prix et de sa dimension réelle (les normes de l'échange). L'inflation désigne la rupture de cette médiation, la perte de signification de la valeur, par exemple en raison de la perte d'articulation entre prix et valeur de la monnaie. La rupture des significations de la monnaie manifeste, dans ces conditions, une rupture de la médiation institutionnelle de la valeur, en principe exprimée par la monnaie.

Comme souvent dans le champ des sciences sociales, ce sont les situations de rupture qui font apparaître pleinement la signification des identités. On peut, en l'occurrence, mieux comprendre ce que signifie la médiation de la monnaie en interrogeant deux situations de rupture. On analysera, donc, d'abord, de façon plus approfondie la signification de la monnaie qui apparaît dans les situations d'inflation, puis celle qui apparaît dans le cas des dévaluations. En effet, ces situations particulières de crise illustrent les dimensions majeures de la signification de la monnaie dans le champ d'une sémiotique de l'économie politique.

On a déjà introduit brièvement la notion d'inflation, mais il convient d'en approfondir la signification. L'inflation désigne un moment du processus de circulation de ce que l'on appelle la « masse monétaire » qui atteint une taille critique affectant la valeur de la monnaie. Une monnaie circule dans l'espace économique international du marché en une quantité telle que sa valeur finit par diminuer, pour deux raisons.

1 *Cf.* p. 248-249.

La première est que la quantité de biens produits et achetés ne change pas pendant que la quantité de monnaie s'accroît. Ce qui apparaît là est que la monnaie perd sa faculté de représentation. Finalement, c'est la monnaie comme système de représentation de la valeur qui n'a plus de sens, parce que l'on ne peut plus se fier à elle dans sa valeur d'usage. Cela renvoie à une perte de performativité de la monnaie, et, dans ces conditions, cette première forme de diminution de la valeur de la monnaie vient rappeler que la signification, dans le champ de l'économie politique, repose sur la performativité des signifiants. Dans les situations d'inflation, la monnaie cesse d'avoir du sens parce qu'elle cesse de constituer un performatif. L'autre aspect de l'inflation est la hausse des prix des biens dans l'espace du marché. En effet, si une monnaie perd de sa valeur, les prix exprimés dans cette monnaie augmentent, car, pour la même quantité de monnaie, on peut acquérir moins de biens. Or, les prix manifestent une autre forme de performativité de l'économie : en effet, l'achat d'un bien, la mise en œuvre d'une transaction manifeste dans l'échange symbolique même qu'elle constitue, la performativité de la monnaie, puisque c'est la valeur qu'elle exprime qui engage la réalité de l'acte économique qui consiste dans l'achat et la vente. On se rend compte, dans les situations de crise d'inflation que les prix manifestent une autre forme de performativité économique, que l'on pourrait appeler la *performativité potentielle.* Tandis que l'échange de monnaie contre un bien manifeste une performativité effective, met en œuvre le réel de la performativité économique, les prix manifestent une performativité potentielle, une forme d'imaginaire de l'attente de cette performativité. En effet, tant que l'achat n'est pas effectué, le prix exprime seulement une condition de possibilité de cet achat. Il s'agit, finalement, de l'expression d'une forme de *compétence performative*, pour reprendre un terme linguistique, que l'on désigne, dans le champ de l'économie, par le concept de *pouvoir d'achat.* Le prix indique la valeur d'un bien offert à la vente en exprimant ce qu'il représente dans la performativité imaginaire de l'attente de la transaction, et le pouvoir d'achat manifeste la relation entre la quantité de monnaie disponible et les prix des biens offerts. Mais, bien sûr, cette logique de la performativité du prix et du pouvoir d'achat, dont le poids apparaît pleinement dans les périodes d'inflation, se décline au singulier et au collectif. En effet, il s'agit aussi bien du pouvoir d'achat d'un sujet singulier de la médiation économique, d'une personne qui est confrontée, dans sa consommation, aux prix et à la valeur de la monnaie, que de l'appréciation collective du pouvoir d'achat des habitants d'un pays ou de ceux qui appartiennent à une classe sociale. Finalement, la situation d'inflation impose l'augmentation, en quelque sorte en miroir, des prix et de la masse monétaire en circulation. En ce sens, elle fait apparaître, dans cette logique de crise, une signification particulière de la performativité économique : une forme de spécularité performative fondée sur la confrontation de la monnaie, c'est-à-dire du code du langage et de la valeur, et des prix, c'est-à-dire de la dimension symbolique et imaginaire des biens circulant dans le marché et constituant la matérialité de la production et des échanges.

La dévaluation d'une monnaie est, en quelque sorte, comparable à l'inflation, mais il s'agit de la décision politique de modifier la parité d'une monnaie et d'une valeur, et, de cette façon, la parité d'une monnaie et des autres monnaies de l'espace monétaire international. Dans la situation ouverte par une dévaluation, deux aspects de la signification de la monnaie apparaissent, articulées l'une à l'autre. Le premier aspect est la valeur d'échange de la monnaie et le lien entre la monnaie et les prix dans l'espace économique d'un marché particulier. L'autre aspect de la monnaie apparaît lors d'une dévaluation : il s'agit de la dimension internationale de la signification des monnaies dans un espace économique qui est structuré par les flux d'échanges et de circulation des biens et des monnaies à l'échelle de l'ensemble des pays. En fait, ces deux aspects d'une dévaluation manifestent une autre dimension de la signification d'une monnaie : sa dimension politique. C'est qu'une dévaluation est décidée par un pouvoir politique. La possibilité de dévaluer, c'est-à-dire de changer le cours d'une monnaie relève du pouvoir des acteurs politiques dans un espace particulier. On se trouve, ici, devant une confrontation entre deux pouvoirs : le pouvoir économique reconnu à la performativité économique d'une monnaie, qui manifeste, finalement, le pouvoir particulier des marchés et des échanges, et le pouvoir reconnu aux acteurs politiques du règne et de la décision, qui manifeste l'incidence du politique sur l'économique. Une dévaluation manifeste la place du politique dans l'espace économique du marché et des échanges, et, ainsi, elle fait apparaître la signification politique de la monnaie. En ce sens, une monnaie est comme une langue, puisqu'elle est, comme une langue, un système symbolique d'expression et de représentation caractéristique d'une identité culturelle et politique. En effet, la langue aussi fait l'objet de régulations et de normes instituées dans l'espace public par les pouvoirs politiques. Sur un autre plan, en 1589, par l'édit de Villers-Cotterêts, le français est imposé comme langue administrative de l'état-civil, et, au-delà, s'impose comme langue exprimant l'identité culturelle et symbolique de la France dans l'ensemble du territoire. De la même façon, une monnaie est imposée dans un espace national par les autorités politiques du pays, et, dans ces conditions, la fixation du cours de cette monnaie, et, en situation de crise, les variations de ce cours par une dévaluation, sont imposées par les pouvoirs politiques qui manifestent, ainsi, leur pouvoir économique. Mais la dimension politique de la monnaie apparaît par l'autre incidence de la dévaluation, en accroissant la compétitivité des entreprises et des acteurs économiques de ce pays par rapport à celles des autres pays. C'est la dimension internationale de la politique économique qui apparaît ici pleinement, le fait que les monnaies n'ont de pleine signification que les unes par rapport aux autres. La signification d'une monnaie apparaît ainsi dans une deuxième dimension de la performativité économique. La première de ces dimensions est l'acte d'achat, et, au-delà, il s'agit de la régulation des achats et de la compétence exprimée par le pouvoir d'achat dans une situation économique particulière. Il s'agit de la dimension de la performativité économique qui se manifeste dans les limites d'un espace politique et du champ d'expression d'une identité politique et d'une appartenance particulière. L'autre dimension de la performativité économique est la confrontation des identités des pays les unes par rapport aux autres : de la même façon que l'on peut penser une politique de la performativité économique, il convient de penser ce que l'on peut appeler une géopolitique de cette performativité. La valeur de la monnaie d'un pays ne s'apprécie pas seulement par rapport au pouvoir d'achat que cette monnaie exprime : elle s'apprécie aussi par rapport aux pouvoirs d'achat des autres monnaies dans le monde. Comme toute identité politique, l'identité économique d'un pays s'exprime dans une confrontation aux autres identités, à celles des autres pays. Dans ces conditions, l'inflation, c'est-à-dire la diminution de la valeur d'une monnaie entraîne la hausse des prix à l'intérieur d'un espace économique, mais elle entraîne la diminution des prix des biens produits dans cet espace économique, à l'extérieur de cet espace économique, par rapport aux prix des biens produits dans les autres espaces économiques avec lesquelles il est en relation. Mais cette compétitivité nouvelle liée à la diminution de la valeur d'une monnaie augmente les prix à l'intérieur d'un espace économique, et les diminue à l'extérieur de cet espace. Cela entraîne une dégradation de la situation sociale, en diminuant les salaires et le pouvoir d'achat à l'intérieur de ce pays par rapport à ce qu'ils peuvent être dans les autres pays, dans l'espace public international. L'économiste P. Krugman[1] définit l'inflation comme une « solution au problème économique » qui consiste à « laisser filer les prix sans augmenter les salaires en conséquence ». Cependant, certains expliquent que l'incidence sociale de l'inflation, la dégradation des conditions de vie liée à la baisse des salaires et à l'augmentation des prix dans un pays, est compensée, dans le long terme, par l'accroissement de l'activité de ce pays, liée à l'accroissement de ses exportations, donc dans l'espace international. Dans ces conditions, c'est à la fois la question du *temps de l'économie* et celle de son *espace*, qui est posée ici. En effet, un temps long de l'économie se manifeste par l'anticipation des incidences d'une politique économique dans le long terme, et l'espace de l'économie, au-delà des limites d'un espace national ou d'un marché unique, ne peut se penser que dans une dimension géopolitique. Dans le même temps, c'est bien l'identité politique d'un pays qui se manifeste par les modalités d'existence de sa monnaie et le pouvoir d'achat qu'elle manifeste, car la régulation des monnaies ne peut venir que d'un pouvoir politique. Dans le même entretien au *Monde*, P. Krugman compare, ainsi, deux espaces économiques de dimension comparable. Les Etats-Unis sont dotés d'un pouvoir fédéral unique de nature à contrôler la monnaie. En revanche, la monnaie unique de l'Europe, l'euro, n'a même pas cours dans tous les pays européens, et la régulation de la politique monétaire, finalement, échappe au politique, en l'absence d'un pouvoir politique réel à l'échelle européenne.

1 « L'inflation n'est pas le problème, c'est la solution », entretien avec C. Gatinois et C. Lacombe, *Le Monde*, 31 janvier 2012.

SÉMIOTIQUE DE LA CRISE

Une crise est une situation dans laquelle le réel de l'économie impose à l'imaginaire des acteurs politiques de prendre des décisions et de reconfigurer la dimension symbolique de l'expression de leur identité. Les crises sont des moments au cours desquels les identités des acteurs économiques sont mises en question. C'est ainsi qu'au moment de la crise de la zone euro suscitée, en particulier, par la situation de la Grèce et par l'impossibilité où se trouve ce pays de maîtriser sa dette, les acteurs politiques et les décideurs économiques des pays de la zone euro voient l'expression de leur imaginaire politique confrontée aux impératifs liés à cette situation de crise. Mais, au-delà, ce sont les identités politiques dont ils sont porteurs, et qu'ils expriment dans le débat public, qui se trouvent confrontées aux exigences d'une situation qui s'imposent à elles. C'est ainsi qu'à l'approche de l'élection présidentielle de 2012 et au cœur de la crise liée à l'augmentation de la dette publique et à la situation de l'euro, Jean Pisani-Ferry écrivait : « Mais en zone euro, et notamment en France, l'interrogation demeure : droite et gauche sont-elles encore capables d'offrir un choix[1] ? ».

CRISES ET RUPTURES

Une situation de crise économique est une situation au cours de laquelle les acteurs des pouvoirs se trouvent contraints de faire face à une limitation de leurs capacités de choix et à leurs pouvoirs de décision pour formuler de nouveaux discours, pour élaborer de nouvelles logiques économiques, pour construire de nouvelles stratégies et pour

1 « La politique en berne », *Le Monde Économie*, 24 janvier 2012.

mettre en œuvre des politiques fondées sur des rationalités différentes, les rationalités en cours ayant trouvé leurs limites. Sans doute est-ce la notion de crise et la survenue d'événements que l'on peut désigner comme critiques parce qu'ils affectent les identités et les modèles sociaux de rationalité de l'économie qui ont suscité l'élaboration d'une rationalité politique particulière de l'économie. La première signification de la crise, le premier élément à en fonder une sémiotique, se trouve sans doute là : dans l'exigence de fonder une raison politique de l'économie de nature à faire face à des événements marquant la limite des rationalités politiques ordinaires. Pendant tout le temps où l'économie a pu être pensée et maîtrisée dans les logiques du politique et dans les formes classiques de l'organisation des sociétés, on n'a pas eu à penser une rationalité propre à l'économie politique. C'est sans doute la raison pour laquelle le terme même, « économie », ne se réfère pas à l'espace politique mais à l'*oikia*, à l'espace privé. C'est l'espace privé qui est, alors, soumis à l'incertitude du climat ou à l'imprévisibilité des accidents de la vie, l'espace public et les pouvoirs politiques n'étant, eux, là, que, justement pour permettre aux sujets singuliers de la société d'y faire face. La médiation politique, la dialectique entre le singulier et le collectif, suffit, alors aux personnes singulières, pour maîtriser ces événements, pour les comprendre et pour résoudre les problèmes qu'ils soulèvent.

Mais la raison politique de l'organisation des sociétés trouve sa limite justement quand l'économie ordinaire ne permet plus de comprendre des événements et des situations qui affectent la dimension sociale et politique des ressources d'une société et des pratiques de production et d'échange qui fondent son activité commerciale, économique et financière. C'est alors que se construit un ensemble de concepts et que s'énonce un ensemble de discours appelés à faire face à ces nouvelles exigences par la formulation d'une nouvelle forme de rationalité et de science du politique. L'économie manifeste, d'abord, fondamentalement, l'impossibilité de rendre compte de la signification d'événements qui n'étaient pas prévus et qui font apparaître la limite des modèles et des normes ordinaires de la rationalité politique et de l'organisation des sociétés. Mais cette rationalité nouvelle est désignée par le seul terme dont on dispose pour penser la régulation des activités qu'elle est appelée à comprendre, l'*oikonomia*, la régulation et l'administration des biens privés et des affaires domestiques, qui concernent la famille et la maison.

On pourrait dire, sans bien sûr pouvoir la dater, car, comme on sait, le moment d'une origine est impensable, que l'économie politique naît au moment de la première crise qui a imposé un changement de rationalité des activités de production et des échanges qui font de l'économie une logique politique, fondée sur la confrontation des identités et des acteurs.

LA CRISE ET LE RÉEL DE L'ÉCONOMIE POLITIQUE

Comme, au moment où une crise survient et pendant qu'elle se déroule, les acteurs économiques et politiques se trouvent confrontés à la limite de leurs rationalités et de leurs pouvoirs, une crise peut se définir comme la manifestation de la part d'imprévisible dans l'économie politique, et, ainsi, comme *une manifestation du réel de l'économie politique*. Dans une situation de crise, apparaît la dimension problématique de l'articulation de la dimension réelle des contraintes de l'économie, de la dimension symbolique de ses discours et de ses représentations et de la dimension imaginaire des projets qui fondent l'identité de ses acteurs. Une crise est une situation dans laquelle l'imprévisibilité qui empêche de penser le devenir des identités économiques manifeste une limite de l'identité politique des acteurs des marchés et des espaces de la production et des échanges. La crise peut, ainsi, se définir, dans le champ de la sémiotique de l'économie politique, comme une situation au cours de laquelle c'est la signification même de l'argent et des autres langages de l'économie et des échanges qui est mise en cause, qui fait l'objet d'une recomposition et d'une interrogation critique. Dans le temps de la crise, la rationalité politique de l'économie est soumise à une forme de confrontation avec les éléments réels qui imposent une limite à sa mise en œuvre dans l'expression d'une logique économique du politique et de l'organisation des sociétés, des appartenances et des formes d'identité sociale. « L'effondrement du crédit et la mévente des marchandises », écrit Schumpeter[1] au sujet des représentations des crises dans l'espace public, « sont les aspects d'une crise économique qui frappent le plus le presse et le public, qui leur attribuent naturellement

1 Joseph Schumpeter, *Histoire de l'analyse économique*, *op. cit.*, t. 3, p. 480.

des effets tels que les faillites et le chômage ». Par ces lignes, Schumpeter fait apparaître une distance entre la réalité d'une situation et d'événements qui se produisent et les représentations qu'en élaborent les médias et l'opinion publique, en montrant comment ces représentations attribuent à ce qu'ils appellent « la crise » la causalité d'événements et de situations économiquement négatives. La signification du concept économique de crise est, ainsi, celle d'une forme de causalité imaginaire d'évolutions considérées comme négatives. On se trouve donc devant une contradiction fondamentale de la notion de crise : pour les acteurs politques, elle est le réel de la contrainte d'une décision à prendre et d'une limitation des pouvoirs, tandis que, pour l'opinion et les médias, elle est l'imaginaire d'une causalité expliquant des événements et la dégradation d'une situation.

RECONFIGURATION DES ACTEURS ET DES POUVOIRS

La crise désigne, en ce sens, une situation au cours de laquelle les acteurs politiques de l'économie voient leur identité soumise à une forme de déplacement, de reconfiguration, d'expression nouvelle qui vient déplacer les logiques sémiotiques de l'intelligibilité de la signification des stratégies qu'ils mettent en œuvre. La problématique de la crise est associée à celle de la décision, une crise est un moment où les acteurs politiques et les pouvoirs sont contraints de prendre des décisions qui les engagent et qui reformulent leur identité. En effet, en marquant les limites des formes de rationalité politique dont ils sont porteurs, les crises économiques imposent aux acteurs politiques une mise en cause de leurs modèles de rationalité et un déplacement de leurs références vers des formes nouvelles d'intelligibilité du monde. C'est ainsi que l'on peut comprendre la crise de 2007-2008, de la même façon que celle de 1929 avait été comprise, ainsi que l'écrit B. Gazier[1]. « La grande crise commencée en 2007 a d'abord été financière puis économique, elle est depuis 2011 sociale et politique », écrit-il, ainsi. « Cette transformation a pris trois à quatre ans, comme lors de la première grande crise : de

1 « D'une grande crise à l'autre : quelles ruptures politiques ? », *Lemonde.fr*, 11 janvier 2012.

1929 à 1932. Au début des années trente, à mesure que les politiques menées s'avéraient incapables d'enrayer la propagation de la dépression à l'ensemble du monde occidental puis à la planète entière, à l'exception notable de l'Union soviétique, le constat d'échec est devenu patent dans de nombreux pays, et a généré la multiplication de cortèges et initiatives protestataires. Certaines manifestations ont été dispersées dans le sang, aux Etats-Unis et en Australie notamment ». Sans doute est-ce là la définition d'une crise dans le champ de l'économie politique. Une situation se manifeste comme une situation de crise quand les identités politiques des acteurs de l'économie sont contraintes de se déplacer, de changer leurs modes d'expression et de rationalité, de changer les enjeux des confrontations qui, en les mettant aux prises les unes avec les autres, donnent une consistance à leur engagement politique et une réalité à leur inscription dans le monde. La problématique de « l'échec » dont parle B. Gazier désigne, finalement, une situation qui fait apparaître la limite des stratégies mises en œuvre par les acteurs politiques. Une crise est une situation dans laquelle la limite de l'économie fait pleinement apparaître la dimension politique des impératifs qu'elle impose aux sociétés et aux pouvoirs. Cette limite de l'engagement des acteurs politiques, des pouvoirs et des décideurs est un des éléments caractéristiques, par exemple, de la situation de crise liée à l'impossibilité financière de la Grèce à rembourser sa dette. « Des coupes claires ont été réalisées sans que les mesures soient prises pour réorganiser un système particulièrement inefficace », écrit A. Salles[1], pour rendre compte de la crise économique grecque qui, comme toutes les crises économiques au sens plein du terme, s'articule à une crise politique des pouvoirs et des institutions. « Comme en témoigne », poursuit-il, « l'exemple du ministère des finances, qui n'arrive pas à récolter les impôts qu'il met en place. De nombreuses lois ont été votées, mais elles attendent toujours leur application ». Une crise marque, ainsi, la limite de la rationalité politique permettant de penser une situation économique et fondant les décisions des acteurs et des pouvoirs.

1 « L'impuissance politique d'Athènes au cœur des récriminations de la *troïka* », *Le Monde*, 27 janvier 2012.

UNE SCANSION DE LA TEMPORALITÉ ÉCONOMIQUE

Les crises ont une signification particulière dans la temporalité de l'économie politique : elles constituent des formes de scansion de cette temporalité. Les crises ne sont pas seulement des périodes au cours desquelles les acteurs de l'économie reconfigurent leurs identités en faisant face à des événements qui les atteignent : elles constituent aussi des moments qui ponctuent le temps de l'économie politique et le rendent pensable et mesurable. En le scandant, les crises rendent lisible le temps de l'économie politique et lui donnent une forme de mesure et de visibilité. On peut, en particulier, relever deux situations dans lesquelles la temporalité de l'économie politique se trouve remise en cause par les situations de crise. Il s'agit, d'abord, des crises monétaires qui ponctuent la temporalité de l'économie par les remises en cause de la valeur de la monnaie et de l'argent. Les crises monétaires sont les situations au cours desquelles la valeur de la monnaie est atteinte par des événements ou par des situations qui affectent l'identité reconnue à cette monnaie et les modalités de son usage dans les processus d'échange, de commerce ou d'investissements.

Les crises monétaires viennent scander l'histoire des monnaies en les frappant d'une interrogation sur leur valeur, remise en cause par des événements ou par des situations qui peuvent l'atteindre ou qui peuvent affaiblir le crédit reconnu à ces monnaies, c'est-à-dire l'image dont elles disposent dans l'espace public économique du crédit et de la valeur. C'est ainsi que, selon Keynes, une explication de la grande crise de 1929-1931 serait un écart excessif entre les orientations des prêteurs et celles des emprunteurs qui conduit à un dysfonctionnement des logiques et des entreprises financières. « C'est donc un large gouffre », écrit Keynes[1], « qui sépare les idées des prêteurs de celles des emprunteurs en ce qui concerne les nouveaux placements à caractère sérieux : il s'ensuit que les épargnes des prêteurs servent à financer les déficits commerciaux et à secourir des emprunteurs en détresse, au lieu de financer de nouvelles

1 John Maynard Keynes, *Théorie générale de l'emploi, de l'intérêt et de la monnaie*, trad. fr. par M. Panoff, Paris, Payot, 2009, p. 55-56.

entreprises de biens d'équipement ». Le « gouffre » qui sépare l'imaginaire des emprunteurs et celui des prêteurs donne à la crise une signification articulant le réel des contraintes et des situations (en particulier, pour la crise de 1929-1931, la dégradation des situations liée à la guerre), le symbolique des pratiques institutionnelles d'échange et de relation entre les acteurs, et l'imaginaire qui oriente les pratiques des investisseurs. Une crise comparable atteint la Grèce dans les années 2010-2012, autour de la croissance de la dette publique de ce pays, qui entraîne un écart du même ordre entre les emprunteurs (en particulier l'État) et les prêteurs (investisseurs institutionnels et particuliers), au point de susciter des interrogations sur le maintien même de la Grèce dans le système monétaire de l'euro. C'est, enfin, une crise du même ordre qui a sévi dans les années 2007-2010, au cours de laquelle la crise des « subprimes » a entraîné une remise en cause de la valeur du dollar et de ce que signifie cette monnaie dans l'espace des échanges et de la confrontation entre les monnaies et le réel et entre les monnaies elles-mêmes. Les crises monétaires sont, en ce sens, des crises de la signification des monnaies et des situations au cours desquelles est remise en cause l'identité des monnaies, comme signifiants, dans le champ de la sémiotique de l'économie politique. L'économiste Daniel Cohen analyse ainsi cette crise particulière comme une crise de confiance des investisseurs, c'est-à-dire, fondamentalement comme une crise des dispositifs de médiation symbolique des identités monétaires. « Comment en est-on arrivé à un tel point de méfiance ? », écrit D. Cohen[1]. « Reprenons brièvement la séquence. Le système des crédits hypothécaires américains est très favorable aux emprunteurs. Il permet à un ménage déjà endetté de souscrire un nouvel emprunt aussitôt qu'augmente la valeur de son bien immobilier. Tout va bien tant que les prix montent. Les ménages bénéficient d'une hausse de leurs ressources directement indexée sur le prix de l'immobilier. Tout s'inverse lorsque les prix commencent à baisser. Les ménages dont l'encours de la dette se révèle supérieur à la valeur du bien acheté peuvent immédiatement arrêter de la rembourser, laissant à leurs créanciers une hypothèque dévaluée. C'est le processus qui est à l'œuvre aujourd'hui pour les plus mauvais risques, les subprimes[2] ». Finalement, la crise monétaire liée à

1 « La crise de 1929 n'aura pas lieu », *Le Monde*, 28 août 2007.

2 Le terme « subprime » désigne un intérêt d'emprunt excessivement baissé pour susciter l'intérêt de la clientèle des établissements qui consentent ce type d'emprunt – y compris,

des événements comme une crise des modalités de l'intérêt des emprunts se caractérise par une crise de l'image qui exprime l'identité des acteurs de l'espace économique les uns pour les autres. Ce qui est en crise, c'est la spécularité institutionnelle de l'identité des acteurs dans cette forme de « stade du miroir économique » que constitue ce que l'on peut appeler *la médiation financière de l'économie.* On peut mieux comprendre deux éléments de la dimension financière, monétaire et bancaire de la crise, par l'analyse de la crise de 1929-1931, par celle de la crise de la dette grecque de 2010-2012, ou par celle de la crise des « subprimes », aux Etats-Unis. Le premier élément est le fait que les identités des acteurs financiers sont, comme toute identité, une médiation entre une dimension singulière, fondée sur la logique spéculaire de l'image de ces acteurs les uns pour les autres, et une dimension politique, fondée sur la confrontation entre les acteurs de l'espace public de l'économie et des pouvoirs financiers. La crise consiste, finalement, dans une forme de rupture de la dialectique entre les stratégies singulières de confiance et d'investissement mises en œuvre par les sujets de la communication publique et les logiques collectives de pouvoir mises en œuvre par les acteurs politiques de l'espace de la finance et de l'économie. Le second élément constitutif d'une crise financière et monétaire est le fait que la dimension symbolique de la monnaie est atteinte, en ce qu'en raison de la crise de confiance qui affecte l'ensemble du système des échanges, les deux identités de signifiant de la monnaie sont mises en cause. La première est la valeur de la monnaie pour les investisseurs qui l'utilisent pour leurs placements et pour les pratiques financières : dans ces conditions, la monnaie cesse d'être reconnue comme un signifiant de l'investissement, c'est-à-dire de l'imaginaire financier du long terme. L'autre identité de signifiant de la monnaie à être mise en cause est plus politique : il s'agit de l'expression par la monnaie de l'appartenance à un système politique. L'interrogation soulevée à propos de l'appartenance de la Grèce à l'espace de l'euro, mais aussi les interrogations soulevées, dans le cadre de la campagne pour l'élection présidentielle en France, en 2012, sur le maintien de l'euro comme monnaie française, sont des questionnements qui mettent en cause la dimension à la fois politique et financière de l'identité monétaire. Ce qui est mis en cause dans une

---

parfois de grandes banques (*cf.* E. Le Boucher, « Crise financière ou scandale bancaire ? », *Le Monde*, 9 septembre 2007).

telle critique de la valeur de la monnaie, c'est l'identité économique et politique même qu'elle exprime dans l'espace public. C'est ainsi qu'à l'occasion des crises qui ont affecté l'euro comme celle de la Grèce, les logiques politiques qui ont fondé cette monnaie et en ont institué les modalités d'usage et de régulation font l'objet d'une critique, qui amène les acteurs politiques à « constater qu'il faut répondre aux craintes des peuples européens sur leur souveraineté[1] ».

D'autres crises scandent la temporalité de l'économie politique. Ce sont celles de la production et du travail, qui inscrivent dans cette temporalité les moments de diminution de l'emploi et d'évolution ou de transformation des modes de production. Le travail constitue l'expression de l'identité économique des acteurs ; c'est par le travail que les sujets singuliers manifestent leur rôle dans la mise en œuvre de la médiation économique dans des entreprises et des structures institutionnelles qui manifestent la production comme dimension collective de cette médiation. Mais cette articulation entre le travail et la production peut connaître des crises qui en interrompent la mise en œuvre ou qui, de façon plus fondamentale, en déplacent les modes de structuration ou d'institutionnalisation. On peut ici relever cinq grands types de crise qui font apparaître, chacune à sa manière, la tension entre les deux temporalités de l'économie, son temps long, scandé par des crises qui en affectent les structures profondes et les logiques identitaires des acteurs, et son temps court, scandé par des conflits sociaux et des crises de production qui affectent les modes ponctuels de mise en œuvre de la médiation économique. On commencera par les premières crises ponctuelles de la production. La surproduction de certains biens peut être liée à une évolution des modes de consommation mal comprise par les décideurs économiques ou à un afflux mal maîtrisé de biens importés qui font concurrence à la production locale de biens de même nature ou de même usage. C'est ainsi, en particulier, que l'internationalisation de la concurrence a pu, à de nombreuses reprises, affecter la production de certains biens ou de certaines sources d'énergie. Mais une autre forme de crise de production peut être une sous-production, la production et la mise sur le marché d'une quantité trop faible de biens pour satisfaire la demande. Par exemple, des crises climatiques ont pu, souvent, dans

1 P.-J. Truer avec S. Zappi, « La crise accélère le débat sur la construction politique de l'U.E. », *Le Monde*, 18 novembre 2011.

l'histoire, entraîner la sous-production de certaines denrées alimentaires et l'accroissement inconsidéré de leur prix. Une crise sociale aiguë de production peut prendre la forme d'un conflit, parfois violent, et d'une interruption de l'activité sous la forme d'une grève[1]. La grève, qui peut être parfois longue, est une manifestation de crise sociale qui permet, à l'occasion d'un conflit, de mesurer la force de travail des salariés en montrant, par son absence, l'importance de la production qu'elle met en œuvre. Mais la crise de la production peut s'inscrire dans un temps plus long, au-delà de la ponctualité d'un événement ou d'une situation. L'apparition de technologies nouvelles ou la transformation de modes de production industrielle ou de modes de distribution peut ainsi entraîner des crises économiques liées à la disparition ou à la diminution des emplois proposés. On se rappelle comment, dans une ville comme Lyon, au XIXe siècle, l'invention du métier à tisser par Jacquard a entraîné la mise au chômage de nombreux « canuts[2] », qui se sont manifestés par des conflits sociaux parfois violents. Enfin, c'est sur le statut même des acteurs du travail que peut porter une crise économique de nature sociale. L'évolution des logiques de la formation et de la qualification, ou encore les conflits sur le statut des travailleurs et leur rémunération peuvent constituer des dimensions sociales importantes de crises économiques de la production, qui permettent d'apprécier la place de ceux qui travaillent dans l'identité sociale et politique des entreprises qui sont les acteurs institutionnels de la production, de la distribution ou de la régulation de l'activité économique. Il est important de comprendre que le concept de crise économique ne saurait se réduire, comme c'est trop souvent le cas, à son aspect proprement financier, mais que les crises du travail et du salariat font aussi partie des crises qui mettent en question les identités économiques.

1 On sait que la *grève* désigne la rive aménagée d'une rivière ou d'un fleuve. À Paris, la *place de Grève*, aménagée le long de la Seine, près de l'Hôtel de Ville, était le lieu où les ouvriers journaliers venaient chercher du travail et s'embaucher le matin. L'expression « faire grève » a ainsi fini par signifier « ne pas travailler », et par désigner, de façon plus précise, le refus de travailler en signe de protestation sociale.

2 Nom local des ouvriers travaillant dans les ateliers de tissage de la soierie.

MUTATION DES MODÈLES ÉCONOMIQUES

Une crise consiste, ainsi, dans une mutation des modèles économiques imposée par les contraintes d'une situation. C'est ainsi que M. Rocard articule la crise fondée sur l'opposition entre la croissance et la décroissance sur une mutation économique qui prend la forme de la fin des conceptions classiques du travail. « Relisez Chateaubriand, Léon Blum, Hannah Arendt, Georges Friedmann, tous ont prédit la fin du travail », dit Michel Rocard[1]. « Et, à l'époque, on était dans le plein-emploi, donc la question de la réduction du temps de travail n'était pas liée au chômage. Elle dépend exclusivement de la productivité, qui est en croissance constante. Nous avons oublié d'être radicaux dans nos manières de penser. Cela nous freine dans la recherche de nouvelles régulations ». Par ces propos, M. Rocard attribue la menace de récession qui semble affecter l'économie mondiale à une insuffisante adaptation des structures et des logiques de la production aux évolutions du travail et de son statut dans le champ des médiations économiques.

Comme elles manifestent, ainsi, des exigences de reconfiguration des identités économiques, les crises constituent des moments qui scandent l'histoire de l'économie, en structurant à sa temporalité par des périodes marquées par des changements de perspective. « Les crises », écrit J. Schumpeter[2], « ne sont que les phases d'un mouvement d'une plus grande ampleur et ne peuvent être comprises que dans ce cadre plus large. Dès le début, les auteurs employèrent le terme "cycle" ou "cycle commercial" pour faire ressortir les subdivisions de ce mouvement et parlèrent de la "périodicité" de ces cycles ». En fait, le concept de crise apparaît bien, ainsi, comme un moment d'une forme de temporalité et comme un outil de rationalisation de l'économie politique. Une crise est un temps de réorientation de l'activité et de l'identité qui manifeste une transformation des logiques économiques. Sans doute, en termes de sémiotique économique, peut-on, ainsi, remarquer que les crises ne sont que les *signifiants* d'une transformation identitaire plus profonde,

1 « La société de demain sera moins marchande et moins cupide », Entretien au *Monde*, 26-27 février 2012.

2 Joseph Schumpeter, *op. cit.*, t. 2, p. 484.

qu'il convient d'interpréter en les articulant à des *signifiés* qui consistent, justement, dans ces logiques identitaires profondes, qui ne sont pas toujours visibles dans le temps court de l'histoire. C'est ainsi, par exemple, que ce que l'on a pu appeler la crise de 1929 et la récession entraînée par les événements financiers qui l'ont manifestée ne constituaient, en fait, que les signifiants d'une profonde restructuration des acteurs et des identités économiques. Celle-ci était liée, en particulier, à la transformation des modes de production, la crise ayant constitué une incidence lointaine de la taylorisation de l'activité industrielle, et à l'évolution des espaces de la diffusion et de la commercialisation, les événements de 1929 s'inscrivant, eux-mêmes, dans le processus de la mondialisation croissante de l'activité économique. La notion de cycle définie par Schumpeter et abondamment utilisée dans le discours économique ne saurait être confondue avec un ensemble d'événements. Les cycles, en particulier, ne sont pas donnés, mais ils sont construits, après coup, par les économistes qui les reconnaissent comme des modes de structuration des événements et des évolutions. Finalement, les cycles dans le temps long et les crises dans le temps plus long ne sont que les signifiants qui constituent, pour ceux qui les construisent, des interprétations et des rationalisations des ruptures qui articulent le temps court des événements et le temps long des structures et des identités.

CRISE, URGENCE, DÉCISION

La crise articule le temps de l'urgence économique et l'impératif politique de la décision. Ce que l'on appelle l'urgence économique est l'inscription dans le temps court de l'événement[1], qui manifeste l'emprise du réel sur le temps politique, d'une forme d'imprévisibilité, qui échappe aux pouvoirs et aux acteurs politiques. Les situations comme les famines et les crises agricoles, par exemple, manifestent l'imprévisibilité climatique dans le temps politique, tandis que les crises boursières y manifestent la part d'imprévisibilité de la confrontation entre les acteurs financiers et entre les institutions économiques. La

1 Bernard Lamizet, *Sémiotique de l'événement*, Londres, Hermes Publishing, 2006.

signification fondamentale de la crise est l'expression de la limite de la prévisibilité, c'est-à-dire de l'emprise du réel sur les logiques politiques exprimées par la dimension symbolique de l'économie, qui inscrit un imaginaire d'inquiétude et de crainte dans le temps des acteurs et des pouvoirs de l'économie.

L'ÉVALUATION EN ÉCONOMIE

Comme la valeur occupe une place centrale dans le champ de l'économie politique, la question de l'évaluation doit faire l'objet d'une analyse critique et d'une interprétation. Sans doute est-il important de penser les significations de l'évaluation dans la rationalité de l'économie pour mieux comprendre les structures et les logiques qu'elle met en œuvre. On pourrait dire, d'emblée, que l'évaluation est le premier élément de ce que l'on peut appeler le *cogito* classique de l'économie, que la première étape du processus de mise en œuvre d'une démarche économique consiste à évaluer. Sans doute même peut-on aller plus loin : l'importance croissante de l'évaluation dans les logiques institutionnelles, allant jusqu'à son omniprésence dans la manifestation des logiques de pouvoir, peut-elle se comprendre comme une des manifestations de la place dominante de l'économie, dans son approche quantitative, dans l'ensemble des dynamiques institutionnelles contemporaines. Pour comprendre l'évaluation dans la démarche que nous envisageons ici, nous nous proposons de tenter d'en comprendre les *significations*. Nous n'allons pas tenter d'évaluer l'évaluation, ni de mesurer son efficacité ou de comprendre quels sont les acteurs et les pouvoirs qui la mettent en œuvre. En revanche, nous allons plutôt tenter de comprendre ce qu'elle signifie, de faire apparaître la polysémie de cette dynamique complexe de la rationalité économique, et, en particulier, de comprendre les dynamiques inconscientes de désir et de pouvoir auxquelles elle est articulée.

Occupons-nous, d'abord, comme d'habitude, du mot. Que signifie la dimension proprement linguistique de ce terme, *« évaluer »*, que nous utilisons tellement couramment que nous avons fini par oublier les logiques de sa formation et de sa composition. La première apparition écrite du mot est située par les linguistes à 1366[1]. Il s'agit des « Archives

1 Rubrique « Étymologie et histoire » de l'article « Évaluer » du Trésor de la Langue Française (http://atilf.fr). Le terme a remplacé, selon le Trésor de la Langue Française, une ancienne expression, *avaluer*.

Hospitalières de Béthune », autrement dit d'un recueil d'informations et de discours liés à la gestion et à l'administration d'un service public. L'usage de ce mot nous situe donc d'emblée dans l'espace public de l'économie politique. Le préfixe « é- » sert, selon le Trésor, « à former des factitifs ou des intensifs », autrement dit, dans le cas qui nous occupe, à désigner une action, ce qui nous situe, par ailleurs, dans ce champ, que nous avons désigné plus haut, de la performativité économique. L'évaluation est une des manifestations de cette logique sémiotique, propre à l'économie, selon laquelle l'énonciation a à la fois une dimension symbolique, puisqu'elle se voit reconnaître une signification, et une dimension réelle, puisqu'elle a la consistance d'un acte. L'évaluation articule, ainsi, dans un même moment, la désignation d'une signification, inscrite dans la logique sémiotique de l'articulation arbitraire à une signification, et la mise en œuvre d'un acte, inscrit dans la logique causale d'une relation de cause à effet. Dans l'évaluation, un acteur manifeste un pouvoir qui lui est reconnu en assignant à un bien, à une personne, à un fait, à un événement ou encore à un autre pouvoir une valeur qui fera elle-même l'objet d'une reconnaissance et d'une acceptation par d'autres. Ce que l'on appelle, fondamentalement, le marché n'est finalement pas autre chose que l'espace public dans lequel sont reconnues les évaluations mises en œuvre par des acteurs économiques auxquels un pouvoir est reconnu. C'est, d'ailleurs, la raison pour laquelle, si l'évaluation engage une rationalité de type économique, elle ne limite pas son pouvoir, ou son emprise à des faits économiques, mais est appliquée à n'importe quel type de processus ou d'identité de la vie sociale.

Par ailleurs, et toujours dans le champ de cette performativité de l'économie, l'évaluation ne désigne pas un acte mis en œuvre par un acteur isolé, mais au lieu de se situer dans un espace privé, elle s'inscrit dans un espace économique public. On peut même aller plus loin et remarquer que, dans sa dimension performative, l'évaluation, en même temps qu'elle est mise en œuvre, institue le marché dans lequel sera reconnue sa pertinence ou sa légitimité. L'évaluation est à la fois l'expression du rapport d'un objet, d'une personne ou d'un acte à un système de valeurs, la désignation de cet objet comme un bien porteur d'une valeur et l'institution du marché dans lequel elle sera reconnue et dans lequel elle fondera, par conséquent, la relation d'échange instaurée entre les acteurs qui fondent sur elle une certaine négociation, une certaine transaction. En ce sens, on pourrait dire que mettre en œuvre une évaluation consiste justement à mettre en œuvre une négociation ou une transaction qui fait pleinement exister le marché dans lequel on se situe. C'est ainsi que, par exemple, la vente de livres d'occasion articule deux négociations qui mettent en œuvre deux évaluations associées l'une à l'autre. La première négociation articule la valeur que représente le livre pour son vendeur et ce qu'il semble valoir à l'acheteur dans l'évaluation liée à la première vente et au premier achat du livre. La seconde négociation articule le prix désormais fixé par celui qui va le vendre et ce que le livre semble valoir à son client, dans l'évaluation liée à la revente du livre et à son deuxième achat. Mais ce que l'on observe couramment dans la vente de biens d'occasion est aussi ce qui structure les échanges commerciaux de toute nature. En effet, la vente d'un bien neuf par un commerçant suppose la même double évaluation, par le producteur et le vendeur dans le premier moment, par le vendeur et le client dans le deuxième. C'est cette dualité de la performativité sur laquelle repose la dynamique économique de l'évaluation qui explique les nombreux désaccords, les nombreux conflits et même, parfois, les crises qui ont lieu au cours des processus commerciaux, et, au-delà, au cours des processus institutionnels reposant sur une rationalité de type économique. On pourrait dire, par exemple, ainsi, que l'évolution de la crise de la dette publique de la Grèce, dans les années 2010-2012, a reposé sur la mise en évidence des conflits entre les pouvoirs et entre les acteurs de l'espace public international autour de cette dette. Ces conflits étaient liés à la fois à l'évaluation de la richesse réelle de ce pays, à celle de la dette qu'il avait contractée et à l'appréciation de ses capacités de venir à bout de son remboursement, de s'acquitter de cette dette.

On peut donc remarquer, d'emblée, trois éléments qu'il nous faut relever au commencement de cette réflexion sur l'évaluation. D'abord, l'évaluation met en œuvre des relations entre des acteurs multiples. On n'est jamais seul à mettre en œuvre une évaluation, mais l'évaluation exprime toujours une relation, au moins entre deux acteurs dans un marché d'acteurs privés, et engage une multiplicité complexe d'acteurs dans un marché fondé sur des relations institutionnelles, sur des logiques de pouvoir et sur des identités multiples d'acteurs. La performativité économique de la valeur est une performativité engageant une pluralité d'acteurs. C'est ce qui permet de mieux comprendre le second aspect majeur de l'évaluation : elle engage une multiplicité d'identités politiques et institutionnelles. L'évaluation ne se limite pas à un seul sujet singulier de langage et d'énonciation, mais elle engage plusieurs acteurs dans une confrontation qui est, pou eux, l'occasion de manifester leur identité. Comme l'ensemble des identités politiques, en effet, l'évaluation consiste dans une manifestation conflictuelle d'identités politiques et institutionnelles. L'évaluation ne consiste pas tant à établir une relation entre un acteur et un objet en lui faisant exprimer la valeur de cet objet qu'à instituer une relation entre plusieurs acteurs en leur faisant faire l'expérience d'un conflit autour de la valeur reconnue à cet objet. C'est pourquoi l'évaluation instaure toujours entre ces acteurs l'existence politique, institutionnelle et économique d'un *marché*, c'est-à-dire d'un espace public institutionnel de confrontation entre valeurs. Quel que soit l'objet sur lequel elle porte, l'évaluation institue entre des acteurs un espace d'échange et de confrontation inscrit dans la logique et la structure d'un marché. Enfin, l'évaluation est une des formes que revêt, dans le champ de l'économie, la substitution de la logique quantitative à la logique de la signification. L'évaluation consiste à mesurer au lieu d'interpréter, mais aussi, et les deux aspects sont liés, à juger au lieu de comprendre. Évaluer, c'est mesurer, soit que l'on se situe dans une logique comptable de quantification, soit que l'on se situe dans une logique morale de jugement qui consiste à situer un acteur, un fait ou un objet sur une échelle comparative de valeurs. C'est sans doute une forme de refoulement de la question du sens qui explique que la logique de l'évaluation ait fini par dominer toutes les autres façons d'aborder l'économie, et c'est cette prédominance de la dimension quantitative de la valeur qui explique la perte par l'économie de sa dimension politique. En expliquant l'emprise sur l'économie de la logique de la valeur, A. Orléan explique[1] que « les relations marchandes possèdent leur propre logique de valorisation dont la finalité n'est pas la satisfaction des consommateurs, mais l'extension indéfinie du règne de la marchandise ». Cela montre bien que cette emprise du quantitatif, qui consiste à réduire tous le statut de tous les objets du champ de l'économie à celui de marchandises que l'on peut évaluer selon les mêmes modalités, revient, en définitive, à un refoulement de la médiation économique, puisqu'elle revient à refouler, à ignorer, à

1 André Orléan, *L'Empire de la valeur*, *op. cit.*, p. 12

méconnaître, la dialectique, propre à la médiation politique. En effet, celle-ci se fonde sur une dialectique entre la dimension singulière des pratiques sociales et des objets qui leur donnent leur consistance et la dimension collective des appartenances et des normes de la vie sociale. La généralisation à l'ensemble des rationalités économiques de la logique de l'évaluation consiste bien à refuser de laisser une place au singulier, qu'il s'agisse de la satisfaction des consommateurs ou des bonnes conditions professionnelles et institutionnelles de la mise en œuvre du travail. Finalement, et c'est le dernier aspect de l'emprise de l'évaluation, cette domination de la logique du quantitatif entraîne la disparition du débat. Kant remarquait déjà, au dix-huitième siècle, que la problématique de la quantité fondait une connaissance objective et élaborait une relation à la transcendance. Aujourd'hui, la problématique quantitative de la substitution de l'évaluation à l'interprétation et de la mesure à l'appréciation de la signification consiste dans une censure du débat public et dans une méconnaissance de la logique de l'adhésion. Fondée sur des mesures et sur des évaluations qui ne sont pas soumises au débat car elles sont réputées être objectives et ne pas se discuter, l'économie ne serait pas légitimée, comme tout fait politique, par l'adhésion des sujets singuliers de la sociabilité, mais ne le serait que par l'autorité des acteurs de l'évaluation. C'est ainsi que les politiques économiques des pays ne sont plus légitimées de façon démocratique par l'adhésion des citoyens, mais sont évaluées par des « agences » supposées être indépendantes et baser leur discours et leur intervention sociale sur des critères objectifs fondés sur la mesure des situations et des résultats. On peut lire avec intérêt, à propos des agences de notation, ces lignes de l'économiste Norbert Gaillard. « Les premières réglementations financières faisant référence aux notations sont apparues aux Etats-Unis en 1931 », écrivait-il[1]. « C'est ce type de réglementation qui a progressivement déresponsabilisé certains investisseurs et accru les comportements moutonniers sur les marchés. C'est ce type de réglementation qui va contraindre, dans les prochaines semaines, des banques, des compagnies d'assurances et des fonds d'investissement à se délester à nouveau de titres espagnols et italiens. Il est temps de mettre fin à cette omniprésence des notations dans les réglementations financières ». Ces propos font bien apparaître le véritable enjeu de la

1 « Désintoxiquons-nous enfin des agences de notation », *Le Monde*, 17 janvier 2012.

question de l'évaluation dans le champ de l'économie. En effet, il s'agit, finalement, d'une façon nouvelle pour certains acteurs économiques d'exercer un pouvoir sur les structures et les logiques de l'économie en échappant à tout débat et en réduisant les pratiques des acteurs et même des décideurs à n'être plus que des comportements « moutonniers », se pliant docilement à des normes dont l'élaboration leur échappe.

ÉVALUATION DES ACTEURS ÉCONOMIQUES

Les acteurs de l'économie sont ceux qui mettent en œuvre les pratiques institutionnelles et professionnelles qui lui donnent sa consistance et sa visibilité en la faisant se manifester dans l'espace public. Fondamentalement, les acteurs économiques sont ceux du capital, ceux du travail et ceux de la loi et de la régulation par les états, par les organismes internationaux ou encore par les acteurs des pouvoirs régionaux ou locaux. C'est en termes de succès ou d'échec, ce dernier prenant notamment la forme de la faillite dans le cas des entreprises, qu'une forme d'éthique de l'économie fonde l'évaluation des acteurs de l'économie. La problématique de l'éthique manifeste, en effet, le fait que l'évaluation des acteurs se substitue, dans le discours sur l'économie, au débat sur les relations entre acteurs et sur les manifestations de l'économie dans l'espace public. La problématique de l'éthique remplace le débat par un jugement des acteurs, et empêche que se tienne une discussion sur les causes profondes de l'évolution des situations économiques ou sur la signification qu'elles peuvent avoir. Par exemple, la crise de la dette publique dans les années 2010-2012 n'a pas suscité de débat sur la légitimité de la notion même de dette publique et de la réduction des états à un statut de personnes individuelles. Cette crise aurait dû susciter un débat politique sur les raisons qui ont pu conduire à la dégradation de la situation économique de nombreux pays. Au contraire, elle n'a suscité que la décision de mettre en œuvre des mesures visant à réduire le montant estimé de cette dette, soumettant ainsi les états à des normes imposées par le marché et réduisant l'économie politique, de cette façon, à un ensemble de règles et de critères issus de la culture libérale. Si l'on se situe sur le plan des acteurs singuliers du travail, deux constats permettent d'apprécier l'emprise de l'évaluation sur les métiers et sur ce que représente le travail. La diminution des emplois disponibles et la montée du chômage, d'abord, n'ont pas été considérées comme des conséquences d'une absence d'adaptation des logiques du travail aux formes nouvelles des activités professionnelles et aux nouvelles logiques issues notamment de l'automatisation et de l'informatisation, mais comme des contraintes imposées par une forme de fatalité indiscutable de l'économie. Par ailleurs, la diminution de la quantité des emplois n'a pas été mise en relation avec les stratégies de compression des emplois par les entreprises dans le but de garantir l'accroissement de leurs profits. En revanche, elle a été imposée aux acteurs du travail comme une forme de contrainte entraînant, en particulier, l'accroissement des exigences des employeurs, mettant les salariés en demeure d'accepter la dégradation de leurs conditions de travail et imposant des critères de recrutement de plus en plus sévères. À cet égard, le développement de la complexité des processus de recrutement a conduit à une multiplication d'organismes privés, associée à la réduction de la place des organismes publics de régulation des recrutements et des embauches. Ces organismes ont contribué à une forme de normalisation libérale des critères de recrutement et à l'accroissement de l'emprise de la logique de l'évaluation sur les logiques professionnelles. Finalement, l'évaluation des acteurs de l'économie prend la forme d'une individualisation de l'appréciation de leur activité et à la généralisation de l'emprise de la valeur individuelle et d'une forme d'éthique de l'économie remplaçant le débat sur les critères de l'évaluation et la signification de l'économie par une appréciation individualisée des acteurs appelés à mettre en œuvre les fonctions de l'économie. Il s'agit, ainsi, en définitive, d'une forme d'évaluation fonctionnelle ne prenant pas en considération la dimension institutionnelle et politique des organismes de l'économie et réduisant la connaissance et la rationalité à un discours organique qui ramène les entreprises à des instruments évalués sur le seul critère du succès ou de l'échec de leur fonctionnalité.

ÉVALUATION DES BIENS

C'est l'évaluation des biens au cours des échanges dont ils font l'objet qui a donné à l'espace public économique la forme pratiquement unique du marché, réduisant la logique de la valeur à celle du patrimoine et de la propriété, à celle du prix exprimant la valeur d'échange des biens au cours des relations entre acteurs. De la même façon que l'évaluation des acteurs est dominée par une approche fondée sur la problématique quantitative de la mesure, l'évaluation des biens repose sur le refoulement de ce que Marx appelle la « valeur d'usage ». Cette forme de valeur désigne l'interprétation de la signification que revêt le bien pour un acteur de l'espace économique et de l'appréciation de son importance pour les pratiques sociales mises en œuvre par l'acteur qui l'utilise. On peut, ainsi, observer la même réduction de l'évaluation des biens à l'emprise de la problématique quantitative de la mesure.

Ce que l'on appelle le marché est l'espace public structuré par cette approche particulière de l'économie. En effet, le marché désigne, au commencement, l'espace urbain dans lequel les marchandises sont proposées à la vente. Il s'agit, ainsi, d'un espace dominé par trois logiques qui, finalement, concourent à le définir. La première est celle du prix, c'est-à-dire de l'appréciation quantitative d'une valeur sur laquelle repose l'échange entre le bien et une quantité d'argent (dans le cas du commerce). En effet, la logique du marché met fin au troc, fondé, lui, sur l'appréciation, en quelque sorte spéculaire, en miroir, de la confrontation entre l'usage d'un bien par un acteur et son usage par un autre. En revanche, la logique de l'échange monétaire et du prix fonde l'appréciation de la valeur du bien sur sa mesure dans une échelle exprimant les valeurs dans une monnaie. Elle réduit, ainsi, le langage commun aux acteurs de l'échange à l'expression d'une quantité mesurable d'argent. Au lieu que l'échange se fonde sur un code d'interprétation dans les termes d'un langage, il se fonde sur une convention quantitative fixant une échelle comparative de prix. La deuxième logique du prix est politique : il s'agit de la reconnaissance d'une même monnaie ou d'une même logique de valeur par tous les acteurs de cet espace public du marché. Il s'agit de ce que Marx désigne comme la reconnaissance d'un « équivalent général ». Ce que l'on peut remarquer, dans l'histoire, c'est l'extension progressive des dimensions de cet espace public du marché, inscrit dans une échelle de plus en plus importante, de l'échelle d'un marché local comme pouvaient l'être les villes de l'Antiquité, à celle de marchés régionaux, puis régionaux, pour prendre, au fur et à mesure que s'étendaient les espaces d'échange, une dimension internationale, comme aujourd'hui. Mais, avec l'extension de cette échelle du marché, on observe une extension parallèle de l'usage des mêmes « moyens d'échange ». C'est ainsi que, par un jeu de rapports de forces entre elles, certaines monnaies ont fini par s'imposer à des ensembles de plus en plus étendus de marché, pour, comme la livre sterling au XIXe siècle ou, aujourd'hui, le dollar ou l'euro dans un espace plus réduit, devenir des formes de monnaies internationales privant de plus en plus les états de leur pouvoir d'émettre des monnaies reconnues. Mais on peut aussi observer la reconnaissance d'autres formes de références d'évaluation, comme dans le domaine de l'énergie, où ce que l'on appelle les « tonnes d'équivalent pétrole » se situent par rapport à une échelle fondée sur le pétrole reconnu, ainsi, comme critère quantitatif unique de mesure ou d'évaluation, ou dans le domaine financier, dans lequel le Fonds monétaire international attribue aux pays des droits de tirage qui finissent par devenir des critères quantitatifs d'évaluation. Dans tous ces domaines, le marché désigne l'espace public dont tous les acteurs reconnaissent la même échelle de mesure et d'évaluation des biens dont l'échange et la circulation font l'objet du commerce. Dans cet espace commun à tous les acteurs soumis aux mêmes normes et aux mêmes rapports de forces, les critères quantitatifs de l'évaluation sont fondés sur les mêmes critères et les mêmes références par tous les acteurs qui reconnaissent un même code d'expression refoulant, ainsi, les critères qualitatifs d'usage et de signification.

ÉVALUATION SINGULIÈRE

Les pratiques et les logiques de l'évaluation singulière manifestent une dimension de la médiation économique qui n'est pas politique, puisqu'il s'agit de l'implication de l'économie en dehors de la relation au collectif.

L'évaluation singulière rappelle que l'économie ne saurait se réduire à sa dimension politique, mais qu'elle articule, comme toute médiation, une logique singulière et une logique collective. L'évaluation singulière consiste pour le sujet à reconnaître à un bien une valeur fondée sur des critères d'appréciation qui lui sont propres et qui engagent une échelle singulière de l'évaluation. Sans doute est-ce une extension des usages et des pratiques de l'évaluation singulière qui a conduit à l'affaiblissement de la conception politique de l'économie et à l'accroissement du rôle de la gestion et de l'importance qui lui est reconnue dans l'économie contemporaine. En effet, ce que l'on appelle la gestion désigne l'ensemble des structures et des pratiques sociales par lesquelles une personne met en œuvre une logique personnelle de l'économie, de ses biens et des services dont elle dispose, mais aussi des services qu'elle organise pour son profit propre.

La forme la plus ordinaire de cette dimension de l'évaluation singulière construit ce que l'on pourrait appeler une logique personnelle de l'économie, une conception de l'économie fondée sur la relation de la personne singulière à la réalité des biens qu'elle possède ou qu'elle utilise, à la dimension imaginaire de ceux qu'elle désire et à la dimension symbolique de sa propre parole sur ces biens et de la façon dont ils peuvent exprimer son identité.

L'évaluation singulière se fonde, d'abord, sur un réel, la manifestation de la contrainte que fait peser sur le sujet le manque caractérisant sa situation économique. C'est par rapport à l'importance que revêtiraient pour moi les biens que je n'ai pas que je donne une valeur au manque que je subis en l'inscrivant, ainsi, dans mon économie particulière. Sans doute est-ce dans la situation de manque que le sujet prend, ainsi, conscience de la contrainte que fait peser sur lui la situation économique dans laquelle il se trouve. Quand je n'éprouve aucun manque, je ne peux reconnaître la dimension contraignante de ma situation, mais c'est l'absence d'un bien ou l'impossibilité de disposer d'un accès qui me fait prendre conscience de la dimension contraignante de ma situation économique. *Le Monde* observait ainsi, par exemple, à l'occasion du Forum mondial de l'eau réuni à Marseille en mars 2012[1], que des quartiers entiers de Vientiane, au Laos, ne disposent pas d'eau potable courante. Dans une

1 Martine Valo, « Au Laos, disposer d'un robinet dans sa maison est un luxe », *Le Monde*, 13 mars 2012.

telle situation, il importe de distinguer la valeur que peut avoir l'eau dans le champ de l'économie politique et celle qu'elle peut avoir d'un point de vue singulier pour une personne qui n'en dispose pas. Mais ce qu'il importe de comprendre pour fonder, ainsi, cette dimension singulière de l'évaluation, et, au-delà, de l'économie, c'est la dialectique entre le désir et le manque. Ce n'est pas *parce que* j'éprouve un manque que je désire le bien que je n'ai pas : ce serait restreindre la problématique de l'évaluation à un aspect fonctionnel réducteur. Le manque et le désir sont articulés l'un à l'autre dans une dialectique sémiotique fondée sur la dimension symbolique et non fonctionnelle du manque. Si l'on peut construire une logique singulière de l'évaluation, ce que l'on pourrait appeler un *cogito* de la valeur, c'est parce que le sujet fonde, de cette manière, une signification économique des biens et des services dont il dispose et de ceux dont il ne dispose pas.

La dimension imaginaire de cette évaluation consiste, pour le sujet, à exprimer ce que l'on pourrait appeler *l'économie de son désir*. Le désir est la manifestation symbolique du manque, puisqu'il s'agit de la dynamique symbolique par laquelle le sujet investit des biens qu'il n'a pas d'une valeur qui donne la dimension d'une économie au manque qui exprime son identité propre. Le manque a été reconnu par la psychanalyse comme l'instance qui fonde l'identité particulière du sujet sur ce qui le sépare de son imaginaire et qui, ainsi, donne à ce dernier toute sa signification et toute sa consistance. La dialectique entre le manque et le désir qui l'exprime institue une instance économique dans l'expression symbolique de l'inconscient du sujet, car il s'agit, pour lui, de fonder, ainsi, une échelle imaginaire de valeurs et de critères d'appréciation qu'il met, d'ailleurs, en œuvre sans être toujours conscient de leur signification.

Par la dimension symbolique de l'évaluation singulière, le sujet exprime les valeurs qui structurent la dimension économique de sa culture personnelle. Il élabore, ainsi, pour lui-même et pour les autres, des représentations qui donnent une valeur propre aux biens et aux pratiques qui peuplent son espace singulier de vie quotidienne et le temps long de sa mémoire. C'est ainsi, par exemple, que Proust va reconnaître à la madeleine trempée dans une tasse de thé la valeur considérable d'un éveil du souvenir d'événements et de situations de son enfance. Ce que l'on appelle le patrimoine est une représentation économique de la valeur des biens possédés par quelqu'un dans le temps court et transmis à ses héritiers dans la continuité du temps long, et cette représentation constitue, ainsi, ce que l'on pourrait appeler une *médiation économique de l'identité*, la dimension collective de cette identité désignant une institution d'ordre privé, la famille.

Mais sans doute convient-il de prendre garde de ne pas limiter cette dimension singulière de la médiation économique à un aspect fonctionnel, de bien distinguer la logique de l'utilité et celle du désir, et de fonder le *cogito* de l'économie singulière sur une distinction entre la fonctionnalité et la dimension symbolique du désir, qui fonde cette identité économique singulière. Si l'on s'en tenait à des critères de fonctionnalité pour fonder la logique singulière de l'évaluation, il ne s'agirait pas d'une dimension singulière de la médiation économique, mais cela réduirait l'économie singulière à une meilleure connaissance de la consommation. C'est ce que Pérec avait décrit sur un mode esthétique, à la fois humoristique et dramatique, dans *La vie mode d'emploi.* Pour concevoir cette approche de la valeur et de ce que représentent les biens et les pratiques singulières pour le sujet comme une dimension singulière de la médiation économique, il faut aller au-delà de la consommation, qui limite les biens et les objets à l'usage quotidien qui leur donne une fonction. En effet, il est important de penser les significations qu'ils peuvent revêtir pour le sujet, à la fois dans ses usages conscients et dans l'inconscient qui fonde son psychisme et donne à son désir une signification complexe fondée sur les représentations dont il est porteur dans son identité propre. En ce sens, sans doute ne peut-on pleinement comprendre cette logique singulière de l'évaluation qu'en considérant les biens dont peut jouir le sujet et les usages dont il dispose comme des *signifiants* exprimant les valeurs. Pour cela, il importe de ne pas limiter le patrimoine et les biens à une simple logique de la possession. Le patrimoine du sujet, constitutif de la dimension économique de son identité, ne peut pas se réduire à ce qu'il possède, à ce dont il a la propriété[1]. Dans cette économie singulière du sujet et dans les logiques de l'évaluation qui lui sont propres, sans doute faut-il inscrire aussi les « biens culturels » et l'accès aux institutions et aux représentations de la culture et de l'esthétique, mais aussi

1 Ce terme même, *propriété*, désigne étymologiquement ce qui est *propre* au sujet, à la personne. C'est dans la suite de l'histoire de l'économie, en particulier, au XIXe siècle, avec le développement de la logique du capital, que cette notion de propriété a fini par se confondre avec la possession.

l'accès aux fonctions sociales rendant pleinement possible l'existence. Parmi ces éléments, on peut, en particulier citer l'accès aux soins et aux institutions de santé, la libre disposition des moyens de transport et de déplacement ou encore l'accès aux structures, aux institutions et aux services d'éducation et de formation. Ces accès et ces dispositions constituent une part essentielle de l'évaluation subjective qui fonde la dimension singulière de la médiation économique.

ÉVALUATION POLITIQUE

La dimension politique de l'évaluation va fonder la valeur sur l'articulation entre usage et pouvoir. Elle va, en particulier, prendre la forme de l'expression économique d'une autre dialectique, entre, d'un côté, la fonctionnalité et l'organicité, et, de l'autre, la logique de l'appartenance et les structures constitutives de l'identité économique collective. L'évaluation politique désignera, dans notre propos, à la fois l'évaluation des stratégies économiques des acteurs politiques, des institutions et des pouvoirs, l'évaluation des situations économiques des espaces politiques et des lieux de travail, d'échange et de production et l'évaluation des pratiques et des acteurs de l'économie selon des critères fondés sur le politique et sur les logiques de confrontation des acteurs et des pouvoirs.

L'évaluation des stratégies et des politiques économiques évalue la distance entre les intentions qu'elles affichent et les réalisations effectives. Il s'agit, finalement, d'une forme d'évaluation de l'écart entre les projets, les engagements et les imaginaires exprimés par les acteurs politiques, qui fondent leur identité, et les réalisations qu'ils mettent en œuvre dans le champ de l'exercice de leurs pouvoirs. Deux conceptions de l'évaluation peuvent, ici, être mises en œuvre. La première consiste dans une forme de bilan, qui confronte l'imaginaire et les pratiques effectives. C'est l'évaluation proprement politique des stratégies des acteurs économiques. C'est ainsi que, par exemple à l'occasion d'élections et dans le cadre du débat instauré dans l'espace public entre les candidats, on évalue les succès ou les échecs de la politique mise en œuvre par les pouvoirs sortants. Une telle évaluation peut aussi prendre la forme d'une évaluation comparative des stratégies et des politiques menées dans d'autres pays pour apprécier les conceptions de l'économie politique mises en œuvre par les pouvoirs, et, ainsi, pour fonder leur légitimité ou, au contraire, pour la dénier. Mais une telle évaluation, politique, des stratégies d'acteurs est aussi élaborée et conduite dans le cas des entreprises, qui, finalement, sont des espaces de pouvoirs et des structures institutionnelles comme les autres, même s'il s'agit d'espaces privés. C'est ainsi que les assemblées générales ou les conseils d'administration de sociétés privées ou publiques sont des espaces d'évaluation des stratégies conçues et mises en œuvre par leurs dirigeants. Sans doute la logique de l'évaluation a-t-elle été, notamment dans le cas des entreprises privées, fondée sur l'appréciation des résultats financiers de l'activité des entreprises, mais, aujourd'hui, l'évaluation des acteurs économiques se situe aussi sur d'autres plans. On sait, ainsi, que la situation sociale des entreprises et des lieux de production, le statut reconnu aux différents acteurs, les conditions de travail, d'hygiène et de sécurité, sont des critères fondamentaux de l'évaluation des entreprises. Finalement, cela manifeste l'extension du champ de l'économie politique à des conceptions nouvelles de la valeur et à des références qui jusqu'alors étaient ignorées par le champ de l'économie. Sur ce plan, l'évaluation de la situation économique d'un pays ne se limite pas à l'appréciation de sa compétitivité, en particulier dans une logique de concurrence internationale et dans une conception financière de l'espace public international. En effet, pour constituer une évaluation fondée sur une conception politique de l'économie, elle se réfère aussi à des critères sociaux d'organisation du travail et de l'activité économique et sur les critères institutionnels des modalités d'exercice des pouvoirs économiques.

Ce qui donne toute sa signification politique à l'évaluation, c'est, sans doute, son articulation à un processus de décision. L'évaluation d'une situation et des stratégies à mettre en œuvre dans cette situation acquiert sa pleine dimension quand elle fonde une décision, qui, finalement, la légitime en fondant sur cette évaluation l'exercice effectif d'un pouvoir. En ce sens, la complexité des situations économiques, liées, en particulier, à la multiplication des acteurs impliqués, ainsi qu'à l'entrecroisement des acteurs de différents pouvoirs, a accru la complexité des processus de décision et, en multipliant les références aux critères de choix qui les légitiment, a donné aux processus de l'évaluation une place de plus en plus importante dans la décision. Le poids de cette évaluation multiple a fini par occulter la part proprement politique de la décision, dans une forme de *refoulement de l'instance politique du pouvoir.* La décision se fonde sur un réel qui n'a plus la consistance politique d'un pouvoir, finalement sanctionné par une appréciation institutionnelle, mais semble revêtir désormais la consistance d'un pouvoir fondé sur une connaissance se donnant les formes de l'objectivité du savoir et de l'examen de données économiques. Cela conduit à des modalités du choix et de la décision qui échappent au politique et semblent ne plus se fonder que sur le réel d'une contrainte imposée par une situation soi-disant objective. Une forme particulière de l'évaluation, fondée sur ces critères qui se prétendent objectifs et dénient leur caractère politique, prend aujourd'hui une grande place dans l'espace public. Il s'agit de celle qui est mise en œuvre par les « agences de notation », représentative d'une forme d'évaluation politique des acteurs de l'économie par le marché, qui se substitue à la dimension proprement politique de l'évaluation économique des pouvoirs. L'emprise et la visibilité de ces agences privées ont connu une importance considérable, en particulier dans la situation récente de la crise financière de la Grèce, liée à l'accroissement de sa dette publique, et, dans la suite de cette situation, dans l'examen de la situation financière des états et de leur endettement. Les « notes » données par ces agences donnent trois caractères à cette évaluation politique des situations économiques qui éclairent leur signification. D'abord, les états sont représentés comme des élèves notés par leur maître. Cette évaluation par les agences marque une forme d'infantilisation du débat public en donnant au débat économique la forme d'une évaluation scolaire. Cela s'explique à la fois par l'emprise de l'expertise sur le débat public et sur le fait que c'est le savoir qui vient légitimer l'évaluation au lieu que ce soit un véritable débat, et par une incidence de l'accroissement de la place de la formation dans l'identité des acteurs politiques. Quand les acteurs fondent leur légitimité sur le savoir dont ils sont porteurs, et qu'ils ont acquis dans des cycles de plus en plus long de formation au politique, cela interdit le débat, car l'échange n'a plus lieu avec des acteurs n'ayant pas cette culture. De plus, cela occulte les différences d'engagement politique car finalement tous les acteurs politiques finissent par avoir les mêmes langages, les mêmes références et les mêmes cultures. Il n'y a, à la longue, plus de confrontation possible entre des identités différentes. Un deuxième caractère de cette évaluation économique du politique est la forme morale qu'il finit par prendre, dans une approche éthique de la notion de valeur. Sans doute cette emprise de l'évaluation sur le politique se situe-t-elle dans la « signification culturelle » suggérée par Max Weber[1], qui se caractérise par la domination de la culture protestante dans des pays comme les Etats-Unis, qui a fini par orienter la culture de leurs acteurs et de leurs décideurs économiques. Max Weber relève la culture calviniste de B. Franklin, qui fonde ce qu'il appelle « l'*éthique sociale* de la culture capitaliste[2] ». Cette dimension éthique de l'identité des acteurs économiques permet à la légitimité de leur pratique sociale de ne pas faire l'objet d'un débat public et de susciter un engagement et une responsabilité des acteurs d'autant plus contraignants qu'ils finissent par être intériorisés dans leurs croyances et dans leur imaginaire. Enfin, cette forme éthique du discours de l'économie, illustrée par les notations des agences, peut mieux se comprendre si on la situe dans le processus contemporain de l'internationalisation de l'espace public de l'économie politique. En effet, on peut remarquer que ce processus fait apparaître l'emprise de plus en plus grande d'identités religieuses qui accentuent la place de l'éthique dans l'évaluation et dans la conception des valeurs de l'économie. Qu'il s'agisse de l'intégrisme moral chrétien dans les pays comme les Etats-Unis, de l'intégrisme islamiste dans les pays de culture arabe ou musulmane, ou encore de l'intégrisme religieux en Israël ou du retour des références religieuses dans un pays comme la Chine, on observe que l'emprise de l'évaluation sur l'économie se confond avec le retour de l'importance de l'imaginaire religieux dans le débat politique. Sans doute cela permet-il de mieux comprendre la multiplicité des significations contemporaines de l'évaluation en les situant par rapport au retour du pouvoir religieux dans le champ de l'économie.

1 Max Weber, *L'Éthique protestante et l'esprit du capitalisme*, trad. fr. par J.-P. Grossein, Paris, Gallimard, p. 20.

2 *Id.*, p. 28.

L'ÉCONOMIE : EMPLOIS, MÉTIERS, ACTEURS

Qui sont les acteurs de l'économie ? On ne désignera pas ici par ce terme seulement les personnes, les sujets singuliers, qui jouent un rôle dans l'espace de l'économie, mais l'ensemble de ceux qui y agissent, c'est-à-dire les personnes, mais aussi les états, les entreprises, les associations, les services publics. Il s'agit de tous ceux qui interviennent dans le champ de l'économie en y inscrivant la marque de leur identité et en y exprimant une part des significations qui font d'elle un langage politique. Les acteurs de l'économie lui donnent la consistance d'un espace public de confrontation des pouvoirs, des stratégies et des discours d'acteurs qui y expriment des identités. C'est que, pas plus dans le domaine de l'économie que dans les autres domaines du politique, il ne convient de ne comprendre les acteurs que comme ceux qui *agissent* effectivement, qui exercent une action, c'est-à-dire comme ceux qui ont une influence sur les situations ou qui sont la cause de transformations de l'espace économique. On n'est pas acteur seulement quand on est la cause d'un événement ou de modifications d'une situation : on est acteur quand on manifeste une identité, articulant la dimension réelle d'un pouvoir d'une contrainte, la dimension imaginaire d'un projet, d'une idéologie ou d'une conception du monde et la dimension symbolique d'un discours, d'une culture ou d'un ensemble de représentations.

C'est ainsi qu'il convient de distinguer, dans l'espace public de l'économie politique, des fonctions et des acteurs, des métiers et des cultures professionnelles, des emplois dans les espaces de production et d'échange qui donnent sa consistance à l'économie. En effet, dans le champ de l'économie, la confrontation des acteurs les uns aux autres, qui fonde leur identité, ne met pas seulement en relation des engagements et des pouvoirs, comme dans les autres champs de la sémiotique politique, mais elle se fonde aussi sur des métiers et des emplois. Dans le domaine de l'économie, la médiation entre le singulier et le collectif désigne aussi l'emploi des acteurs individuels qui concourent à la production collective de valeurs et de richesse par la mise en œuvre de leur travail, dont l'identité s'exprime sous la forme de *métiers*. L'emploi désigne, ainsi, l'articulation entre la dimension symbolique de l'identité professionnelle des acteurs, c'est-à-dire de leur métier, la fonctionnalité réelle de leur travail et de leur rôle dans la société et l'imaginaire de leurs ambitions et de leur projet professionnel. L'emploi représente bien l'emprise du réel de l'économie sur les situations singulières des acteurs de l'économie et leur emprise individuelle sur les logiques collectives qui permettent de penser l'économie comme un champ social de valeurs et d'échanges. C'est la raison pour laquelle il a une telle importance en situation de manque. Les crises au cours desquelles les emplois se raréfient sont des manifestations particulièrement intenses du réel de l'économie parce qu'elles ne portent pas seulement sur l'aspect collectif, forcément distancié, des identités et des pouvoirs, mais touchent aussi les situations personnelles des acteurs singuliers qui voient, ainsi, menacé leur avenir et mis en cause leur rôle dans la société.

LES MÉTIERS ET LES EMPLOIS DANS LE TEMPS

Les métiers et les emplois connaissent des évolutions dans le temps et dans l'histoire de l'économie qui viennent scander et ponctuer la médiation temporelle de l'économie en y inscrivant des déplacements et des variations qui donnent sa consistance à une histoire de l'économie et de ses pratiques. C'est ainsi, par exemple, que l'évolution des modes de mise en œuvre de l'agriculture manifeste, dans l'histoire de l'économie, une histoire de la relation des sociétés aux contraintes climatiques ou géographiques qui structurent l'alimentation et les paysages. Dans un autre domaine, l'évolution des modes de transformation des matières dites premières et celle des usages et des pratiques de la vie quotidienne et des métiers de l'économie a scandé l'histoire par le passage de l'artisanat à l'industrie et par les évolutions des fonctions et des métiers de la médiation, qu'il s'agisse de l'information et de la communication, de la culture et de la représentation, ou encore du droit, de l'administration et de la régulation. Enfin, l'histoire des métiers et des fonctions de l'économie est aussi celle de la diffusion et de la distribution des biens, celle des échanges, et celle des flux et de la circulation, qui s'inscrivent dans l'évolution des métiers et des fonctions du commerce, des transports et des déplacements. Ces métiers et ces emplois, qui manifestent, dans leur évolution, l'histoire de l'économie, font de cette dernière le champ d'une articulation entre des fonctions et les significations dont elles sont porteuses et qu'elles expriment dans le débat public. En effet, quand on parle des acteurs de l'économie, il importe de distinguer deux points de vue. Le champ de l'économie est un système de fonctions et un réseau de flux et de parcours. On peut comprendre ce champ, de ce point de vue, comme un système de causes et de conséquences manifestant une rationalité organique. C'est ainsi que Godelier explique[1] que « la tâche du chercheur est de confronter les normes et les faits pour mettre en évidence *à travers les rapports* une certaine nécessité qu'expriment les lois de fonctionnement synchronique et diachronique du système ». Finalement, c'est bien dans le temps que se manifeste cette rationalité fonctionnelle de l'économie. Mais sans doute convient-il de penser aussi le champ de l'économie comme un champ dans lequel s'expriment des identités. Ce champ « de normes et de faits » qui inscrivent dans l'économie une dynamique de causalité s'articule à un champ d'identités qui constituent la médiation *symbolique* des acteurs en donnant du *sens* à leur intervention. Cette signification ne relève plus d'une analyse fonctionnelle dans la chronologie des transformations de l'histoire, de l'espace et du temps, mais elle relève d'une *interprétation*, d'une rationalité sémiotique faisant apparaître des significations et construisant, ainsi toute une *culture de l'économie.* C'est quand la logique fonctionnelle du réseau et du système des fonctions s'articule à la logique sémiotique des cultures et des identités des acteurs que l'on peut pleinement s'inscrire dans *une économie politique.* En effet, c'est l'articulation des pratiques et des significations qui fonde l'économie comme un langage politique[2]. Réduire l'économie à un système d'organes et à un réseau de fonctions

1 Maurice Godelier, *Rationalité et irrationalité en économie*, Paris, François Maspero, 1969, t. 1, p. 144.

2 Bernard Lamizet, *Le Langage politique*, Paris, Ellipses, 2011.

serait négliger la signification de ces interventions et l'identité de ceux qui les mettent en œuvre. C'est pourquoi il importe de penser, dans le champ de la sémiotique de l'économie politique, les emplois et les métiers par lesquels les acteurs manifestent leurs appartenances et leurs personnalités singulières.

SÉMIOTIQUE ÉCONOMIQUE DES EMPLOIS ET DES MÉTIERS

La sémiotique économique des emplois et des métiers peut se penser sur trois plans.

Le premier est celui des fonctions et de leurs valeurs. En effet, comme c'est la notion de valeur qui exprime les identités dans l'économie, une fonction n'y est pleinement reconnue que quand elle se voit reconnaître une valeur dans cette rationalité des emplois. La dimension collective des fonctions est l'articulation de leur rôle dans l'espace de l'économie et des changes et de leur représentation dans les discours et l'information économique. On peut, ainsi, lire l'histoire de la rationalité de l'économie en lisant, dans des textes, des discours, mais aussi dans des images et dans des médias, la façon dont évoluent les fonctions de l'économie et les représentations dont elles font l'objet dans cette culture particulière. Il importe, dans ce domaine, de distinguer une dimension explicite, manifeste, de ces évolutions, et une dimension latente, qui manifeste, dans des incidences sur la réalité que l'on ne peut pas toujours comprendre facilement, une part inconsciente de l'identité des acteurs. Ce n'est pas toujours pour des raisons conscientes que les agents de l'économie exercent le métier dans lequel ils sont employés ou qu'ils mettent en œuvre la fonction qui leur est donnée dans ce système de valeurs et des productions. Tandis que la logique de l'économie met en mouvement une rationalité d'acteurs collectifs, les profits et les salaires vont constituer la dimension singulière de l'expression de cette valeur, puisqu'il s'agit de ce qui revient, finalement, à la personne qui met en œuvre une fonction. C'est pourquoi la double articulation, d'une part du travail et du salaire et d'autre part de l'investissement et du profit manifeste la confrontation des identités qui font du champ de l'économie un espace politique de tensions et de conflits[1]. Les fonctions n'ont pas à proprement parler de signification : c'est quand la société leur reconnaît une valeur dans son économie politique qu'elles expriment une signification. Sans doute les médias et, d'une façon plus générale, l'information et la communication, jouent-ils un rôle essentiel dans le processus de constitution de ces valeurs et de ces identités. Mais, au-delà, les mutations qui reconfigurent les pratiques professionnelles et les identités qu'elles expriment montrent, en quelque sorte de façon inversée, par les crises qu'elles suscitent, l'importance des identités professionnelles dans l'appropriation de la signification de l'économie. « La plupart des travailleurs », écrit, ainsi. J. Rifkin[2], « se sentent totalement désemparés devant le gigantisme de la transition qui s'annonce. Les percées technologiques actuelles et les restructurations économiques semblent avoir fait irruption dans nos vies sans prévenir. Soudain, partout dans le monde, des hommes et des femmes se demandent s'il y aura un rôle pour eux dans l'avenir que dessine l'économie mondiale ». L'inquiétude dont fait état Rifkin montre bien que la question du travail se pense sur deux plans bien différents l'un de l'autre : celui de la fonctionnalité des métiers et de leur rôle dans l'économie et celui de leur signification et de l'identité dont sont porteurs ceux qui les exercent – et qu'ils risquent précisément de perdre. C'est de cette perte du sens des emplois et du travail que sont menacés les travailleurs dans une situation de crise. Sans doute, d'ailleurs, convient-il de reconnaître aussi cette dimension au débat sur la « flexibilité ». En effet, au-delà de l'approche du travail et de l'emploi en termes de gestion et de fonctionnalité, qui s'inscrit dans une rationalité non politique de l'économie, ce qu'il faut comprendre, c'est que le flexibilité de l'emploi menace les travailleurs d'une précarité qui les touche dans leur identité même.

1 *Le Monde diplomatique* a publié, sur ce point, en févier 2012, un ensemble d'informations sur l'écart que l'on peut constater entre la France et l'Allemagne, à la fois dans le temps long de l'histoire des cultures de ce pays sur le plan du travail et dans le temps court de la conjoncture contemporaine.

2 Jeremy Rifkin, *La Fin du travail*, trad. fr. par P. Rouve, Paris, La Découverte, 1996, p. 33.

SALAIRES ET IDENTITÉS DES ACTEURS

Le second plan sur lequel il convient de penser la signification de l'identité économique des emplois et du travail est la place des salaires et de la rémunération du travail dans l'économie et dans les identités des acteurs économiques. Sans doute convient-il de ne pas limiter le salaire à la dimension fonctionnelle de l'échange entre le travail et la rémunération et à l'aspect mesurable de l'équivalence entre un travail fourni et une valeur. La sémiotique du salaire exprime la signification de la valeur du travail dans un langage économique particulier, propre à une époque, à un espace, à des conditions particulières de travail et à une logique de rapports de forces et de pouvoirs entre les employeurs et les salariés. Le salaire exprime ainsi une part de l'identité du travail dans la sémiotique politique de l'économie. C'est ainsi que, dans *Salaire, prix et plus-value*, Marx définit la place de la valeur du travail nécessaire à sa production et à sa commercialisation dans l'évaluation de la marchandise, en montrant qu'elle ne saurait se réduire à une dimension strictement comptable et mesurable, mais fait intervenir l'appréciation des conditions de travail dans lesquelles la marchandise est produite[1]. C'est ainsi, par exemple, que la pénibilité du travail contribue à l'appréciation de sa valeur et à la reconnaissance du travail comme valeur[2]. L'économie politique reconnaît aussi une place, dans l'appréciation salariale du travail, à la formation et à la qualification qui fondent l'identité du salarié. Mais, au-delà de la place du travail dans l'appréciation de la valeur d'une marchandise, exprimée, en termes monétaires, par son prix[3], Marx montre bien que la valeur du travail constitue aussi une représentation de la *signification du travail dans l'économie politique*. Comme toutes les identités politiques, qui reposent sur des confrontations, la valeur du travail est exprimée, en termes politiques, dans une forme de confrontation entre le salaire, qui exprime la valeur du travail, et la plus-value, qui exprime la valeur financière de la marchandise, en termes de profit pour les acteurs qui la mettent sur le marché (employeur du salarié, commerçants). Finalement,

1 Karl Marx, *op. cit.*, t. 1, p. 505.
2 *Cf.*, par exemple, les éléments publiés, sur ce point, par *Le Monde*, 12-13 février 2012.
3 Karl Marx, *ibid.*, p. 506.

le salaire exprime ce que l'on pourrait appeler l'investissement du travailleur dans la vie économique, confronté, dans l'économie libérale, à l'investissement financier des porteurs de capitaux. Cet investissement du travailleur dans la production se définit aussi par opposition à ce que l'on peut appeler la perte d'identité économique liée au chômage. En effet, la montée du chômage, liée, comme le montre déjà Marx, à l'opposition, en quelque sorte symétrique, entre la montée du profit et de la plus-value et celle du salaire et de la valeur du travail, fait apparaître, de façon en quelque sorte métonymique, la valeur du travail dans la sémiotique de l'économie, en la faisant apprécier par son absence ou sa raréfaction. L'identité économique du travail se trouve, ainsi, exprimée à la fois sur le plan monétaire par les prix, sur le plan sémiotique et politique par le salaire, et, sur le plan des identités, par la dialectique entre l'expression salariale de l'identité des salariés et la perte d'identité dont ils sont les victimes en période de chômage. C'est ainsi que le lien entre l'économie et l'emploi fonde l'articulation de l'économie, du travail et des identités d'acteurs dans une valeur politique de l'emploi. Cette valeur se situe dans ce que l'on peut appeler le temps long du travail, c'est-à-dire l'évolution dans la longue durée de l'emploi et des modalités de mise en œuvre du travail, que P. Askenazy situe dans une « vision à long terme de l'économie[1] ». Comme toutes les logiques de la médiation politique, la valeur du travail articule ce temps long au temps court des situations économiques. Celui-ci impose, par exemple, que soit pris en compte le souci de maintenir l'activité de production d'un pays, particulièrement en situation de crise, qui se manifeste, en particulier, dans les logiques de concurrence, entre entreprises dans un marché national et entre pays, dans l'internationalisation du marché et des emplois.

INTERNATIONALISATION DES ACTEURS

Sur un troisième plan, il importe de se situer aussi dans le champ international d'un nouvel espace de l'économie recomposé et redéfini par l'unification économique de l'Union européenne et, sur un plan plus

1 « L'austérité est suicidaire », *Le Monde*, 28 janvier 2012.

large, par l'ensemble des processus liés à la mondialisation. Les délocalisations des activités de production ont donné une dimension nouvelle à la confrontation des pouvoirs entre les états, les entreprises et les salariés, en montrant que la croissance repose bien sur une articulation entre les salaires et les activités de production. « Réduire le coût du travail ne suffit pas », écrit, ainsi, Marie Coris[1]. « Seule une politique industrielle ambitieuse », poursuit-elle, « permettra à la France de remporter le défi de la mondialisation ».C'est pourquoi on ne peut pas imputer les crises de l'emploi et du travail au seul montant des salaires : en effet, il convient de penser les salaires dans la logique plus large de la production. Mais, pour bien comprendre cette logique, il convient de la situer dans un champ engageant de nombreux acteurs et ne se limitant pas à la confrontation entre employeurs et salariés. L'internationalisation du travail donne aux états, expressions politiques des identités nationales, une place nouvelle dans l'espace public économique. Par exemple, l'unification monétaire de l'Europe dans l'euro fait que les salaires sont la dernière variable d'ajustement des états dans la politique économique[2]. C'est une illustration contemporaine de plus de l'articulation entre les valeurs et les salaires dans l'espace politique. Ainsi, on peut situer la mondialisation de l'expression des identités économiques du travail à la fois dans les logiques de l'internationalisation des échanges et des marchés et dans celles de l'internationalisation de la production, du travail et des salaires. En effet, l'internationalisation des emplois et de l'identité des acteurs économiques conduit à une confrontation entre les logiques politiques nationales du maintien de la croissance et les logiques internationales de la confrontation entre les pays et des risques qui peuvent peser sur les logiques nationales. C'est ainsi, par exemple, que l'on peut comprendre la signification d'un conflit entre État et entreprises privées au cours de la nationalisation du pétrole par le président Chavez au Venezuela. « Le litige remonte à 2007 », écrit M. Delcas[3]. « À cette date, M. Chavez impose aux multinationales pétrolières la renégociation des contrats pour l'exploitation des gigantesques gisements de la ceinture de l'Orénoque. "Les risques et le coût d'extraction des pétroles extra-lourds ayant

1 « Délocaliser n'est pas une fatalité », *Le Monde*, 28 février 2012.
2 *Le Monde diplomatique*, février 2012, p. 10.
3 « Hugo Chavez se félicite de la faible indemnisation accordée à ExxonMobil, nationalisée au Venezuela », *Le Monde*, 5 janvier 2012.

énormément baissé, la décision du gouvernement vénézuélien était inévitable", confiait alors un cadre de Total au *Monde*. Le conflit entre les pays pétroliers qui souhaitent augmenter les revenus tirés de l'or noir et les multinationales qui défendent leurs investissements n'est pas nouveau ». Pour bien comprendre la signification de ce conflit et de l'implication des acteurs qu'il engage, il importe de le situer à la fois dans le champ de la confrontation entre les états et les acteurs privés et dans l'espace économique international, dans le champ de la confrontation entre les producteurs de pétrole et d'énergie et les consommateurs. C'est aussi dans les dimensions de l'espace politique international de l'économie qu'il convient de comprendre la signification de l'« indigénisation », c'est-à-dire de la défense des intérêts nationaux dans le champ de la mondialisation contre les intérêts des entreprises multinationales, notamment dans la confrontation entre les pays du « Nord » et ceux du « Sud ». Par exemple, on a pu observer, dans le temps court, des conflits liés à l'indigénisation de la production du platine au Zimbabwe, ou à celle de la filière cacao en Côte d'Ivoire, impliquant, en particulier, l'exigence d'une rémunération prioritaire des travailleurs locaux[1]. Les conflits et les tensions liés à l'internationalisation de l'économie, tant à celle des activités de production qu'à celle des flux d'échanges, imposent de comprendre autrement, désormais, la signification de l'identité des acteurs de l'économie. La confrontation qui fonde ces identités se pense désormais à la fois comme une confrontation entre acteurs – employeurs, salariés, acteurs politiques de l'économie – et comme une confrontation entre l'expression des identités économiques dans des espaces publics nationaux et leur expression dans des espaces internationaux. C'est l'*agora*, espace de la confrontation politique des acteurs économiques, qui, en changeant de dimensions, finit par changer de signification. Cette mutation des significations explique les logiques de crise qui affectent, aujourd'hui, les situations économiques et qui, dans ces conditions, mettent à l'épreuve les pouvoirs et les contre-pouvoirs. Sans doute l'internationalisation de l'espace économique contribue-t-elle aussi à mieux comprendre les crises économiques qui, de celle de 1929 à celles d'aujourd'hui, scandent le temps politique de l'histoire économique en

1 Alain Faujas, « La Côte d'Ivoire réforme sa filière cacao qui périclitait », *Le Monde Économie*, 16 mars 2012.

le situant par rapport à l'évolution des pouvoirs et à celle des acteurs, en donnant une dimension nouvelle à la limitation des pouvoirs les uns par les autres et à la confrontation entre les pouvoirs et les contre-pouvoirs. Peut-être est-ce la notion même de pouvoir économique qu'il convient désormais de repenser, en la situant par rapport à des modalités différentes de l'articulation entre le réel des contraintes, devenues internationales, l'imaginaire de la croissance et du risque de la récession, et la dimension symbolique de l'information, du discours économique et des médias, désormais eux aussi internationalisés.

PAUVRETÉ, ALIÉNATION, EXCLUSION, DÉPENDANCE

L'adjectif français *pauvre*, base de la formation du terme *pauvreté*, est issu du latin *pauper*, qui signifie déjà « pauvre », et qui est lui-même formé sur le radical *pau-*, que l'on retrouve dans *pauci*, peu, qui signifie « une petite quantité, un petit nombre ». Cela renvoie à l'idée selon laquelle la pauvreté est une expression, propre à l'identité singulière, de la problématique du manque. Dans le champ de la sémiotique économique, la pauvreté désigne, ainsi, le statut d'un sujet social qui possède peu, qui se caractérise par le manque, et, si l'on approfondit un peu cette étymologie, le statut d'un acteur qui, faute d'une identité politique propre par laquelle il serait reconnu par les autres, ne peut se voir reconnaître d'identité qu'en termes comptables, en termes de quantité. L'emprise du réel est telle sur la pauvreté que ceux qui en sont victimes ne se voient même pas reconnaître d'identité par les autres et sont réduits à être désignés par le peu de biens qu'ils possèdent. La pauvreté désigne, ainsi, ce que l'on pourrait appeler la dimension économique de l'aliénation et de la perte d'identité. De la même façon que le terme « aliéné » désigne celui que sa folie prive d'une identité psychique propre, le terme latin « *pauper* » et son dérivé français « pauvre » désignent celui que son absence de bien prive d'une identité économique propre. En ce sens, la pauvreté désigne un état dans lequel le sujet ne se voit plus reconnaître dans l'espace public comme porteur du statut social d'un acteur autonome. Le pauvre est à ce point soumis à l'emprise du réel qu'il n'est même plus porteur de la dimension symbolique et de la dimension imaginaire qui donnent sa plénitude à l'identité politique d'un sujet social. Cette perte d'identité s'accompagne d'une rupture de la médiation politique entre singulier et collectif, car, si le sujet se trouve, ainsi, aliéné, sans identité propre, il ne peut non plus appartenir à un ensemble social qui serait désigné par une identité collective. Pas plus qu'elle ne peut exprimer l'identité d'un sujet singulier de langage, d'énonciation et de discours politique, la pauvreté ne peut désigner l'identité d'un acteur collectif en mesure d'assumer les pratiques et les expressions politiques propres à une identité reconnue. C'est ainsi que « pauvre » désigne, en latin, les mêmes sujets sociaux que « prolétaire ». En effet, le terme latin *proletarius*, issu de *proles*, « la lignée », désignait ceux qui faisaient partie de la classe sociale la plus pauvre, celle qui, trop pauvre pour acquitter un impôt, n'était pas identifiée par le *cens*, et ne pouvait être reconnue que par ses enfants, seuls à pouvoir fonder un projet de nature à exprimer un imaginaire politique manifestant une identité. De la même façon que le *pauper* ne peut être reconnu que par le peu de biens qu'il possède, le *proletarius* ne peut être reconnu que par les enfants qu'il nourrit[1]. La pauvreté désigne, ainsi, étymologiquement, un état de *forclusion*. De la même façon que la psychose désigne l'état psychique dans lequel la personne est *for-close*, enfermée hors de soi, hors de sa propre identité, la pauvreté désigne l'état économique dans lequel la personne est enfermée hors d'une identité propre, contrainte d'être soumise aux autres, sans pouvoir exprimer, dans l'espace public économique des échanges, l'identité propre qui la ferait pleinement reconnaître comme porteuse d'une identité autonome par rapport aux autres. En ce sens, sans doute convient-il de repenser le concept d'*exclusion*, qui désigne ceux qui sont exclus de l'espace politique parce que, faute d'autonomie économique, ils n'ont pas d'identité politique propre. La pauvreté désigne, ainsi, une articulation entre l'exclusion, du point de vue de l'espace politique des échanges constitutifs de la vie économiques, et la forclusion, du point de vue de l'identité constitutive des acteurs de l'espace public. Exclus de l'espace public par leur pauvreté même, les « naufragés » sont aussi forclos, exclus de l'identité politique qui les ferait pleinement reconnaître par les autres comme des sujets sociaux. « Le "petit peuple", le menu peuple », écrit P. Sansot[2], « il se faufile,

1 *Proles*, les enfants, est issu de *alere*, nourrir. Les enfants, la progéniture, ce sont ceux que l'on nourrit. Cela renvoie aussi à la notion de dépendance du réel. À moins que *proles* ne soit issu d'un autre radical, *al*, qui désigne l'autre (que l'on retrouve dans *alius*, dans *alter* et, bien sûr, dans *alienus*, qui appartient à l'autre, qui dépend de l'autre. Le *proletarius* serait, dans ces conditions, celui dont l'avenir, ce qui est devant lui (*pro*) ne pourrait se concevoir que dans la dépendance à l'égard de l'autre. En effet, on se trouve, ici, dans une situation sociale dans laquelle le sujet est entièrement dans l'aliénation, c'est-à-dire dans la perte d'identité économique et dans la dépendance de l'autre.

2 Pierre Sansot, *Les Gens de peu*, Paris, PUF, 1991, p. 7.

il est délicat, il est fragile, alors que le peuple en lui-même évoque la puissance, les remuements, les grondements assourdissants de l'océan ». C'est cela, la pauvreté : l'impossibilité d'exprimer dans l'espace public la colère et la protestation qui donnent au peuple l'identité politique par laquelle il s'affirme comme un acteur.

Le chômage est, ainsi, une forme d'exclusion économique qui prend la forme de la perte d'emploi. Cela entraîne à la fois la perte de la reconnaissance par les autres d'un statut économique articulé à une fonction et la perte de reconnaissance de soi. Il est lié à l'aliénation, à la fois parce que le chômeur perd son identité d'acteur économique et parce qu'il se met à dépendre de la société. Liée aux tensions sur le travail et aux mutations des métiers et des logiques de l'activité économique, la montée du chômage a donné une dimension nouvelle à la pauvreté dans les espaces économiques contemporains. En effet, l'exclusion et l'aliénation se sont intensifiées, faisant faire l'expérience de la pauvreté à des milieux sociaux qui en étaient protégés, et donnant, ainsi, au chômage et à la pauvreté la forme d'une menace urgente contre la cohésion de la société. Mais l'aggravation de l'aliénation liée au chômage donne une nouvelle signification économique au travail, dont on prend conscience devant l'intensification des situations de perte de l'emploi. L'emploi cesse d'être seulement considéré comme une fonction dans la société, il cesse de ne désigner qu'un rôle joué par les personnes dans l'économie, pour désigner, finalement, la seule forme possible d'expression et de reconnaissance d'une identité économique. Le chômage cesse, dans ces conditions, de n'être considéré que comme une situation individuelle temporaire, pour prendre les dimensions politiques d'un échec de l'économie et du symptôme d'une crise. Cela a trois significations. D'abord, cela réduit encore une fois la médiation économique à la mise en œuvre individuelle d'un agir. On ne se voit reconnaître d'identité que dans la mise en œuvre d'une fonction, ce qui réduit les personnes à n'être que les organes d'un système fonctionnel. Ensuite, le travail finit par être valorisé en soi, sans considération pour les conditions de travail, ou pour la situation de dépendance qu'il finit, lui-même, par constituer, et en privant la personne de la liberté de choisir son activité professionnelle. Au lieu d'être une façon d'exprimer son identité par le choix d'un métier, la personne se voit imposer par la société d'assurer une fonction quelconque, ce qui constitue un obstacle à une véritable liberté. Enfin, le chômage finit par être considéré comme une sorte de maladie sociale. Tout un vocabulaire de la maladie et de la prévention finit par inscrire l'emploi dans un paradigme de l'hygiène sociale. Au lieu de manifester des stratégies de croissance et d'orientation de l'activité économique, les politiques de l'emploi finissent par être considérées comme des politiques sanitaire de prévention d'une maladie et, au lieu d'être considéré comme un échec des politiques économiques, le chômage finit par être considéré comme un manque d'hygiène dont la responsabilité finit par être imputée aux personnes individuelles, comme s'il s'agissait d'une faute dont elles seraient coupables. Le chômage donne, ainsi, à la perte d'identité économique individuelle de la personne une signification morale qui implique sa responsabilité, au lieu d'être pensé dans les termes d'une rationalité économique. « Les chômeurs ne déméritent pas, ils se battent, ils ne sont ni des alcooliques, ni des idiots, ni des malades », écrivait, ainsi, J. Nadau, dans *Le Monde*[1]. « Ils ne vivent pas l'aumône publique comme un virus se nourrit d'un hôte : ils ne sont ni virus ni parasites. Ils sont seulement invisibles, absents du cœur des choses et parfois du cœur des gens ». Une approche morale du chômage et de la pauvreté s'oppose à une approche politique, comme le montre V. Zelizer sur les politiques économiques menées aux Etats-Unis au début du vingtième siècle. « La banalisation progressive du chômage, qui avait fait suite à la grave crise des années 1890, par exemple, avait conduit de plus en plus », écrit-elle[2], « à penser que les problèmes des chômeurs relevaient de la responsabilité publique ».

PAUVRETÉ, PRÉCARITÉ, MARGINALISATION

La précarité désigne la pauvreté par une forme de relation propre au temps : en représentant la pauvreté sous la forme de la fragilité, elle la désigne comme une exclusion du temps long. La pauvreté consiste à être exposé aux risques et à l'imprévisibilité. C'est ainsi que les situations de

---

1 « Le chômage n'a pas de visage », *Lemonde.fr*, 18 juin 2012.

2 Viviana Zelizer, *La Signification sociale de l'argent*, trad. fr. par C. Cler, Paris, Seuil, 2005, p. 234.

famine qui peuvent frapper une région toute entière, ou les situations de besoin qui peuvent frapper des personnes ou des familles font apparaître une relation de l'économie à ce que l'on peut appeler la contrainte réelle de la temporalité. Dans une telle logique, la pauvreté désigne une situation dans laquelle la personne est soumise à la pression d'un temps qui s'impose à elle sans qu'elle puisse se prémunir contre des risques d'autant plus menaçants qu'ils sont imprévisibles. Cette situation de risque et de fragilité impose des situations de dépendance qui accentuent la notion de pouvoir économique en lui donnant l'expression d'une pression sur les personnes qui lui sont soumises et font de la pauvreté une situation d'aliénation dans laquelle l'insécurité économique se manifeste par une perte d'autonomie qui fait bien du pouvoir ce qui fonde l'identité politique. En situation de pauvreté, l'imprévisibilité soumet la personne à un risque social qui l'empêche de pouvoir choisir son mode de vie et d'activité et qui, finalement, la prive du pouvoir de décider.

Cette exclusion de l'espace économique prend la forme d'une forclusion dans les « marges » de la société. Au lieu de pouvoir s'inscrire pleinement dans l'espace économique de production et d'échange de signes qui consistent dans l'expression symbolique de valeurs, la marginalisation finit par faire de la pauvreté un système économique propre qui se situe en dehors de l'espace économique des identités politiques reconnues. À propos de la situation économique des Etats-Unis des années vingt, V. Zelizer observe que la pauvreté devient tellement intense qu'elle finit par constituer un système économique propre, à l'écart des réseaux et des logiques économiques ordinaires, un système *forclos*, enfermé en dehors de l'économie légitime. « Les pauvres », écrit-elle[1], « imposaient leurs propres systèmes de contrôle même quand les attributions de fonds secourables étaient parfaitement régulées ». Cela montre bien que la pauvreté ne constitue pas une situation économique strictement personnelle et individuelle, mais que sa signification ne peut se penser pleinement que dans les termes d'une rationalité politique de la médiation. La médiation économique désigne, ainsi, la dialectique entre la dimension singulière de l'activité économique et de la participation de la personne aux logiques de l'appartenance et la dimension collective des politiques économiques élaborées et mises en œuvre à l'échelle de pays entiers ou de sociétés toutes entières. La pauvreté fait apparaître,

1 *Ibid.*, p. 272.

en ce sens, un échec social des politiques de médiation en excluant de la société des personnes trop fragiles pour se projeter dans un temps long partagé et en les reléguant à l'écart des espaces publics et politiques d'appartenance. En revanche, la solidarité consiste à penser et à mettre en œuvre des politiques fondant l'intégration sociale et l'appartenance à la société et en inscrivant pleinement les personnes dans des dialectiques dans lesquelles leur identité singulière s'articule à leurs relations avec les autres et à leur participation aux logiques collectives d'échange et de contribution à la valeur.

L'ERRANCE ET L'EXPRESSION DE LA PAUVRETÉ DANS L'ESPACE

Manifestation d'une forme de forclusion, la perte d'identité économique se manifeste dans l'espace par la perte d'un espace propre et l'exclusion se manifeste par l'existence de ghettos. La pauvreté se matérialise, ainsi, par une visibilité spatiale de la *marge*. Il existe deux expressions de la marge : l'absence d'inscription stable dans l'espace et l'errance ; la relégation dans une marge close aux frontières de la société et le ghetto. Après avoir désigné un espace véritablement clos et assigné aux exclus, la marge a pris la forme des bidonvilles et, plus généralement aujourd'hui, celle du mal-logement. La détresse sociale des « invisibles » s'inscrit, ainsi, dans l'espace sous la forme de bidonvilles ou de logements qui empêchent l'expression d'une pérennité de l'identité dans l'espace et dans l'architecture et qui, au contraire, l'enferment dans une forme de fragilité exposant les personnes à la précarité et à l'urgence de la pression du réel. C'est ce que l'on appelle l'hébergement d'urgence, mais cette urgence peut durer et contraindre les personnes qui y sont soumises à une forme « d'urgence longue », cette contradiction finissant par marquer une sorte d'identité sociale. « C'est un paysage typique des pays en voie de développement : des carcasses de maisons s'élevant le long des routes qui relient au centre-ville », écrit J. Clarini[1], à propos d'un livre de V. Bannerjee et d'E. Duflo, *Repenser la pauvreté*.

1 « Sortir de la pauvreté… à petits pas ? », *Le Monde*, 17 février 2012.

« À ces bâtisses », poursuit-elle, « il manque un étage, un toit, parfois un mur. Leurs propriétaires ne les ont pas abandonnées ; ils ne les ont simplement pas finies. Rien d'étonnant pour qui sait que la construction brique par brique est l'une des voies de l'épargne pour les plus pauvres ». L'expression spatiale de la pauvreté prend aussi, depuis toujours, la forme de l'errance : les « sans abri » et les personnes « sans domicile fixe » sont les pauvres qui, faute d'une habitation et d'un ancrage pérennes dans l'espace, sont contraints à une forme de nomadisme qui exprime un stade ultime de la forclusion, les personnes étant, ainsi, littéralement enfermées dehors, contraintes à l'errance dans l'espace public, contraintes de vivre dans la rue.

Ces manifestations spatiales de la pauvreté font apparaître, encore une fois par opposition, la signification économique de l'espace public. On peut, en effet, opposer, sur ce plan, deux logiques économiques de ce que J. Habermas appelle « l'espace public ». La première est celle d'un espace dans lequel s'instituent et se mettent en œuvre des pratiques collectives de la production et des échanges. L'espace public acquiert, ainsi, la dimension d'une expression spatiale d'identités politiques collectives. C'est ainsi que l'on parlera du « domaine public », pour exprimer la propriété collective de parties de l'espace, ou que l'on désignera l'inscription dans l'espace d'institutions de production et d'échanges qui ne sont pas soumises à des appropriations privées par des acteurs individuels. L'autre signification économique de l'espace public est celle d'une *perte d'identité*, qui contraint les pauvres ne disposant pas d'un espace qui leur appartiendrait ou qui leur serait reconnu, à des pratiques de l'espace public limitées à l'errance, c'est-à-dire à l'impossibilité d'un ancrage. Sur le plan des identités économiques, une telle impossibilité d'ancrage dans l'espace prend la forme d'une absence de travail qui entraîne l'absence d'un lieu de travail dans lequel les personnes se reconnaîtraient, l'absence d'un lieu d'habitation qui leur permettraient d'exprimer pleinement leur identité sociale dans l'espace. C'est ainsi que sont nés, dans une situation de crise, en 1985, à l'initiative de Coluche, les « Restos du cœur », proposant aux pauvres des repas et des aires de repos leur permettant de faire face à cette perte d'ancrage.

LES « NOUVEAUX PAUVRES »

Le chômage et les pertes d'emploi qui affectent aujourd'hui la vie économique ont changé l'image de la pauvreté dans l'espace public. Ceux que l'on appelle les « nouveaux pauvres » manifestent à la fois un changement de critères de définition de la pauvreté et une extension de la situation de pauvreté à des classes sociales, à des milieux, à des métiers même, qui, jusqu'alors, en étaient protégés. Cela tient à trois facteurs. D'abord, cette précarisation de nouvelles classes sociales tient à la montée globale des prix, liée à la fois aux stratégies d'accroissement des profits des entreprises, à l'augmentation des frais financiers auxquelles elles sont exposées et à l'accroissement du coût des matières premières et de l'énergie. La crise de l'immobilier s'ajoute, de plus, à ces causes de l'aggravation des situations financières faisant apparaître de « nouveaux pauvres ». C'est ainsi que l'augmentation considérable du coût du logement fait apparaître de nouvelles formes d'errance et de nomadisme social Par ailleurs, cette expression illustre le fait que les critères d'appréciation et de définition ont changé. L'extension des besoins nécessaires à une vie sociale ordinaire reconnue, l'évolution des conditions de vie et des logiques qui conduisent les pratiques sociales, déplacent les limites de ce que l'on pourrait appeler la normalité économique de la vie sociale, et donnent de nouvelles formes et de nouvelles significations à la pauvreté. Enfin, cette expression, « nouveaux pauvres », manifeste une rupture des identités économiques. La pauvreté, qui se définit comme une exclusion du champ des identités économiques, était, jusqu'à notre époque, considérée comme une sorte de fatalité avec laquelle il fallait bien vivre, car elle touchait des personnes étrangères au monde ordinaire de l'économie. Si l'on parle aujourd'hui de « nouveaux pauvres », c'est pour constater que la pauvreté touche désormais des acteurs de l'économie, des personnes appartenant à l'espace ordinaire de l'économie politique. Peut-être, en ce sens, ne sont-ce pas ces pauvres qui sont « nouveaux », mais est-ce la pauvreté même qui connaît de nouveaux espaces et qui acquiert de nouvelles dimensions. Finalement, de la même façon que l'on a cessé de parler de folie, mais que l'on s'est mis à parler de « maladie mentale » quand on en a observé la montée dans des milieux nouveaux, on se met à parler de « nouveaux pauvres », pour éviter de parler de la pauvreté même, au moment où des milieux sociaux nouveaux sont exposés au risque économique de la précarité. L'apparition des « nouveaux pauvres » est contemporaine de l'utilisation fréquente du terme « précarité », comme si la précarité constituait une forme de périphrase venant atténuer la violence du terme même, « pauvreté », et la violence de la crise économique qui, manifestant un échec des politiques économiques orientées par le libéralisme, atteint une quantité croissante de victimes. La pauvreté suscitant l'inquiétude, c'est, sans doute, autant cette inquiétude qui la définit et la fait apparaître. C'est ainsi que, selon C. Guilluy[1], « l'anxiété concerne désormais les classes moyennes qui ont bien compris qu'elles risquent de subir, après les ouvriers, les effets négatifs de la mondialisation ». L'inquiétude sociale devant le risque de la pauvreté exprime, enfin, une anxiété liée à la mondialisation et à la transformation des systèmes et des espaces de l'économie politique. L'extension de l'espace des échanges et de la quantité d'acteurs, qui accroît la rigueur de la concurrence fait de l'espace public de l'économie un espace de plus en plus menaçant, et le phénomène des « nouveaux pauvres » vient illustrer, avec l'aggravation de la pauvreté et la dégradation des conditions de vie, ce fait que l'économie devient une source de danger et que l'espace public de l'économie, dominé par les logiques de marché, devient un espace menaçant. L'aliénation, qui définit la pauvreté, frappe, aujourd'hui, une telle quantité de personnes que c'est le système même d'institution de la société qui finit par être menacé. C'est ainsi que la lutte contre la pauvreté par l'encouragement et l'aide à la consommation peut constituer une forme de réduction des inégalités sociales destinée à renforcer l'intégration sociale et l'expression de l'identité politique[2].

---

1 « Un conflit révélateur de nouveaux clivages », *Le Monde*, 6 novembre 2010. Ce texte commente le conflit social issu de la réforme des retraites.

2 Viviana Zelizer, *La Signification sociale de l'agent*, *op. cit.* p. 296-297.

POLITIQUES ÉCONOMIQUES ET LUTTE CONTRE LA PAUVRETÉ

Dans ces conditions, la lutte contre la pauvreté, qui désigne les politiques de prévention et de remédiation à l'exclusion, finit par changer de sens et de dimensions. Les « stratégies » de « lutte contre la pauvreté » sont désignées par un vocabulaire militaire qui montre, en effet, qu'elles ont fini par prendre la forme d'une véritable guerre. C'est ainsi que sont nés des organes comme l'Armée du Salut qui avait fini par prendre les formes d'une véritable armée, avec des uniformes et des grades comparables à ceux d'une institution militaire. Mais, finalement, on peut observer une ambiguïté autour de la problématique de la lutte, entre une lutte contre la pauvreté et une véritable lutte contre les pauvres eux-mêmes. Ces politiques, qui visent à garantir la cohésion du tissu social en évitant que des pauvres n'en soient exclus, peuvent en effet, avoir deux significations politiques, qui se réfèrent à deux appréciations différents de la place de la pauvreté et de la dépendance dans l'économie. La première signification de la lutte contre la pauvreté est celle, classique, de l'aide. La société aide ceux qui sont dans le besoin, dans une logique d'assistance, destinée à éviter que l'aggravation excessive de la pauvreté ne conduise à une exclusion telle qu'elle puisse entraîner une lutte sociale pouvant prendre une dimension violente. Sans doute des logiques comme celle de l'aumône ou celle la charité, qui font partie des impératifs prescrits par des religions comme le judaïsme, le christianisme, l'islam ou encore le bouddhisme, montrent-elles que les institutions religieuses se sont toujours vu reconnaître le rôle de garantir la cohésion sociale, en faisant de cette dernière une des expressions de l'imaginaire politique. Dans le même temps, ces logiques fondées sur l'aide expriment la force de l'acteur qui vient en aide à un plus faible que soi et, ainsi, manifestent une forme de pouvoir. À la violence de la pauvreté répond, de cette manière, une des formes de ce que Max Weber appellerait la « violence légitime », celle de la société et de ses politiques économiques. L'autre signification de la lutte contre la pauvreté est celle de la solidarité économique, qui, elle, ne repose pas sur la problématique de la force et de la violence, mais sur celle de l'identification symbolique à l'autre, qui fonde l'identité. La solidarité consiste à fonder la médiation politique, la dialectique entre le singulier et le collectif, sur l'expression d'une identité partagée dont tous sont porteurs. La solidarité consiste, dans ces conditions, à manifester par des politiques économiques, l'expression d'une identité commune. La solidarité ne consiste pas à aider plus faible que soi en exprimant, ainsi, sa force, mais à exprimer le fait que tous ceux qui appartiennent à la société fondent leur identité commune sur un imaginaire d'égalité qui exprime sur le plan politique la spécularité de l'identification symbolique à l'autre. C'est ainsi, par exemple, que la politique menée par une municipalité comme celle de Besançon avait substitué la logique de la solidarité à celle de « l'aumône », et avait été à l'origine de l'institution du « revenu minimal d'insertion » par le gouvernement de M. Rocard, en 1988[1]. Celui-ci s'est maintenu, prenant diverses dénominations, devenant, ainsi, aujourd'hui, le « revenu de solidarité active ». Les politiques dites de « micro-crédit » consistent, de la même manière, à ouvrir l'espace public de l'économie et des échanges à ceux qui en sont exclus, en leur reconnaissant une véritable identité économique. C'est ainsi que des associations de solidarité instituent un véritable système d'économie politique parallèle, qui revêt, au fond, deux significations. La première est, en effet, celle de la solidarité : il s'agit de permettre à des personnes exposées à la pauvreté et à la rigueur de sortir de crise en les faisant contribuer, à leur tour, à la médiation de solidarité, ce qui leur permet de ne pas être en situation de dépendance. La seconde signification de cette forme de crédit est plus politique : il s'agit d'une véritable critique des logiques économiques libérales dominantes et de l'expression d'une rationalité économique alternative. « On les appelle les *tontines* en Afrique, les *susus* au Venezuela, les *arisan* en Indonésie et les… *CAF* en Espagne, pour "communautés autofinancées". Le principe est simple : avec pour outils une caisse métallique et un registre, un groupe de 10 à 30 amis met de l'argent de côté et s'en prête, à des conditions définies en commun[2] ». Dans ces conditions, le débat

1 La municipalité de gauche de Besançon avait institué, en 1959, des tickets d'alimentation destinés aux plus pauvres, puis, en 1967, elle avait institué un « minimum social garanti », assurant, en 1975, 80 % du salaire minimum garanti aux personnes âgées (J.-P. Tenoux, « Pionnière du RMI, Besançon avait substitué la solidarité à l'aumône », *Le Monde*, 2 décembre 2008).

2 M. Gérard, « À Séville, le microcrédit pour résister à la crise », *Le Monde*, 19 novembre 2011.

politique finit par opposer une logique économique de la production, fondée sur la recherche du profit et sur l'utilisation des personnes par la société, et une logique économique de la médiation, fondée sur une dialectique entre logiques individuelles du travail et de l'identité et logiques collectives de l'appartenance et de la solidarité.

SIGNIFICATIONS DE LA PAUVRETÉ ET DE LA LUTTE CONTRE LA PAUVRETÉ

Pour comprendre les significations de la pauvreté dans le champ de la médiation économique, sans doute faut-il la penser en termes d'identité. L'identité singulière se fonde sur la spécularité, au cours de ce que Lacan appelle *le stade du miroir* : le sujet institue son identité en s'identifiant symboliquement à l'autre, en se reconnaissant symboliquement dans la figure de l'autre. Les identités politiques se fondent, au contraire, sur l'opposition, sur la confrontation : la gauche fonde son identité sur la confrontation avec la droite ; les classes sociales se fondent comme identités sur la confrontation entre elles, qui prend la forme de la lutte des classes. C'est cela qui peut nous permettre de comprendre la signification de la pauvreté dans le champ des identités économiques.

En effet, il importe de la penser, comme l'identité, sur les deux plans, le plan singulier et le plan collectif, la médiation politique consistant dans l'articulation de ces deux plans. Sur le plan singulier, la pauvreté revient finalement, dans le champ de la médiation économique, à une perte d'identité. Être pauvre, c'est se voir refuser une identité par les autres. La pauvreté est une forme de forclusion de l'espace économique des échanges. La perte d'identité consiste, pour le sujet, à ne plus faire l'objet d'une reconnaissance par l'autre, et à être forclos, enfermé en dehors de l'espace des échanges symboliques exprimant les identités. De la même manière, la pauvreté consiste à ne plus faire l'objet d'une reconnaissance par l'autre comme acteur économique, à être, ainsi, également forclos, enfermé en dehors de l'*agora*, en dehors de l'espace des échanges et des identités de l'économie. C'est ainsi que la pauvreté finit par être intériorisée : les pauvres poursuivent, d'une certaine manière, l'exclusion dont ils sont victimes, car la perte de leur identité s'articule à une perte de désir : les pauvres le sont aussi faute d'avoir le désir de se voir reconnaître par les autres une identité propre. Mais, sur le plan collectif, la pauvreté devient une identité à partir du moment où, précisément, les pauvres deviennent des acteurs sociaux en entrant en confrontation avec les autres classes. Les « gens de peu » dont parle Sansot sont ceux qui, singulièrement, se voient refuser la reconnaissance d'une identité par les autres, mais qui, collectivement, deviennent une classe sociale dont la confrontation avec les autres fonde l'identité.

Il convient, dans ces conditions, de distinguer, dans l'économie politique, deux façons de penser la pauvreté, deux façons d'intégrer la pauvreté à la rationalité économique en vue de faire en sorte que, dans une société égalitaire, il n'y ait pas de pauvres. La première consiste dans une politique fondée sur la solidarité, au lieu de se fonder sur l'aide. En effet, l'aide est une façon d'exprimer son pouvoir sur l'autre. Aider les pauvres, c'est, finalement, les maintenir dans leur statut de pauvres, et c'est continuer à leur refuser une identité symboliquement semblable à celle dont on est porteur. De la même façon, aider les pays pauvres, dans l'espace économique international, c'est toujours une façon, pour les pays riches, de pérenniser leur pouvoir. En ce sens, la lutte contre la pauvreté fonde l'identité politique de pauvres en les distinguant des autres, en les excluant par la stigmatisation sur laquelle repose l'aide.

En revanche, la solidarité consiste à instituer des relations qui expriment, fondamentalement, la reconnaissance de l'identité de l'autre comme symboliquement semblable à soi, et la reconnaissance de l'identité économique des « pauvres », comme porteurs d'une identité politique propre. C'est ainsi que H. de Soto parle de « faire fructifier la richesse des pauvres », de reconnaître une identité économique légitime à ceux qui « vivent dans l'extralégalité », en reconnaissant leur « intelligence entrepreneuriale[1] ». Il s'agit, finalement, de faire en sorte, par la mise en œuvre de ce que l'on appelle « l'économie sociale », que la médiation économique de la société politique intègre ceux que l'on appelle

1 « Il faut faire fructifier la richesse des pauvres », *Le Monde 2*, 7 novembre 2008.

les pauvres au lieu de les exclure, qu'elle les reconnaisse au lieu de les forclore et de les ignorer. Finalement, au lieu que la lutte contre la pauvreté se pérennise en maintenant l'existence des pauvres, dans une sorte d'ambiguïté entre lutte contre la pauvreté et lutte contre les pauvres, sans doute convient-il de faire en sorte que, dans une société économiquement égalitaire, il n'y ait plus lieu de parler de pauvres.

LA DIMENSION ÉCONOMIQUE DE L'ÉNERGIE ET LA FIGURE DU FLUX

L'énergie s'inscrit dans la sémiotique de l'économie, car elle est l'une des formes que revêt la valeur comme signifiant. Signifiant de la puissance que peut donner la maîtrise des sources naturelles et industrielles de l'énergie, la valeur reconnue à l'énergie dans les activités de la production agricole ou industrielle, dans les transports, ou, plus généralement, dans toutes les pratiques et dans tous les lieux de la vie sociale fait d'elle un signifiant, dans la sémiotique de l'économie politique.

L'énergie a toujours constitué un des éléments de l'économie politique, car elle occupe une place importante à la fois dans la consommation et dans les pratiques singulières de l'économie et parce qu'elle se voit reconnaître une valeur, à la fois dans la production et dans les échanges et dans un marché propre. Mais cette place occupée par l'énergie et la signification qui lui est reconnue dans la sémiotique de l'économie politique connaissent, aujourd'hui, une importance particulière pour trois raisons.

D'abord, l'évolution de nos modes de vie et de nos pratiques sociales donne une importance croissante à l'énergie, car les médiations technologiques que nous mettons en œuvre en sont de plus en plus consommatrices. Tant dans le domaine du chauffage que dans celui de la multiplicité de nos installations et des instruments de vie et dans celui des transports et des déplacements, nous sommes sans cesse en demande d'énergie. Tant dans les espaces urbains que dans les espaces ruraux, l'articulation entre les pratiques de l'habitation, les pratiques de travail et les pratiques de la médiation culturelle ont fini par donner à l'énergie une importance considérable. Cette évolution se situe à la fois dans l'accroissement de notre consommation d'énergie, pour nos usages de vie quotidienne et pour nos activités économiques, et dans la production d'énergie, qui s'inscrit dans une dynamique politique et géopolitique exprimant des modes de relation renouvelés entre les pays, entre les marchés et entre les cultures.

Cela explique la seconde raison de cette importance croissante de l'énergie dans l'économie : elle fait de plus en plus l'objet d'une médiation économique entre demande et offre, qui fait du marché de l'énergie un espace économique particulier. Dans cet espace de l'énergie, s'expriment des valeurs propres, des logiques spécifiques d'évaluation, qui instituent un marché particulier de l'énergie, que l'on pourrait appeler un *espace économique de l'énergie politique.* Si ce marché ne se limite pas à un espace d'offre et de demande, c'est que les logiques économiques qu'il met en œuvre s'articulent à des logiques de maîtrise et de puissance et à des institutions et des acteurs de pouvoir. Disposer de sources d'énergie ne consiste désormais plus seulement dans un atout de la croissance, mais constitue désormais un instrument d'emprise et de domination de certains pays sur d'autres.

Cela contribue à expliquer la troisième raison de cette importance croissante de l'énergie dans l'économie politique, qui tient à l'évolution des modes de représentation dont elle fait l'objet dans l'espace public. Si l'énergie a été longtemps réduite à une dimension fonctionnelle et instrumentale, si elle a longtemps fait l'objet de représentations organiques sans signification politique particulière, elle a fini par devenir un champ de représentations et de discours politiques spécifiques, articulés à des significations politiques relevant d'une sémiotique propre. L'énergie est devenue un champ particulier de l'économie politique, identifié comme un ensemble particulier de représentations et de significations, situées, comme dans l'ensemble des logiques économiques, tant dans l'ordre du réel que dans celui de l'imaginaire. L'énergie finit, ainsi, d'abord, par être reconnue comme une instance du *réel de l'économie politique.* En effet, comme toutes les instances du réel de l'économie, elle articule le manque et la valeur, car c'est le manque d'énergie qui fait prendre conscience aux acteurs de la valeur qu'elle peut représenter, et elle articule la valeur et le pouvoir, puisque c'est le pouvoir que certains acteurs politiques comme des pays peuvent détenir sur les sources d'énergie qui leur donne une capacité d'emprise sur d'autres. Cette dimension réelle de l'énergie manifeste, en particulier, le fait qu'elle constitue une *contrainte de l'économie politique.* C'est ce qu'explique Sabine Rabourdin qui pose le problème politique de la dépendance de nos sociétés à l'énergie. « Depuis deux siècles, plus précisément depuis la révolution industrielle et la course à la croissance », dit-elle[1], « la société moderne occidentale s'érige en prenant appui sur les ressources énergétiques d'origine fossile : charbon, pétrole, gaz. Elle en est devenue totalement dépendante. La raréfaction de ces ressources va nécessairement induire un tremblement de terre sur ces bases. Il faut d'ailleurs en parler au présent, puisque nous sommes en train de vivre ce "tremblement de terre", la crise économique et les guerres du pétrole en sont les corollaires ».

Mais elle constitue aussi une des figures de *l'imaginaire de l'économie politique*, à la fois dans les fantasmes et les expressions imaginaires qu'elle peut susciter et dans les représentations de crainte que peut susciter son absence ou le risque de son absence, et, au contraire, dans les figures de l'énergie associées à des divinités ou dans des expressions imaginaires. C'est ainsi, par exemple, que Zeus ou Jupiter représentaient des figures d'énergie liées à la lumière et au tonnerre, tandis que Héphaïstos ou Vulcain représentaient celles qui étaient liées au feu. Par ailleurs, la figure de l'énergie a toujours constitué une des thématiques majeures de l'imaginaire politique, tant sous la forme de la force des héros, que sous la forme des mythes de la maîtrise et de l'abondance des sources d'énergie. On peut citer, en particulier, toute la mythologie politique liée à la maîtrise de l'énergie nucléaire, tant dans le domaine de ses usages militaires que dans celui de ses usages civils.

C'est à cette dimension réelle et à cette dimension imaginaire que s'articule l'instance symbolique de l'énergie dans le discours et les représentations de l'économie politique, que nous allons tenter de lire à présent.

LA FIGURE DU FLUX

Quand l'énergie fait l'objet d'une valeur, elle s'inscrit dans la figure du flux. C'est la figure du flux qui représente l'énergie dans les logiques économiques. Cela date, en particulier, de l'époque où le pétrole a fini par constituer la figure dominante des représentations de l'énergie. À

---

1 « Vers une nouvelle révolution énergétique », Entretien réalisé par l'IRIS, 24 octobre 2011.

la figure de « l'or noir », situant l'énergie par rapport à la figure, alors dominante en économie, de l'or, s'est ainsi substituée celle des flux, quand l'énergie a fini par se voir reconnaître une valeur propre dans le champ de l'économie politique. Dans la culture de l'économie et dans le temps long d'une forme d'inconscient de l'économie politique, l'énergie est une valeur qui ne s'apprécie pleinement que quand elle circule, quand elle s'écoule, quand elle est utilisée sous la forme d'un flux, à la différence des valeurs patrimoniales qui articulent usage et accumulation, capitalisation. Mais, sans doute, dans le discours économique, cette représentation particulière de l'énergie sous la forme du flux est-elle liée à une métaphore du sang ou du liquide séminal. C'est ainsi quand l'énergie se voit reconnaître une valeur dans une économie particulière que les pratiques dans lesquelles elle est engagée et les représentations dont elle fait l'objet articulent son usage et sa dépense à des flux et à des écoulements, sa production à des sources et à des puits et sa place dans la production à des courants. On peut, d'ailleurs, remarquer que cette figure du flux ne fait que reprendre, dans le domaine de l'énergie, la métaphore de la liquidité mise en œuvre dans la rhétorique économique pour désigner l'argent. Mais la représentation de l'énergie sous la forme du flux exprime-t-elle aussi, dans l'inconscient de l'économie politique, la figure du liquide séminal, à la fois dans sa relation à la force, dans sa relation au désir et dans sa relation à la pérennité de l'espace et au temps long. C'est sans doute le sens du recours à la figure du *courant* dans la représentation de l'électricité.

Mais il importe de rappeler, dans cette logique économique du flux, que *l'eau* a une valeur. À cet égard, l'intervention de l'ancien chef de l'État soviétique, M. Gorbatchev, au Forum de l'eau était importante, car elle montrait à la fois l'urgence d'élaborer une politique internationale reconnaissant une dimension importante à l'environnement, et l'importance de la place de l'eau à la fois dans la régulation des usages de l'espace et dans la vie économique[1]. La valeur de l'eau, son identité économique, repose sur trois significations. D'abord, elle est une source d'énergie, à la fois pour le sujet singulier, car elle donne toute sa force à son corps, et pour les acteurs sociaux de l'économie, car elle constitue une source majeure d'énergie mise en œuvre pour la production de biens. Par ailleurs, l'eau a une signification tenant aux représentations sociales imaginaires

1 Entretien publié dans *Le Monde* du 13 mars 2012.

de la pureté, de la propreté, et, ainsi, elle joue un rôle important dans les expressions imaginaires de la valeur. Cette dimension imaginaire de la propreté et de l'hygiène se retrouve, en particulier, au sein du débat sur la régulation politique des usages de l'eau, dans l'affrontement entre deux approches de l'eau. La première ne la considère que comme une source d'énergie sans souci de sa pollution. L'autre articule économie et écologie en considérant l'eau comme un domaine de l'espace et de l'environnement qui devrait échapper à la logique financière du profit[1]. Enfin, l'eau fonde une économie de l'espace. À la fois en permettant un usage de l'espace dans la production de valeur par l'agriculture et la fourniture d'énergie à l'industrie et en contribuant à une esthétique du paysage, l'eau contribue à l'expression d'une valeur de l'espace, et, ainsi, à l'élaboration d'une écologie, c'est-à-dire d'une *économie politique de l'espace*, qui s'exprime, en particulier, dans l'économie des flux qui font de l'espace un champ de production, de représentation et d'échange de valeurs.

La figure du flux qui représente l'énergie comme valeur et comme identité économique fait apparaître la différence entre deux identités politiques de l'énergie dans le champ de l'économie, ou, si l'on préfère, deux modes de rationalité économique de l'énergie. Ou l'énergie est considérée comme un instrument, comme un moyen de la production, et, au-delà, comme un moyen d'accroître la richesse. Dans cette première logique, la figure du flux représente *l'usage de l'énergie*. L'écoulement et la circulation de l'énergie dans des sources de production et dans des réseaux de distribution et d'acheminement représentent l'énergie par la métaphore de ce que l'on pourrait appeler un *flux fonctionnel et instrumental.* Le flux constitue, ainsi, l'expression mesurable et quantifiable de l'énergie, et, donc, l'expression comptable de sa valeur d'usage, car la circulation d'eau fait naviguer des bateaux, le courant d'électricité fait marcher des instruments techniques, la courant de l'air fait tourner la roue des moulins. Ou l'énergie est considérée comme une source de richesse, parce qu'elle a une valeur économique propre. Dans cette seconde logique, la figure du flux représente, par son intensité, *la quantité de valeur ainsi*

---

1 Selon une étude de l'U.F.C. « Que choisir ? », publiée le 20 mars 2012, « l'agriculture est bien aujourd'hui la principale responsable de la pollution des eaux : 69 % des cas relevés lui sont attribuables, 27 % revenant à des défauts de traitement de l'eau et 4 % à la radioactivité naturelle » (*Le Monde*, 21 mars 2012).

produite, et, par sa mise en œuvre, *le processus même d'échange de l'énergie*, sa diffusion, sa fourniture et son achat. L'écoulement de l'énergie lors de sa fourniture à des usagers ou à des financiers représente l'énergie par la métaphore de ce que l'on pourrait appeler un *flux symbolique de valeur.* C'est, d'ailleurs, en termes de flux que la consommation d'énergie est représentée, tant dans les usages privés que dans les usages collectifs. « Nous allons tous devenir des producteurs d'énergie », dit, par exemple, le ministre du Redressement productif, A. Montebourg[1]. « D'abord en contrôlant nos flux de consommation mais aussi en devenant chacun à notre échelle – famille, PME, exploitation agricole… – un lieu de création d'énergie – géothermie, éolien, solaire ». Cette figure du flux est aussi présente dans le discours de Suren Erkman, selon qui ce que l'on appelle l'économie circulaire « organise les flux et les stocks de matière, d'énergie et d'information[2] ». La circulation d'énergie ne fait plus directement fonctionner des instruments ni mettre en œuvre des fonctions, le courant de l'énergie produit de la valeur, qui s'inscrit dans des relations instituées et mises en œuvre dans des marchés particuliers et dans des systèmes politiques et des systèmes de pouvoir. Cette seconde approche donne à l'énergie une valeur d'échange. C'est l'articulation entre ces deux approches de l'énergie, entre les deux conceptions dont elle fait l'objet, qui, en articulant sa valeur d'usage et sa valeur d'échange, inscrit l'énergie dans une véritable économie politique, dans une *sémiotique politique de l'économie.* Il s'agit bien de deux identités politiques de l'énergie, car ces deux conceptions s'inscrivent dans des champs particuliers de confrontation des identités. En effet, les valeurs d'usage de l'énergie s'expriment, dans le débat public sur l'économie en termes de rationalisation des utilisations et des pratiques de l'énergie et en termes de *cultures économiques*. Les valeurs d'échange de l'énergie s'expriment dans le débat public, en termes financiers de profits, de dépenses et d'investissements, en termes strictement économiques en termes de limitation des dépenses, et, en termes politiques, en termes de pouvoir et de soumission de certains pays à d'autres et de certains acteurs à des pouvoirs et des puissances dont ils dépendent. De cette

1 « Diminuer nucléaire et pétrole tout en finançant le renouvelable est irréaliste », entretien avec M.-B. Baudet, J.-M. Bezat et S. Landrin, *Le Monde* 18 septembre 2012.

2 R. Barroux, « L'écologie industrielle au service de la *croissance verte* », *Le Monde*, 10 mars 2012.

manière, les réseaux de flux et de circulation de l'énergie deviennent pleinement des espaces politiques de confrontations de pouvoirs et de contre-pouvoirs.

LA LOGIQUE SPATIALE DU RÉSEAU

La figure du réseau est l'expression spatiale de l'économie politique des flux et de l'énergie. Médiation technique et fonctionnelle de l'espace, le réseau articule la dimension politique du pouvoir et les modalités institutionnelles de son emprise sur le territoire et sa dimension économique, ainsi que les modalités financières et organiques de la mise en œuvre de l'empire économique de l'énergie. L'institution du réseau comme pouvoir économique sur l'espace a pris, dans l'histoire, trois dimensions, qui fondent les trois significations qui apparaissent dans la sémiotique économique du politique. La première de ces dimensions est l'instauration des réseaux de circulation et d'échange qui fondent l'emprise des pouvoirs politiques, et, en particulier, des états, sur l'espace économique. En effet, l'État s'assure la maîtrise de l'espace en y contrôlant les circulations, en particulier par l'établissement de normes et de règles qui les rendent prévisibles, et en en régulant l'usage, en particulier par l'entretien des routes et la fixation de leurs itinéraires, ce qui soumet l'usage de l'espace, et, au-delà, sa valeur, au contrôle du politique. C'est ainsi, par exemple, que, sous le règne de Henri IV, Sully va unifier le territoire en mettant en œuvre une politique active de voirie, articulée à une politique économique d'unification et de régulation des marchés. Plus près de nous, l'instauration des réseaux de chemins de fer, puis celle des réseaux autoroutiers, vont manifester cette double signification de la figure du réseau. En effet, elle a d'abord une dimension organique dans la régulation des parcours et des circulations qui unifient les territoires et les soumettent au contrôle des pouvoirs en établissant une culture homogène des transports, des circulations et des flux d'échange. Mais la figure du réseau a aussi une signification économique, sous trois formes. D'abord, c'est le réseau qui, en permettant la mise en œuvre des flux de marchandises va permettre, en les régulant, les échanges et les circulations des biens, donnant, ainsi, une matérialité spatiale aux marchés. Les marchés ne sont, en effet, que les espaces dans lesquels *se rencontrent les flux*. La signification économique des réseaux est aussi liée au fait que l'usage du réseau et la situation par rapport à lui établissent la dimension spatiale de la valeur. Cela se manifeste par la valeur que l'accès aux réseaux donne à l'immobilier ou au foncier, mais cela se manifeste aussi par la valeur que représente le coût d'accès au réseau, à la fois dans la dimension matérielle de ce coût, liée à l'installation et à la circulation de l'énergie, et à sa dimension financière, exprimée par un prix de l'accès au réseau et de son usage. Enfin, la signification économique du réseau et de l'énergie se manifeste dans leur dimension financière. Les investissements nécessaires à l'établissement et à la mise en œuvre des réseaux de distribution de l'énergie vont être réalisés par des acteurs financiers, publics ou privés selon les époques et selon les pays. Ces acteurs financiers vont rechercher une certaine pérennité, garantie par l'usage des réseaux dans le temps long et par le maintien de leurs profits qui vont pérenniser leur existence financière. Dans ces conditions, ils vont rechercher des profits, réalisant, en particulier, des investissements dans d'autres domaines que les leurs, faisant, ainsi, acquérir à l'énergie une identité économique et financière propre. On peut, en particulier, observer une importante activité financière des entreprises de distribution d'eau dans la construction des réseaux locaux de télévision par câble.

SIGNIFICATIONS DU DÉBAT SUR L'ÉCONOMIE DES USAGES DE L'ÉNERGIE

Tout cela explique l'antagonisme politique entre deux logiques institutionnelles de l'économie de l'énergie, celle de sa privatisation et celle de son maintien dans le champ de la puissance publique. La signification politique de l'économie de l'énergie repose sur l'antagonisme entre les logiques financières de l'énergie et ses logiques institutionnelles publiques. Ce débat est permanent, et il montre bien que l'antagonisme entre l'économie publique et l'économie privée, entre les logiques d'État et les logiques libérales, constitue, en réalité, un antagonisme entre deux logiques de pouvoir. Ou celui-ci est exercé par des acteurs porteurs d'une identité politique exprimée par l'élection ou les logiques de représentation du peuple, ou il l'est par des acteurs engagés dans des stratégies financières de profit et de croissance de leurs entreprises dans un espace de marchés. Cet antagonisme entre une signification politique et une signification financière de l'énergie, de sa production et de son usage, s'est manifesté, en particulier, dans le débat politique engagé autour de l'usage de l'énergie nucléaire. Par la suite, ce débat se tiendra de nouveau autour de la politique du « tout électrique », engagée, en France, par E.D.F.

L'imposition du nucléaire et sa place dans l'économie renvoient, en effet, à une double signification de l'énergie. Elle exprime, d'une part, l'indépendance économique d'un pays et, ainsi, son pouvoir et son identité politique. Le nucléaire renvoie, ainsi, dans la culture politique, à la fois à la maîtrise de la production de l'énergie et à la guerre et à la puissance militaire. Mais le nucléaire exprime aussi l'antagonisme entre deux conceptions de l'économie et de la politique économique, car le débat qui s'instaure à son sujet illustre l'opposition entre deux rationalités de l'économie politique qui sont fondamentalement opposées l'une à l'autre. La première est celle d'une croissance fondée sur un imaginaire sans limites et celle d'une économie dominée par l'emprise du libéralisme et de l'absence de contrôle politique des marchés. L'autre approche de l'économie politique se fonde sur une critique de la croissance et des marchés et sur une rationalité de l'économie politique basée sur la référence à la dimension esthétique et environnementale des espaces, des lieux d'habitation et des modes de circulation.

En termes d'économie politique, le débat sur les économies d'énergie et sur la diminution des dépenses qui lui sont liées, revêt, ainsi plusieurs significations. D'une part, il inscrit l'énergie dans le paradigme de l'austérité et de la réduction de la consommation. En ce sens, il inscrit l'économie politique de l'énergie dans la culture, dans « l'esprit » du capitalisme, que Max Weber situe comme issu du protestantisme. La figure de la « transition énergétique » est, sans doute, à inscrire dans cette logique de la critique globale de la société de consommation. J.-B. Fressoz[1]

1 « Historiquement, il n'y a jamais eu de transition énergétique », *Le Monde Économie et Entreprises*, 20 juin 2012.

choisit la perspective historique pour expliquer que le thème de la « transition énergétique » est un thème récent, qui n'a jamais été illustré dans l'histoire, et qu'il est lié à la fois à la situation contemporaine associant la crise de l'énergie et la dégradation de l'environnement et à ce qu'il appelle la « monétisation du risque énergétique ». La signification politique de la figure des économies d'énergie est, ainsi, à comprendre dans la logique contemporaine d'une critique *à la fois politique et écologique* des pouvoirs et des logiques politiques dominantes.

Par ailleurs, le thème de la diminution de ses usages donne à l'énergie une valeur. Sans doute convient-il de comprendre cette rhétorique de la réduction de la consommation de l'énergie comme une expression de la valeur fondée sur sa rareté ou sur sa raréfaction. C'est pourquoi Pierre Papon s'engagera pour une « politique volontariste » répondant à une « nouvelle donne énergétique[1] ». Sans doute la figure des économies d'énergie est-elle aussi à interpréter comme une des modalités de la sémiotique économique de l'énergie, à lire comme une critique politique des tendances dominantes de l'économie libérale. En ce sens, elle s'inscrit dans ce que l'on peut appeler la rationalité économique de l'écologie politique, illustrée, en particulier, par ce que l'on appelle « l'économie verte ». Le syndicaliste Guy Rider, responsable de l'Organisation Internationale du Travail, articule, ainsi, la transition écologique et la recherche d'une économie fondée sur « un dialogue social très important[2] ».

Enfin, la signification économique de la valeur de l'énergie s'exprime dans la figure de la précarité. Dans un article assez récent, un élu d'Europe-Écologie articulait pleinement l'impératif de la réduction de la précarité énergétique à un projet politique de justice économique et sociale. « Il faut de l'intelligence et de la solidarité », écrivait M. Orphelin[3]. « Les dispositifs incitatifs existants profitent quasi-exclusivement aux ménages moyens ou aisés. Adaptons-les et rendons-les enfin accessibles à ceux qui en ont besoin : avance du crédit d'impôt développement durable pour les ménages qui ne peuvent attendre dix-huit mois avant d'avoir le retour fiscal, garantie des "éco-prêts" pour les ménages modestes pourraient être mis en place très rapidement. Il faut une approche globale,

1 « Vers une nouvelle donne énergétique », *Res Publica*, 17 juin 2011.

2 G. Rider, « La transition écologique va nécessiter un important effort de dialogue social », entretien avec R. Barroux, *Le Monde*, 27 septembre 2012.

3 « Il est urgent d'agir contre la précarité énergétique », *Lemonde.fr*, 2 décembre 2010.

en considérant conjointement les problématiques de logement et de déplacements domicile-travail. C'est souvent la double peine : les moins aisés habitent dans des logements moins bien isolés et plus loin de leur travail. Proposons des mesures pour aider ces familles à aller vers des logements moins consommateurs et mieux desservis en transport en commun. Une telle volonté de combiner respect de l'environnement et justice sociale, c'est d'ailleurs sûrement ce qui caractérise l'écologie politique, et c'est en ça qu'elle est plus crédible que l'écologie de droite ». En posant le problème des politiques publiques de lutte contre la précarité énergétique, ces lignes donnent pleinement à l'énergie une dimension économique et font d'elle un des champs de la question économique et politique de la pauvreté.

REJETS ET RECYCLAGES

Le champ des rejets, des déchets, des ordures, représente une forme d'anti-économie : il s'agit d'un espace inverse de celui de l'économie. Il s'agit d'un espace inversé qui, dans ces conditions, va fonder du dehors une forme de rationalité de l'économie politique exprimée par son inverse. En particulier, c'est à ce qu'elle jette que l'on peut reconnaître ce qui, pour une société, a de la valeur, en identifiant ce à quoi elle n'en reconnaît pas.

Le déchet a une double signification économique. Sa valeur (ou la dénégation de la valeur dont il est porteur) exprime une forme d'antinomie de la médiation entre le singulier et le collectif. Sur le plan singulier, il renvoie à la signification de la mort dans l'articulation entre la vie et la mort. Tant la mise en œuvre des fonctions vitales de l'élimination des déchets que celle de la représentation de la mort et de la perte de vie par le reste que l'on exclut dans l'enlèvement des ordures manifestent, dans la sémiotique de la médiation économique, l'antinomie du vivant et du mort. Sur le plan des institutions et de la vie collective, l'ordure et le rejet signifient une antinomie de la valeur : ils manifestent une forme d'*envers politique de l'économie*. L'usure, le sale et le déchet manifestent des « anti-valeurs », constitutives d'un espace de l'économie politique rejeté hors de l'espace de l'économie légitime, celui des échanges, car, précisément, les ordures et les déchets ne s'échangent pas : ils ne font que s'éliminer, constituant une forme de *déni*, de *dénégation*, de la valeur. C'est cette dénégation de la valeur qu'il convient d'interroger ici.

On peut comprendre la logique de la dénégation de la valeur à l'aide de l'approche freudienne de la *Verneinung*. « Nier quelque chose dans le jugement signifie en fait : voici quelque chose que je préférerais refouler », écrit Freud dans le texte qui porte ce nom[1]. La dénégation consiste,

1 Sigmund Freud, *La Dénégation*, trad. fr. par J.-C. Capèle et D. Mercadier, Paris, Kristophoros, 1982, [4].

ainsi, dans l'énonciation d'un objet de refoulement. Si l'on rapporte cette définition au champ de l'économie politique, on peut donner deux définitions à ce que l'on peut appeler la *dénégation économique*. D'une part, il s'agit d'une forme de refoulement au sens où un objet auquel la société ou le marché refuse de reconnaître une valeur se trouve exclu de l'espace public. Le rejet de l'ordure et du déchet manifeste, ainsi, à la fois le déni de leur valeur, la société refusant de leur reconnaître une valeur dans l'économie, et leur exclusion de l'espace de l'économie en raison, précisément, de ce déni de la valeur. Cette exclusion constitue, pour l'économie politique, une façon nouvelle d'exprimer la signification de la valeur par l'expression du rejet de ce qui s'oppose à elle. Comme le refoulement est une façon pour le psychisme d'exprimer la loi à laquelle il est soumis par la dénégation de ce qui est interdit, l'exclusion de l'ordure et du déchet est une façon, pour l'économie, d'exprimer par l'interdit la loi qui institue l'économie politique. L'autre signification de la dénégation économique et de l'institution d'une forme d'anti-valeur est celle de l'expression d'une limite de la valeur, d'une clôture du champ des valeurs et des identités dans le champ de l'économie politique. La dénégation économique manifeste, dans la rationalité politique de l'économie, l'existence d'une frontière, d'une limite, qui sépare un champ légitime de l'économie et un champ illégitime. Cette frontière se situe à la fois dans l'espace et dans le temps. Dans l'espace, la dénégation prend la forme d'une *relégation* : les objets considérés comme illégitimes ou sans valeur sont ainsi rejetés à l'extérieur de l'espace de l'économie. C'est le sens des « marchés aux puces » situés à la périphérie des villes, ou celui de l'accumulation de déchets rejetés par les villes à leur limite. C'est ainsi qu'à Limeil-Brévannes, dans la région parisienne, selon N. Vittrant[1], « L'entreprise LGD Developpement a laissé s'accumuler quelque 150 000 m^3 de gravats ». Dans le temps, la dénégation économique de la valeur prend la forme de l'usure, d'un rejet de ce qui est considéré comme « hors d'usage », qui, finalement, exprime une limitation de ce que l'on pourrait appeler le temps légitime de l'économie politique. À l'inverse, l'élimination des déchets préserve l'existence et la pérennité d'un espace économique légitime dans lequel peuvent avoir lieu des échanges et l'expression de valeurs. L'identité politique de cet espace

1 « Dans le Val-de-Marne, les habitants de Limeil-Brévannes se mobilisent contre une montagne de déchets », *Le Monde*, 12-13 juin 2011.

naît de sa confrontation avec un espace autre, avec un espace qui, au contraire, se fonde sur une logique que l'on pourrait désigner comme une logique de « l'anti-valeur ». C'est tout un espace économique de la marge qui naît, ainsi, dans le champ de l'économie politique, la marge manifestant cette limite et cette fermeture de l'espace des échanges. La marge se définirait, ainsi, comme l'espace économique dans lequel n'ont pas lieu d'échanges, soit qu'il y circule des objets sans valeur, ne s'inscrivant pas dans un champ d'échanges, soit qu'elle désigne un espace dans lequel les acteurs et les identités économiques ne s'inscrivent pas dans des logiques de marché et de patrimonialisation, mais dans des logiques d'usage et de flux. S'opposent, ainsi, deux logiques économiques : une économie dans laquelle la valeur est associée à la patrimonialisation et à la pérennité des biens et de leur expression, et une économie dans laquelle, au contraire, la valeur est liée à la circulation des objets et des biens et au flux, dans le temps, des objets qui disparaissent une fois que leur usage est achevé.

UN MARCHÉ DU DÉCHET

En raison de l'importance sociale des déchets et de ce que l'on pourrait appeler la contrainte de l'urgence de leur enlèvement, il finit par s'instituer, et cela, sans doute, dans toutes les cultures économiques et dans toutes les sociétés, en particulier dans les espaces urbains, un véritable marché du déchet. On peut, dans ces conditions, analyser les évolutions de ces marchés et les mutations de leurs normes et de leurs pratiques, dans une rationalité semblable à celle des autres domaines de l'économie politique. C'est ainsi, par exemple, qu'a pu naître une véritable industrie de la collecte des déchets dans les sociétés développées, articulant une activité que l'on peut qualifier de régalienne, mise en œuvre par des administrations et des services publics, et une activité commerciale, mise en œuvre par des entreprises et des acteurs privés de l'économie. « Le développement de la collecte et du recyclage dans les pays avancés a provoqué un déséquilibre entre l'offre et les capacités d'absorption d'une industrie locale souvent en perte de vitesse », écrit

Philippe Chalmin[1]. « La seule solution », poursuit-il, « fut de trouver de nouveaux débouchés à l'exportation, ce qui correspondait d'ailleurs à la demande des pays émergents en pleine industrialisation et ne disposant souvent pas de ressources primaires ni de gisements de déchets à exploiter ». On assiste, ainsi, à la naissance d'un « marché du déchet », soumettant cette anti-économie aux normes et aux logiques classiques de l'économie politique légitime. Ce marché connaît, ainsi, en particulier dans l'espace international de l'économie, les mêmes tensions et les mêmes confrontations que dans les autres domaines des marchés et des échanges. C'est ce que montre, toujours, Philippe Chalmin, qui explique, dans le même texte sur la mondialisation du marché des déchets, que cette évolution « explique le développement des échanges internationaux de matières secondaires dans le sens Nord-Sud ou plutôt Atlantique-Pacifique, et le fait que ce soit en Chine que se forme aujourd'hui le prix mondial des *vieux papiers* ».

ÉCONOMIE DU RECYCLAGE ET DE LA RÉCUPÉRATION

Mais cette forme d'anti-économie va aussi prendre la forme d'une économie du recyclage. À la fois en raison de la crise économique qui amène les consommateurs à rechercher une limitation de leurs dépenses et en raison de ces mutations des logiques d'expression de la valeur, on assiste, aujourd'hui, à un développement des commerces de brocante ou de recyclage et à une multiplication des marchés d'occasions. Cette mutation de l'économie est facilitée et encouragée par l'accroissement, lié, lui-même, en particulier, à la croissance des usages de l'Internet, des formes individuelles d'une économie d'échanges privés non institutionnalisés. C'est le sens de la multiplication de sites comme« Le bon coin » ou « le troc de l'île », qui proposent des échanges individuels sous la forme d'offres d'occasion ou sous la forme d'un retour à une économie fondée sur le troc. Tout se passe, ainsi, comme si le rejet ne prenait pas seulement la forme économique d'une anti-valeur fondée sur l'exclusion, mais s'inscrivait aussi dans les formes d'une véritable

1 « Les déchets, un marché mondialisé », *Le Monde Économie*, 8 novembre 2011.

économie du recyclage venant inscrire dans le temps long les pratiques sociales ordinaires de l'économie domestique et de la gestion des espaces privés. Cette économie du recyclage existe, d'ailleurs, depuis longtemps dans le domaine des meubles et de l'aménagement des espaces privés, sous la forme du commerce des antiquités, et a fini par s'inscrire dans le domaine de l'aménagement des espaces publics, sous la forme d'une économie de la patrimonialisation fondée sur ce que l'on pourrait appeler le recyclage des sites. On peut citer, par exemple, la Manufacture des Tabacs, à Lyon, qui a été recyclée sous la forme d'un campus universitaire, ou le site des ateliers de la Manutention, à Avignon, ou, à Bordeaux, les entrepôts d'une entreprise de commerce de vins, qui ont trouvé une nouvelle identité dans des activités de médiation artistique et culturelle. Dans ces exemples, c'est l'espace urbain qui fait l'objet d'une nouvelle logique économique des sites, recomposant les valeurs de l'espace et des lieux et instaurant de nouvelles normes d'évaluation foncière et architecturale. L'économie du recyclage et de la récupération met en œuvre, ainsi, une autre rationalité du temps long de l'économie, en instituant des activités d'échange et de production fondées sur des transformations et des aménagements des espaces, définis par de nouveaux usages et par de nouvelles logiques de l'économie de l'espace. En effet, il convient de penser l'économie politique dans une articulation de l'espace et du temps reformulée et recomposée par la référence à l'ordure et au déchet.

RECYCLAGE ET NOUVELLES LOGIQUES ÉCONOMIQUES DE LA TEMPORALITÉ

Cette nouvelle logique de la valeur fondée sur la revalorisation du déchet s'inscrit dans une évolution des acteurs du commerce et des échanges et dans une culture économique fondée sur la disparition des acteurs classiques de la production et des échanges et sur l'apparition de nouveaux acteurs et de nouvelles formes d'entreprises et d'espaces économiques. Trois faits viennent illustrer cette évolution et permettent de mieux la comprendre. D'abord, on a fini par mieux comprendre que l'économie du déchet et du recyclage n'est pas en dehors du champ de l'économie politique, mais revêt une signification qui se situe dans la rationalité de l'économie. Le rejet et le déchet ne sont pas à écarter de l'économie, mais ils permettent de mieux en comprendre les logiques, les expressions et les stratégies. On a fini par comprendre que c'est en mieux analysant les déchets et en cherchant à leur donner du sens, au lieu de les ignorer, que l'on peut finir par mieux comprendre les acteurs de l'économie. L'identité de la valeur et sa signification ne peuvent se penser que dans leur relation à l'antagonisme de la valeur, de même que le signe ne peut pleinement se penser que dans la relation à l'absence de signification. Par ailleurs, sans doute le développement des usages de l'Internet et de nouveaux modes de communication et de représentation établit-il une relation nouvelle entre ce qui est conservé et ce dont une société se débarrasse. Il convient de penser autrement la relation entre les logiques mêmes de la conservation, et les logiques de la destruction. En effet, tandis que la communication et le discours se fondaient, dans les époques classiques, sur l'acquisition de valeurs et sur la recherche d'informations nouvelles, notre société se trouve, sans doute, orientée davantage vers la confrontation entre le présent et les souvenirs de l'ancien, dont une meilleure connaissance et un meilleur usage permettent de mieux penser le présent. L'économie du déchet et du recyclage s'inscrit dans cette évolution culturelle sans doute assez profonde, liée à notre relation repensée à la notion de crise. Enfin, on assiste, justement dans une situation liée à la crise, à une recomposition des normes de l'économie qui n'est plus seulement fondée sur la nouveauté, mais qui reconnaît une valeur nouvelle à ce qui est ancien. Après avoir disparu de l'espace public de la sociabilité et des échanges, des objets, des biens, mais même des cultures agricoles disparues, se trouvent réinvestis dans de nouvelles formes de sociabilité, fondées sur le ce que l'on appelle, globalement, une culture du recyclage.

On peut, ainsi, définir en quatre éléments ce que l'on pourrait appeler *l'économie politique du recyclage.* D'abord, il s'agit, fondamentalement, d'un déplacement du rapport économique entre le réel, le symbolique et l'imaginaire. En effet, le réel représente, dans la culture classique, la contrainte du présent sur les acteurs. Mais, aujourd'hui, la pression de cette contrainte dure plus longtemps, en raison de l'allongement de la durée de la vie, liée en particulier, aux mutations de la médecine et à ce que l'on peut considérer comme ses progrès, mais aussi du fait que les situations de crise conduisent à retarder le remplacement et le renouvellement des biens dont on dispose. Le réel dure plus longtemps, et, ainsi, il s'articule autrement au symbolique : le discours et la représentation, en particulier dans le domaine de l'économie, donnent une place plus grande et une valeur plus importante à ce qui est ancien et à ce dont l'existence se pérennise. La dimension symbolique de l'économie du recyclage se fonde, ainsi, sur un nouveau rapport au passé, à l'histoire et à la mémoire, qui s'illustre par la référence au temps long dans l'économie. Enfin, l'imaginaire de l'économie politique n'est plus orienté exclusivement vers le progrès et l'économie de la croissance, mais la référence à ce que l'on appelle la « décroissance » vient formuler un imaginaire économique plus critique faisant de l'économie du recyclage une forme de résistance de la durée à l'impératif politique économique de l'urgence et de la croissance. Le deuxième élément de cette « économie du recyclage » est une culture différente de l'espace. En particulier du fait de l'industrialisation des espaces urbains et de l'industrialisation de l'agriculture, les exigences de la production avaient fini par conduire à négliger l'esthétique de l'espace et la question de l'environnement dans l'économie politique. En revanche, nous constatons aujourd'hui que l'aménagement donne une place plus importante à l'esthétique du paysage, à un environnement moins porteur de risques et de pollutions et à une conservation des logiques spatiales classiques. Sans doute cette culture de l'espace, articulant davantage l'expression culturelle des identités et l'expression esthétique des paysages, fonde-t-elle une approche de la valeur de l'espace et de sa place dans l'économie sur des critères à repenser. Le troisième élément de la culture du recyclage et du temps long s'inscrit dans ce que l'on pourrait appeler une économie géopolitique. Il s'agit à la fois de la recomposition des relations entre les pays dits du « Nord » et les pays dits du « Sud » et d'une reformulation des identités politiques et des pouvoirs, dont on a pu avoir une illustration récente à l'occasion du conflit énergétique entre les Indiens et les entreprises et les pouvoirs du Canada au sujet des sables bitumineux. « En dehors des violentes tentatives d'assimilation culturelle menées par le gouvernement canadien, ces communautés n'ont jamais eu à faire face à une telle menace : la destruction de l'eau et des animaux fait qu'elles ne peuvent même plus mener un mode de vie traditionnel », dit un militant qui défend les droits des populations autochtones anciennes du Canada, avec d'autres militants écologistes[1]. La question du recyclage et de la résistance aux transformations de l'espace et de l'économie liées aux impératifs de la croissance s'inscrit ainsi à la fois dans la critique écologiste des valeurs de l'économie politique et dans la dénonciation politique de la colonisation et de la prise du pouvoir sur les pays conquis par les pays de culture européenne. C'est ainsi que le quatrième élément de l'économie politique du recyclage est une meilleure prise en considération de la médiation économique entre le singulier et le collectif dans la raison économique. En effet, le sujet singulier a mieux la possibilité d'exprimer son identité propre quand plus de temps lui est reconnu pour cela. À cet égard, la préoccupation du temps long dans l'économie du recyclage est, sans doute, à inscrire dans les mêmes logiques que la limitation de la durée du travail et la reconnaissance de la nécessité d'un temps de l'inactivité[2]. En soumettant moins l'espace à des mutations et à des transformations liées aux contraintes de la croissance et du profit, l'économie du recyclage l'ouvre davantage aux expressions de la culture et de la subjectivité : aux expressions de l'identité. Finalement, tandis que l'économie politique de la croissance repose sur une forme de dénégation et de refoulement de l'identité toujours soumise à des transformations et à des déplacements qui en font perdre la signification, l'économie politique du recyclage met en œuvre davantage ce que l'on pourrait appeler une *rationalité économique des identités.*

1 P. Curtet, « Ben Powless, un Indien Mohawk en guerre contre les sables bitumineux », *Le Monde*, 21 mars 2012.

2 *Cf.* Paul Lafargue, *Le Droit à la paresse*, Paris, François Maspero, 1979.

LES ÉCONOMIES ALTERNATIVES

Ces dimensions critiques de l'économie politique amènent à repenser l'économie en donnant une place nouvelle à des pratiques et à des logiques pouvant en constituer des formes alternatives, fondées à la fois sur la critique de la décroissance et sur celle des pouvoirs dans le domaine de l'économie et sur un projet d'économie fondée sur la solidarité – forme économique et sociale de la reconnaissance de l'identité de l'autre. L'idée d'une économie alternative repose à la fois sur la critique politique des logiques dominantes et sur l'élaboration de nouvelles formes de projets économiques. Ce que l'on peut appeler, ainsi, une culture politique alternative de la médiation économique s'exprime dans cinq domaines, la production, la consommation et les pratiques singulières, les échanges et les flux, l'énergie et l'approche nouvelle de la politique énergétique, et les discours sur l'économie, ce que l'on pourrait appeler une « méta-économie » alternative.

On est convenu de désigner par l'expression « économies alternatives » l'ensemble des pratiques de l'économie et de ses modes de rationalité et d'analyse qui relèvent de logiques de médiation au lieu de relever de stratégies libérales de profit. En effet, ces économies visent à penser l'économie non dans les logiques d'accumulation de profit et les logiques de pouvoir fondées sur la propriété, comme le font ses formes libérales et capitalistes, mais à penser l'économie comme un des modes d'articulation entre le singulier et le collectif dans l'espace des productions, des circulations et des échanges. La *médiation économique* consiste à situer dans les pratiques et les rationalités des acteurs économiques et dans leurs stratégies la médiation dialectique de la société fondée sur une considération égale pour les sujets singuliers et pour leur place dans la société et pour les acteurs collectifs et les expressions de l'appartenance et de la solidarité. Finalement, penser et mettre en œuvre la médiation économique consiste à mettre en œuvre une approche *institutionnelle* de l'économie, c'est-à-dire une approche de nature à améliorer la vie sociale et à faciliter les relations entre ceux qui font partie d'une société. La médiation économique fonde la médiation politique sur les pratiques sociales de l'échange et de la circulation des biens, au lieu de la fonder sur leur accumulation et leur capitalisation. Cela conduit, en particulier, à ne plus fonder les identités économiques sur l'expression financière d'un capital, mais à les fonder sur la mise en œuvre d'activités d'échange et de travail destinées à exprimer l'appartenance et la sociabilité de leurs acteurs, au lieu d'exprimer dans des rapports de force les accumulations de biens dont ils disposent. La médiation économique consiste, dans ces conditions, à faire reposer les identités économiques des acteurs sur la reconnaissance qui les fonde les unes par les autres, et qui s'exprime par ce que Rousseau appelait un « contrat social ».

Sans doute est-ce là, dans ce rapport au pouvoir, que se manifestent le plus clairement les différences entre l'économie libérale et ce que l'on est convenu d'appeler les économies alternatives. En effet, le libéralisme naît au moment où le développement des activités financières, liées elles-mêmes au développement des formes modernes de l'économie, va conduire à une confusion institutionnelle entre les pouvoirs financiers du capital et ses pouvoirs institutionnels. Dans les logiques libérales, c'est la maîtrise du capital qui donne à l'acteur qui en dispose le pouvoir sur l'entreprise, sans considération pour les sujets singuliers de l'entreprise, salariés en particulier, et sans considération pour l'idée selon laquelle le travail pourrait instituer un contre-pouvoir pour celui qui le met en œuvre. La logique libérale se fonde aussi sur le rejet de cette autre idée, selon laquelle, en particulier dans les logiques écologiques, la consommation et le libre choix de ses usages pourrait instituer un autre contre-pouvoir, détenu, celui-là, par les sujets singuliers de la consommation dans l'espace public de l'économie et des échanges. En revanche, les économies dites alternatives reposent, elles, sur la préoccupation que l'économie politique constitue un des champs d'expression de la médiation dialectique entre les sujets singuliers de la sociabilité et les logiques d'appartenance et de solidarité qui fondent les identités collectives dont ils sont porteurs.

L'ÉCONOMIE SOCIALE ET SOLIDAIRE

C'est sur ces bases que naît ce que l'on désigne aujourd'hui par l'expression « économie sociale » ou par l'expression « économie solidaire ». Il est, d'ailleurs, intéressant de relever, en termes de sémiotique économique, le fait que l'on parle d'économie sociale pour désigner une des formes et des orientations de l'économie, alors que, fondamentalement, l'économie ne peut être que sociale, étant là pour rendre raison des pratiques sociales de manifestation, de mise en œuvre et d'expression des appartenances et des formes institutionnelles de l'identité. On peut définir l'économie sociale et solidaire de trois façons, qui vont constituer, ensemble, une logique proprement politique et institutionnelle de l'économie. D'une part, il s'agit de pratiques de production et d'échanges qui ne sont pas destinées au profit de ceux qui en prennent l'initiative, mais au développement des logiques de la vie sociale et collective. En ce sens, ces modes de production et ces pratiques d'échange et de circulation reposent sur une approche de l'espace public fondée sur la référence à des identités situées les unes par rapport aux autres dans une forme de spécularité sociale au lieu de l'être, comme dans les logiques libérales, dans une situation de concurrence. Dans l'économie sociale, la solidarité est, ainsi, la forme que revêt l'expression de l'identification sociale et politique aux autres acteurs. D'autre part, l'économie sociale et solidaire fonde le pouvoir des institutions économiques et financières sur des logiques démocratiques de désignation, d'élection et de représentation au lieu de le fonder, comme dans les logiques capitalistes, sur la possession du capital. En d'autres termes, il s'agit, pour ces modes de rationalité de l'économie de distinguer la propriété et le pouvoir – voire, dans certains discours et dans certains imaginaires politiques, de mettre fin à la logique de la propriété. C'est ainsi que la solidarité prend aussi une signification politique, en exprimant une relation entre les acteurs fondée sur la reconnaissance de leur identité politique au lieu de l'être sur la reconnaissance de leur propriété. Enfin, l'économie sociale et solidaire se fonde sur un imaginaire politique différent de celui de l'économie libérale classique. En effet, ce n'est pas la préoccupation imaginaire de la croissance qui fonde cette économie, mais le projet de manifester la solidarité entre ceux qui sont porteurs de la même identité sociale, de confondre l'identité et la solidarité. L'imaginaire politique de la solidarité est un imaginaire politique qui fonde la signification de l'appartenance sociale sur le projet de bénéficier à tous ceux qui en sont porteurs, au lieu de faciliter l'accumulation du profit des acteurs de la propriété. Dans ces conditions, c'est toute l'articulation économique entre le réel de la contrainte, le symbolique de la représentation et l'imaginaire du projet social qui fonde l'économie sociale et solidaire comme une forme spécifique d'économie et comme un engagement particulier des acteurs qui l'expriment dans le débat politique et dans l'espace public. C'est pour toutes ces raisons que l'économie sociale et solidaire s'est toujours structurée dans des institutions comme des associations, des mutuelles ou d'autres identités politiques fondant les acteurs économiques sur l'expression d'un projet social, ce qui est le propre du politique, et non sur celle d'un projet de seule croissance comme le fait l'économie libérale. Dans ces conditions, l'économie sociale et solidaire exprime un rapport particulier à l'espace et au temps. L'espace n'y est plus pensé comme un champ de seule production et de seule contrainte, mais comme un espace d'institution et de mise en œuvre des relations sociales, et le temps n'y est plus considéré comme une contrainte de travail ou comme une contrainte de la production, mais comme un temps social d'expression, en particulier patrimoniale et culturelle, des identités.

LES COOPÉRATIVES

Le mouvement coopératif désigne une des premières formes d'économie alternative, née au XIXe siècle, au moment où le libéralisme et le capitalisme deviennent des formes dominantes de l'économie. Tandis que l'industrie s'organise sur la base d'entreprises privées fondées sur la base du capitalisme, les coopératives instituent des modes d'organisation du travail basés sur la solidarité et sur une dimension institutionnelle démocratique, dans laquelle les choix d'orientation, le volume de personnel et les embauches se fondent sur des décisions prises démocratiquement par l'ensemble des acteurs de l'entreprise. Le mouvement coopératif, comme les mutuelles, donne, ainsi, une dimension institutionnelle et économique à la logique de la solidarité. Le mode coopératif d'organisation des entreprises se trouve, par exemple, aujourd'hui, dans une entreprise comme le grand magasin John Lewis, à propos de laquelle *Le Monde* écrivait récemment[1] : « Il s'agit d'une coopérative, créée en 1929, qui appartient aujourd'hui encore à l'ensemble de ses employés. Dans la "Constitution" de la société, John Spedan Lewis (1885-1963), le fondateur, stipulait que le but ultime de l'entreprise était "le bonheur de ses membres". Cette déclaration figure aujourd'hui encore dans ses statuts. Chacun des caissiers, vendeurs ou techniciens est très officiellement un "partenaire", qui a son mot à dire dans le fonctionnement de l'entreprise. Ils sont 76 500 au total. Leurs actions ne peuvent pas se vendre ou s'acheter, et elles se perdent en quittant son emploi à John Lewis magasin ». Des entreprises coopératives sont ainsi nées à partir de mutuelles comme des mutuelles d'assurance : c'est ainsi que la MAIF, mutuelle d'assurances des enseignants, avait institué, en 1947, la CAMIF, coopérative d'achat par correspondance réunissant l'ensemble de ses adhérents qui en étaient des actionnaires.

Le propre des coopératives est d'instituer une économie fondée sur la logique de l'adhésion de leurs membres à un projet social partagé et sur une recherche de progrès social au lieu d'être fondée sur la recherche d'un accroissement du profit de ceux qui en font partie. Finalement, les coopératives constituent une forme d'économie alternative dans le champ de l'économie libérale. En effet, elles manifestent une forme différente d'orientation de l'économie, sans pour autant chercher à mettre en œuvre une rupture dans les systèmes économiques dans lesquels elles s'inscrivent. Il ne s'agit pas de mouvements économiques tentant d'instaurer une rupture révolutionnaire, mais davantage de mouvements fondés sur la recherche d'aménagements du système libéral afin d'y manifester une orientation différente, décalée, par rapport à celle des entreprises classiques. Le mouvement coopératif exprime, au sein de l'économie libérale, une forme de distanciation des logiques institutionnelles, en manifestant la mise en œuvre de projets économiques fondés sur une signification politique de médiation et de solidarité entre leurs membres. Les S.C.O.P., qui désignaient des « sociétés coopératives ouvrières de production », et qui sont devenues des « sociétés coopératives et participatives », interviennent

1 « Les employés partagent bonus annuel et gestion », *Le Monde*, 24 janvier 2012.

dans plusieurs domaines de l'activité économique[1]. Il s'agit, en particulier, de « l'environnement (22 %), l'agriculture (19 %), le commerce (4 %), l'habitat (5 %) ou la culture (13 %) ». Ces entreprises instituent, dans l'espace public de l'économie et des échanges, des formes alternatives d'exercice du pouvoir et mettent en œuvre des logiques de distribution échappant, en partie, aux réseaux habituels du commerce libéral et s'inscrivant dans des systèmes particuliers de diffusion. Elles mettent, en particulier, en œuvre des logiques de partenariat et de convention avec les collectivités locales, concourant au développement économique des territoires en y assurant la pérennité des emplois et de l'activité, et en y manifestant une forme de collaboration entre le domaine associatif de l'économie, son secteur privé et son secteur public. C'est pourquoi, sans doute, les coopératives ont introduit des logiques d'économie alternative plus facilement dans le domaine de l'agriculture, dont les activités se déroulent dans des espaces et des réseaux plus restreints que ceux de l'activité industrielle, dans une plus grande proximité avec les pouvoirs locaux et territoriaux, et, surtout, parce que la préservation de l'espace et de l'environnement y institue une préoccupation plus urgente. Sans doute n'est-ce que dans des situations de crise que les entreprises ont pu prendre des formes coopératives, ou dans des activités industrielles très particulières, fondées sur des compétences professionnelles très spécialisées. C'est ainsi que les montres Lip avaient, un temps, à la suite de graves conflits sociaux, pris une forme coopérative entre leurs salariés, en 1973, puis en 1976.

LES NOUVELLES FORMES DE COMMERCE ALTERNATIF

C'est, sans doute, dans le domaine du commerce que l'activité coopérative est, sans doute, la plus active aujourd'hui – comme elle l'a, sans doute, été depuis toujours. En effet, le mouvement coopératif a pu s'investir dans ce domaine sans pour autant introduire de rupture radicale avec les formes de la production industrielle ou avec celles de la production agricole – encore, d'ailleurs, que, pour des raisons voisines,

1 *Le Monde Économie*, 7 février 2012.

l'agriculture ait été un domaine où les coopératives ont été plus actives et plus présentes qu'elles ne le furent dans l'industrie. Le commerce alternatif se fonde sur une logique de distribution entre des adhérents qui ont, dans ces conditions, un statut institutionnel fondé sur l'adhésion et sur la reconnaissance d'un pouvoir partagé, plutôt que sur la simple relation de clientèle qui fonde la relation commerciale ordinaire. Le commerce alternatif institue des modes de distribution et de diffusion des biens et des produits qui ont, ainsi, plutôt qu'un simple statut de marchandise, un statut de biens exprimant le projet social et politique de la coopérative par leur nature, leur usage, leur mode de production et de distribution et leur mode de consommation et d'usage. C'est ainsi que les coopératives d'achat manifestent une forme de critique des logiques économiques ordinaires du libéralisme et manifestent un projet social d'orientation différente de l'activité économique. En particulier, dans le domaine des produits industriels, elles se fondent sur des logiques de travail qui critiquent les formes habituelles du travail industriel, en particulier dans la durée du travail et dans les rythmes de l'activité, et, dans le domaine agricole, elles manifestent des préoccupations écologistes plus importantes, à la fois dans l'organisation et l'aménagement de l'espace et dans les modalités d'inscription de l'activité agricole dans l'environnement. Même s'il ne cherche pas à transformer radicalement les formes et les logiques des systèmes économiques dans lesquels il se situe, le mouvement coopératif introduit, dans le commerce, des préoccupations fondées davantage sur la manifestation de pratiques sociales articulant des significations politiques aux pratiques de consommation. C'est toute une culture qui se manifeste, ainsi, à la fois dans le choix des acteurs de proposer leurs produits dans ces réseaux et dans celui des consommateurs de se les y procurer. Les coopératives ne mettent pas seulement en œuvre des relations différentes d'échange commercial, mais elles instituent, dans l'espace public de l'économie, les termes d'un débat et d'une confrontation entre les formes institutionnelles dominantes de l'activité économique et des formes d'économie fondées sur des relations de solidarité entre les acteurs qui y prennent part. C'est ainsi que des mouvements de commerce alternatif se sont institués dans des métropoles ou dans des espaces urbains pour y instituer une relation différente entre les habitants des villes, souvent engagés ou militants par ailleurs, et des agriculteurs, des producteurs et des distributeurs cherchant à exprimer leur engagement dans les formes de leur activité économique[1]. En ce sens, le mouvement coopératif, y compris dans sa logique commerciale, manifeste, dans l'espace public du débat sur la politique économique, une distance critique et se situe en référence à des orientations différentes de l'activité.

CRITIQUE DE L'IMAGINAIRE DE LA CROISSANCE ET DE LA CONSOMMATION

Les « économies alternatives » reposent sur une critique des imaginaires dominants de l'économie. En particulier, en effet, les impératifs de la production et de la croissance reposent sur une forme de refoulement économique de la subjectivité, sur la méconnaissance de la place du sujet singulier dans les logiques de l'économie. L'expression de la personne singulière y est refoulée dans l'exigence de l'expression d'un corps social tout entier, comme une entreprise ou un pays, dans une situation dominée par les logiques de la concurrence, en particulier dans une situation de crise. En revanche, les économies alternatives reposent sur la critique de cet imaginaire de la croissance à tout prix, adhérant, en particulier, aux objectifs critiques de la « décroissance » et à des orientations économiques différentes de celles du libéralisme, plus soucieuses que lui du développement durable de l'espace et de la préservation de conditions plus satisfaisantes de santé et de vie personnelle. Mais, à cet égard, les économies des autres cultures politiques peuvent constituer des critiques de l'économie classique. Les « économies alternatives » se caractérisent enfin par la place particulière qu'elles reconnaissent à la protection sociale, à son financement et à sa place dans l'économie et dans les conceptions que l'on peut avoir du progrès.

Le terme *« économie sociale »* désigne un projet dans lequel l'économie politique se fonde sur l'expression et la mise en œuvre du lien social, de la solidarité. En ce sens, il s'agit de remplacer l'articulation de l'économie

1 On peut citer des mouvements comme « Alter Conso » à Lyon, ou les AMAP (« Associations pour le maintien d'une agriculture paysanne »), dans toute la France, qui ont, en général, la forme de SCOP. Voir aussi C. Rollot, « À Vernouillet, seule, l'épicerie sociale ne connaît pas la crise », *Le Monde*, 28-29 novembre 2010.

à l'imaginaire de la croissance et de la consommation par une autre articulation, liant l'économie aux logiques de la médiation politique et de l'expression des identités. Des acteurs engagés dans cette forme d'économie alternative en proposent une définition suivante : « Face à une société fondée sur l'enrichissement personnel, il est urgent d'assurer un partage collectif de la richesse produite. La redistribution des revenus du travail et de ceux du capital demande à être revue. Une répartition équitable des excédents des entreprises entre investissement, rémunération des salariés et éventuelle distribution collective aux membres doit être soutenue. Face à la globalisation des marchés, il faut préserver les activités d'intérêt général[1] ». Il s'agit, finalement, de faire pleinement exister, dans l'espace des échanges, la réalité d'une économie pleinement rendue au politique. Au-delà de la posture critique sur les orientations de l'économie libérale classique, l'économie sociale entend, ainsi, proposer un projet alternatif d'économie politique.

1 J.-C. Caprespines, G. Andreck et A. Leclercq, « Présidentielle 2012 : réorientez l'économie ! », *Le Monde Économie*, 1er novembre 2011.

ÉCONOMIE VERTE ET ÉCONOMIE ÉCOLOGIQUE

Dans une logique voisine de celles des économies alternatives, l'économie écologique tente d'instituer et d'exprimer un projet écologiste dans le champ de l'économie politique. Dans le domaine de l'économie politique, l'écologie se définit comme une orientation qui se fonde sur la reconnaissance à l'espace d'une signification économique particulière et d'une *valeur* propre. Elle se distingue, ainsi, du reste de l'économie qui ne reconnaît à l'espace qu'une valeur d'usage, dans l'ordre du foncier, dans celui du logement ou dans celui de l'activité agricole ou industrielle. Il nous faut, dans ces conditions, définir le concept de *valeur de l'espace.*

On peut définir ce concept comme l'articulation du concept de valeur autour de six instances.

La première instance articule la médiation entre le singulier et le collectif. En effet, l'économie écologique se fonde sur une dialectique qui fonde dans l'espace l'antagonisme fondamental entre les impératifs collectifs de la vie sociale et l'expression singulière des désirs et de la vie psychique. Une économie écologique tient compte de cette dialectique comme d'un impératif réel de la valeur en fondant sur lui l'évaluation exprimée par le sujet.

La seconde instance de la valeur écologique de l'espace est l'articulation du temps long et du temps court. En effet, une logique écologique se réfère, pour apprécier la valeur de l'espace, à l'expression d'une identité de l'espace fondée sur une contradiction entre l'urgence et le patrimoine, entre les impératifs du temps court des usages de l'espace et ceux du temps long de sa pérennité et de son inviolabilité. C'est en particulier cette tension qui articule la valeur de l'espace autour de la contradiction entre les exigences de la production immédiate de la valeur et celles du développement durable.

La troisième instance de cette écologie de l'économie de l'espace exprime une valeur fondée sur l'articulation entre le réel, le symbolique et l'imaginaire des pratiques sociales de l'espace. Les impératifs réels de la maîtrise de l'espace fondent sa valeur sur une économie de l'usage et sur une logique de libération des contraintes spatiales. C'est ainsi, par exemple, que cette économie écologique de l'espace va penser la contradiction, ou, au moins, la tension, entre les exigences environnementales de la diminution de la pollution et les exigences liées à l'amélioration des modes de transport facilitant la maîtrise de l'espace. Les représentations symboliques de l'espace constituent la deuxième référence des pratiques de l'espace : il s'agit des savoirs dont nous sommes porteurs sur la spatialité, et que nous pouvons mettre en œuvre dans nos stratégies économiques, mais aussi de l'esthétique de nos représentations de l'espace, que nous mettons en œuvre dans ce que l'on peut appeler une *économie du paysage.*

La quatrième référence de la valeur des pratiques de l'espace est l'imaginaire. En effet, nous apprécions aussi l'espace dans une économie politique en nous référant aux craintes ou aux désirs que nous fondons sur lui. C'est ainsi, par exemple, que la valeur foncière ou immobilière de l'espace va se fonder, en grande partie, sur les connotations imaginaires attachées à des lieux ou à des pays.

Une cinquième instance de l'économie politique de l'espace consiste dans la valeur liée aux ressources propres de l'espace, à ce que l'on pourrait appeler une valeur de l'usage économique et financier de l'espace. C'est ainsi que l'agriculture, le travail des mines, mais aussi l'exploitation des forêts, constituent des modes classiques d'institution d'une économie politique fondée sur l'espace. De ce point de vue, une économie écologiste de l'espace consiste dans une maîtrise de son exploitation, dans une rationalisation de la mesure de son usage, en particulier dans le but d'assurer la durée de sa conservation et de permettre, ainsi, la pérennité de ses usages sociaux. Mais le souci économique de la valeur des ressources propres de l'espace peut aussi s'analyser, dans les termes d'une approche de l'inconscient de l'économie, comme l'expression d'une confrontation entre l'espace et les acteurs sociaux, ceux-ci instituant justement leur identité sociale et politique au cours du processus de cette confrontation.

Enfin, la médiation esthétique de l'espace, le *paysage*, donne lieu à l'élaboration d'une économie particulière. Cette économie repose sur la valeur reconnue aux logiques d'aménagement esthétique de l'espace, qui donnent à l'espace une signification économique particulière liée aux pratiques culturelles qui l'impliquent, et aux représentations de l'espace qui fondent une culture propre du paysage dans l'image. On peut, en particulier, noter l'importance de la représentation esthétique du fait urbain dans l'image aux époques où les villes connaissent un fort développement, comme au Moyen Âge et au dix-neuvième siècle.

L'ÉCOLOGIE COMME CRITIQUE DE L'ÉCONOMIE POLITIQUE

En se fondant sur une conception de la valeur propre à l'espace, l'écologie peut être pensée elle-même, pour reprendre les termes de Marx, comme une critique de l'économie politique. En effet, la reconnaissance de cette instance spécifique de l'espace dans la rationalité de l'économie fonde, en soi une forme de critique, une distanciation par rapport aux références ordinaires de la confrontation constitutive de l'économie politique, du capital et du travail qui ont tendance à neutraliser l'espace ou à en ignorer les spécificités. L'écologie critique l'économie classique en reconnaissant la spécificité de la valeur de l'espace et en se situant au lieu de la rationalité de l'espace pour penser cette rupture. Une économie écologique manifeste, en effet, pour reprendre les termes de L. Althusser à propos de Marx par rapport à l'économie politique de son temps, une *coupure épistémologique.* En effet, pour élaborer cette critique, sans doute est-il nécessaire de commencer par une double critique de l'économie classique et des identités sur lesquelles elle se fonde.

D'abord, il s'agit de remettre en question le fait que l'économie ne se pense qu'en termes d'acteurs et de profit. En effet, qu'il s'agisse de la logique de l'accumulation du capital ou de celle de la reconnaissance du pouvoir propre du travail, l'économie politique classique se fonde sur un usage total de l'espace et sur une maîtrise complète de ses logiques par les acteurs sociaux. Tant le capitalisme que le socialisme ou le communisme reposent sur des approches de l'économie qui ne se pensent, par rapport à l'espace, qu'en termes de pouvoir ou en termes de maîtrise.

Qu'il s'agisse des financiers ou des travailleurs, la société se manifeste toujours dans une confrontation à l'espace qu'elle considère seulement comme ce qui vient limiter son pouvoir. Par rapport à l'espace, la société se pense toujours en termes d'emprise. En revanche, une approche écologiste de l'économie pense l'espace en se fondant sur la rationalité de la signification de l'inscription spatiale des pratiques sociales. Au lieu de ne penser l'espace que comme le réel d'une contrainte, l'économie écologiste le pense comme un lieu d'expression de la signification de nos identités et de nos appartenances sociales. Au lieu de le considérer comme une dialectique entre contraintes et usages, l'écologie pense l'espace comme un système d'expressions et comme un langage, porteur à la fois de significations politiques et de significations psychiques. En ce sens, l'écologie produit un renversement du *cogito* de l'économie politique, en changeant le point de vue de son discours.

Mais il existe une autre dimension de la critique écologiste de l'économie politique : il s'agit de repenser la relation entre nature et société. L'économie politique s'est toujours construite sur la base d'une maîtrise de la nature, de ce que l'on pourrait appeler une maîtrise des impératifs de l'environnement dans lequel nous vivons et sur la base d'une distinction inconsciente entre une naturalité qui serait de l'ordre de l'universel et des cultures qui seraient de l'ordre de l'appartenance et de la sociabilité. La signification étymologique de « économie » est bien la référence à l'*oikos*, c'est-à-dire à un espace qui nous est propre, que nous maîtrisons, et qui, ainsi, se distingue radicalement de l'universel qui, indistinct, ne serait pas propre à telle ou telle culture ou à telle ou telle société. Sans doute l'écologie nous amène-t-elle à repenser cette opposition, en désignant l'engagement qu'elle manifeste par l'expression, *a priori* contradictoire dans cette logique, entre l'*oikos*, qui représenterait la naturalité de l'espace dans lequel nous vivons, et le *logos*, qui représente les pratiques symboliques par lesquels nous exprimons notre identité sociale en l'inscrivant dans l'espace. Mais, pour comprendre cette tension et lui donner une signification en termes d'économie politique, sans doute nous faut-il commencer par mettre en question ce refoulement même de la distinction entre nature et culture, en exprimant le projet social d'une inscription de la naturalité même dans les logiques de l'aménagement économique de l'espace social. C'est dire la dimension politique de la rationalité de l'environnement qu'il convient de ne pas limiter à une approche en termes de protection contre une éventuelle menace, qui manifeste une adversité de la naturalité et de la société, mais de fonder sur la plénitude d'une signification sociale de l'espace, désormais articulé, dans une écologie pleinement politique, aux institutions par lesquelles nous régulons les pratiques sociales de l'économie.

LA PLACE DE L'ENVIRONNEMENT DANS L'ÉCONOMIE

L'institution d'une « économie verte » nous interroge sur la place de la question de l'environnement dans l'économie politique et sur la signification économique de l'écologie. En effet, pour toutes sortes de raisons, qui tiennent à la fois à la question du climat, à celle de l'espace et de sa préservation et à celles de la préservation d'un temps long de l'économie politique, l'articulation entre l'économie et l'environnement est une préoccupation majeure de l'époque contemporaine.

On assiste, donc, aujourd'hui, d'abord, à une reconnaissance de l'importance du rôle du climat dans le champ de l'économie politique. C'est ainsi, par exemple, que N. Stern avait publié, en 2006, une analyse de l'impact économique du réchauffement climatique et, en 2009, un rapport sur l'articulation entre la maîtrise du réchauffement climatique et la réduction de la pauvreté[1]. Cette analyse s'inscrit dans le champ d'une réflexion sur l'impact du climat sur des populations contraintes de s'exiler ou sur la maîtrise de l'usage des sols et des pratiques de l'agriculture dans les situations dans lesquelles le réchauffement climatique transforme la terre et la rend plus difficilement exploitable. C'est ainsi que, selon le psychosociologue Haral Welzer[2], « Les guerres proviennent, bien sûr, de causes multiples, mais le réchauffement climatique crée de nouvelles sources de violence, et amplifie les pénuries et les tensions existantes en matière de nourriture, d'eau ou de terres ». « Prenez le cas du Darfour »,

1 L. Caramel, « L'implacable démonstration de Lord Nicholas Stern », *Le Monde*, 24 septembre 2009.

2 « Le réchauffement du climat crée de nouvelles sources de conflit », *Le Monde*, 31 octobre 2009.

ajoute-t-il. « Même si le conflit a des origines diverses, il est clair que la désertification progressive vers le sud a conduit à une compétition pour les terres entre les nomades éleveurs de bétail et les fermiers sédentaires, d'ethnies différentes ». C'est ainsi que les transformations du climat constituent un réel de l'économie, une emprise sur les pratiques sociales constitutives de l'économie et une évolution des pratiques agricoles amenant une transformation de la valeur des espaces et de leurs usages économiques. Par ailleurs, le changement climatique est à l'origine de transformations et de renouvellement de technologies destinées à la lutte contre le réchauffement, et, à partir de là, à l'origine de la naissance de toute une économie, de tout un ensemble d'industries et d'emplois destinés, en propre, à la régulation du climat et à la maîtrise de ce réel particulier qui s'impose aux sociétés[1]. L'économie verte se manifeste aussi dans le développement durable, articulé au changement climatique. L'idée même de « développement durable » signifie, dans le champ d'une économie écologique, la prise en considération d'un temps long de l'économie, la préoccupation de l'économie politique pour une temporalité qui va au-delà du temps court de ses acteurs pour donner une place particulière à l'imaginaire du futur. C'est ainsi que l'on assiste, aujourd'hui, en période de crise et de politiques économiques dites de « rigueur », à une forme de confrontation entre les logiques de la croissance classique, fondées sur la seule exigence de l'économie et de l'emploi du présent, et celles de la croissance « verte », fondées, elles, sur la référence au développement durable. « Il s'agit de mener à bien un développement durable, dans un contexte d'élimination de la pauvreté et de création d'emplois », dit, ainsi, Sylvie Lemmet, directrice de la division Technologie, industrie et économie du P.N.U.E. (Programme des Nations Unies pour l'Environnement)[2]. Sans doute cette tension, cette contradiction, entre des objectifs divergents de la croissance et de l'écologie, fonde-t-elle l'écologie comme un des champs dans lesquels s'exprime, aujourd'hui, l'économie politique.

Un autre de ces champs est celui de la place de l'eau et de l'énergie dans l'économie[3]. La question de la place de l'eau dans la sémiotique de l'économie politique s'articule à la fois à une logique de maîtrise et de

1 *Cf. Le Monde*, 4 septembre 2009.

2 R. Barroux, « Pour sortir de la crise, investissez dans l'économie durable, conseille l'ONU », *Le Monde*, 4-5 mars 2012.

3 « L'eau dans le monde », dossier, *Le Monde*, 13 mars 2012.

pouvoir sur l'eau et à celle de l'hygiène et de la propreté, et, ainsi, au-delà, à celle des rejets et de la place des déchets dans l'économie politique. La valeur de l'eau s'est toujours inscrite dans le champ des valeurs en quelque sorte éthiques de l'économie politique, car elle est associée à l'imaginaire de la pureté, de l'hygiène, de la propreté. En ce sens, elle joue un rôle essentiel dans les représentations culturelles des politiques environnementales. Par ailleurs, la question de la maîtrise de l'eau et de son rôle dans l'économie est posée de façon grave par les situations de sécheresse, elles-mêmes liées au processus du réchauffement climatique. En faisant, ainsi, apparaître les inégalités dans la répartition de l'eau dans le monde et les tensions qui se manifestent à ce propos, les institutions internationales comme le Forum mondial de l'eau viennent rappeler aux pouvoirs politiques le rôle de l'eau dans l'économie, aux côtés de celui de la maîtrise des sources d'énergie et de leurs usages. C'est ainsi que, selon *Le Monde*[1], « la demande en eau dans le monde progresse plus vite que l'augmentation de la population : usage domestique, agriculture, industrie... ». « La production d'énergie », poursuit M. Valo, « prélève également une part croissante des ressources disponibles alors que le changement climatique exerce localement de nouvelles pressions sur les pratiques agricoles ». Pour pleinement penser la place de l'eau dans ce que l'on est convenu d'appeler une économie verte, une économie politique fondée sur des logiques écologiques, il importe, en effet, d'en articuler la connaissance et la maîtrise à la question de l'énergie, de son rôle et de l'économie globale de ses différentes formes. Sans doute le rôle économique de l'eau s'articule-t-il à celui de l'énergie dans une approche critique de ce que l'on peut appeler l'économie des flux et de leurs usages.

Mais une « économie verte » se fonde aussi sur l'horizon de la « fin du travail », pour reprendre l'expression de J. Rifkin. Elle consiste, en effet, aussi à penser une économie politique fondée sur une place nouvelle de la contrainte du travail. Dans *La Fin du travail*, Jeremy Rifkin propose de repenser l'économie et la question de l'emploi, du salariat et du travail dans les logiques nouvelles du développement de la place de l'information et de la communication dans l'espace de l'économie. Selon lui, l'accroissement de ce rôle de l'information va nous amener à repenser notre rapport au travail, pour deux raisons. D'une part, il

1 M. Valo, « L'accès à l'eau potable reste un combat », *Le Monde*, 13 mars 2012.

commence son ouvrage[1] en observant que « le niveau du chômage a atteint aujourd'hui dans le monde son point le plus haut depuis la grande crise des années trente ». Dans ces conditions, au lieu de penser la question du chômage seulement en termes de quantité d'emplois créés et de penser l'emploi comme une forme de réponse ponctuelle à un besoin, sans doute convient-il de pratiquer, dans le champ de l'économie politique, ce que Kant appelait une « révolution copernicienne ». Sans doute est-il nécessaire de changer radicalement de mode d'approche de l'économie en se fondant sur l'information et la communication comme sur des données de l'économie politique, au lieu de les considérer comme des outils. C'est dans cette logique que se situe l'économie verte, car la référence à la place de l'information et de la communication dans les médias consiste, précisément, à repenser le rôle de l'espace dans l'économie. Au lieu de ne le penser que comme un obstacle réel à maîtriser,sans doute importe-t-il de le penser comme une des données de l'économie à repenser à la fois dans les représentations qui en sont élaborées par l'écologie et dans les logiques institutionnelles qui en sont élaborées par l'information et la communication. Mais c'est cela qui nous amène à repenser la question du travail et de son statut dans l'économie. Sur ce point, Rifkin rejoint, ainsi, dans sa critique politique du travail et de sa place, les propositions élaborées par P. Lafargue, dès 1883, dans *Le droit à la paresse.* En effet, les mutations de la production et des échanges amènent à repenser la place du travail dans les structures et les institutions qui constituent les acteurs et les identités de l'économie contemporaine. Les propos de Rifkin sur une « alternative convaincante à l'*ethos* utilitariste du marché[2] » font, ainsi, écho à ceux de Lafargue. En effet, celui-ci écrit[3], en s'appuyant, dit-il, sur « l'expérience anglaise », que « pour puissancer la productivité humaine, il faut réduire les heures de travail et multiplier les jours de paye et de fêtes ». Les propositions de Lafargue semblent ainsi, aujourd'hui, repensées et, en quelque sorte, réactualisées, par les exigences environnementales de l'économie politique.

1 Jeremy Rifkin, *La Fin du travail, op. cit.*, p. 13.
2 *Ibid.*, p. 324.
3 Lafargue, 1979, p. 143.

ÉTHIQUE ET ÉCONOMIE

Dans la sémiotique de l'économie politique, penser l'éthique consiste sans doute à penser la médiation économique comme une articulation entre la relation à l'autre et une pratique de la valeur. En effet, l'éthique va articuler, dans le champ de l'échange, qui fonde l'économie, la spécularité, qui donne du sens à la relation du sujet singulier à l'autre dans une logique symbolique de l'identification, et la valeur, qui manifeste la pratique des signifiants du langage de l'économie dans les logiques de l'échange. L'éthique va manifester cette articulation sous la forme de la *loi*, signifiant qui fonde et manifeste la dimension institutionnelle de la relation économique à l'autre. Dans la rationalité de l'échange, qui institue l'économie, l'éthique fonde l'identité de l'autre sur la prévisibilité de ses choix et de ses décisions autour de la valeur. Toutefois sans doute convient-il de préciser, dans cette rationalité, la place de l'éthique, à la fois comme discours et comme système de représentations. L'éthique, finalement, manifeste ce que l'on pourrait appeler un *imaginaire politique*. En effet, l'éthique institue un certain nombre de normes et de principes qui fondent ce que l'on pourrait appeler un idéal politique de l'économie et de sa rationalité. C'est ainsi que, selon Max Weber, ce qui « constituait – on peut le dire sans ambages – la base de l'ethos de ce milieu d'entrepreneurs », était ce qu'il appelle « l'esprit qui animait les entrepreneurs », c'est-à-dire « une forme d'organisation "capitaliste", eu égard à la caractéristique des entrepreneurs qui étaient de purs marchands et hommes d'affaires[1] ». Finalement, ce que Weber désigne par le terme « esprit » a sans doute à voir avec le concept de désir, et la norme, ou l'éthique, avec l'ensemble d'idéaux de l'inconscient que Freud, à une époque sensiblement voisine, désigne par le concept de « sur-moi ». L'esprit du capitalisme, concept qui désigne la culture, c'est-à-dire la médiation symbolique de son identité, articule, en fait, trois dimensions. Sa dimension réelle consiste dans

1 Max Weber, *L'Éthique protestante et l'esprit du capitalisme*, *op. cit.* p. 48.

l'ensemble des contraintes et des impératifs qui l'institue comme une logique de l'activité économique. Sa dimension symbolique consiste dans un ensemble de représentations, de discours, mais aussi de mises en scène. Enfin, sa dimension imaginaire consiste dans ce que l'on peut appeler un idéal politique, comparable à l'idéal du moi institué par l'inconscient du sujet. L'articulation de ces trois instances désigne une éthique. Il s'agit de celle du capitalisme en ce qui concerne la réflexion de Max Weber, mais, sans doute peut-on élaborer une éthique pour d'autres systèmes de rationalité économique. En effet, sans doute une économie ne devient-elle pleinement politique qu'à partir du moment où, destinée à structurer la vie sociale d'une *polis*, elle articule un ensemble de logiques et de discours rendant raison de l'institution de médiations politiques d'appartenance et de sociabilité à un ensemble de normes et de règles venant structurer les pratiques sociales. Les sujets singuliers qui se conforment à ce système de normes manifestent, en les observant, leur appartenance politique, leur citoyenneté et leur adhésion à l'identité politique ainsi élaborée. C'est ainsi qu'une éthique, dans le domaine de l'économie comme dans d'autres domaines de la vie sociale, constitue, fondamentalement, un ensemble de *performatifs*. En effet, il s'agit d'un ensemble de discours qui n'ont de signification qu'à partir du moment où ils sont articulés à des pratiques sociales, en l'occurrence économiques, qui leur donnent une consistance réelle dans l'espace public des marchés et des *agoras* à des discours, à des représentations et à des confrontations entre des identités diverses et, le plus souvent, opposées les unes aux autres. C'est dans cet ensemble de confrontations d'idéaux divergents que l'économie politique vient s'instituer, pleinement, comme un des modes fondamentaux de rationalité et d'intelligibilité de l'appartenance et de la sociabilité.

ÉCONOMIE ET IMPÉRATIFS ÉTHIQUES

Sans doute, pour penser le concept d'éthique dans le champ de l'économie politique, est-il nécessaire de penser ce que signifie le concept d'impératif dans le discours de l'économie politique et ce qu'il représente dans les pratiques sociales de l'espace des échanges et des confrontations entre acteurs. Comme dans tout système social, les pratiques de l'économie politique requièrent un certain degré de prévisibilité pour être acceptables par tous. C'est, en effet, la prévisibilité des pratiques et des stratégies, elle-même fondée sur la reconnaissance et le respect d'un certain nombre de normes, qui définit ce que l'on peut appeler la spécularité institutionnelle des acteurs et des identités. Il n'y a pas de stade du miroir dans le champ des identités politiques, qui se fondent, au contraire, sur une logique de confrontation et d'opposition des unes aux autres, mais la prévisibilité des discours, des conduites et des pratiques rend possibles et pensables des relations acceptables entre les acteurs qui y interviennent. C'est le rôle de la loi d'exprimer ces normes qui rendent les conduites acceptables et prévisibles, et, dans le domaine de l'économie politique, les lois instituent une éthique de la vie économique. C'est ainsi que, dans son *Histoire de l'analyse économique*, Schumpeter va définir ce qu'il appelle « l'éthique réelle » comme « l'analyse de la conduite réelle[1] ». Il va, en particulier, fonder une forme de légitimité de l'éthique sur le fait que, selon lui, se référant à Shaftesbury qu'il cite, « l'homme vertueux éprouve du plaisir à bien agir, indépendamment des effets de son acte ».C'est, ainsi, dans une articulation entre le plaisir du sujet et la contrainte de la loi que s'institue une véritable médiation politique des pratiques économiques, fondée sur l'intériorisation d'une forme d'éthique par ceux qui y interviennent. L'éthique va occuper, dans le champ de l'économie politique, la place du sujet singulier dans la médiation, c'est-à-dire dans une dialectique entre le singulier et le collectif. L'économie ne devient pleinement une médiation, elle n'articule pleinement une dimension singulière et une dimension collective, et elle ne devient pleinement politique, elle n'institue pleinement une prévisibilité institutionnelle des acteurs, qu'à partir du moment où une éthique, explicitement instituée en tant que telle ou non, vient structurer les relations d'échange entre le sujets et fonder la référence des valeurs qui circulent dans cet espace politique. C'est, d'ailleurs, un peu la raison pour laquelle Simmel va articuler l'éthique à des styles de vie, en la concevant comme une forme de finalité, de « cause finale », pour parler comme Aristote, de nos pratiques économiques. Simmel définit ainsi, l'économie politique comme un système social dans lequel « l'argent mesure toutes les choses avec une objectivité impitoyable ». Il poursuit cette logique en disant

1 Joseph Schumpeter, *Histoire de l'analyse économique*, *op. cit.*, t. 1, p. 184.

que la « cohésion » de ce système « est assurée par la valeur monétaire baignant tout dans ses flux, comme celle de la nature est assurée par l'énergie animatrice de toutes choses[1] ». En assumant le rôle d'une médiation fondant la cohésion de l'économie comme système politique et social, l'argent, selon Simmel, peut se penser comme un langage : à la fois comme un système de représentation du monde et comme une médiation, entre singulier et collectif, de la relation sociale entre ceux qui font partie de cette société. Peut-être est-ce, fondamentalement, parce qu'elle articule la médiation entre singulier et collectif autour d'une éthique, c'est-à-dire autour d'un ensemble de normes de pratiques, que l'économie s'institue comme économie politique. En effet, cela lui donne à la fois le rôle d'un mode d'intelligibilité du monde et d'interprétation des dynamiques économiques qui le structurent, et celui d'une référence qui fonde les décisions et les choix des acteurs appartenant à cet espace politique et porteurs de l'identité qu'il institue.

ÉTHIQUE ET VALEUR

La relation entre éthique et valeurs désigne, finalement, une tension entre deux logiques de la valeur : celle des valeurs proprement économiques, qui désignent des modes réels d'évaluation financière des stratégies des acteurs économiques, et celle des valeurs morales, qui désignent des idéaux politiques de modes de vie et de logiques de sociabilité. Sans doute, d'ailleurs, peut-on trouver significative la différence entre les deux façons d'employer le terme même, « valeur ». En effet, le terme peut désigner un ensemble de normes qui constituent les références d'une éthique de l'économie. C'est ainsi que l'on peut évoquer, comme le fait Max Weber, les valeurs de la culture protestante dans la naissance du capitalisme, ou, aujourd'hui, les valeurs musulmanes dans la naissance d'un capitalisme islamique, qui semble actif dans l'espace économique contemporain. Mais le terme « valeur » désigne aussi ce que l'on peut appeler une identité boursière : une valeur est une articulation, dans le

1 Georg Simmel, *Philosophie de l'argent*, trad. fr. par S. Cornille et P. Ivernel, Paris, PUF, 1987, p. 548.

marché financier, entre la dimension institutionnelle d'un acteur de la vie économique, l'entreprise ou la structure collective qu'il représente en formulant un projet économique, et l'appréciation ou l'évaluation qui est donnée de cet acteur dans la confrontation entre les valeurs, constitutive de l'espace public financier. Mais on peut tenter d'approfondir la relation entre ces deux approches du concept de valeur, et les situer l'une par rapport à l'autre en référence à l'éthique. C'est que la première approche du concept de valeur fonde une éthique économique : elle *institue* l'éthique comme une des médiations politiques et symboliques de l'activité économique. Sans doute est-ce en se situant par rapport à un imaginaire éthique qu'elle se donne en formulant des valeurs que l'activité économique devient pleinement un engagement politique. La deuxième approche économique du concept de valeur désigne une institution, un acteur de la vie économique, une des identités qui se confrontent les unes aux autres dans le jeu de la concurrence, constitutif du marché. Mais cette deuxième approche de la valeur, celle qui désigne, finalement, une identité, désigne aussi le capital constitutif de cette identité, c'est-à-dire la dimension financière de son patrimoine. Or, dans le patrimoine d'un acteur économique de la vie financière, l'éthique joue le rôle d'une orientation de l'activité. C'est aussi en référence à l'éthique particulière qu'ils élaborent et qu'ils mettent en œuvre dans les logiques de travail et de sociabilité qu'ils mettent en œuvre dans leur activité professionnelle que les acteurs économiques de la concurrence se distinguent les uns des autres et expriment, ainsi, pleinement, une *identité.* En fondant la spécificité d'un engagement financier, l'éthique exprime l'identité d'une entreprise, ou, plus généralement, d'un acteur de la vie financière. Dans ces conditions, on peut donner trois places à l'éthique dans la sémiotique de l'économie politique. D'une part, elle rend interprétables les pratiques et les dynamiques engagées par un acteur de l'économie, en leur donnant une *signification éthique.* Reconnue comme une des instances de la signification de l'engagement d'un acteur économique, l'éthique se voit, ainsi, reconnaître le statut sémiotique du *signifiant d'une identité.* D'autre part, l'éthique permet de penser les stratégies d'une entreprise ou d'un acteur et ses modes d'intervention dans l'espace public en les référant à ce que l'on pourrait appeler un horizon. L'horizon éthique d'un acteur de la vie économique permet de situer ses interventions et d'interpréter ses choix en matière stratégique en ne les situant pas seulement par rapport aux profits qu'ils lui permettent de faire, mais en situant leur signification par rapport à une référence éthique dans le temps long – presque de l'ordre de ce que l'on a pu appeler une *finalité.* Enfin, sans doute convient-il de penser l'éthique des entreprises et des acteurs économiques dans la dimension proprement politique de leur intervention dans l'espace public telle qu'elle fait l'objet d'une information dans les médias. On ne peut dissocier l'importance de la préoccupation éthique des entreprises du souci de leur image dans l'espace public et de l'information sur elles dans les médias et dans les discours d'information.

ÉTHIQUE, ÉCONOMIE ET CULTURE RELIGIEUSE

Les appartenances et les identités religieuses ont manifesté une forme de présence dans l'espace public de l'activité financière. L'Ancien Testament exprime une éthique de l'économie autour de la question du prêt. « Tu ne prêteras pas à intérêt à ton frère : ni intérêt d'argent, ni intérêt de nourriture, ni intérêt de quoi que ce soit qui rapporte de l'intérêt. À l'étranger, tu prêteras à intérêt, mais, à ton frère, tu ne prêteras pas à intérêt[1] ». La question du prêt est le point sur lequel la culture juive manifeste une forme d'identité dans l'espace public de l'économie et de la finance, en distinguant, fondamentalement, deux mondes, deux espaces : celui du frère et celui de l'étranger. C'est ainsi que l'un des points de rupture entre les premières cultures chrétiennes et la culture juive s'est situé dans la relation aux pratiques sociales de la finance juive, comme l'explique le Nouveau Testament. « Prêtez sans rien espérer en retour », dit, ainsi, l'Évangile selon Luc[2]. Il faudra, comme on l'a vu, attendre les ruptures du seizième siècle pour que la culture protestante fasse apparaître ce que l'on peut appeler une finance chrétienne, comme l'explique M. Weber. « Il faudrait aussi », écrit-il[3], « mettre au jour la

---

1 *Deutéronome*, XXIII, 20-21 (trad. par E. Dhorme), Gallimard, « Bibliothèque de la Pléiade », p. 579.

2 *Luc*, VI, 35 (trad. par J. Grosjean et M. Léturmy), Gallimard, « Bibliothèque de la Pléiade », p. 194.

3 Max Weber, *L'Éthique protestante et l'esprit du capitalisme*, *op. cit.* p. 253.

manière dont l'ascèse protestante a été, à son tour, influencée, dans son devenir comme dans sa spécificité, par l'ensemble des conditions sociales de sa culture, et, en particulier par les conditions *économiques* ». Weber parlera aussi[1] de « l'organisation capitaliste du travail », en expliquant comment celle-ci a pu être instituée par les cultures religieuses comme celle du protestantisme, en particulier dans le champ de l'urbanisation européenne, puis de l'urbanisation nord-américaine. Dans une autre culture, il a toujours existé une finance islamique, définie, en quelque sorte, par ces lignes du Coran[2] : « Ceux qui donnent de leurs biens nuit et jour, en secret comme en public, leur salaire est près de leur Seigneur. Ils n'auront plus ni crainte ni tristesse. Mais ceux qui se nourrissent d'usure se lèveront le jour du jugement comme sursaute quelqu'un que touche le satan. Ils disent : le commerce est comme l'usure. Mais Dieu permet le commerce et non l'usure ». À l'époque contemporaine, la finance islamique occupe une place plus visible qu'auparavant dans l'espace financier international. C'est ainsi que l'on peut lire, dans *Le Monde Économie*[3], ces lignes de Y. Roudaut. « Née en 1963 en Égypte, la finance islamique moderne connaît une très forte croissance dans les pays musulmans depuis une dizaine d'années. Ses encours progressent de 15 % à 20 % par an, et elle représente déjà un marché de 1 000 milliards de dollars pour environ 300 établissements à travers le monde. Parmi ses grands principes fondateurs, deux méritent attention. Le premier est l'interdiction de spéculer. Si la spéculation est considérée comme indispensable à la liquidité du marché par les investisseurs occidentaux, cette pratique est interdite dans le monde islamique. Tout investissement doit reposer sur une véritable activité économique, sur un actif réel ! [...] L'autre valeur islamique dont nous pourrions nous inspirer est la notion de partage. Partage des bénéfices bien sûr, mais aussi partage des pertes ». La présence de la culture islamique dans l'espace financier international fait ainsi apparaître une identité particulière dans l'éthique financière. Enfin, les cultures religieuses orientales comme le bouddhisme ont, elles aussi, eu une présence dans le champ financier, en particulier par la mise en œuvre, en Chine, des « triades », qui manifeste la confrontation

1 Max Weber, *« Les sectes protestantes et l'esprit du capitalisme »*, trad. fr. par J.-P. Grossein, in *L'Éthique protestante et l'esprit du capitalisme*, Paris, Gallimard, 2003, p. 317.

2 *Coran*, III, 274-275 (trad. par J. Gosjean), Paris, Lebaud, 1979, p. 54.

3 *Le Monde Économie*, 2 décembre 2011.

politique entre des pouvoirs économiques ordinaires, en particulier les pouvoirs économiques d'État, et des expressions de cultures et de pouvoirs d'origine religieuse dans des pays comme Hong-Kong. Ces formes d'éthique s'inscrivent dans des espaces politiques et culturels dominés par les cultures bouddhistes, ou, au Japon, par les discours shintoïstes, qui ont structuré les espaces politiques extrême-orientaux y compris dans le domaine de l'éthique économique.

LA FIGURE DE LA RIGUEUR ET DE L'AUSTÉRITÉ

Cette dimension éthique de l'économie politique s'exprime dans ce que l'on peut appeler une *sémiotique de la rigueur et de l'austérité.* Ces thèmes du discours politique sur l'économie sont très présents en période de crise. Il s'agit d'une logique fondée sur quatre éléments complémentaires. Le premier est le paradigme de la rigueur et de l'austérité, qui soumet l'économie politique à des normes d'échanges, de consommation et de production exprimées sous une forme morale. La rigueur et l'austérité sont des thèmes récurrents dans le discours religieux, qui entendent soumettre l'appartenance des fidèles et des croyants à des exigences morales. Le recours du discours de l'économie politique à ces thématiques religieuses constitue une forme de prolongement contemporain des orientations critiquées par Max Weber sur le lien entre la naissance du capitalisme et l'éthique protestante. « L'un des éléments constitutifs de l'esprit capitaliste », écrit, ainsi, Max Weber[1], « et pas seulement de ce dernier, mais de la culture moderne, à savoir la conduite de la vie rationnelle sur la base de l'idée de la profession-vocation (Beruf), est né [...] de l'esprit de l'ascèse *chrétienne* ». C'est donc bien dans le temps long de l'histoire de la culture chrétienne qu'il convient de trouver les significations politiques de la logique économique de l'austérité et de la rigueur, en particulier dans la confrontation sur ce thème entre le protestantisme et le catholicisme. Le second élément de cette logique de la rigueur se situe dans les confrontations des puissances et des pouvoirs entre les États-Unis et les autres pays de l'espace

1 Max Weber, *L'Éthique protestante et l'esprit du capitalisme*, *op. cit.* p. 249.

économique international. La position dominante de ces derniers donne un poids particulier aux figures éthiques nées dans l'articulation entre la culture religieuse protestante et la culture économique libérale qui se manifeste dans l'histoire de l'économie politique des Etats-Unis. Sans doute la domination de la figure de la rigueur et de celle de l'austérité dans les politiques économiques est-elle à expliquer par cette situation dominante de la culture nord-américaine. Un troisième signification de ce thème de l'austérité est l'expression d'une forme de crainte de la croissance, l'austérité constituant, comme la morale religieuse, une forme de protection contre ce qui paraît comme une perte de contrôle. C'est pour cela que J. Pisani-Ferry parlait récemment de « talibans de l'austérité », en opposant le discours sur la rigueur et de la peur des déficits au discours sur la croissance et sur la nécessité du coût de la relance[1]. Enfin, sans doute convient-il de concevoir cette figure de la rigueur et de l'austérité comme une forme nouvelle de réduction de la médiation entre le singulier et le collectif. En considérant la rigueur et l'austérité comme des modes de réponse institutionnelle et politique aux situations de crise économique, les pouvoirs politiques sur l'économie transfèrent sur les sujets singuliers la responsabilité de la crise, comme une forme de faute morale. La rationalité économique du libéralisme consiste, en effet, à méconnaître ou à refouler la différence entre acteurs politiques et collectifs de pouvoir et d'appartenance et sujets singuliers de désir et de consommation, et à réduire l'économie à un espace de pratiques singulières. En soumettant les politiques économiques à des impératifs de rigueur, les pouvoirs ne se contentent pas de mettre en œuvre les logiques éthiques formulées par la culture protestante. En effet, ils font, ainsi, peser sur les sujets singuliers du politique la charge de la responsabilité du succès des politiques économiques ou de leur échec, de ce fait, ils exonèrent les pouvoirs de cette responsabilité. Enfin, par ces discours, les pouvoirs du libéralisme économique fondent le discours économique sur une méconnaissance ou sur une dénégation de sa dimension proprement politique et réduisent les représentations de l'économie à des considérations éthiques et morales proprement *évaluables*, inscrites dans un discours normatif au lieu de l'être dans un discours d'interprétation et de critique.

---

1 J. Pisani-Ferry, « Il y aura toujours des talibans de l'austérité », Entretien avec C. Gatinois et C. Lacombe, *Le Monde*, 6 octobre 2012.

ENGAGEMENT POLITIQUE ET NORMES ÉTHIQUES DE L'ÉCONOMIE : SOCIALISME, COMMUNISME, ANARCHISME

L'éthique économique peut, enfin, s'inscrire dans des discours et des engagements politiques. Une culture politique comme la culture communiste manifeste, précisément, une forme d'opposition aux cultures économiques classiques, fondée sur le rejet des références de l'éthique aux cultures et aux identités religieuses. Sans doute est-ce en référence aux cultures religieuses que Marx fonde son rejet de l'imaginaire politique, qui prend les formes de l'idéologie, et, en particulier, du discours religieux. Si l'on peut, toutefois, parler d'éthique économique à propos de cultures politiques comme le socialisme, le communisme ou l'anarchisme, c'est parce qu'elles fondent sur une forme d'imaginaire politique l'orientation et la signification des pratiques singulières de la médiation économique et de ses structures collectives. Finalement, ces cultures politiques manifestent, comme les autres, des identités et des engagements sur l'articulation de pratiques singulières et d'appartenances collectives, mais c'est l'imaginaire constitutif de leur éthique qui manifeste une rupture politique. On peut, en effet, définir en trois points l'imaginaire économique qui fonde ces éthiques matérialistes de l'économie politique. Le premier point qui le fonde est la *distance critique* qui fonde l'engagement économique des sujets singuliers. Sans doute s'agit-il d'une rupture radicale avec l'imaginaire éthique religieux. En effet, la dialectique proposée par ces engagements articule les deux éléments contradictoires de l'engagement de la personne et de la distance critique qu'elle observe devant les pouvoirs et les institutions. Le deuxième point est l'articulation de l'engagement politique et des pratiques économiques. Socialisme, communisme, anarchisme, sous des formes distinctes et dans des logiques propres, ont manifesté des formes particulières de ce que l'on peut appeler un *engagement économique.* Ces formes particulières d'engagement politique se fondent, en particulier, sur l'articulation entre la logique de la valeur et celle du travail. C'est le travail qui manifeste l'existence économique des sujets sociaux et qui fonde leur identité dans l'espace politique, et, de cette façon, c'est le travail qui donne une signification politique à leur engagement, et qui les rend visibles et intelligibles dans les relations constitutives de la sociabilité. Enfin, le troisième élément de l'engagement économique dans ces cultures politiques est la place particulière qu'y jouent les formes d'expression et de communication. La rupture politique instaurée dans le champ de l'économie politique par les cultures du socialisme, du communisme et de l'anarchisme consiste dans les logiques d'énonciation que proposent ces cultures dans l'espace public de l'économie politique. « La liberté », écrit Marx[1], « ne peut consister qu'en ceci : les producteurs associés – l'homme socialisé – règlent de manière rationnelle leurs échanges organiques avec la nature et les soumettent à leur contrôle commun au lieu d'être dominés par la puissance aveugle de ces échanges ; et ils les accomplissent en dépensant le moins d'énergie possible, dans els conditions les plus dignes, les pus conformes à leur nature humaine ». C'est sur cet imaginaire politique fondé sur la liberté que repose la logique éthique de l'économie politique marxiste, orientée, écrit Marx, vers « l'épanouissement de la puissance humaine », signification fondamentale de cette éthique de l'économie politique.

1 Karl Marx, *Le Capital*, t. 2, *op. cit.*, p. 1487-1488.

L'ÉCONOMIE SOUTERRAINE

Comme par rapport à tout espace public, il existe une forme d'espace public invisible de l'économie. Peut-être même pourrait-on considérer que l'institution même d'une économie pleinement politique se fonde sur l'antagonisme entre un espace public légitime des productions, des valeurs et des échanges, et un espace public *autre*, différent, dans lequel sont mises en œuvre les pratiques d'une économie souterraine. C'est cette économie souterraine qui fonde la dimension économique du concept de légitimité, qui institue une référence permettant de situer une économie légitime par rapport à une économie illégitime, prenant parfois les formes de la clandestinité ou celles de diverses formes de délinquance, mais prenant, dans tous les cas, les formes d'une économie invisible. Faite de fraude, de clandestinité, de travail au noir ou de pratiques illégitimes de production et d'échange, l'activité de cette économie souterraine était, tout de même, évaluée, en janvier 2012, à environ 19 % du PIB. européen. « Selon une étude de Friedrich Schneider, économiste autrichien », écrivait *Le Monde*[1], « le travail au noir et la fraude fiscale représenteraient environ 19 % du PIB de l'Union européenne. Située autour de 10 % du PIB dans les pays d'Europe de l'Ouest », poursuivait le quotidien, « l'économie souterraine atteint près de 30 % de la richesse nationale dans les pays les plus à l'est, et près d'un quart dans certains pays méditerranéens ».

On peut proposer, ici, une définition du concept d'économie souterraine, pour tenter d'en intégrer les logiques et les modes d'expression à une rationalité générale de l'économie politique. En effet, il n'y a pas de politique qui ne soit en mesure de penser, précisément, ce qui échappe au fait institutionnel, et, par ailleurs, sans doute une meilleure connaissance de l'économie souterraine, ou invisible, permet-elle de mieux penser

---

1 « L'économie souterraine : environ 19 % du PIB européen », *Le Monde*, 29-30 janvier 2012.

les logiques et les structures de l'économie légitime et la rationalité politique qui la fonde. Cette définition se fondera sur quatre éléments, constituant, en quelque sorte, les quatre instances, ou les quatre lieux de cette économie souterraine, ou illégitime. D'abord, il s'agit d'une économie qui échappe aux pouvoirs des institutions économiques légitimes. C'est fondamentalement une relation aux pouvoirs qui définit cette économie illégitime. C'est ainsi, par exemple, qu'à propos du marché des licences téléphoniques, en Inde, on pouvait lire, dans les médias, l'information suivante : « Le montant détourné est vertigineux. L'État indien aurait perdu jusqu'à 40 milliards de dollars (29 milliards d'euros) lors de la vente frauduleuse, en 2008, de licences téléphoniques de deuxième génération[1] ». La fraude consiste, en l'occurrence, à faire exister un marché de la communication téléphonique parallèle au marché légitime structuré par les pouvoirs et les institutions. Par ailleurs, l'économie souterraine se fonde sur une forme de *dénégation du droit*. Le refus d'observer les lois et de se situer dans l'espace légitime des échanges et des valeurs manifeste une dénégation de la logique des institutions dans le champ de l'économie politique. On pourrait dire que l'économie souterraine exprime, dans ces conditions, une forme de dénégation de l'aliénation constitutive de toute système politique d'échanges et de valeurs, car elle se fonde sur une *dénégation de l'autre*. Une telle dénégation se manifeste à la fois par l'expression d'une identité économique fondée sur le seul souci de son profit sans considération pour l'existence des autres acteurs, et par l'expression d'une forme de refus de la loi comme système d'expression et de représentation de l'indistinction des identités dans « l'espace commun ». C'est, d'ailleurs, ce qui permet la mise en œuvre de pratiques frauduleuses comme celle que citait *Le Monde* à propos du marché indien des licences téléphoniques. Le troisième élément qui fonde l'économie souterraine est, sans doute, la logique de la lutte et de la confrontation qui structure sa relation à l'économie légitime. On se trouve, finalement, dans le champ de l'économie politique comme dans les logiques classiques de la confrontation entre légitimité et illégitimité, manifestée par la lutte classique des bandits et de la police, des gendarmes et des voleurs, de l'État et de Robin des bois. On pouvait, ainsi, lire des informations, à propos de la politique du gouvernement

1 J. Bouissou, « En Inde, l'économie souterraine ne cesse de gonfler », *Le Monde*, 25 février 2011.

espagnol de lutte contre l'économie souterraine. « Après avoir annoncé, le 30 décembre, des augmentations d'impôts visant à récolter 6,2 milliards supplémentaires en 2012 et des coupes dans les budgets publics pour économiser 8,9 milliards d'euros, le gouvernement a cette fois insisté sur la mise en place de mesures de lutte contre la fraude, l'évasion fiscale et le travail au noir. L'"économie informelle" représenterait près de 20 % du PIB du pays, selon les économistes[1] ». Dans le même temps, cette confrontation entre l'économie illégitime et les pouvoirs manifeste l'importance qu'elle représente dans le champ global de l'économie. Enfin, l'économie souterraine, en quelque sorte, par définition, se fonde sur l'absence d'information, et sur une forme d'invisibilité. L'économie souterraine ne se voit pas, elle ne fait pas l'objet d'une information, les seules informations que les médias peuvent élaborer sur elle consistent dans ces évaluations ou des approximations. Sans doute, en ce sens, l'économie souterraine manifeste-t-elle les limites de la communication dans le champ de l'économie politique, sans doute constitue-t-elle une forme d'économie étrangère à l'espace public, à l'information, à la mémoire et au débat.

ESPACES, FORMES ET ACTEURS DE L'ÉCONOMIE SOUTERRAINE

Les pratiques et les acteurs qui constituent ce que l'on appelle l'économie souterraine s'expriment et se manifestent sous des formes particulières et dans des espaces propres, à l'écart des espaces dans lesquels ont lieu les pratiques de l'économie légitime. On peut, en fait, distinguer quatre grands espaces de l'économie souterraine, qui mettent en scène, chacun, un type particulier d'acteurs et des enjeux propres des échanges et des confrontations. Le premier est l'espace, classique, de la transgression. L'économie souterraine désigne, ainsi, d'abord, un ensemble de pratiques d'échanges et de relations qui constituent ce que l'on peut appeler une économie allant à l'encontre de la loi. C'est

1 S. Morel, « Le gouvernement espagnol veut chercher des nouvelles recettes dans la lutte contre l'économie souterraine », *Le Monde*, 7 janvier 2012.

ainsi, par exemple, que l'on peut assister, en ce moment, en Somalie, à l'instauration de toute une économie fondée sur la piraterie. Le journaliste Marc Roche observe, à ce sujet, qu'un pirate connu comme tel figure, selon sa propre expression, « parmi les personnalités les plus influentes de la vie des affaires ». « En 2010 », écrivait Marc Roche, « profitant de l'absence de pouvoir central en Somalie et de l'aide de dignitaires locaux, les descendants de Barbe-Noire ont étendu leur zone d'action grâce à des bateaux de haute mer. Les Nations unies ne parviennent pas à trouver des répliques juridiques au phénomène, et le nombre de bateaux abordés, en particulier de supertankers, est en hausse[1] ». Même s'il est clandestin et indirect, on ne peut, ainsi, pas nier le rôle des acteurs de la transgression dans l'économie. Le second espace de l'économie souterraine est celui de la clandestinité. Sans doute une telle économie a-t-elle existé à toutes les époques et dans tous les espaces. On peut citer, par exemple, le marché de l'alcool, aux Etats-Unis, au temps de la politique de la prohibition de l'alcool, qui avait suscité la naissance de toute une économie parallèle, en particulier dans des grandes villes comme Chicago, mais on pourrait citer de la même façon les véritables systèmes économiques de production de l'alcool, dotés de normes et de lois propres, organisés dans des pays et à des époques où les États entendaient exercer un contrôle actif sur sa production. C'est ainsi que la production et le commerce illicites de whisky constitueront, en Écosse, au dix-septième siècle, un mode d'expression de la résistance à la souveraineté anglaise en même temps qu'un mode de manifestation d'une forme d'indépendance économique de ce pays. Le troisième espace où l'on peut relever une activité économique souterraine est celui que l'on pourrait désigner par le nom générique de la « marge ». C'est ainsi que, dans des quartiers urbains de banlieue ou de périphérie, l'on a pu assister à la naissance de toute une économie parallèle, autour de l'organisation de voyages, de la fourniture de stupéfiants, de la fourniture de tout un ensemble de produits ne circulant pas dans les espaces légitimes de marché. Sans doute la mise en œuvre de pratiques orales de communication, puis celle de réseaux d'information comme Internet, ont-elles facilité la naissance et le fonctionnement de marchés marginaux de ce genre. Enfin, parmi les espaces illégitimes d'échange et de marché favorisant la naissance d'une économie parallèle, on peut citer

1 « Un pirate somalien parmi les hommes les plus influents », *Le Monde*, 16 décembre 2010.

les nombreux espaces du « travail au noir », des formes et des pratiques clandestines ou simplement irrégulières, d'organisation du travail et de fourniture d'emplois. Le « travail au noir », dont la pratique s'intensifie, naturellement, en période de chômage ou de restriction de l'emploi, constitue, aujourd'hui, un mode majeur de mise en œuvre d'une économie souterraine. Cette forme de travail est d'autant plus fréquemment instaurée que ce mode d'économie n'ignore pas seulement les normes de l'économie institutionnelle de l'espace public légitime, mais ignore aussi les normes destinées à protéger les travailleurs des abus et des transgressions mises en œuvre dans les conditions de travail.

LES ÉTATS, LES INSTITUTIONS ET « L'ÉCONOMIE SOUTERRAINE »

Sans doute peut-on faire apparaître trois types de relations entre les institutions et l'économie « souterraine ». Une forme de rivalité les met face à face dans une forme de concurrence, comme c'est le cas, par exemple, dans la concurrence entre le « marché noir » et le marché légitime, par exemple dans les lieux frontaliers ou périphériques au cours des périodes connaissant des droits de douane et une régulation des échanges financiers entre les pays. Le « marché noir », ou le commerce de contrebande ont toujours alimenté l'activité d'espaces économiques mettant en scène des acteurs clandestins de l'économie parallèle, en particulier, de façon classique, dans les ports et dans les lieux d'échange et de commerce. Une forme de marché noir s'instaure aussi dans des situations de guerre ou dans les situations, comme, en France, celle de l'Occupation au cours desquelles la légitimité des pouvoirs et des institutions n'est pas reconnue de façon incontestée. Il arrive, par ailleurs, qu'une confrontation institutionnelle oppose les institutions et les acteurs de l'économie « souterraine » dans une forme d'antagonisme politique, dans les situations dans lesquelles les marchés ne sont pas pleinement régulés par des lois et par des institutions incontestées. C'est ainsi que l'on peut citer des situations comme les périodes de transition entre les régimes politiques, ou comme les périodes au cours desquelles les pouvoirs ne sont pas pleinement reconnus. C'est le cas, par exemple, en Afghanistan, où l'instabilité politique liée à la situation de guerre facilite l'émergence de situations d'économie illégitime. « Le scandale de la Kabul Bank a éclaté au mois d'août 2010 lorsque la Banque centrale afghane s'est aperçue que la première institution financière privée du pays était au bord de la faillite », peut-on lire, ainsi, dans *Le Monde*, en juin 2011, dans une situation de crise[1]. « Les propres dirigeants de la banque », poursuit le journaliste, « s'étaient accordé des prêts très importants sans les rembourser ». Enfin, même une forme de partenariat peut s'instaurer entre les institutions légitimes et les acteurs de l'économie parallèle, structurant une économie particulière fondée sur des relations de complémentarité entre les deux espaces économiques. Une telle complémentarité peut, par exemple, se fonder sur une forme de tolérance des pouvoirs économiques légitimes à l'égard d'acteurs pouvant se charger d'encadrer ou de réguler des formes illégitimes d'économie, ou pouvant permettre une forme de stabilisation des pouvoirs et des institutions dans des périodes troubles. Balzac observait, ainsi, au dix-neuvième siècle, la façon dont les milieux clandestins fréquentaient la police, mais aussi les institutions financières comme les banques, dans une forme de partenariat non avoué. « Était-il riche ou pauvre ? Personne n'aurait pu répondre à ces questions », fait dire Balzac à l'un de ses personnages à propos de Gobseck[2]. « Je ne voyais jamais d'argent chez lui. Sa fortune se trouvait sans doute dans les caves de la Banque. Il recevait lui-même ses billets en courant dans Paris d'une jambe sèche comme celle d'un cerf ». C'est ainsi qu'en analysant les milieux financiers actifs de son temps, Balzac consacre une part de la fiction à l'observation des acteurs et des milieux de l'économie souterraine, ce qui est une façon de reconnaître leur importance dans la situation économique et financière de l'époque. Cette forme de partenariat non reconnu mais effectif entre les acteurs institutionnels légitimes de l'économie et ses acteurs clandestins illégitimes constitue une forme de régulation de l'activité économique souterraine, et, surtout, lui donne une signification en termes de sémiotique économique.

Sans doute, en effet, peut-on reconnaître à « l'économie souterraine » une triple signification en termes de sémiotique économique. D'abord,

1 J. Follorou, « L'affaire politico-financière de la Kabul Bank met en péril les caisses de l'État afghan », *Le Monde*, 25 juin 2011.

2 Balzac, *Gobseck*, Gallimard, « Bibliothèque de la Pléiade », p. 966.

comme toutes les identités politiques se fondent sur des antagonismes et des confrontations, la confrontation de l'économie souterraine et de l'économie instituée permet à cette dernière d'affirmer sa légitimité et d'assurer son pouvoir. C'est ainsi, par exemple, que, dans un pays comme le Brésil, le fait que l'État ait pu reprendre le contrôle de l'économie des « favelas » est une façon, pour lui, de renforcer sa légitimité et la reconnaissance dont il fait l'objet. « En restaurant la présence et l'autorité de l'État », écrit, ainsi, A. Malo[1], « ces opérations créent aujourd'hui les conditions favorables à la mise en œuvre de politiques publiques destinées à ramener dans la légalité toute une partie de la population, jusque là acquise aux facilités de l'économie parallèle ». Par ailleurs, « l'économie souterraine » constitue une forme de « soupape » : elle permet à des pratiques économiques dont la légitimité est douteuse, mais qui peuvent néanmoins être efficaces, d'apporter une forme de contribution à l'activité économique d'une société. Finalement, on pourrait dire, en ce sens, que cette économie apporte, objectivement, une contribution au développement d'un pays, car elle permet la mise en œuvre, dans ce pays, d'activités qui, quoique illégitimes, contribuent pour une part à l'accroissement de son P.I.B. Enfin, comprendre les logiques de l'économie « souterraine » mise en œuvre dans un pays ou dans une société permet, sans doute, de mieux comprendre les structures globales de son économie. À cet égard, sans doute la meilleure connaissance des formes et des pratiques de l'économie souterraine des « favelas » dont il était question plus haut permet-elle une meilleure connaissance de ce que l'on peut appeler la culture économique du Brésil, des logiques profondes de ce que l'on peut appeler son identité économique.

1 « Insécurité à Rio : l'État reprend le contrôle des favelas », *École de Guerre*, 10 janvier 2012.

COMMUNICATION ET VISIBILITÉ DANS LE CHAMP DE L'ÉCONOMIE POLITIQUE

Comme les autres lieux du politique, l'économie n'a pleinement de signification que quand elle s'inscrit dans des pratiques de communication et des langages et quand elle a, ainsi, une certaine visibilité dans l'espace public. C'est dans la communication et dans la mise en œuvre de ses langages et de ses modes de signification et de représentation que l'économie acquiert une pleine identité politique. Pour penser la communication de l'économie, sans doute convient-il de commencer par identifier les quatre grands lieux dans lesquels elle s'inscrit, qui constituent quatre grands rôles qui lui sont reconnus dans l'espace public. Parler de communication dans le domaine de l'économie politique, c'est se situer dans quatre grandes logiques qu'il nous faut commencer par présenter. La première de ces logiques, mais elle n'est pas pour autant la plus simple, est *l'information*. Comme tous les champs de la vie publique, les activités économiques mises en œuvre dans un pays ou dans un espace font l'objet d'une information destinée à la fois à nourrir le débat public, à préparer les décisions et les choix, à proposer aux citoyens une culture économique qui les mette en mesure de comprendre les événements dont ils sont les témoins et les situations dans lesquelles ils se trouvent. La seconde logique de la communication économique est *la mémoire*. Les événements, les situations, les acteurs, de la vie économique se situent par rapport à un passé, à un ensemble d'événements et de situations qui les ont précédés et qui ont précédé les pratiques qu'ils mettent en œuvre, en les préparant, en les anticipant, en formant pour eux comme un paysage dans lequel ils se situent. Cette mémoire nous parvient grâce aux historiens, aux médias et aux documents qui en conservent la trace en lui donnant une signification qui la rend interprétable et nous permet de l'inscrire dans nos pratiques sociales de la vie économique dans laquelle nous nous trouvons. La communication économique joue, par ailleurs, un rôle important dans la *décision.* Comme tous les domaines de la vie politique, l'économie est un espace dans lequel se prennent des décisions de nature à la fois à manifester des pouvoirs, à préparer des situations et à structurer l'espace des acteurs et des institutions de l'économie. Or, si une décision est un choix qui, en tant que tel, n'a pas de durée, si une décision ne consiste, finalement, que dans le fait de choisir l'une ou l'autre des orientations qui se proposent à un pouvoir, encore ce choix est-il préparé, en quelque sorte anticipé, par un débat, intérieur à l'acteur qui décide ou consistant dans une confrontation entre acteurs, et ce débat est, lui-même, nourri par des informations, des discours et des représentations qui le rendent pleinement significatif. C'est le rôle de l'information de mettre en œuvre cette dimension proprement symbolique de la décision économique et financière. Enfin, dans le domaine de l'économie comme dans les autres domaines de la vie politique, la communication fait apparaître la limite de la censure et de l'interdit. C'est parce que nous sommes les témoins ou les acteurs de la communication économique, que nous en sommes les spectateurs ou les auteurs, que nous sommes en mesure d'identifier et de désigner les points de tension sur lesquels la communication et la visibilité ne sont pas possibles. Or, c'est en identifiant ces éléments interdits que nous sommes en mesure d'identifier pleinement les lieux de pouvoir dans le champ de l'économie politique. S'il n'y a pas de pouvoir qui ne s'exerce en dehors d'une dimension symbolique qui lui donne sa visibilité et sa signification, le pouvoir n'est pleinement reconnu comme tel, il n'acquiert sa pleine consistance de pouvoir que dans l'institution d'un interdit et dans sa mise en œuvre. En effet, sans doute est-ce l'interdit qui manifeste le pouvoir de décider ce qui peut être de l'ordre du symbolique et ce qui ne peut pas faire l'objet d'une interprétation ou d'un débat. C'est l'interdit qui confère au pouvoir la consistance d'une instance pleinement *réelle* du politique, c'est la censure qui, en imposant la limite de la communication, met en œuvre *le réel du politique.*

LA COMMUNICATION DES ACTEURS DE L'ÉCONOMIE

Les acteurs de l'économie vont eux-mêmes devenir les acteurs d'une économie pleinement politique à partir du moment où ils vont élaborer et mettre en œuvre des stratégies de visibilité et des pratiques de communication. Mais, d'emblée, au moment d'engager la réflexion sur ce point, sans doute convient-il de distinguer communication et propagande. En effet, pour des raisons tenant elles-mêmes à des logiques économiques de développement et de croissance situées dans des situations de concurrence, la communication a été dominée, dans le champ de l'économie, par la propagande mise en œuvre par les entreprises et les autres acteurs de l'économie. Cette domination a, d'ailleurs, été si forte que le terme « publicité », qui, étymologiquement, ne désigne que le fait de rendre public, d'exprimer dans l'espace public[1], a fini par se confondre avec son seul rôle de propagande, c'est-à-dire celui d'une diffusion destinée à occuper le plus possible d'espace public et le plus possible de temps d'audience. La spécificité de la place de la publicité, ou de la propagande, dans le champ de la communication est celle d'une forme de séduction. Dans la communication, la publicité vise à séduire celui qui aura à faire un choix ou à prendre une décision, afin de l'amener à un choix particulier. La publicité consiste dans une présentation d'un acteur ou d'un produit, d'une pratique ou d'une institution, afin d'amener le destinataire de la communication à prendre une décision, à faire un choix dans le domaine de l'économie, qui devient une économie politique à partir du moment où elle est un domaine de choix et de décisions. On peut citer, par exemple, dans l'histoire de la communication économique, trois domaines dans lesquels se sont manifestées des formes de communication destinées à séduire le décideur. Le premier est l'information destinée aux acteurs financiers. C'est ainsi qu'au dix-neuvième siècle, par exemple, le développement des activités financières d'investissement va fonder l'articulation de la

---

1 C'est le sens que le terme a conservé dans une expression juridique comme la « publicité des débats » qui désigne les pratiques destinées à *rendre publics* les débats des assemblées délibératives, de façon à assurer que, porteur d'une information les concernant, le public, c'est-à-dire le *peuple*, soit en mesure de contrôler et d'évaluer les pratiques mises en œuvre par ceux qu'il a choisis et mandatés pour le représenter.

vie économique et financière des entreprises aux médias, à l'actualité et aux événements qui font changer les cours. On peut remarquer que c'est ce développement de l'actualité financière qui institue, en même temps, dans l'espace public, la vie boursière et la construction des « bourses de valeurs » et le développement des quotidiens porteurs de l'information boursière. On peut citer, sur ce plan, dans *Le Comte de Monte-Cristo*, l'exemple du récit de la ruine du financier Danglars, mais il convient de rappeler aussi que la naissance des grandes agences de presse, comme l'agence Havas, qui deviendra l'Agence France-Presse, située justement Place de la Bourse, à Paris, est contemporaine du développement de l'activité financière des bourses de valeurs.

Les autres champs de la communication des acteurs de l'économie consistent dans l'expression et la visibilité de leur identité dans l'espace public. C'est ainsi que les médias proposent des informations sur la situation financière des acteurs de l'économie, sur leurs choix et les orientations de leur activité, sur les décisions qu'ils prennent, afin que les évolutions de l'économie et de ses situations soient accessibles au plus grand nombre. Sans doute l'identité d'un acteur de l'économie n'est-elle pleinement intelligible qu'à partir du moment où, grâce aux médias et aux stratégies de communication de ses décideurs, une information le concernant est élaborée et diffusée dans l'espace public. On peut aussi citer les pièces de monnaie et les billets de banque qui sont des modes de communication et de représentation des identités politiques porteuses de pouvoir. La visibilité des acteurs de l'économie est, ainsi porteuse d'une signification liée, à la fois, à la séduction qu'ils peuvent exercer ou au rejet dont ils peuvent faire l'objet dans l'espace public. En termes de séduction, les acteurs de l'économie politique élaborent des stratégies de communication qui constituent des formes plus approfondies et plus complexes de la publicité. C'est ainsi que, par exemple en période électorale, les acteurs politiques qui se confrontent les uns aux autres font apparaître les spécificités des politiques économiques qu'ils ont le projet de mettre en œuvre une fois élus. La séduction consiste aussi pour les stratégies des acteurs et des décideurs, à « refonder l'économie », pour reprendre l'expression d'A. Orléan, en élaborant, à l'intention des politiques économiques, des principes recomposés et des orientations nouvelles. Mais la communication économique peut être aussi destinée à expliquer les échecs d'un projet ou d'une entreprise, à faire pleinement apparaître la complexité des significations d'une crise, à rendre intelligibles les significations d'une situation ou d'un événement engageant des acteurs économiques.

C'est ainsi, en particulier, qu'il convient d'analyser en trois temps le rôle des médias dans une situation de crise comme la crise financière qui a secoué la Grèce dans les années 2010. Le premier temps est celui de l'information sur une situation. Ce sont les médias qui ont élaboré et diffusé dans le monde les données et les analyses concernant la fragilité de la situation économique du pays, mais les médias avaient joué un rôle, antérieurement, dans la naissance d'une situation financière grave, en manifestant la fragilité des pouvoirs précédents et en rendant pleinement intelligibles les possibilités d'une fragilisation menaçante. Le second temps de la communication est celui de l'information proprement dite sur les événements, sur leur succession et leur enchaînement, sur les acteurs et les décideurs impliqués, et, en particulier, sur ce que l'on peut appeler l'internationalisation croissante de la crise par l'implication d'acteurs appartenant à des espaces politiques multiples. Sur ce second point, il importe de noter que l'internationalisation de l'espace de l'économie politique, qui se manifeste, en particulier, par la naissance et l'intervention d'institutions économiques de plus en plus internationales, comme l'Union européenne ou la Banque centrale européenne, est elle-même liée à l'importance croissante de la communication sur la vie économique et financière et de la visibilité de ses acteurs. C'est ainsi, en particulier, qu'à propos de la situation grecque, les médias et l'information ont fait apparaître à la fois la tension de la situation de crise sur l'euro, le rôle des institutions chargées de réguler la valeur de l'euro, et le rôle de personnalités politiques européennes comme le président français et la chancelière allemande. Enfin, le troisième point d'information concernant la crise grecque et les processus de décision qu'elle a pu entraîner est ce que l'on peut appeler le temps du bilan et de l'évaluation. Les médias et les acteurs de l'espace public de l'information et de la communication ont mis en œuvre des stratégies symboliques d'évaluation et d'appréciation de la situation et des choix des acteurs, mais ils ont aussi proposé des informations et des analyses de nature à permettre la mise en œuvre de ce que l'on peut appeler une *évaluation citoyenne* dans l'espace public. Sans doute est-ce cette évaluation citoyenne qui assure la dimension pleinement politique de l'économie.

LES LANGAGES DE L'ÉCONOMIE POLITIQUE

Pour finir, sans doute convient-il d'analyser les langages et les modes d'expression qui font de l'économie un système politique d'information, de communication et de représentation. On peut penser quatre modes d'énonciation dans le langage de l'économie politique.

Le premier mode d'énonciation de l'économie est le *performatif*. On peut remarquer que les *performatifs* n'y sont pleinement actifs que dans le domaine de l'activité financière. La dimension financière de l'économie représente la dimension performative de son langage, et fonde l'identification entre signification et valeur sur la réalité du pouvoir d'achat. Sans doute même pourrait-on définir ce que l'on peut appeler la *médiation financière de l'économie politique* comme le champ dans lequel le performatif est actif. En effet, c'est sur la valeur financière des institutions, des identités et des acteurs de l'économie que porte la dimension performative du langage mis en œuvre. C'est dans le champ des échanges boursiers que l'énonciation donne toute son intensité à l'identification entre la dimension symbolique d'une représentation et d'une signification et la dimension performative d'une incidence sur la valeur. C'est, d'ailleurs, dans le champ de cette performativité que les médias économiques sont nés dans la même logique que les informations boursières et le développement des pouvoirs financiers sur les entreprises, les projets et les acteurs économiques.

Le second mode d'énonciation mis en œuvre dans le champ de l'économie politique est *l'évaluation*. Évaluer, c'est exprimer la valeur que l'on reconnaît à un acteur économique, mais, plus fondamentalement, c'est instituer une identité économique, car, comme on a vu, les valeurs manifestent les identités dans l'espace public de l'économie. L'évaluation représente, dans le champ de l'économie politique, l'expression et l'institution d'une identité dans cet espace public particulier auquel on donne le nom de *marché*. Par exemple, c'est l'évaluation d'une monnaie dans les logiques de change et de circulation qui l'institue comme identité dans le marché monétaire. C'est encore l'évaluation d'une entreprise qui l'institue comme identité dans le marché de la concurrence entre acteurs économiques.

Le troisième mode d'énonciation du discours économique est *l'information*. Informer, dans le domaine de l'économie, c'est à la fois rendre possibles des choix et des décisions grâce à la production d'un savoir sur les acteurs que concernent ces choix et instituer la dimension symbolique du pouvoir d'un acteur qui intervient dans l'espace des confrontations économiques. Sans doute, à cet égard, est-ce autant l'information que détient effectivement un acteur que l'information que les autres le croient détenir qui fonde le pouvoir dont il dispose ou dont on le croit disposer dans les confrontations de l'espace économique. C'est que l'information construit autant un savoir symbolique fondé sur des représentations qu'un pouvoir imaginaire fondé sur des rumeurs ou sur des suppositions.

C'est qu'un dernier mode important d'énonciation du discours économique est *la rumeur*, ou *l'opinion*. L'espace public de l'économie politique, comme tous les espaces publics, est autant un champ traversé par des rumeurs qu'un espace structuré par des savoirs. La spécificité des rumeurs dans le champ de l'économie politique est de porter sur la force des acteurs et sur le pouvoir qu'elle leur donne. La rumeur, par exemple, peut reconnaître ou refuser une valeur à une monnaie en fonction des événements qui se produisent dans le pays dans lequel elle est émise. Une situation d'instabilité monétaire peut être liée à une situation d'instabilité institutionnelle ou politique, comme cela peut être le cas En ce sens, dans le domaine de l'économie politique, sans doute peut-on reconnaître une *performativité* à la rumeur ou à l'opinion. Cette performativité particulière peut expliquer les discours de Marx critiquant l'idéologie dans le domaine de l'économie politique. C'est ainsi que l'on peut lire, à propos de la situation en Somalie des informations sur l'articulation, dans ce pays, entre une situation institutionnelle instable et une situation de crise économique aiguë. « Continuer de travailler en Somalie avec un minimum de sécurité », écrit P. Bernard[1], « suppose d'abord d'être non seulement accepté mais "soutenus par les populations locales". Ce sont elles qui, parce qu'elles bénéficient des interventions humanitaires, "conduisent de fait les autorités à nous laisser travailler", explique Eric de Monval, responsable de la Corne de l'Afrique à ACF, présent en Somalie depuis 1992 ».

1 « Somalie : un État à l'abandon », *Le Monde*, 1er septembre 2011.

LES MÉDIAS ET L'ESPACE PUBLIC DE L'ÉCONOMIE POLITIQUE

Le rôle et l'importance de l'information – et, donc, des médias – dans l'économie politique sont à analyser de trois points de vue. C'est cette pluralité même d'approches qui permet de comprendre la complexité de l'économie politique comme système propre de rationalité, d'intelligibilité et de représentation.

Il s'agit d'abord de penser *le réel de l'information* dans le champ de l'économie. Comme on l'a vu, l'information a un pouvoir propre dans le champ de l'économie, car la visibilité qu'elle donne aux acteurs de l'économie, états, institutions, entreprises, a des incidences sur leur développement et sur leur identité. Mais il faut aller plus loin, et étudier, en particulier, deux incidences de l'information sur le réel de l'économie : son rôle dans la décision et son rôle dans la construction des identités des acteurs. Sur le plan de la décision, la naissance et le développement de l'information économique ont toujours coïncidé avec le développement de la complexité des décisions à prendre et de l'importance de leurs enjeux. Sans revenir sur l'importance des bourses de valeurs et des marchés financiers pour le développement du rôle de l'information dans l'activité des institutions, des pouvoirs et des entreprises, on peut citer l'importance de l'articulation entre information et secret dans l'innovation économique. Dans des marchés dominés par la concurrence, la préservation du secret est une façon pour les acteurs économiques de conserver leur pouvoir dans la confrontation aux autres. L'autre aspect du réel de l'information est l'importance reconnue à ce que l'on appelle *l'intelligence économique.*

L'information et la communication ont, par ailleurs, un rôle majeur dans la construction de *l'instance imaginaire de l'économie.* En effet, sur le plan de l'économie singulière, c'est par l'imaginaire – qu'il s'agisse de l'imaginaire du rêve ou de celui de la fiction – que l'économie fait l'objet d'une intériorisation qui oriente les choix et les pratiques des sujets dans l'espace de l'économie et des échanges. Quant à la dimension collective de l'économie, elle est aussi peuplée de l'imaginaire de l'idéologie, qui se manifeste dans l'impératif des normes, qu'il s'agisse des normes religieuses ou des normes des modes et des usages, et dans l'impératif des mythes et des normes. En relisant l'étude critique proposée par Roland Barthes sur le rôle des mythes dans l'élaboration de l'imaginaire d'une culture, on peut se rendre compte de leur incidence sur la construction de l'imaginaire de l'économie politique et, au-delà, sur le rôle de l'imaginaire dans ce que l'on peut appeler l'aliénation de l'économie. « Le mythe, nous le savons, est une valeur », écrit, ainsi, Barthes[1], « il suffit de modifier ses entours, le système général (et précaire) dans lequel il prend place, pour régler au plus près sa portée ». Mais le système des valeurs du mythe est imaginaire et, ainsi, fait l'objet d'une intériorisation d'autant plus forte par les sujets de l'espace public des échanges et des pratiques de l'économie.

Il s'agit, enfin, de penser *la dimension symbolique de l'économie*. C'est quand elle fait l'objet d'une représentation et d'une information que l'économie finit par avoir des significations et par donner lieu à l'élaboration d'une culture propre, au lieu de se limiter à des actions ponctuelles ou à des stratégies de pouvoir. Cette dimension symbolique de l'économie repose sur l'articulation de la valeur à l'ensemble des champs dans lesquels les acteurs de l'économie se confrontent les uns aux autres et dans lesquels les sujets singuliers de la médiation économique mettent en œuvre l'expression de leur désir, de leurs projets et de leurs identités. Au-delà d'une fonctionnalité, l'information sur l'économie dans les médias donne à ses acteurs, à la fois pour eux-mêmes et pour l'espace public, une visibilité et une matérialité symbolique qui permet de les reconnaître et de donner une signification à leur intervention. La dimension symbolique de l'information permet, par exemple, de fonder les choix budgétaires d'un pays sur une meilleure connaissance de sa situation économique et de comprendre la dimension politique d'un budget en en analysant les significations. C'est grâce à l'information sur le budget que peut se mettre en œuvre le débat politique qui fonde sa légitimité. En interprétant de cette façon le projet de budget du gouvernement de J.-M. Ayrault pour 2013, les médias peuvent lui donner une signification, et, ainsi, comprendre son orientation politique : « Les hausses d'impôts sont ciblées sur les ménages les plus aisés et les grandes entreprises. La fiscalité des revenus du capital est désormais alignée sur celle des revenus du

1 Roland Barthes, *Mythologies*, Paris, Seuil, 1970, p. 232-233.

travail[1] ». C'est, finalement, la dimension symbolique de la médiation économique qui fonde sa dimension politique. Cela permet de mieux comprendre l'importance de l'information dans le projet d'économie politique de Marx. En effet, c'est par l'information que la valeur et le capital perdent leur caractère « fétichiste », c'est-à-dire fondamentalement imaginaire, pour acquérir la signification qui rend possibles le débat et la critique.

1 C. Guélaud, « Le premier budget de François Hollande, un effort fiscal sans précédent », *Le Monde* 29 septembre 2012.

LA TEMPORALITÉ DE L'ÉCONOMIE POLITIQUE

STRUCTURES ET ÉVÉNEMENTS

Dans le domaine de l'économie comme dans tous les domaines de l'espace public, des événements se produisent, qui scandent la temporalité de l'espace économique, qui mettent en scène les acteurs et les pouvoirs de l'économie en leur donnant une visibilité particulière, et qui, dans la confrontation entre le temps court et le temps long, contribuent à donner des significations à l'économie politique et à ses logiques. Dans un ouvrage sur la sémiotique de l'économie, il importe, par conséquent, de penser la sémiotique particulière de l'événement et la façon dont le temps court des événements s'articule, dans le champ de l'économie politique, au temps long des évolutions, des processus et des structures.

Sans doute convient-il de se pencher d'abord sur le lien entre l'histoire des médias et de la communication politique et l'histoire de l'économie. En effet, ce sont, d'abord, les événements économiques ou l'incidence des événements sur l'économie qui nourrissent les médias et l'information, en particulier dans l'articulation produite par ces événements entre le temps singulier et le temps collectif. L'information et les médias, par exemple, consistent, d'abord, dans l'information sur le climat et la météorologie, en raison des incidences du climat sur l'activité de l'agriculture. Depuis l'Antiquité, l'histoire de l'information est scandée par des événements climatiques et par leur portée sur l'agriculture et l'alimentation, ou, encore, par les événements qui, comme les guerres ou les pillages, menacent la pérennité de l'alimentation d'une société en menaçant son agriculture. C'est ainsi, par exemple, que l'étude des courbes des prix du blé donne des indications sur le climat, ce qui montre l'articulation, dans l'histoire de l'agriculture, entre événements climatiques et événements économiques[1].

Par ailleurs, au dix-neuvième siècle, le développement des sociétés par actions et des bourses de valeur est lié à la naissance de la presse quotidienne qui nourrit la vie financière d'informations relatives à la sphère publique et, ainsi, d'analyses des incidences de ces informations sur la vie et la croissance des entreprises et des économies. C'est ainsi que l'Agence Havas, qui deviendra plus tard l'Agence France-Presse, s'installe, à Paris, place de la Bourse, devant la Bourse des valeurs, pour pouvoir lier plus rapidement information sur les événements et information boursière.

La sémiotique de l'événement économique contribue de trois façons à comprendre les significations de l'économie politique.

D'abord, elle manifeste l'articulation entre l'espace et le temps de l'économie. En effet, ce sont les événements qui manifestent, dans le temps court de l'histoire et de l'information, la façon dont la temporalité de l'économie, de ses évolutions et de ses ruptures vient s'inscrire dans les lieux de l'économie, dans sa géographie. C'est même l'événement qui donne, en quelque sorte, leur consistance et leur signification aux lieux de la géographie. C'est ainsi, par exemple, que des événements économiques comme l'implantation d'une activité sidérurgique à Florange, en Lorraine, puis l'abandon des aciéries Arcelor à cet endroit par le sidérurgiste indien Mittal vont avoir des incidences à la fois sur le paysage de ce site, puis sur ses usages et ses aménagements. Des villes peuvent être abandonnées, désertées, à la suite de la cessation d'activités économiques qui s'y produisaient. L'événement économique s'articule, ainsi, à l'espace de l'économie et à sa géographie, en manifestant les incidences de faits et de ruptures du temps court sur les paysages et les structures spatiales du temps long.

Par ailleurs, la succession des événements de l'économie s'inscrit dans une linéarité lisible qui permet de comprendre les évolutions de l'activité économique et les transformations de sa mise en œuvre. On peut, ainsi, suivre l'évolution des activités du tissage, de l'artisanat à l'industrialisation, en donnant une signification à la succession des événements qui se produisent dans ce champ particulier d'activité. De

1 Emmanuel Le Roy Ladurie, *Histoire du climat depuis l'an mil*, Paris, Flammarion, 1983, t. 2, p. 122-125.

la même façon, les crises contemporaines de l'énergie, qui se manifestent dans des événements comme la fermeture de centrales pour des raisons de sécurité et l'installation de nouvelles sources d'énergie comme des éoliennes, donnent une signification à l'évolution des usages de l'énergie et, au-delà, aux évolutions de l'économie de l'énergie liées aux mutations de ces usages. Mais ces crises montrent, dans le même temps, les issues, dans le temps court, des processus et des dynamiques du temps long.

Enfin, la succession des événements de l'économie lui donne une *mémoire* et, au-delà, une *culture.* C'est dans les événements qui engagent ses acteurs et transforment leurs identités que l'économie peut pleinement se concevoir comme une culture, c'est-à-dire une médiation symbolique des identités. À la fois en conservant les événements dans leur mémoire, en reconnaissant leur importance et leur pertinence et en assumant leur engagement dans leur survenue et dans leur déroulement, les acteurs de l'économie se mettent en scène pour eux-mêmes et pour les autres, instituant ainsi, dans le temps, l'expression et la représentation des pratiques sociales qui manifestent leur identité. « À Petit-Couronne (Seine-Maritime), la nouvelle a fait l'effet d'un coup de tonnerre, mardi 24 janvier au matin », peut-on, ainsi, lire dans *Le Monde*[1]. « La société de raffinage Petroplus, basée à Zoug (Suisse), a annoncé qu'elle se mettait en faillite en Suisse et dans les autres pays où elle est implantée – hypothéquant lourdement l'avenir de la raffinerie installée dans cette commune de la banlieue de Rouen ». En s'exprimant ainsi dans l'espace où se situe l'événement, le discours des médias fait apparaître la dimension à la fois singulière et collective de la performativité économique, en montrant comment la situation de crise rend problématique la signification de la confrontation entre le temps long (« implantée ») et le temps court (« coup de tonnerre »).

1 J.-M. Bezat, « Les 550 salariés de Petit-Couronne sonnés par la faillite de Petroplus », *Le Monde*, 25 janvier2012.

ÉVÉNEMENTS ET TEMPORALITÉ DE L'ÉCONOMIE

Les événements rendent lisible la temporalité de l'économie en rendant intelligibles les deux articulations qui la fondent : l'articulation entre le temps long et le temps court et l'articulation entre le temps des personnes et celui des acteurs collectifs et des institutions.

Comme toutes les temporalités politiques et culturelles, le temps de l'économie politique articule deux temps. Le temps long de l'économie est celui des structures, des médiations, des logiques qui s'inscrivent dans un temps qui va au-delà de celui des acteurs, des faits et des événements. Son temps court est celui des faits et des événements, celui de la mise en œuvre, par les acteurs, des pouvoirs et de leurs stratégies. C'est dans cette articulation que se situent les événements qui scandent et balisent la temporalité de l'économie politique.

La temporalité politique de l'économie fonde sa signification sur une première articulation, entre le temps long et le temps court que les médias et les discours politiques de l'économie rendent intelligibles et significatifs l'un pour l'autre. L'information situe dans le temps long des structures et des évolutions les événements économiques, qui se produisent dans le temps court. Ce que les économistes appellent *la conjoncture* est cette articulation entre les pressions de l'actualité et du temps court et les traces ou les manifestations qui rendent le temps long perceptible et intelligible dans les stratégies, les décisions, les choix, les pratiques sociales des acteurs de l'espace économique. C'est ainsi que l'on peut lire ces lignes dans *Le Monde* : « Les indicateurs rendus publics, mardi 25 septembre, par l'Institut national de la statistique et des études économiques (Insee), montrent que le climat des affaires s'est encore dégradé en France dans une conjoncture défavorable[1] ». C'est « la dégradation du climat des affaires » qui joue, ici, le rôle d'un événement, car elle introduit une rupture avec une évolution qui caractérisait le temps long de l'évolution de la vie économique. Finalement, ce discours représente l'articulation conflictuelle, antagoniste, entre un climat, c'est-à-dire une

1 C. Guélaud, « Les chefs d'entreprises de plus en plus pessimistes », *Le Monde*, 26 septembre 2012.

conjoncture, et un ensemble de faits qui manifestent ce que l'on pourrait appeler une événementialité du temps court de l'économie. Quand J.-C. Naouri définit[1] la croissance comme une dynamique de « création de valeur », situant cette dynamique dans l'espace économique des pays comme le Brésil, « disposant d'un potentiel immense », il montre comment la temporalité de l'économie se fonde sur une première articulation – entre des processus comme celui de la croissance, qui désignent des formes de temps long, et des faits qui surviennent, ou des acteurs qui s'engagent, qui désignent des ruptures et des événements du temps court. Dans le même entretien avec *Le Monde*, J.-C. Naouri montre ainsi cette articulation : « Sous la présidence de Lula et celle de Dilma Rousseff, plusieurs dizaines de millions de ménages, parmi les plus pauvres, ont accédé à la consommation. Grâce à cette transformation économique et sociale, encore en cours, le secteur de la distribution a connu une très forte croissance ». Ce que Naouri appelle, ici, « création de valeurs » peut, de fait, se lire et se comprendre de la même façon que la création de signifiants dans une langue : les structures du temps long de la langue se trouvent, en effet, scandées par des événements et des formations de signifiant ayant lieu dans le temps court de la parole.

L'autre articulation qui fonde la temporalité des événements de l'économie politique se situe entre les personnes et les structures, entre les personnes singulières et les acteurs collectifs. Un événement économique est ainsi mis en œuvre par des acteurs singuliers, qui manifestent une rupture, ou une tension, avec les structures et les institutions collectives. C'est, par exemple, ainsi la signification que l'on peut donner aux politiques dites d'austérité, qui, finalement, font peser sur les acteurs singuliers de l'économie et des échanges le poids des contraintes et des dynamiques qui engagent les acteurs collectifs et leurs pouvoirs. L'exemple le plus évident est celui de la violence économique des situations d'endettement, qui font porter à des personnes, dans leur situation propre, les incidences des évolutions qui caractérisent les acteurs collectifs et les pouvoirs de l'économie. C'est ainsi que l'on peut lire, à propos du Traité européen « sur la stabilité, la coordination et la gouvernance », ces lignes de A. Lipietz et

1 « M. Naouri : La création de valeur viendra des pays à forte croissance », *Le Monde*, 26 juin 2012.

N. Mamère[1] : « La dictature de l'austérité ne conduit qu'à la récession et au chômage, en barrant la route à la transition verte, et cela inquiète autant la finance mondiale que cela horrifie les peuples européens ». Dans ces mots, plusieurs expressions manifestent la dimension négative de l'événement que constitue, dans le temps court, le T.S.C.G. dans sa rupture avec les situations qui structurent le temps long de l'économie : « dictature », « récession », « chômage », « inquiète », « horrifie ». L'autre exemple est celui, à l'inverse, de la consommation. C'est ainsi que M. Wolf écrit[2] : « Si les déficits budgétaires se résorbent, les ménages et les entreprises doivent dépenser plus. Les politiques adoptées doivent contribuer à atteindre cet objectif ». Ce qui apparaît dans ces mots, c'est le fait qu'en situation de crise, ce sont à la fois les acteurs singuliers et les acteurs collectifs qui peuvent engager une dynamique de retour à la croissance. L'articulation entre personnes et structures donne ainsi une signification à l'articulation entre les processus et les dynamiques et les faits et les événements, qui caractérise ce que l'on peut appeler *la temporalité politique de la médiation économique.* Sans doute est-ce, fondamentalement, cette articulation du temps court et d'un temps long qui donne une signification et une dimension sémiotique au temps de l'économie politique, comme, selon Braudel, elle les donne à l'histoire.

LE DOMAINE DE L'ÉCONOMIE EST UN DOMAINE OÙ SE DÉROULENT DES ÉVÉNEMENTS

Les événements économiques sont, d'abord, les événements qui se déroulent dans le champ de l'économie, dans l'espace public de l'économie. Il s'agit d'un domaine dans lequel, comme dans les autres domaines de ce que l'on est convenu d'appeler « l'actualité », des événements se déroulent, des évolutions se mettent en œuvre, des crises surviennent et se dénouent. Ce qui caractérise les événements qui se produisent dans le domaine de l'économie, c'est, d'abord, la culture qui leur donne du sens.

1 « Non à la dictature de l'austérité », *Le Monde*, 20 septembre 2012.

2 « L'option la moins mauvaise », *Le Monde Économie*, 6 décembre 2011.

Pour rendre compte d'un événement économique, les médias mettent en œuvre un vocabulaire particulier et font référence à des données à des informations qui relèvent de la culture de l'économie politique.

On peut, ainsi, citer les informations proposées par *Le Monde* sur le projet de budget de 2013 du gouvernement de J.-M. Ayrault. « Le premier budget du quinquennat de François Hollande est marqué par l'engagement européen de la France. L'objectif d'un déficit public ramené à 3 % en 2013, fixé par Nicolas Sarkozy en pleine tempête de l'euro il y a un an, est repris à son compte par le président de la République. Pour réduire le déficit budgétaire à 61,6 milliards d'euros l'année prochaine, le principal levier du projet de loi de finances présenté vendredi 28 septembre en Conseil des ministres est la hausse des impôts. Les 20 milliards d'euros de prélèvements supplémentaires sont répartis pour moitié entre les entreprises et les ménages. Sur ces derniers, l'essentiel de l'effort est concentré sur les plus aisés ».

L'événement que représente la présentation d'un budget se caractérise, comme tout événement économique, par quatre éléments que l'on retrouve dans ces lignes. Le premier est la référence à des impératifs de la vie économique (réduction du déficit public, hausse des impôts). Le second élément important est ce qui définit des choix économiques et des orientations de la politique économique (« engagement européen », concentration de l'effort sur « les plus riches »). Un troisième élément qui caractérise les informations sur les événements est la référence à des données quantitatives et à des mesures. Les événements économiques fondent la performativité de l'information sur la référence à de la mesure et à du dénombrement. Enfin, le dernier événement qui caractérise les événements économiques est l'articulation entre des institutions politiques et des institutions à caractère économique. Il s'agit, ici, de la référence à la dimension économique du Conseil des ministres, tandis que d'autres événements économiques impliqueront des institutions à caractère économique comme des banques. C'est ainsi que les événements économiques, par rapport à d'autres formes d'événements, se caractérisent par la spécificité des acteurs qu'ils engagent, qui sont des acteurs de la sphère économique de la vie politique.

ÉVÉNEMENTS ENGAGEANT DES ACTEURS OU DES POUVOIRS DE L'ÉCONOMIE

On peut, ainsi, reconnaître comme événements économiques les événements qui impliquent des acteurs de l'économie ou qui engagent les pouvoirs de l'économie politique ou l'opposition à ces pouvoirs : les événements qui engagent ce que l'on peut appeler des identités économiques et qui leur donnent une visibilité dans l'histoire et dans le temps. C'est ainsi que les médias définissent une sphère de l'espace public occupée par des acteurs et des pouvoirs qui portent sur l'économie. On peut lire, ces lignes, à l'un des moments de crise qui ont caractérisé l'année 2011. « Au cours de la semaine achevée vendredi 7 octobre, la Banque centrale européenne (BCE), la Banque d'Angleterre (BoE) et la Banque du Japon (BoJ) ont pris des mesures exceptionnelles pour tenter de relancer la machine économique, sans modifier leurs taux d'intérêt[1] ». De telles informations se caractérisent par le fait qu'elles donnent une visibilité et une signification aux pouvoirs particuliers des acteurs de la politique économique. Finalement, les événements et les situations économiques définissent les pouvoirs à la fois par leur identité et la spécificité de leur intervention et par les confrontations qui les mettent en présence les uns des autres dans l'espace public de l'économie dont les médias et l'information sur les événements font, ainsi, un espace politique. En effet, ce que montrent les événements qui les impliquent, c'est que les acteurs de la vie économique se caractérisent par les pouvoirs qu'ils exercent. Cette dimension de pouvoir se manifeste, en particulier, dans les médias, par ce qui caractérise les monnaies. « Le gouverneur de la banque centrale chinoise, Zhou Xiaochuan », écrit *Le Monde*[2], « a, le 3 avril, clairement accusé la Réserve fédérale américaine et la politique de relance menée aux Etats-Unis de faire perdurer les excédents commerciaux des pays émergents, et d'y provoquer ainsi une inflation préjudiciable. M. Zhou ajoute ce souci inédit d'un rééquilibrage du commerce mondial à une idée qu'il défend depuis 2009 : la création d'une monnaie de réserve

1 C. Prudhomme, « Les banques centrales au secours de l'économie », *Le Monde*, 9-10 octobre 2011.

2 J. Ruet, « Bretton Woods à la chinoise », *Le Monde Éco & Entreprises*, 17 avril 2012.

mondiale non liée à un État, par les droits de tirage spéciaux (DTS) du Fonds monétaire international (FMI). Une idée qui ressemble beaucoup au "bancor", la monnaie internationale prônée par Keynes, en 1944, pour garantir la stabilité monétaire mondiale ». Dans cette information, l'événement annoncé – le discours du gouverneur de la Banque centrale de Chine – est renvoyé à une culture événementielle qui comporte la fondation du F.M.I. et de l'autorité de régulation des flux monétaires lors de la conférence internationale de Bretton Woods, en 1944, et l'orientation préconisée par Keynes pour la politique économique internationale. De cette manière, les événements et l'information médiatée qui porte sur eux s'inscrivent dans le champ de l'institutionnalisation de l'activité économique et de la visibilité de pouvoirs propres, venant, finalement, limiter les pouvoirs politiques ordinaires et se confronter à eux dans une approche particulière de l'événementialité politique.

C'est que, finalement, c'est toute une temporalité politique de l'économie qui s'institue dans l'information et le discours politique, et qui se manifeste dans la survenue des événements qui la scandent. Comme les événements de la vie politique ordinaire, les événements économiques vont, ainsi, consister dans les événements qui viennent rompre la temporalité ordinaire de l'espace public de l'économie politique, et dont la signification s'inscrit, justement, dans cette rupture des logiques ordinaires et prévisibles de l'économie politique. Cette rupture de la temporalité politique ordinaire de l'économie fait, ainsi, apparaître à la fois des pratiques particulières et des acteurs dont l'identité échappe, au moins le temps de ces événements, à l'identité prévisible des acteurs de l'économie politique.

ÉVÉNEMENTS ROMPANT LA TEMPORALITÉ ORDINAIRE DE L'ÉCONOMIE

Un événement économique est un événement qui rompt l'ordinaire de l'activité et des pratiques sociales, faisant, ainsi, apparaître la fragilité des institutions économiques. On peut, ainsi, citer en exemples le tsunami survenu au Japon en 2011, la montée du chômage et la crise en 1929, ou encore la crise des « subprimes » en 2007. On peut, ainsi, lire cette information, au moment où survient ce que l'on appellera la crise des subprimes. « La contagion au système bancaire mondial de la crise du crédit immobilier américain (subprimes) a provoqué un accès de panique sur les marchés le jeudi 9 août. Les places boursières ont dévissé, affectées notamment par la chute des valeurs financières. À Paris, le CAC a abandonné 2,17 %. Aux Etats Unis, l'indice Dow Jones a chuté de 2,8 %. La baisse s'est étendue en Asie vendredi matin où l'indice Nikkei a terminé en recul de 2,37 %. À l'ouverture vendredi, les Bourses européennes cédaient à nouveau du terrain avec des reculs de plus de 1,5 %[1] ».

Cet enchaînement d'événements survenant dans l'espace des institutions financières est présenté par le quotidien comme un épisode à la fois douloureux et complexe : c'est le sens de l'emploi du terme « contagion ». La temporalité ordinaire de l'espace politique de l'économie internationale est, ainsi, rompue par une succession d'événements présentés comme des catastrophes, ou comme des événements ayant des implications négatives pour les relations économiques et pour les acteurs de l'espace public. Toutes proportions gardées, car les implications de ces deux événements ne sont pas du même ordre, le « jeudi noir », qui, le 24 octobre, marque, après coup, le début de la crise de 1929, constitue un événement économique. En effet, la violence et la rapidité des chutes des cours des valeurs à la Bourse de New York manifestent, de la même manière, une forme de perte de rationalité, une forme d'irrationalité, car elles échappent à la rationalité ordinaire de l'économie politique.

Mais sans doute convient-il d'aller plus loin. En effet, ces événements, en marquant la rupture avec les logiques prévisibles de la rationalité économique de leur époque, la définissent, en quelque sorte par opposition. Comme les événements de la vie politique, les événements définissent *a contrario*, par une forme de métonymie performative, les logiques et les structures ordinaires de l'espace public et de la temporalité qui s'y déploie. C'est ainsi que l'on peut mieux comprendre, après coup, en analysant la crise de 1929, les structures profondes des pouvoirs et des acteurs de l'économie internationale telles qu'elles sont mises en œuvre lors de cette crise, mais c'est aussi de cette manière qu'en analysant, avec le recul, les

1 C. Gatinois, « Les banques centrales tentent d'endiguer la crise financière », *Le Monde*, 11 août 2007.

événements de 2007 ou de 2008, autour de la crise des « subprimes » aux Etats-Unis, que l'on peut mieux comprendre la signification de ces événements. En effet, en analysant les événements ainsi constitutifs d'une situation de crise, les médias viennent représenter, dans leur discours et dans les informations dont ils sont porteurs, les logiques dominantes du système de l'économie politique frappé par ces événements. On peut lire, ainsi, dans *Libération*, ces remarques qui montrent que le propre d'une situation de crise est l'irrationalité et l'imprévisibilité d'événements qui définissent, ainsi, les formes et les tendances dominantes de la rationalité alors dominante de l'économie politique. « L'été dernier », écrit N. Cori, dans *Libération*[1], « Wall Street découvre que les établissements de crédit immobilier ont accordé à tout va des prêts à des ménages qui n'avaient pas les moyens de rembourser. Le montant de ces crédits rémunérateurs à haut risque est énorme : 1 150 milliards de dollars. Mais le pire est que personne ne sait au juste qui sont les créanciers touchés. Les crédits octroyés ont ensuite été revendus à d'autres établissements sous forme de produits financiers qui, associés avec d'autres formes de prêts (comme les crédits à la consommation), ont été diffusés à l'ensemble de la communauté financière sous l'appellation de Collateralised Debt Obligation (CDO). Ces CDO se retrouvent massivement dans le portefeuille des banques d'affaires américaines ». Finalement, en analysant les événements constitutifs de la crise des « subprimes », les médias proposent une analyse critique du système économique de leur temps.

ÉVÉNEMENTS QUELCONQUES AUXQUELS LES MÉDIAS DONNENT UNE SIGNIFICATION ÉCONOMIQUE

Mais les médias peuvent eux-mêmes, dans leur discours ou leur interprétation, donner une signification économique à tout type d'événement : c'est, alors, le discours de l'information et le discours politique qui définissent l'identité économique d'un événement. En donnant, ainsi, à n'importe quel événement, une dimension et une signification économiques, les médias définissent l'économie politique comme une

1 « Crise américaine : les risques d'un effet domino », *Libération*, 19 janvier 2008.

sémiotique, comme un langage permettant de penser la signification d'un événement et des acteurs qui le mettent en œuvre. L'économie politique n'est ainsi plus seulement un champ d'intervention politique d'acteurs et d'identités spécifiques et d'événements particuliers, mais elle devient un système sémiotique d'interprétation et d'intelligibilité de n'importe quel événement et de n'importe quelle identité politique. On peut, ainsi, par exemple, lire ces lignes de J. Bové et D. Cohn-Bendit, dans une réflexion sur la situation de crise, à la fois économique et politique, qui caractérisent, selon eux, la situation dans laquelle se trouve le monde en 2012. « Quand une partie de la population est durement frappée », écrivent-ils[1], « quand la majorité se sent vulnérable et en perte de repères, quand l'avenir apparaît menaçant, le passé est embelli, le repli sur l'entre-soi rassure, le souverainisme soulage, l'ouverture fait peur. Alors l'Europe s'éloigne. Les populismes de droite et de gauche s'engouffrent dans la brèche et trouvent en l'Europe un bouc émissaire facile ». C'est la succession d'événements qui menacent ce que l'on peut appeler l'espace politique et l'espace écologique qui se voit, ainsi, reconnaître une signification économique, en raison de la situation même de crise qu'ils suscitent et qu'ils prolongent. La performativité économique se trouve ainsi définie comme une forme particulière de menace : l'économie ne se pense plus, dans ces conditions, comme un champ particulier de la vie politique et de la rationalité des pouvoirs et des institutions, mais elle se pense comme une des modalités performative de la rationalité politique. L'économie, ses logiques et ses acteurs, ne désignent plus un des champs des pouvoirs et du politique, mais une des modalités d'énonciation du discours politique et de mise en œuvre de la performativité du politique et des pouvoirs dans l'espace public. C'est ce que signifie, par exemple, dans le discours de Bové et Cohn-Bendit, la référence aux populismes ou la référence à un avenir menaçant.

Finalement, par cette modalité particulière qu'elle représente des événements politiques, on comprend que la signification économique d'un événement est l'expression et l'expérience de ce que l'on peut appeler *les limites économiques de la rationalité politique.* En caractérisant l'intelligibilité d'un certain type d'événement et d'un certain type d'acteurs politiques, l'économie politique apparaît, dans l'espace public,

1 « Moi, président de la République, européen et écologiste... », *Le Monde*, 3 octobre 2012.

comme une des modalités particulières de la rationalité du fait politique. Sans doute peut-on, d'ailleurs, comprendre de cette façon la signification du projet de Marx de critique de l'économie politique. La rationalité de l'événement économique consiste, ainsi, dans l'élaboration d'un système d'intelligibilité de la signification économique de ce que l'on peut appeler la *médiation événementielle des identités politiques.* L'économie politique cesse, ainsi, de constituer un des champs de la vie politique, pour devenir un des modes de rationalité et d'intelligibilité de la sémiotique des événements et des identités politiques.

LA VIOLENCE ÉCONOMIQUE

Bien qu'elle ne se matérialise pas physiquement sur le corps – quoique, parfois, cela puisse, d'ailleurs, arriver, il existe une violence économique, au sens où il existe, dans le champ de l'économie, des ruptures de la médiation et du fondement institutionnel des relations sociales. La violence économique peut se définir, ainsi, comme la transgression des conventions et des lois qui instituent un espace économique prévisible et intelligible, dans lequel s'expriment des acteurs identifiables. Au fond, ce que l'on peut appeler la violence économique désigne les faits de rupture et de transgression de la médiation qui fonde les relations d'échange sur des logiques institutionnellement prévisibles. La violence économique désigne cette rupture des médiations qui porte sur l'identité reconnue aux acteurs économiques, sur les lois, les conventions, les contrats, qui fondent les espaces d'échange et de marché et les instituent comme des espaces de communication et de représentation. Mais la violence économique désigne aussi la violence qui vient rompre l'autonomie ou l'indépendance des acteurs économiques en les empêchant de choisir ou de décider, en les empêchant d'intervenir dans l'espace économique, en limitant l'horizon ouvert à leurs prévisions. Comme les autres aspects de la violence politique, la violence économique désigne la violation des normes qui empêche le libre exercice de l'autonomie des acteurs et qui limite leur faculté de choix et d'initiative dans l'espace public de l'économie et des échanges. En ce sens, la violence économique désigne aussi la rupture et la transgression de la dimension symbolique de la représentation qui donne aux faits et aux acteurs de l'économie une identité reconnaissable et une signification interprétable. C'est dire l'importance particulière de la violence qui, sous des formes propres à ce champ, constitue une forme de limite de l'espace public de l'économie politique.

LA RUPTURE DES RELATIONS ÉCONOMIQUES POLITIQUES

La violence consiste toujours dans la rupture des médiations et des logiques institutionnelles. Dans le champ de l'économie, cette violence se manifeste par la rupture des pouvoirs et des institutions économiques reconnues, et, en particulier, dans l'imposition d'un pouvoir économique sans contre-pouvoirs, fondé sur de la dépendance, au lieu de l'être sur la libre reconnaissance de l'autre. La violence économique peut, ainsi, se définir comme la transgression des médiations et comme l'instauration d'une situation dans laquelle les acteurs de l'économie se voient imposer une forme de perte d'identité. C'est ainsi que le chômage constitue une forme de violence, car ceux qui en sont victimes perdent leur identité d'acteurs économiques, pour se voir réduits à un statut d'assistés. C'est ainsi que certains pays se voient imposer une forme de violence économique qui peut prendre la forme de blocus ou de refus d'échanges de la part d'autres pays. Mais la violence économique peut prendre une forme moins visible et plus insidieuse – dans la rupture imprévisible des modalités ordinaires du travail et des échanges, par exemple. C'est ainsi que l'invention du métier à tisser par Jacquard, au début du XIXe siècle, a pu susciter des formes de violence tant de la part des canuts que l'invention menaçait de chômage que de la part des entreprises qui imposaient sans débat de nouvelles normes et de nouvelles logiques de travail et de production.

Comme toutes les formes de violence, la violence économique consiste, ainsi, dans une transgression des normes reconnues des échanges et dans une rupture des médiations entre le singulier et le collectif. Dans les situations de violence économique, les sujets singuliers de la production et des échanges se trouvent confrontés au réel des impératifs et des contraintes économiques sans pouvoir disposer du recours aux médiations institutionnelles et politiques et de la protection que celles-ci pourraient leur offrir. On peut comprendre, ainsi, la fermeture des usines Arcelor-Mittal, analysée par *Le Monde*[1]. « Un comité central d'entreprise (CCE)

1 C. Pietralonga, « Douche froide pour les métallos de Florange », *Le Monde*, 28 septembre 2012.

extraordinaire a été convoqué par le groupe pour le lundi 1er octobre, au siège d'ArcelorMittal France, à Saint-Denis (Seine-Saint-Denis). Si l'ordre du jour ne porte officiellement que sur "la situation économique et industrielle de la société ArcelorMittal Atlantique et Lorraine", les salariés ne se font pas d'illusions. "Le couperet va tomber mais on ne sera pas surpris : ça fait un an qu'on dit que Mittal veut fermer la phase liquide à Florange – les hauts-fourneaux et l'aciérie proprement dite -, ce ne sera pour nous qu'une confirmation", estime Edouard Martin, délégué CFDT et tête d'affiche du mouvement social démarré le 20 février ». Le vocabulaire de ce texte fait bien apparaître la thématique de la violence (« couperet »).

LA VIOLENCE DE L'AIDE ET DE LA DÉPENDANCE

L'aide est une forme de violence économique, car elle signifie, de la part, de l'aidé une situation de dépendance et de faiblesse – il est, ainsi, victime d'une forme de violence – et, de la part de celui qui aide, une façon d'exercer la force violente d'un pouvoir qui profite du besoin de l'autre.

Comme dans l'ensemble des logiques de l'économie, la violence de l'aide s'inscrit dans une dimension singulière et dans une dimension collective. C'est justement parce qu'elle comporte ces deux dimensions que l'aide constitue une forme de politique économique, en l'occurrence fondée sur la rupture des médiations fondées sur une adhésion librement consentie.

Sur le plan singulier, l'aide prend la forme de la réponse à une dépendance de l'autre. La pauvreté, la précarité, sont des situations économiques dans lesquelles le sujet singulier perd son autonomie et son indépendance. C'est ainsi que, comme on l'a vu à propos du commerce et des concepts romains de « patron » et de « client », l'aide aux pauvres constitue une forme de réseau de domination, de pouvoir et de dépendance autour de l'acteur qui aide. Il s'agit bien d'une forme de violence, car la personne aidée cesse de se voir reconnaître un statut d'identité politique autonome et ne peut vivre que dans la dépendance. C'est sur cette logique de dépendance du sujet singulier pauvre que repose toute la morale chrétienne de la charité et toute la logique de l'aumône et de l'aide dans un grand nombre d'idéologies religieuses.

Cette logique de domination fondée sur la dépendance prendra aussi la forme des réseaux d'aide organisés par la Mafia à l'intention des expatriés siciliens aux Etats-Unis, cette logique étant également organisée dans les réseaux corses. C'est, par exemple, sur ces logiques que s'appuiera le populisme d'un personnage comme Simon Sabiani, actif à Marseille de 1925 à 1934[1].

Aujourd'hui, d'autres réseaux d'aide, en particulier islamistes, imposent une violence économique de ce type. C'est ainsi que l'on peut lire, dans *le Monde*, à propos de la victoire des islamistes aux élections législatives égyptiennes de 2011, un éditorial qui dit ceci, le 25 janvier 2012 : « Pour autant, la victoire des islamistes n'est pas illégitime. Culturellement d'abord, les Frères musulmans, nés en Égypte, se confondent avec l'histoire politique moderne du pays ; ils en font partie depuis bientôt un siècle. Seule force d'opposition organisée et solidement ancrée dans la population, dans ses couches les plus pauvres comme dans la bourgeoisie, les Frères récoltent le fruit d'un militantisme courageux et d'une mission d'assistance sociale dont l'État Moubarak et ses prédécesseurs se souciaient comme d'une guigne. Et, tout naturellement, c'est l'un d'eux, Saad Al-Katatni, qui a été élu lundi à la présidence de la nouvelle Assemblée ». La violence économique consiste ici dans une forme de pouvoir reposant sur la dépendance de l'autre. La domination imposée par les mouvements populistes comme le Hamas en Palestine ou Al-Nour en Égypte ou encore par les réseaux de talibans dans les pays comme l'Iran, l'Afghanistan ou le Pakistan, montre comment la violence économique exercée par les réseaux de charité et de dépendance finit par construire de véritables pouvoirs prenant la place des pouvoirs politiques démocratiques.

Mais il existe une dimension collective de la dépendance et de la domination économique par l'aide : il s'agit de toutes les formes modernes de la colonisation, imposées, en particulier, à partir du dix-neuvième siècle par des pays européens comme la France ou la Belgique, puis, sous d'autres formes, par les Etats-Unis. En effet, le principe de la colonisation est d'imposer à un pays une aliénation fondée sur une dépendance à

1 http://jacques-becker.suite101.fr/simon-sabiani-heros-communiste-mafieux-nazi-a12062

l'égard des pays colonisateurs. L'aide aux pays en voie de développement[1] est une forme politique de la dépendance, en particulier parce qu'elle repose sur une triple aliénation. D'abord, les pays qui sont les victimes de cette aliénation se voient dépossédés de la maîtrise des ressources minières et des matières premières dont leur sol peut disposer, qui font l'objet d'une appropriation par les entreprises des pays colonisateurs. Ensuite, cette dépendance prend la forme de la monopolisation des réseaux commerciaux par les entreprises et les acteurs des pays colonisateurs et des pays riches. Enfin, cette aliénation est pérennisée par l'imposition de normes et de formes sociales de médiation économique souvent étrangères aux cultures des pays concernés, et venant y imposer une forme d'aliénation portant sur la culture économique et sur les pratiques sociales d'échange et de production.

LA VIOLENCE DANS LES RELATIONS COMMERCIALES D'ÉCHANGE

Dans les relations commerciales d'échange, la violence peut prendre deux formes, qui, l'une et l'autre, ont le même effet : empêcher le libre jeu de la concurrence et des marchés, ou l'entraver. En pratiquant une baisse artificielle des prix, sans commune mesure avec le niveau général des prix pratiqués dans une certaine situation ou sur un certain type de produits, les négociants exercent une forme de violence, car une telle pratique de concurrence se fait hors de toute médiation, c'est-à-dire de toute relation instituée avec les autres acteurs du même espace économique. En fermant ses frontières, par une politique protectionniste, ou, au contraire, en mettant en œuvre une politique d'aide massive à l'exportation permettant, en particulier, aux négociants de baisser les prix qu'ils consentent sur le marché, un pays exerce, de la même façon, une forme de violence économique, car pratiquer une telle politique

1 À la suite d'une évolution rhétorique, le terme « pays en voie de développement » s'est peu à peu substitué au terme « pays sous-développés », pour être, à son tour, remplacé par l'expression « pays moins avancés ». Mais toutes ces désignations renvoient à la même réalité : l'aliénation économique de certains pays dominés par les pays anciennement colonisateurs.

revient à se situer hors des normes et des logiques attendues et prévisibles de la médiation commerciale d'échange et de relation. On peut parler, en l'occurrence, d'une forme de violence, car une telle politique, une telle stratégie commerciale, se pratique hors de toute considération pour l'identité économique des autres acteurs de l'espace du marché. Finalement, une telle politique ne consiste pas dans l'antagonisme prévisible et culturel, constitutif des identités politiques, qui institue l'espace public – en l'occurrence l'espace du marché, mais elle s'inscrit dans des formes offensives qui ignorent l'identité politique des acteurs antagonistes, et, à la limite, leur refuse la reconnaissance d'une identité légitime. C'est la raison pour laquelle, comme il ne s'agit pas d'une forme légitime de concurrence, on peut parler d'une forme de violence économique, transgressant les normes et les lois constitutives d'un droit, c'est-à-dire, finalement, d'une véritable prévisibilité et d'une véritable intelligibilité des pratiques économiques. On peut, ainsi, à partir de l'analyse des situations et des actes de violence, proposer une définition de leur inverse, c'est-à-dire du concept de loi, ou du concept de norme, dans le champ des relations économiques. Cette définition peut se formuler en trois points. D'une part, la prévisibilité des pratiques de l'autre, qui le constitue comme un partenaire légitime de l'échange et de la médiation économique, définit une forme de *temporalité économique légitime*. À partir d'une approche de la notion de violence économique, on peut, ainsi, définir la temporalité ordinaire de la médiation économique par deux aspects : l'homogénéité des pratiques mises en œuvre par l'ensemble des acteurs qui interviennent, et la régularité de la survenue des événements et de la scansion des périodes. D'autre part, l'intelligibilité des discours et des représentations mises en œuvre par les acteurs de l'échange et du marché fonde ce que l'on peut appeler un *langage économique* des relations d'échanges. Un tel langage rend intelligibles les pratiques mises en œuvre par les partenaires des échanges, mais, surtout, il leur propose des modes d'énonciation intelligibles et acceptables par les autres, ce qui donne une dimension symbolique acceptable à la confrontation entre eux. Enfin, ce temps homogène des échanges et des relations entre les acteurs définit ce que l'on peut appeler la *logique de la négociation*. La négociation désigne, en effet, l'ensemble des pratiques symboliques mises en œuvre dans le temps légitime de l'échange. Le *negotium*, qui désigne le temps et l'espace des pratiques du marché, s'oppose, ainsi à l'*otium*, terme qui a fini par désigner le temps et l'espace des pratiques de loisir, mais qui, fondamentalement, désigne l'espace et le temps étrangers aux normes du marché, qui rendent prévisibles et acceptables les pratiques sociales symboliques de l'échange et de la confrontation entre les acteurs.

LA VIOLENCE FINANCIÈRE : LA SPÉCULATION ET LES *TRADERS*

Les « traders », nom anglo-saxon des courtiers de bourse, se sont manifestés violemment dans l'espace public au moment des crises des années 2007-2011, qui ont affecté de nombreuses places financières. Le fait que les médias leur aient conservé leur désignation anglaise montre que cette pratique n'a pas été réellement reconnue dans le discours des médias sur l'actualité financière. Les « traders » désignent les acteurs qui, dans les bourses, négocient les titres en vente et, ainsi, exercent sur eux une action de nature à faire évoluer rapidement leur valeur. En fait, les « traders » sont les acteurs de la spéculation, et la mise en lumière de leurs pratiques en raison d'une actualité économique et financière particulièrement intense a donné un éclairage particulier aux activités de spéculation qui ont toujours été mise en œuvre dans les marchés financiers. La spéculation désigne l'ensemble des pratiques par lesquelles des acteurs financiers anticipent l'évolution de la valeur des actions et des titres cotés sur le marché, et, ainsi, influent sur cette valeur et la font monter ou baisser en fonction des intérêts qu'ils représentent ou qu'ils défendent, ou simplement en fonction de leurs stratégies financières propres qu'ils mettent en œuvre. Spéculer, c'est, fondamentalement, mettre en œuvre des pratiques financières fondées sur un imaginaire, puisqu'elles consistent à effectuer des transactions en se fondant sur l'évaluation de l'évolution de leurs cours. On peut considérer la spéculation comme une forme de violence économique, car elle consiste à exercer un pouvoir sur l'évolution de valeurs dans l'espace d'un marché, en cherchant à échapper à la prévisibilité de ces valeurs, et donc à la norme établie pour ce marché. En effet, le propre de la spéculation est de jouer sur l'inattendu, sur les effets de surprise et, ainsi, de réaliser des bénéfices d'autant plus élevés qu'un petit nombre d'investisseurs auront à se les partager. C'est cette relation à l'imprévisibilité, articulée à la mise en œuvre d'un performatif sous la forme des discours et des ordres d'achat et de vente dans les marchés, qui donne à la spéculation un caractère de violence.

LA VIOLENCE DANS LES ENTREPRISES ET LES RELATIONS DE TRAVAIL

La violence dans les relations de travail fait apparaître le moment où cessent les relations conventionnelles entre les acteurs du travail et où les identités économiques dont ils sont porteurs sont opposées les unes autres. C'est le cas dans les affrontements qui prennent la forme de grèves ou d'interruption de l'activité, en ce que, dans ces situations, les entreprises cessent d'exercer l'identité économique dont elles sont porteuses. Mais la violence économique intervient aussi dans les cas de licenciements, en ce qu'ils constituent aussi des situations dans lesquelles la relation contractuelle de travail est rompue. Dans ces situations, par conséquent, les acteurs économiques, qui manifestent leur identité dans la mise en œuvre de la relation qu'ils ont les uns aux autres au cours de l'activité de l'entreprise, perdent cette identité, parce qu'ils cessent d'exercer l'emploi qui la fonde, ou parce qu'ils cessent d'assumer leur responsabilité sociale et économique de dirigeants d'entreprises. De telles ruptures des relations de travail constituent ainsi des faits de violence économique, car, dans ces situations, comme dans toutes les situations de crise, les identités des acteurs économiques se perdent dans les situations de chaos qui succèdent à la dimension institutionnelle de la confrontation. C'est le choc de cette perte des identités d'acteurs qui constitue la violence économique, et qui vient établir une situation de transgression des normes qui rendent prévisibles les relations entre les acteurs en rendant possible la manifestation des identités dont ils sont porteurs et en faisant survenir des événements qui échappent à l'histoire et à la temporalité ordinaire de l'espace économique.

DIMENSION INCONSCIENTE DE L'ÉCONOMIE

Comme tous les langages et comme tous les systèmes sociaux d'expression et de représentation, l'économie comporte une dimension inconsciente. Comme tous les champs de la vie sociale, l'économie est structurée par des références à la loi assez fortement intériorisées pour finir par faire l'objet d'une forme de refoulement et par devenir inconscientes. Ce sont ces processus et ces représentations qui structurent l'inconscient de l'économie qu'il importe de comprendre pour reconnaître la multiplicité de ses significations à la médiation économique et pour la penser pleinement comme un des objets d'une science du politique. L'économie devient pleinement politique à partir du moment où elle formule et où elle impose des lois, des normes et de l'interdit, à partir du moment où se trace, dans ce champ, une limite entre des représentations et des pratiques licites, qu'elles soient, ou non, effectivement mises en œuvre par des acteurs, et des représentations et des pratiques qui sont illicites. Par conséquent, les acteurs de l'économie ne peuvent ni mettre en œuvre ni même formuler de telles représentations, symboliques ou imaginaires. Cette limite, qui sépare les représentations conscientes de celles qui ne le sont pas, constitue ce que l'on peut appeler une *censure* dans le champ de l'économie, qui ne devient pleinement un champ du politique que quand une telle censure s'y pratique. C'est en ce point qu'il importe de mettre en œuvre une autre forme de « critique de l'économie politique », distincte de celle que Marx avait élaborée en son temps. Jean-Joseph Goux, dans *Économie et symbolique*, avait engagé une telle logique articulant une dialectique de la forme et de la marchandise, comparable à la dialectique sémiotique du signifiant et du signifié, entre le discours de Marx, le discours de Saussure et le discours de Freud. C'est ainsi que J.-J. Goux écrit, au début de son livre : « C'est par le caractère de généralité du procès de symbolisation que peut prendre effet ce que Marx nomme la *Darstellung*, l'éclairage général qui baigne tous les aspects d'une société[1] ». Une approche sémiotique pense l'économie comme un système général de représentation et de symbolisation, ce qui l'articule à deux logiques sémiotiques articulées l'une à l'autre dans une dialectique sémiotique qui fonde la dimension politique de l'économie. La première de ces logiques est connue : c'est la logique qui fonde les logiques de pouvoir articulées autour de l'économie. L'économie se pense comme un des modes d'approche des logiques de lois et des rapports de forces et de pouvoir qui structurent les systèmes sociaux comme des expressions de l'appartenance, du conflit et de la sociabilité. Mais on pense moins souvent l'autre de ces logiques sémiotiques : la logique qui fonde les logiques de désir et les logiques psychiques articulées, elles aussi, autour de l'économie. L'économie se pense, dans ces conditions, comme un ensemble de dynamiques psychiques articulant la logique de la valeur aux expressions symboliques de désir et aux contraintes réelles de manque. Cela donne à l'identité singulière du sujet une expression particulière et qui engage une rationalité spécifique de la signification. C'est le manque qui constitue l'instance réelle de l'identité psychique du sujet singulier, car il vient marquer la limite de la relation spéculaire à l'autre qui fonde la symbolisation. Le manque, c'est ce que le sujet ne peut pas symboliser, ce qui, ainsi, s'impose à lui comme une contrainte dont il ne peut pas penser la signification, mais qu'il ne peut que subir, comme une norme qui est, pour lui, comme un horizon indépassable. C'est pourquoi le manque est aussi la limite que le sujet ne peut formuler, mais dont il sait que tous en connaissent une. Je ne sais pas quelle est la limite du manque qui s'impose à l'autre, mais je sais que, comme moi, il en connaît une, et que, dans ces conditions, il est comme moi, sujet d'un langage limité par du non symbolisable. Comme tout système de langage et de symbolisation, l'économie va donc être limitée par la ligne réelle du refoulement.

1 J.-J. Goux, *Économie et symbolique*, Paris, Seuil, 1973, p. 32.

LE REFOULEMENT EN ÉCONOMIE

Sans doute convient-il, dans ces conditions, de commencer par tenter de définir le concept de refoulement en économie. Le refoulement économique est une dynamique structurée en trois instances. La première est la forme économique du concept de loi, qui représente, en quelque sorte, la dimension institutionnelle du miroir, car la loi ne fait qu'exprimer les contraintes qui s'imposent à tous pour que tous soient symboliquement semblables les uns aux autres, dans une forme politique de spécularité. La loi désigne toutes les pratiques de l'économie qui sont licites, et, dans le même temps, elle fixe celles qui sont interdites. On peut, en particulier, remarquer que la dimension économique de la loi se fonde elle-même sur une forme de spécularité. Si le vol est interdit, sans doute dans toutes les cultures, et si, en particulier, il fait partie du Décalogue, qui fonde notre culture judéo-chrétienne, c'est qu'il est une transgression de l'identité économique de l'autre, de son patrimoine. Voler, c'est porter atteinte à l'identité de l'autre, mais, si le vol est interdit pour cette raison même, sans doute est-ce précisément parce que le patrimoine, la possession, constitue la dimension économique de l'identité du sujet. C'est ici la deuxième dimension économique du refoulement. En effet, on peut comprendre le sens de l'interdit du vol comme la manifestation d'une représentation refoulée du patrimoine comme expression économique de l'identité singulière du sujet. En ce sens, on peut rapprocher la signification de l'interdit du vol de celle de la logique de l'héritage et de la transmission par la filiation. De même que le vol est interdit parce qu'il porte atteinte à l'intégrité de l'identité économique de celui qui en est victime, l'héritage fonde la dimension économique de la filiation et de la part de l'identité du sujet que représente la possession. Ce qui fait l'objet d'un refoulement, c'est, finalement, le fait que l'identité fasse l'objet d'une représentation économique sous la forme du patrimoine. On transmet toujours un ensemble de valeurs dans sa succession, que ces valeurs fassent l'objet d'une matérialisation sous la forme d'un bien ou d'une marchandise ou qu'elles fassent l'objet d'une expression et d'une représentation symbolique. La troisième instance de cette dynamique de refoulement propre à l'économie est l'articulation entre la valeur et la marchandise, qui fonde la dimension quantitative de la valeur. Ce qui fait l'objet d'un refoulement, ce qui est considéré comme, en quelque sorte, trop nécessaire pour devoir même être formulé est le fait que, pour s'imposer comme normes et comme institutions, c'est-à-dire comme médiations symboliques de l'appartenance sociale, les valeurs doivent pourvoir circuler, doivent pouvoir faire l'objet d'échanges et de transactions entre les sujets. Dans la même logique, c'est même le fait d'admettre la notion d'échange et l'équivalence entre valeur et marchandise qui fonde notre identité en fondant notre appartenance à l'espace social de l'économie. C'est cette équivalence qui rend la valeur à la fois négociable au cours d'un échange et déplaçable au cours d'un mouvement de transfert. On remarquera, d'ailleurs, sur ce plan, l'importance du lexique du transfert et du déplacement dans le discours de la psychanalyse, ce qui vient nous rappeler que ce qui fonde la dimension inconsciente de l'économie politique, c'est bien cette dynamique de l'échange, qui comporte ce que l'on pourrait appeler une condensation sur un objet qui le matérialise, sous la forme d'une marchandise. Jean-Joseph Goux[1] montre, sur ce point encore, comment, finalement, la sémiotisation de l'économie, dans notre culture, repose sur « la genèse de la forme monnaie », qui consiste, elle-même, dans ce que l'on pourrait appeler la symbolisation de « l'écart », pour reprendre les termes de J.-J. Goux, « entre monnaie et marchandise ». Cet écart est, justement, l'écart qui, séparant le symbolique et le réel, vient instituer la dimension sémiotique de la valeur, qui n'est que la représentation symbolique du réel venant fonder l'économie politique comme une sémiotique.

ÉCONOMIE ET DÉSIR

C'est le désir qui fonde la dialectique du manque comme dynamique psychique de l'économie. Il se fonde lui-même sur la façon dont le sujet s'inscrit dans la relation à l'autre : l'interdit de la jalousie dans la culture judéo-chrétienne manifeste la réalité de la pression qu'exerce l'envie sur l'inconscient du sujet. Or, ce que l'on appelle la jalousie n'est qu'une

1 J.-J. Goux, *Économie et symbolique*, *op. cit.*, p. 233.

expression de l'envie, qui fonde la dimension psychique de l'économie en instaurant une contradiction entre deux pôles. Le premier est la spécularité et l'identification symbolique à l'autre, dont la manifestation économique est ce que l'on est convenu de désigner par la générosité. L'autre pôle de la tension est la confrontation avec l'identité d'acteur de l'autre, qui se manifeste sous la forme de l'envie. Cette contradiction est un des « non-dits » de la médiation psychique de l'économie, qui s'articule à l'expression du désir. La place du désir dans la sémiotique de l'économie politique est, ainsi, articulée aux deux éléments de cette contradiction, et sans doute pourrait-on dire que l'inconscient de la médiation économique consiste dans l'articulation du désir et de la valeur. On peut définir, précisément, la relation entre le désir et la valeur comme la place de la médiation politique de l'économie. Celle-ci constitue une instance économique de l'identité exprimant une dialectique entre la dimension singulière du désir et la dimension collective de l'appartenance.

Cette dialectique du désir et de la valeur s'articule en trois lieux, qui constituent trois modes d'articulation de l'économie politique et de l'identité singulière du sujet. Le premier est très précisément ce que Marx nomme la *valeur d'usage.* La valeur d'usage peut se définir comme l'expression d'une valeur fondée sur l'approche singulière de l'économie. Marx définit ainsi « la présence de la marchandise comme valeur d'usage », dans la *Critique de l'économie politique* : « La marchandise est avant tout "une chose quelconque, nécessaire, utile ou agréable à la vie", suivant l'expression des économistes anglais ; un objet de besoins humains, un moyen d'existence au sens le plus large du mot[1] ». On peut définir la valeur d'usage comme l'articulation du désir du sujet, de la temporalité quotidienne de son existence et de son inscription comme sujet singulier dans l'espace économique et politique du marché. Le second lieu qui articule le désir et la valeur se situe dans l'imaginaire. Il s'agit des formes d'expressions d'une valeur attachée aux objets, aux marchandises, mais aussi aux représentations, dans l'imaginaire du sujet. Le sujet met en œuvre, dans son imaginaire, toute une économie psychique qui devient intelligible dans une approche de l'histoire faisant une place à une rationalisation des identités symboliques, comme, par exemple, celle que propose J.-J. Goux, qui, en se fondant sur la

1 Karl Marx, *Œuvres*, t. 1, *op. cit.*, p. 277.

dialectique entre Marx et Freud, conçoit l'histoire comme une succession de confrontations entre les modes de production et d'échange et les modes d'expression du psychisme[1]. Le troisième lieu d'articulation entre désir et valeur est l'espace public des médias, des représentations et de la communication. En effet, on peut considérer la médiation culturelle comme l'ensemble des formes que peut revêtir cette articulation et l'ensemble des institutions dans lesquelles elle est mise en œuvre et proposée à des publics. Pour donner toute leur signification psychique et politique à l'esthétique et à la communication médiatée, sans doute convient-il de les penser comme les lieux dans lesquels est mise en œuvre une sublimation esthétique de l'articulation entre valeur et désir. Cette articulation s'exprime, en particulier, dans la double relation des publics et des acteurs de la culture. Celle-ci consiste à la fois dans une identification, en particulier dans les logiques narratives et dans les pratiques de spectacle, et dans une distanciation qui amène les publics à repenser leurs identités en les confrontant aux identités sublimées qui leur sont représentées.

REPRÉSENTATIONS INCONSCIENTES DU TRAVAIL

Les représentations inconscientes du travail fondent la dimension inconsciente de ce que l'on peut appeler *l'aliénation économique du sujet*. C'est, en effet, par le travail auquel il est contraint que le sujet acquiert l'identité politique d'un acteur social qui s'exprime, en particulier dans la confrontation politique entre les classes sociales et qu'il fait l'expérience d'une aliénation par laquelle il se manifeste sous la forme d'une identité d'acteur social. Cette identité est exprimée, dans le champ de cette médiation inconsciente de la valeur et du travail, par le salaire qui fixe une valeur au travail mis en œuvre par le sujet, et par l'appartenance sociale à des institutions de représentation comme les syndicats de salariés ou les organisations patronales qui s'engagent dans une confrontation faisant de l'espace du travail un espace pleinement politique. Les représentations inconscientes du travail, qui le fondent

1 J.-J. Goux, *Économie et symbolique*, *op. cit.*, p. 224-232.

comme une instance de la médiation économique, l'articulent autour de trois significations. La première est celle de l'aliénation, à laquelle il convint de donner son sens étymologique : par le travail, le salarié *aliène* sa force de travail en la vendant à son employeur. Sans doute y a-t-il là une représentation inconsciente du salarié comme d'une force de travail comparable à un instrument, à un outil, et étranger, par là, à une relation d'identification spéculaire à son employeur. Il s'agit d'une signification inconsciente car la fin de l'esclavage signifie la fin de la considération du salarié comme d'un objet, mais sa réduction à une force de travail qui peut s'aliéner, c'est-à-dire se vendre, le réduit bien, inconsciemment, à une marchandise. La deuxième signification économique inconsciente du travail est l'articulation entre la dimension singulière du salarié soumis à des normes et à des obligations faisant du travail une contrainte, en particulier dans l'élaboration des conditions de travail, et l'identité collective des travailleurs constituant, ensemble, un acteur politique de la confrontation. Sans doute le second aspect inconscient du travail est-il cette opposition entre une conception du travail aliénante pour le sujet singulier et une conception du travail politiquement émancipatrice pour les acteurs collectifs. Enfin, une représentation inconsciente importante du travail est l'autre dialectique entre sa nécessité et sa fin. L'économie politique articule, ainsi, une dialectique entre la nécessité de travailler pour « gagner sa vie », c'est-à-dire pour se voir reconnaître le statut institutionnel d'un travailleur et la valeur économique d'un salaire, et la possibilité de réduire la contrainte du travail et de se libérer de cette aliénation. C'est cette opposition entre deux logiques du travail qui est, en particulier, à l'œuvre, de façon inconsciente dans l'idée que l'identité économique ne peut se fonder que sur le travail, et dans les représentations valorisantes du travail que l'on peut trouver dans la fiction et dans les discours politiques.

ESTHÉTIQUE ET SÉMIOTIQUE ÉCONOMIQUE

Mise en scène de l'économie dans l'art et la fiction

Comme l'ensemble des autres champs de la médiation et de la vie sociale, l'économie politique ne devient pleinement une sémiotique que parce qu'elle fait l'objet d'une sublimation esthétique dans la fiction, qui constitue, pour elle, une forme de métalangage. C'est dans sa mise en scène dans l'espace de la représentation esthétique et dans le domaine de la fiction que l'économie politique devient un véritable système culturel, c'est-à-dire un champ dans lequel les identités sont pleinement construites au cours de processus de représentation. L'espace de l'économie devient, ainsi, une scène dans laquelle des personnages et des figures représentent les identités des acteurs réels de l'économie en leur donnant des significations et en suscitant des processus d'identification. Ce sont ces deux logiques de la signification esthétique et de l'identification qu'il nous faut analyser à présent.

La signification esthétique se distingue, fondamentalement, de la signification politique en ce qu'elles ne reconnaissent pas à la représentation et au langage le même statut ni le même rôle dans la société. La signification politique, qui se met en œuvre dans l'espace public, consiste dans l'articulation entre les pouvoirs et les acteurs qui les représentent. Interpréter un discours ou une pratique politique, c'est comprendre quel pouvoir il représente, ou identifier le pouvoir auquel il s'oppose, et c'est, ainsi, comprendre à quelle identité politique il vient donner une visibilité et une intelligibilité dans l'espace du débat public. Donner une signification à la valeur d'une monnaie, c'est comprendre quel pouvoir décide l'émission d'une monnaie, quels pouvoirs lui reconnaissent une valeur et quelle valeur ils lui reconnaissent, et c'est aussi comprendre quels processus viennent faire évoluer la valeur de cette monnaie dans le temps et dans les lieux dans lesquels elle circule. Donner du sens à l'achat de marchandises, c'est comprendre la valeur d'usage de ces marchandises dans les espaces des acteurs qui les achètent, et c'est reconnaître ce que signifient l'achat et la vente de ces marchandises pour les acteurs économiques qui les mettent en œuvre en donnant une signification à leur valeur d'échange. La signification esthétique n'est pas de la même nature. Donner une signification à une œuvre d'art qui représente, par exemple, comme le tableau de Q. Metsys, « le changeur et sa femme » (1514)[1], c'est mettre en œuvre un processus en quatre étapes. La première consiste à identifier les personnages qu'il représente et l'espace dans lequel ils se trouvent, et, en l'occurrence, sans doute moins d'identifier les personnes que la pratique qu'ils mettent en œuvre, leurs gestes, leurs regards, les instruments qu'ils utilisent, les pièces d'or qui figurent dans le tableau, le trébuchet, les étagères. La seconde étape consiste à identifier le lieu de la représentation. Nous sommes, en l'occurrence, dans un lieu urbain, identifiable par la *veduta*, par la vue sur l'extérieur, à la droite du tableau, et par le reflet du miroir situé au tout premier plan du tableau, qui permettent de reconnaître un immeuble de ville. La troisième étape de la sémiotique esthétique consiste à interpréter la relation supposée entre l'espace représenté et l'espace de la représentation. En l'occurrence, tandis que les tableaux qui représentent des scènes champêtres ou les tableaux non figuratifs expriment une rupture entre l'espace représenté et celui dans lequel est mise en scène la représentation (le musée, la salle d'exposition), des tableaux comme celui de Metsys s'inscrivent dans une forme de continuité entre ces deux espaces. L'espace représenté, en l'occurrence celui de l'activité économique, est en continuité avec l'espace de la représentation, qui est lui-même un espace public urbain d'échanges et de valeurs. La quatrième étape consiste, enfin, à identifier le processus de la sublimation esthétique proprement dite, c'est-à-dire à identifier le type d'idéal mis en scène par le tableau, auquel s'identifient les sujets de la communication esthétique, l'auteur du tableau et ceux qui le regardent, ses lecteurs. En l'occurrence, sans doute cette sublimation consiste-t-elle à mettre en scène l'articulation entre un idéal politique et social d'activité économique (idéal politique) et un idéal esthétique de représentation (la sublimation de la scène urbaine), mais aussi, sans

1 Huile sur panneau (71 x 68 cm). Ce tableau se trouve au musée du Louvre.

doute, à figurer sous une forme d'allégorie une distance critique du tableau par rapport aux personnages représentés.

L'approche de la médiation esthétique de la représentation nous permet de mieux comprendre le processus de l'identification mis en œuvre dans la communication et dans la médiation. Sur ce plan encore, il convient de distinguer le domaine du politique et celui de l'esthétique. Dans le champ politique, et, en particulier, pour ce qui nous occupe, dans le discours de l'économie politique, la communication repose sur l'identification symbolique du lecteur et de l'énonciateur. Donner une signification à un discours, l'interpréter, c'est être en mesure de s'identifier symboliquement à celui qui l'énonce, c'est-à-dire d'identifier son point de vue et d'être en mesure d'employer les mêmes mots que lui. Pour aller au-delà du discours et penser les logiques de la *signification économique*, donner une valeur à une monnaie, c'est être en mesure de l'employer à son tour, et d'évaluer les échanges auxquels son usage peut donner lieu. Mais, dans le champ esthétique, la signification est différente, et elle repose sur la notion, très importante, de *distanciation*. Donner une signification à une œuvre littéraire de fiction ou à une œuvre d'art, c'est, d'abord, comprendre la distance qui sépare l'identité des personnages mis en scène ou des processus de symbolisation mis en œuvre de l'identité des personnages de la réalité à laquelle nous sommes confrontés ou à laquelle était confronté l'auteur de l'œuvre. Donner du sens au tableau de Metsys, c'est, ainsi, commencer par apprécier la distance qui nous sépare de l'auteur du tableau et de sa culture – distance historique, culturelle, mais aussi, éventuellement, géographique – et la distance qui nous sépare des personnages représentés – par leurs costumes, par leur activité, par leur posture, qui consiste dans une distance à la fois culturelle et psychologique. L'espace esthétique du tableau de Metsys se trouve, ainsi, situé, par rapport à notre propre espace public, à la distance de la sublimation esthétique, qui est, dans le même temps, la distance qui le sépare d'une œuvre seulement politique. En effet, c'est là que se situe la spécificité de la communication esthétique : il n'y a pas de performativité politique possible de l'œuvre d'art ou de l'œuvre de fiction. Le discours de l'économie politique met en œuvre une forme de performativité énonciative, articulant son énonciation, sa lecture ou son audition à une posture politique et à un engagement effectif dans l'espace public. En revanche, la représentation esthétique de l'économie met en œuvre une distanciation qui ne met pas en scène des engagements, mais, au contraire, figure la distance entre les engagements politiques et des idéaux ou un imaginaire qui oriente la pratique de ceux qui en sont porteurs, qui lui donne une signification, mais ne peut être mis en œuvre compte tenu de la réalité des contraintes des situations de l'espace public.

L'ÉCONOMIE POLITIQUE ET LA LITTÉRATURE

Comme l'art, la littérature est un champ important de mise en scène sublimée de l'économie politique. L'espace public de la communication se trouve, en quelque sorte, partagé entre deux types de discours et d'énonciation. Les discours politiques et le discours des médias et de l'information mettent en scène des engagements politiques réels et situent leurs lecteurs par rapport à des identités effectivement articulées à des pratiques sociales, tandis que les discours et les œuvres littéraires situent la représentation des engagements et des pratiques de l'économie politique dans un espace fondé sur la distance de la fiction et de la sublimation esthétique. C'est ainsi que l'Ancien Testament, par exemple, propose une mise en scène ancienne de l'économie fondée sur la narration écrite d'un mythe comme celui du rêve, par Pharaon, des sept vaches grasses et des sept vaches maigres qui engage Joseph dans l'expression d'une politique économique d'austérité et de modération de la consommation destinée à faire des réserves. La littérature mythique a ici à la fois la signification politique d'un modèle à suivre et la signification historique, en quelque sorte archéologique, de la présentation et de la mise en scène des logiques économiques d'une époque. On trouve ces deux significations dans une œuvre comme *Le Roman de Renart*, qui met en scène, au Moyen Âge, des modèles. En effet, Renart est un personnage qui figure la défense des pauvres contre les riches, et qui, en quelque sorte, légitime par l'identification qu'il suscite, le recours au vol et la mise en œuvre de la lutte économique qui constitue une des premières incarnations de la lutte des classes[1]. Mais, dans le même

1 L'importance et la popularité du *Roman de Renart* ont été telles, à l'époque de sa publication, que le nom propre du personnage du goupil a fini par devenir un nom commun,

temps, au-delà d'une signification ponctuelle repérable à l'époque de son énonciation et de sa publication, *Le Roman de Renart*, comme toute œuvre littéraire qui repose sur la distanciation sublimée des identités, peut se voir reconnaître une signification et une pertinence à d'autres époques, comme à notre propre époque.

La Fontaine et Molière, dans des œuvres comme « Le savetier et le financier » ou comme *L'Avare*, ont, eux aussi, mis en scène des formes de mythe dans leur énonciation. En effet, les personnages qu'ils représentaient étaient des figures d'acteurs économiques situées en-dehors des contraintes de temps. Ils mettaient en scène, d'ailleurs, l'un et l'autre, des personnages issus de la littératures ancienne. La distanciation des œuvres d'auteurs comme eux portant sur l'espace public de l'économie et sur ses acteurs est une distanciation mythique. En effet, ce n'est pas par rapport à des personnes particulières que se situent les personnages et, par conséquent, qu'a lieu le processus d'identification narrative du lecteur au personnage, c'est par rapport à de véritables figures dont la littérature contribue à faire des mythes, c'est-à-dire des récits situés en dehors du temps de l'histoire et de l'événement. C'est au dix-neuvième siècle, avec la rupture qu'a représentée la nouvelle esthétique du roman, que le processus de l'identification changé de sens. Ainsi, Balzac, avec par exemple, *Nuncingen*, met en scène les acteurs de la banque et de la finance de son temps, mais l'identification narrative mise en œuvre dans le récit n'est pas distanciée de façon mythique par rapport à des personnages : ses personnages ne sont pas des figures mythiques, ils représentent des personnages réels de la société de son temps. La distanciation esthétique de l'énonciation va instaurer entre le lecteur et l'œuvre une différence, qui porte la signification même de l'œuvre, avec le processus de l'identification narrative aux personnages du récit. C'est sur ce plan qu'intervient la dimension de sémiotique économique de l'œuvre esthétique. En effet, par la distanciation littéraire même qui empêche que ne s'instaure une identification comparable à celle qui a lieu dans le cas du mythe, l'énonciateur introduit une critique du personnage, de son identité et de son engagement. De la même façon, Hugo, dans *Les Misérables*, va proposer une critique politique forte des inégalités sociales et des logiques économiques de la société capitaliste naissante, tandis que Zola va introduire une critique des conditions dans lesquelles se

---

et que « renard » a remplacé « goupil » en français, pour désigner l'animal.

déroulent les processus de l'industrialisation et du développement du commerce urbain. On peut lire, enfin, dans les marges de l'œuvre de Proust, plus près de nous, une critique des logiques économiques qui dominent son temps, et, en particulier, une critique des pratiques des grandes familles bourgeoises et de l'activité des acteurs financiers de son époque.

L'ÉCONOMIE AU CINÉMA

De la même façon que la littérature, le cinéma va, lui aussi, mettre en scène de façon distanciée les acteurs et les logiques économiques de son temps. Sans doute même sommes-nous plus sensibles à son regard sur l'économie que nous ne le sommes au regard de la littérature, à la fois parce que l'esthétique du cinéma est plus proche de l'esthétique de l'information, en particulier de l'information télévisée, et parce que les personnages et les pratiques qu'il met en scène sont souvent plus proches de celles de la réalité de notre vie économique. On citera, d'abord, l'exemple des westerns, ou des films de Chaplin mettant en scène les événements liés à la « ruée vers l'or », qui construisent au cinéma, une culture de fiction autour du développement économique de l'Amérique du Nord, qui devient, à cette époque, une forme d'horizon économique, en particulier pour les pays vieillissants de l'Europe marchande et industrielle du XIXe siècle. La mise en scène cinématographique de ces nouvelles pratiques économiques va faire reposer la distanciation sur une logique mythique, et il faudra la dimension psychique de personnages singuliers comme celui de Charlot, justement, pour instaurer une distance critique. La critique cinématographique de l'économie politique prend davantage la forme d'une distance entre le psychisme des personnages et les situations dans lesquelles ils se trouvent qu'elle n'énonce explicitement un discours politique critique sur les logiques économiques de son temps. Des films comme celui de S.M. Eisenstein, *Alexandre Nevski*, sont aussi porteurs d'une telle sublimation mythologique des identités économiques de son temps, avec, par exemple, les scènes du début du film qui montrent de simples pêcheurs, ou celles qui montrent le petit peuple des villes. Comme dans les œuvres de Hugo, la critique de l'économie politique passe, dans des œuvres comme celles-là, par une représentation de personnages éloignés des pouvoirs. Pour trouver une réelle sublimation critique de l'économie politique au cinéma, sans doute faut-il se tourner vers des œuvres comme *Les Raisins de la colère* (J. Ford, 1940), film inspiré d'un roman de Steinbeck, ou, très récemment, comme *J. Edgar* (C. Eastwood, 2011), qui montre l'ascension de J. Edgar Hoover et les liens entre les pouvoirs des Etats-Unis et les acteurs économiques et financiers. Comme la littérature, le cinéma vient, ainsi, proposer des représentations des acteurs et des pouvoirs de la vie économique et du marché. Il fonde sur la sublimation esthétique ou une forme d'allégorie des systèmes économiques, jouant, ainsi, pratiquement, un rôle de propagande économique, comme dans le cas des westerns qui vantaient les mérites du capitalisme industriel naissant aux Etats-Unis. Mais le cinéma peut aussi, au contraire, fonder sur la sublimation esthétique une forme de critique des logiques économiques, comme c'est le cas de films comme *La Bête humaine*, de Renoir (1938). Mais, dans ces deux logiques, la médiation esthétique de l'économie politique articule toujours la représentation des figures et des acteurs de l'économie à la dimension psychique singulière de personnages qui suscite, pour le spectateur, la mise en œuvre de la dialectique complexe entre l'identification narrative et la distanciation esthétique, qui, finalement, reformule la médiation symbolique des valeurs et des identités.

EN GUISE DE CONCLUSION : LIMITES DE LA SÉMIOTIQUE ÉCONOMIQUE

L'ininterprétable et l'imprévisible

Pour finir, sans doute importe-t-il de faire apparaître et de tenter de faire mieux comprendre ce qui échappe à la sémiotique de l'économie politique, ce à quoi on ne peut pas donner de sens dans ce champ. Pour cela, on peut distinguer quatre aspects de ce que l'on peut appeler le non sémiotisable en économie. Il y a, d'abord, l'ensemble des faits, des situations, des éléments, qui échappent à l'emprise des pouvoirs des acteurs de l'espace économique et ce qui échappe à la rationalité sémiotique de l'économie. Il s'agit, en quelque sorte, de ce qui se situe au-delà de l'emprise de l'économie au-delà du champ d'exercice et d'application de son discours, en même temps qu'au-delà du champ d'exercice des pouvoirs qui s'exercent dans l'espace public de l'économie et des marchés. Le second domaine à se situer au-delà de la limite de la sémiotique de l'économie politique, à en figurer, en ce sens, une limite, est l'imprévisible. La prévision, comme on l'a vu, dans le domaine de l'économie politique comme dans celui du climat, constitue une des formes majeures de l'emprise des pouvoirs et du politique sur la rationalité, sur la signification et sur la mise en œuvre des stratégies des acteurs. Dans le domaine de l'économie, on peut ajouter à la prévision la planification, qui est une forme de rationalisation politique de l'imaginaire économique du développement, de la croissance et de l'activité. En ce sens, l'imprévisible constitue un autre champ qui se situe au-delà de la sémiotique de l'économie politique, un autre champ qui figure ce qui n'a pas de sens dans le domaine économique. Ce qui n'a pas de sens dans le discours économique, ce qui ne s'y voit reconnaître aucune signification et aucune interprétation possible, en termes d'identités et en termes de valeurs, est le domaine de l'imprévisible, limite de notre rationalité et de notre pouvoir. Un autre champ de l'économie qui échappe à la rationalité est le champ, proprement politique, marqué par la limite des institutions et des pouvoirs proprement politiques. Tout un espace économique échappe aux institutions et aux normes, tout un domaine de l'économie, que l'on peut appeler la « contre-économie », ou encore « l'économie souterraine », échappe aux pouvoirs et aux normes, aux institutions et aux impératifs politiques. Enfin, un dernier champ à échapper à la rationalité sémiotique de l'économie politique est celui que Godelier désigne comme celui de l'irrationalité. L'irrationnel échappe aux logiques de la sémiotique politique en ce qu'à une certaine époque et dans un certain espace, les acteurs de la rationalité, les experts, les observateurs, les analystes, ne sont pas en mesure de lui donner de signification et de reconnaître les identités et les valeurs qui se manifestent dans ce champ. Il s'agit de tout ce dont une culture économique est incapable de rendre raison.

CE QUI ÉCHAPPE À L'EMPRISE DE L'ÉCONOMIE

Les catastrophes naturelles sont le premier aspect de ce qui marque ce que l'on peut appeler la résistance de la nature et de l'environnement aux contraintes sociales et aux logiques économiques. Le tsunami qui a frappé le Japon en 2011, avec des conséquences considérables dans le domaine économique, en particulier dans le domaine de l'énergie avec l'explosion de la centrale nucléaire qu'il a entraînée, montre que les acteurs et les pouvoirs d'une économie politique, aussi développée qu'elle soit, sont toujours soumis, en dernière instance, à l'emprise d'un réel qui leur échappe. On peut évoquer aussi, dans ce domaine, des événements étrangers à l'économie, mais qui ont des incidences sur l'activité économique d'un pays ou d'une société. C'est ainsi, par exemple, que l'on peut évoquer des bouleversements comme la découverte d'un pays ou d'une route, comme l'ouverture de l'Europe à l'Amérique, ou l'ouverture de routes et de parcours traversant l'Afrique ou allant vers les pôles. De telles circonstances font survenir des ruptures à l'activité économique, et manifestent, ainsi, les limites de ce champ de rationalité. Enfin, on peut évoquer ici la notion de violence économique et le « terrorisme économique », qui sont devenus, en particulier à notre époque, des formes non institutionnelles et, en quelque sorte, non politiques, d'actions ayant une incidence sur l'économie, et qui, de ce fait, échappent à l'emprise des pouvoirs institutionnels, en manifestent des limites. On peut citer, dans ce domaine, les formes de violence et d'imprévisibilité que peuvent constituer les prises de pouvoir dans des entreprises par des acteurs venus de l'extérieur de façon inattendue et dont l'intervention peut avoir d'autant plus de force que l'effet de surprise peut être fort. C'est aussi ce à quoi on a fini par donner le nom de « raids boursiers », comme pour mieux montrer le choc « d'anti-institutionnalité » de tels événements. Tous ces événements, dans leur irrationalité même, définissent une forme de chaos économique, et définissent en économie ce que la culture grecque pouvait désigner comme la démesure et l'*hubris.*

L'IMPRÉVISIBLE DANS LE DOMAINE DE L'ÉCONOMIE

En ce que le propre du pouvoir, dans le domaine économique, est la prévision, qui manifeste une forme de pouvoir s'étendant sur l'imaginaire du futur, l'imprévisible constitue un autre aspect de la limite du politique dans le champ économique. L'économiste Christian Walter disait récemment, à ce sujet[1] : « Il faudra sortir de l'illusion prudentielle selon laquelle, par le calcul, on peut tout contrôler et prévoir ». C'est une façon de comprendre que les sciences économiques et la rationalité politique de l'économie se heurtent au réel de l'imprévisible. Cette question de l'incertitude et de l'imprévisibilité a aussi été abordée par A. Orléan dans le domaine de la monnaie, quand il aborde la question de ce qu'il appelle « l'objectivité de la valeur[2] ». En effet, ce que l'on peut appeler la limite de la rationalité de la valeur, dans le domaine de la monnaie, montre que la rationalité propre de l'économie politique

1 « Il faut sortir de l'illusion qu'on peut tout calculer, contrôler et prévoir », *Le Monde Économie*, 7 février 2012.

2 André Orléan, *L'Empire de la valeur*, Paris, Seuil, 2011, p. 168.

se trouve limitée par l'emprise des pouvoirs politiques et des rapports de force sur les logiques d'échange qui situent les valeurs des monnaies les unes par rapport aux autres et sur les logiques des confrontations entre les identités qu'elles représentent. L'objectivité de la valeur peut être considérée justement comme ce qui échappe à la prévisibilité de son évolution.

LES CHAMPS DE L'ÉCONOMIE QUI ÉCHAPPENT AUX INSTITUTIONS

Un certain nombre de champs et d'activité de l'économie échappent aux institutions et aux pouvoirs légitimes. C'est le cas de tout ce que l'on appelle la « contre-économie », l'économie souterraine, de ce que l'on appelle l'économie alternative, mise en œuvre par les acteurs économiques qui échappent aux pouvoirs. L'histoire économique est jalonnée d'événements et de situations qui manifestent ces limites du domaine des institutions dans la vie et dans les pratiques des acteurs. Ce que l'on appelle l'économie informelle désigne l'ensemble de ces activités de l'économie dont les logiques échappent à la rationalité institutionnelle des pouvoirs et des dynamiques d'acteurs légitimes. Cette économie acquiert aujourd'hui une importance telle que, selon les mots de J.-M. Le Gall, « la plasticité des entreprises devient une nécessité[1] », et que les « réseaux sociaux » jouent un rôle de plus en plus important dans la vie économique, du fait que, dans l'extension du rôle et des usages d'Internet, des acteurs nouveaux et des logiques et des identités encore inconnues apparaissent. Mais on peut citer d'autres acteurs économiques qui échappent au droit, aux institutions à la norme : il s'agit des formes de délinquance économique qui font apparaître les limites de l'économie institutionnelle. La piraterie, la contrebande, comme on a vu, ont toujours fait partie des paysages de l'économie politique, en y traçant la limite du fait institutionnel.

---

1 « Les réseaux sociaux : un vrai-faux passeport pour l'économie moderne », *Le Monde Économie*, 13 décembre 2011.

LA PART ININTELLIGIBLE ET IRRATIONNELLE DE L'ÉCONOMIE

Il existe une irrationalité en économie. M. Godelier situe le champ de cette irrationalité, le champ de ce dont la culture économique ne peut rendre compte et de ce qui est étranger à la culture économique, comme le champ des formes économiques nouvelles non encore apparues dans une société et avec lesquelles elle entre en contact à un certain moment de son histoire. C'est bien pourquoi il écrit[1] : « Le rationnel d'aujourd'hui peut être l'irrationnel de demain, le rationnel d'une société peut être l'irrationnel d'une autre ». « Enfin » ajoute-t-il, « il n'y a pas de rationalité exclusivement économique ». Dans ces conditions, sans doute la limite actuelle de la rationalité en économie, ce qui empêche l'économie politique de rendre raison de faits et de situations encore inexpliqués, est-elle la question de la signification. Peut-être n'est-ce pas tant de l'emprise de la valeur qu'il faut libérer l'économie pour la refonder, pour reprendre les termes d'A. Orléan, que de l'emprise de la mesure, pour lui faire mettre en œuvre une rationalité fondée sur le sens. Refonder l'économie politique consisterait, dans ces conditions, à établir, dans son champ, un lieu dans lequel l'économie ne se penserait plus en termes strictement quantitatifs et dans lequel se poserait la question de la signification.

1 Maurice Godelier, *Rationalité et irrationalité en économie*, Paris, Maspero, 1969, t. 2, p. 206.

BIBLIOGRAPHIE

ALGAN, Yann, CAHUC, Pierre et ZYLBERBERG, André (2012), *La Fabrique de la défiance*, Paris, Albin Michel, 192 p.

ARISTOTE, *Politique*, trad. fr. par J. Aubonnet (1968), Paris, Les Belles-Lettres, 3 vol., 175, 333 et 314 p. (coll. des Universités de France).

BARTHES, Roland (1970), *Mythologies* (1957), rééd. Paris, Seuil, 247 p. (coll. « Points »).

BEITONE, Alain, CAZORLA, Antoine, DOLLO, Christine et DRAI, Anne-Marie (2010), *Dictionnaire de science économique*, 3e éd., Paris, Armand Colin, 485 p., ind. (1re éd. : 2002).

BENVENISTE, Émile (1969a), *Le Vocabulaire des institutions indo-européennes. 1. Économie, parenté, société*, Paris, Éd. de Minuit, 376 p. (coll. « Le sens commun »).

BENVENISTE, Émile (1969b), *Le Vocabulaire des institutions indo-européennes. 2. Pouvoir, droit, religion*, Paris, Éd. de Minuit, 340 p., ind. (coll. « Le sens commun »).

BOURDIEU, Pierre (1993) (dir.), *La Misère du monde* (A. Accardo, G. Balazs, S. Beaud *et al.*), Paris, Seuil, 947 p. (coll. « Libre examen »).

CROZET, Yves, ABDELMALKI, Lahsen, DUFOURT, Daniel et SANDRETTO, René (1998), *Les Grandes Questions de l'économie française* (1997), 2e éd., Paris, Nathan, 352 p.

DECLERCK, Patrick (2001), *Les Naufragés. Avec les clochards de Paris*, Paris, Plon, 458 p., bibl., ind. (coll. « Terre humaine »).

FLICHY, Patrick (1991), *Une histoire de la communication moderne. Espace public et vie privée*, Paris, La Découverte, 289 p., bibl., ind.

FREUD, Sigmund (1982), *La Dénégation* (1925), trad. fr. par J.-C. Capèle et D. Mercadier, Paris, Kristophoros, 1982, 1999, 2006 (http://www.khristophoros.net/verneinung.html).

FIEDBERG, Erhard (1993), *Le Pouvoir et la Règle*, Paris, Seuil, 413 p. (coll. « Sociologie »).

FRIOT, Bernard (2012), « La Cotisation, levier d'émancipation », in *Le Monde diplomatique*, février 2012, p. 12.

GHEZALI, Tarik et SIBILLE, Hugues (2011), *Démocratiser l'économie*, Paris, Grasset, 140 p.

GODELIER, Maurice (1969), *Rationalité et irrationalité en économie*, Paris, Maspero, 2 vol., 124 et 213 p. (coll. « Petite collection Maspero »).

GOUX, Jean-Joseph (1973), *Économie et symbolique*, Paris, Seuil, 284 p.

GOUX, Jean-Joseph (2000), *Frivolité de la valeur. Essai sur l'imaginaire du capitalisme*, Paris, Blusson, 320 p., bibl.

HABERMAS, Jürgen (1978), *L'Espace public* (1962), trad. fr. de M. B. de Launay, Paris, Payot, 260 p., n., ind. bibl. (coll. « Critique de la Politique »).

HOANG-NGOC, Liém, (2011), *Les Théories économiques*, Paris, La Dispute, 190 p. (série « Essais »).

JACOT, Jacques-Henri (1998), *Les Figures de l'entreprise*, in Kergoat, Boutet, Jacot, Linhart *et al.* (1998), p. 436-443.

KERGOAT, Jacques, BOUTET, Josiane, JACOT, J.-Henri, LINHART, Danièle *et al.* (1998), *Le Monde du travail*, Paris, La Découverte, 449 p. (coll. « Textes à l'appui »).

KERGOAT, Jacques (1998), *Les Conflits du travail*, in Kergoat (Jacques), Boutet (Josiane), Jacot, J.-Henri, Linhart, Danièle et al. (1998), p. 378-390.

KEYNES, John Maynard (2005), *Théorie générale de l'emploi, de l'intérêt et de la monnaie* (1939), trad. fr. par J. de Largentaye (1969), Paris, Payot & Rivages, 188 p. (coll. « Petite Bibliothèque Payot »).

KEYNES, John Maynard (2009), *Sur la monnaie et l'économie* (1931), trad. fr. par M. Panoff (1971), Paris, Payot & Rivages, 387 p. (coll. « Petite Bibliothèque Payot »).

LACAN, Jacques (1974), *Télévision*, 74 p. (coll. « Le champ freudien »).

LAFARGUE, Paul (1979), *Le Droit à la paresse* (1883), Paris, François Maspero, 156 p. (coll. « Petite Collection Maspero »).

LAMIZET, Bernard (1992), *Les Lieux de la communication*, Liège, Mardaga, 331 p., bibl., ind.

LAMIZET, Bernard (2002) *Politique et identité*, Lyon, PUL, 350 p., bibl.

LAMIZET, Bernard (2006) *Sémiotique de l'événement*, Londres, Hermes Publishing, 314 p., bibl. (coll. « Lavoisier »).

LAMIZET, Bernard (2011) *Le Langage politique*, Paris, Ellipses, 255 p., bibl.

LE ROY LADURIE, Emmanuel (1983), *Histoire du climat depuis l'an mil*, Paris, Flammarion, t. 1, (288 p.) et t. 2 (255 p.), bibl., ind. (coll. « Champs »).

LORDON, Frédéric, (2009), *La Crise de trop.Reconstruction d'un monde failli*, Paris, Fayard, 203 p.

MARX, Karl (1859), *Critique de l'économie politique*, trad. fr. par M. Rubel et L. Evrard, *in* Marx (1965), p. 267-452.

MARX, Karl (1865), *Salaire, prix et plus-value*, trad. fr. par L. Evrard, *in* Marx (1965), p. 473-533.

MARX, Karl (1867), *Le Capital, in* Marx (1965), p. 535-1404 et Marx (1968), p. 498-1488.

MARX, Karl (1965), *Œuvres. Économie. I*, éd. par M. Rubel, Paris, Gallimard, 1820 p., bibl., ind. (coll. « Bibliothèque de la Pléiade »).

MARX, Karl (1968), *Œuvres. Économie. II*, éd. par M. Rubel, Paris, Gallimard, 1970 p., bibl., ind. (coll. « Bibliothèque de la Pléiade »).

MAUSS, Marcel (2007), *Essai sur le don* (1925), introd. de F. Weber, Paris, PUF, 249 p. (coll. « Quadrige »).

MÉDA, Dominique(1998), *Le Travail, une valeur en voie de disparition*, Paris, Flammarion, 1998, 362 p. (coll. « Champs »).

ORLÉAN, André (2011), *L'Empire de la valeur. Refonder l'économie*, Paris, Seuil, 347 p.

PIKETTY, Thomas (2013), *Le Capital au XXIe siècle*, Paris, Seuil, 972 p. (coll. « Les livres du nouveau monde »).

POLANYI, Karl (2011), *La Subsistance de l'homme. La place de l'économie dans l'histoire et la société* (1977), trad. fr. par B. Chavance, Paris, Flammarion, 420 p., bibl., ind. (coll. « Bibliothèque des savoirs »).

PROUDHON, Pierre-Joseph (1966), *Qu'est-ce que la propriété ?* (1840), éd. par E. James, Paris, Garnier, 315 p., (coll. « GF »).

QUÉRÉ, Louis (1982), *Des miroirs équivoques. Aux origines de la communication moderne*, Paris, Aubier Montaigne, 215 p. (coll. « Babel »).

RIFKIN, Jeremy (1996), *La Fin du travail* (1995), trad. fr. par P. Rouve, Paris, La Découverte, 436 p.

RIFKIN, Jeremy (2000), *L'Âge de l'accès*, trad. fr. par M. Saint-Upéry, Paris, La Découverte, 396 p., bibl.

ROUSSEAU, Jean-Jacques (1966), *Discours sur l'origine de l'inégalité parmi les hommes* (1755), *in Œuvres complètes*, Paris, Gallimard, t. 3, 1965 p. (coll. « Bibliothèque de la Pléiade »), p. 109-223.

SANSOT, Pierre (1991), *Les Gens de peu*, Paris, PUF, 223 p. (coll. « Quadrige »).

SCHUMPETER, Joseph Aloys (1983a), *Histoire de l'analyse économique. 1. L'âge des fondateurs* (1954), trad. fr. sous la direct. de J.-Cl. Casanova, Paris, Gallimard, 519 p. (coll. « Tel »).

SCHUMPETER, Joseph Aloys (1983b), *Histoire de l'analyse économique. 2. L'âge classique* (1954), trad. fr. sous la direct. de J.-Cl. Casanova, Paris, Gallimard, 499 p. (coll. « Tel »).

SCHUMPETER, Joseph Aloys (1983c), *Histoire de l'analyse économique.3. L'âge de la science* (1954), trad. fr. sous la direct. de J.-Cl. Casanova, Paris, Gallimard, 710 p. (coll. « Tel »).

SEDLACEK, Tomas (2013), *L'Économie du bien et du mal*, Paris, Eyrolles, 382 p.

SEN, Amartya (1991), *La Liberté individuelle : une responsabilité sociale*, essai prononcé le 5 mars 1990, trad. fr. par M. Canto-Sperber, *in « Esprit »*, mars-avril 1991, *in* Sen (2003), p. 43-76.

SEN, Amartya (1996), *Responsabilité sociale et démocratie : l'impératif d'équité et le conservatisme financier*, texte publié pour la première fois dans *Living as Equals* (1996), tr. fr. par N. Guilhot, *in* Sen (2003), p. 77-124.

SEN, Amartya (2003), *L'Économie est une science morale* (1999), Paris, La Découverte, 126 p. (coll. « La Découverte/Poche »).

SERVET, Jean-Michel (2001) *Le Troc primitif, un mythe fondateur d'une approche économiste de la monnaie, in Revue numismatique*, 6e série – Tome 157, année 2001, p. 15-32. (doi : 10.3406/numi.2001.2314 – http://www.persee.fr/web/revues/home/prescript/article/numi_04848942_2001_num_6_157_2314)

SILEM, Ahmed (1995), *Histoire de l'analyse économique*, Paris, Hachette, 319 p., bibl., ind. (coll. « HU Économie »).

SIMMEL, Georg (1987), *Philosophie de l'argent* (1977), trad. fr. par S. Cornille et P. Ivernel, Paris, PUF, 662 p. (coll. « Quadrige »).

WEBER, Max (1904-1905), « Les sectes protestantes et l'esprit du capitalisme », trad. fr. par J.-P. Grossein, in *L'Éthique protestante et l'esprit du capitalisme*, Paris, Gallimard, 2003 (coll. « Tel »), p. 1-254.

WEBER, Max (1920), « L'éthique protestante et l'esprit du capitalisme », trad. fr. par J.-P. Grossein, in *L'Éthique protestante et l'esprit du capitalisme*, Paris, Gallimard, 2003 (coll. « Tel »), p. 278-317.

ZELIZER, Viviana (2005), *La Signification sociale de l'argent* (1994), trad. fr. par C. Cler, Paris, Seuil, 349 p., ind. (coll. « Liber »).

INDEX DES TERMES ET DES NOTIONS

TABLE DES MATIÈRES

COLLECTION
« BIBLIOTHÈQUE DE L'ÉCONOMISTE »

La « Bibliothèque de l'économiste » publie des travaux de recherche et des essais en économie considérés comme des références sur telle ou telle question. Il s'agit avant tout de constituer un fonds d'édition scientifique et de redonner vie à une littérature d'analyse et de commentaires non seulement dans le champ de l'histoire de la pensée économique, de l'histoire des faits économiques, mais aussi plus largement sur des essais touchant à des questions de fonds hors de l'actualité immédiate.

Retrouvez tous les titres de la collection en scannant ce code QR :

Et pour recevoir nos dernières actualités, abonnez-vous ici :